중국 인문·경제지리

김동하

ECONOMIC GEOGRAPHY OF CHINA

박영사

중국은 G2라 불리며, 미국 다음으로 세계 2위 경제대국으로 부상하였다. 중국의 인구는 14.1억 명으로 인도 다음 세계 2위이며, 국토 면적은 세계 4위이다. 이처럼 명실상부한 '대국'으로 부상하게 된 중국에 대한 이해의 첫걸음은 기본적인 지리정보의 이해에서부터 시작하는 것도 유용한 방법이다. 본책은 중국의 지리를 이해함에 있어 경제, 문화와 같은 인문지리는 물론, 지역학적 특성을 그 범위에 두고 접근하였다. 즉 동서 간 5개의 시차구간이 있음에도 베이징 시간을 표준시간으로 두고 있는 이유와 함께 세계 최고 높이의 에베레스트산과 해발 최저점인 투루판 분지와 같은 지리적 특성도 살펴보고자 한다.

경제지리학(Economic Geography)은 경제 활동 및 경제적 현상을 지역·장소·공간 등 지리적 측면에서 바라보고 연구하는 인문지리학의 한 분야이다. 지리학은 지역지리학과 계통지리학으로 양분된다. 지역지리학은 특정 지역의 지리적 사물과 형상을 통해 지역성을 규명하고, 계통지리학은 공간 특성에 관한 일반적인 원리를 연구하는 학문이다. 전자에서는 지역의 차이가, 후자에서는 일반성이 강조된다.

계통지리학은 자연지리학과 인문지리학으로 구분할 수 있다. 지형학, 기후학, 기상학, 토양학, 생물지리학, 측지학(測地學), 해양학, 환경지리학 등이 자연지리학이다. 인문지리학에서는 지역의 인문·사회현상을 사회적 요소들과 관련시켜 연구한다. 경제지리학, 도시지리학, 문화지리학, 역사지리학, 정치지리학, 인구지리학, 교통지리학, 사회지리학, 관광지리학 등이 있다. 한국연구재단의 학술연구 분야(대·중·소·세분류)에 따르면 본책은 ① 사회과학/지역학/중국, ② 사회과학/지리학/인문지리학/경제지리, ③ 지리학/지역지리학/아시아지리 분야에 해당된다.

경제지리학에 대한 정의를 보면 일본 경제지리학자인 야다 토시후미는 경제의 공간체계를 대상으로 한 지역구조론의 재구축을 통해 세계·국민·지역·기업·정보경제라는 5가지 분야의 공간체계와 상호 관련성에 대해 이론적·실증적 또 정책적으로 분석하는 것이라고 하였다. 노벨 경제학상 수상자인 폴 크루그먼은 공간에서의 생산입지, 즉 상호 관련성 속에서 일들이 발생하는 장소에 관하여 탐구하는 경제학의 한 분야라고 주장하였다.

중국은 1979년부터 개혁개방 정책을 시작하면서 4곳의 경제특구(선전, 샤먼, 산터우, 주하이)를 먼저 지정하고 14개 연해도시를 개방했으며, 이를 점차 내륙으로 확대했다. 그 결과 개방을 먼저 한 도시들과 나중에 한 도시들 간 또한 연해와 내륙 도시 간의 지리적 불균등 발전이 나타났다. 이러한 현상을 경제지리학으로 분석한다면 중국 특유의 경제성장 과정에서 왜 나타나게 되었는지 이해하기가 쉬울 것이다. 따라서 본책은 중국 내 경제 현상이 지역 또는 공간과 어떤 상관성을 가지고 그에 따라 어떠한 영향을 주고받는지 지리적 관점에서 해석하는 데 주안점을 두었다.

본책 제1장에서는 중국지리를 이해하는 데 기본이 되는 권역 구분법과 지역별 명칭을 서술하였다. 아울러 3대 광역 개발정책(서부대개발·동북진흥·중부굴기)과 도시화에 대해서 분석하였다. 제2장에서는 중국 주변국 현황을 다루었는데, 이는 중국이 14개 국가와 국경을 마주하고 있는 것에 기인한다. 본책의 주제는 중국지리이지만, 중국 내 접경지역은 바로 인접한 국가의 경제·사회적 영향을 받기 때문이다. 제3장에서는 중국의 31개 성, 직할시, 자치구와 2개의 특별행정구(홍콩·마카오)를 7개 권역(화북, 동북, 화동, 화남, 화중, 서북, 서남)으로 나누어 지리적 특성, 경제환경, 발전계획 등을 살펴보았다. 획일적인 통계의 나열보다는 소수민족자치구의 경우 그 역사 배경과 민족 특성을 살펴보고, 경제가 발달한 연해지역은 차세대 성장동력을 이해하는 데 초점을 맞추었다.

시진핑 정부는 2013년 집정하면서 '자유무역시험구'를 전국 각지에 설치했는데 2024년 5월 말 기준 중국 내 22개 지역에 개설되어 있다. 시진핑의 '경제특구'라 불리는 자유무역시험구의 특성, 배경, 위치, 최근 실적 등을 분석하였다. 필자는 한중 수교(1992) 전인 1991년에 인천-웨이하이 간 페리를 타고 중국을 처음 방문한 이후 대학원생, 베이징주재원, 교수로서 30여 년간 중국 각지를 방문할 기회가 있었다. 부산외대에 교편을 잡고 중국 지역학 전문가로서 중국의 31개 성·직할시·자치구 수도(省會)를 모두 방문하겠다는 필자의 목표를 최근 해남성 하이커우 방문으로 달성하기도 하였다. 본책 출간의 배경 중 하나는 지금까지 연구자로서 살펴본 중국을 정리하려는 염원도 있다.

본책은 필자가 부산외대출판부에서 2013년에 발행한 『중국지리의 이해』에 기본 얼개를 두고 있다. 대학교재 스타일로 구성된 위 책과 달리 본책은 꼭 필요한 중국지리 정보를 인문적 고찰 및 경제적 분석과 함께 독자에게 전달하고자 하는 목적을 가지고 새롭게 집필한 결과물이다.

단행본이라는 한정된 분량에 세계에서 네 번째로 큰 중국지리를 담기에는 무리가 있다는 것을 부인하기 어렵다. 중국지리는 시간의 흐름에 따라 경제·사회·문화적 특성이 변화하는 것이 당연하다. 필자는 2019년부터 '두피디아 여행기(두피디아T)'라는 온라인 플랫폼을 활용하여 지면이 가지는 한계를 극복하고자 노력해 오고 있다. 지금도 매월 게시하고 있는 '두피디아T'의 원고, 동영상, 사진 자료를 통해 중국 각지의 인문·경제지리를 온라인 독자들에게 소개하고 있다. 필자는 본책 출간 이후에도 꾸준한 온라인 집필 작업을 통해 중국 인문·경제지리의 변화를 좇아가기 위한 노력을 게을리하지 않을 계획이다.

남산동 연구실에서
저자 김동하
2024년 9월

중국 전도

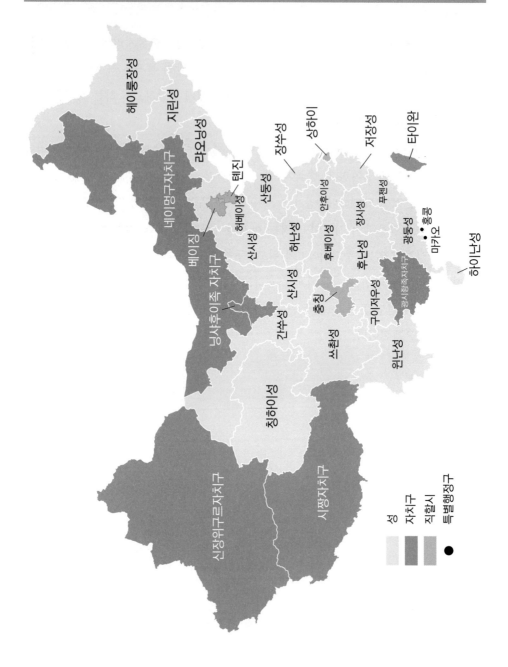

헤이룽장성
지린성
라오닝성
네이멍구자치구
베이징
텐진
허베이성
산시성
산둥성
장쑤성
상하이
안후이성
허난성
후베이성
장시성
저장성
푸젠성
타이완
광둥성
홍콩
마카오
하이난성
광시좡족자치구
후난성
구이저우성
충칭
쓰촨성
윈난성
간쑤성
산시성
칭하이성
닝샤후이족 자치구
신장위구르자치구
시짱자치구

성
자치구
직할시
특별행정구

I 중국 인문지리

1. 본책에서 중국어 표기는 국립국어원에서 정한 중국어표기법과 한자 발음 표기법 두 가지를 혼용하였다. 따라서 '北京'은 '북경', '베이징'의 두 가지로 모두 기술하였다. 그 첫 번째 이유는 독자들에게 지역명에 대한 중국어 발음과 한자음을 모두 소개하기 위해서이고, 두 번째는 혼동을 피하기 위해서이다. 호남성의 수도는 장사(長沙)인데, 이를 한자음 '장사'로만 쓰면 문맥에 따라 상행위를 뜻하는 '장사'로 읽힐 수도 있기 때문이다. 따라서 중국어 발음 '창사(Changsha)'로 기술했다.

2. '陝西省(섬서성)'과 '山西省(산서성)'의 중국어 발음(한어병음)은 모두 'ShanXi'로 표기된다. 이에 따라 우리의 중국어표기법도 '산시'로 같다. 그러나 혼동을 피하기 위해 중국 국가통계국에서 발행하는 『중국통계연감』 영문판에 산서성은 'ShanXi'로 섬서성은 'ShaanXi'로 달리 표기(a를 2개 병기)하고 있다. 측량, 지도 제작을 관장하는 중앙부서인 국가측회국(国家测绘局)에서 제작한 『중국지명록』에서도 동일한 영문표기법을 사용하고 있다. 따라서 본책은 陝西省(섬서성)은 '샨시성'으로, 山西省(산서성)은 '산시성'으로 표기했다.

3. 본책에서 기술된 신중국(新中國)은 1949년 10월 1일에 성립된 중화인민공화국, 지금의 중국을 의미한다.

I

중국 인문지리

중국 인문 · 경제지리

I

중국 인문지리

1. 중국 국토 현황

중국 국토면적은 960만km²이다. 이는 세계 4위 규모이다. 한국 면적과 비교하면, 대한민국 면적(99,720km²)의 96.2배이며, 한반도(22만km²) 면적의 43.6배 규모이다. 미국 국토면적은 982.66km²(세계 3위)로 중국보다 약 2.36% 큰 편이며, 캐나다 면적은 998.46만km²로 세계 2위 수준이다. 세계 1위 국토를 가진 국가는 러시아로 국토면적이 1,709.82만km²에 달한다.

중국의 지세는 서고동저(西高東低)형으로 서쪽 끝의 히말라야 산맥에서부터 동쪽 끝의 장강 중하류 평원까지 서쪽에서 동쪽으로 낮아지는 형태를 보이고 있다. 중국 서남부에 위치한 청장고원은 가장 높은 지대이며, 곤륜산맥, 기련산맥, 횡단산맥을 경계로 하여 동쪽과 북쪽으로 낮아지고 있는 일련의 고원과 분지가 그 다음 단계로 높은 지대이다. 마지막으로는 대흥안령, 태행산, 무산, 무릉산, 설봉산 등이 동쪽 평원을 구성하고 있다.

이처럼 평원이 적고 고도의 차이가 심하다. 중국의 3대 평원은 동북평원, 화북평원, 장강중하류 평원으로, 이중 흑룡강성·길림성·요녕성으로 이루어진 동북평원이 가장 크다.

국토 지형별 유형을 보면, 산지가 33%로 가장 많고 그 다음이 고원(26%), 분지(19%), 평원(12%), 구릉(9.9%) 순이다. 특징별로 보면 경작지는 전국토의 12.68%인 1억

2,172만ha에 달한다. 이는 총규모로는 세계 4위로 국토 순위와 동일하나, 1인당 경작지 면적기준으로 보면 세계 126위에 불과하다. 특히 1980년대 개혁개방 정책 실시 이후, 많은 경작지들이 유실되면서 공장과 상업건물이 들어서게 되었다. 1997년 중국 경작지는 1억 2,993만ha였으나, 2010년 말 경작지는 821만ha나 줄어들게 된 것이다.

2000년 중국의 1인당 경작지 면적은 1,053.33m²였으나, 2010년에는 920m²로 14.5%나 줄어들었다. 이는 세계 1인당 경작지 면적 평균치의 40% 수준이다. 현재 중국 정부가 설정한 최소 경작지 유지면적은 1.2억ha이다.[1] 최근 통계인 제3차 전국토지조사(2019) 결과에 따르면 2019년 중국 내 경지 면적은 1억 2,786만ha로 나타났고, 1인당 경작지 면적은 906.7m²로 2010년 대비 다시 1.47% 줄어 들었다.

2022년 기준 중국 토지 현황을 보면, 경지가 15.9%, 과수 등을 재배할 수 있는 원예지 2.5%, 삼림 35.4%, 초지 33%, 습지 2.9%, 도시 및 공업용지 4.5%, 교통운수용지 1.3%, 수역(水域) 및 수리설비용지 4.5% 수준을 나타내고 있다.

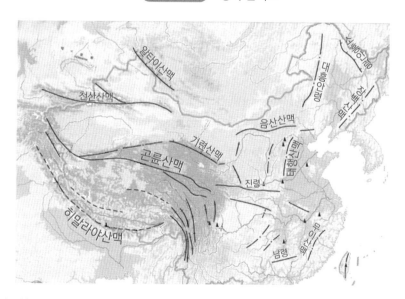

그림 1-1 　중국 산맥도

자료: 中國地圖出版社(2008).

---

[1]　新华网(2011.2.24.), 我国耕地面积十余年减少1.23亿亩.

중국에서 가장 긴 강은 장강(長江)으로 총연장은 6,300km에 달한다. 그다음이 황하(黃河)로 5,464km 수준이다. 중국에서 가장 큰 면적의 호수는 청해성에 위치한 청해호(青海湖)이며, 그 면적은 4,583km²로 서울 면적(605.4km²)의 7.6배에 달한다. 청해호는 염호(짠물 호수)이며, 면적 기준으로 중국 내 2대 호수인 파양호(鄱陽湖, 3,583km²)는 중국 최대 담수호(민물 호수)이다.

중국에서 해발고도가 가장 낮은 곳은 신강위구르자치구에 위치한 투루판 분지(Turfan Depression)로 해저 154m 수준이며, 가장 높은 곳은 네팔과 국경을 마주하고 있는 에베레스트산(8,850m)이다. 에베레스트산의 티베트어 명칭은 초모랑마(Chomolangma. 대지의 여신)이며, 중국어 명칭은 초모랑마를 음역한 '주무랑마(珠穆朗瑪峰)'이다.

중국에서는 종교와 관련되어 신성시하는 산들이 많다. 먼저 도교에서 신성시하는 5악(五岳)이 있다. 즉 동악(东岳)이라 불리는 타이산(泰山. 해발1,545m. 산동성 泰安市)이 있고, 남악(南岳)이라 불리는 헝산(衡山. 1,300m. 호남성 衡阳市), 서악(西岳)이라 불리는 화산(华山. 2,155m. 섬서성 华阴市), 북악(北岳)으로 불리는 헝산(恒山. 2,016m. 산서성 浑源县), 중악(中岳)으로 불리는 쑹산(嵩山. 1,512m. 하남성 登封市)이 있다. 5악은 6세기 후반에 도교 신도들이 신성시하기 전부터 여러 고전에 문장의 주제로 등장하면서 이미 특별한 산으로 간주되었다.

다음으로 불교에서 신성시하는 4대 명산이 있다. 먼저 푸퉈산(普陀山. 절강성 普陀县. 286m), 어메이산(峨眉山. 사천성 峨眉县. 3,079m), 우타이산(五台山. 산서성 五台县. 3,058m), 주화산(九华山. 안휘성 青阳县. 1,344m) 등이다. 이외에도 안휘성에 있는 황산(黄山. 1,864m)도 명산 중의 하나이다. 1,000미터가 넘는 봉우리가 77개나 있으며, 1990년에 유네스코 세계자연문화유산으로 등록되었다.

표 1-1   중국 자연 개황

구분	현황	구분	현황
국토면적	960만km²	토지 현황 (801만km²)	경지 15.9%
동서 간 거리	5,200km		원예지 2.5%
남북 간 거리	5,500km		삼림 35.4%
해역면적	473만km²		초지 33.0%
해안선 총연장	32,000km		습지 2.9%
도서(島嶼) 수	5,400개		도시 및 공업용지 4.5%
도서 면적	3.87km²		교통운수용지 1.3%
국토 지형별 유형	산지 33.33%	주요 강 (길이)	수역 및 수리설비용지 4.5%
	고원 26.04%		장강 6,300km
	분지 18.75%		황하 5,464km
	평원 11.98%		송화강 2,308km
	구릉 9.9%		주강 2,214km
주요 호수 (면적)	청해호 4,583km²(청해)		료하 1,390km
	파양호 3,583km²(강서)	지형 (해발최고저)	투루판 분지(-154m), 에베레스트산(8,850m)
	동정호 2,740km²(호남)		
	태호 2,425km²(강소)		

자료: 『中國統計年鑑(2022)』, 중국지도출판사 홈페이지(www.sinomaps.com).

○ 6개의 기후대를 가진 중국

중국 지형도에서 보듯이 중국은 시베리아와 인접한 한온대와 베트남과 인접한 열대 기후를 모두 보유한 광활한 기온대를 가지고 있다. 북쪽에서부터 보면, 한온대, 중온대, 난온대, 고온기후대(사막지역), 아열대, 열대 기후대를 모두 보이고 있다.

각 도시별 최고, 최저기온도 극한대과 극고온대를 동시에 나타낸다. 먼저 동북지역에 있는 하얼빈시의 경우, 1월 최저기온 -41.4℃를 기록한 바 있으며, 반면에 화남지역 광저우시는 1월 평균기온이 영상을 유지하고 있다. 서북권 대부분을 차지하는 사막지대와 고원지대의 기온도 낮은 편인데, 칭장고원에 위치한 청해성 수도인 시닝시 12월 최저기온은 영하 26.6℃ 수준이며, 신강위구르자치구 수도 우루무치 역시 2월 최저기온 영하 41.5℃를 기록했다.

반면에 중국 내 가장 남쪽에 위치한 해남성의 싼야시는 연평균 기온이 25.5℃로 전형적인 열대기후를 가지고 있다. 또한 해남성 성도 하이커우시 7월 최고 온도는 40.5℃를 기록한 바 있으며, 7월 평균온도는 28.1℃ 수준이다.

그림 1-2   중국 지형도

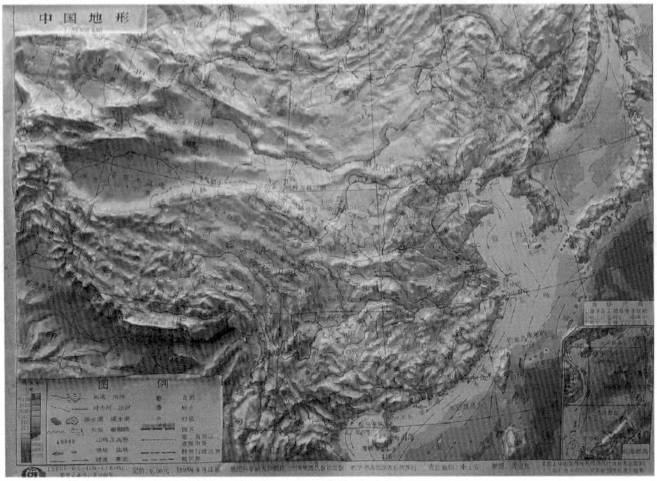

자료: 중국지도출판사 홈페이지(www.sinomaps.com).

그림 1-3   중국 기후대 구분

한온대
중온대
난온대
고온기후대
아열대
열대

■ 한온대
  중온대
  난온대
  고온기후대
  아열대
■ 열대

일반적으로 중국 내에서도 여름철에 덥기로 유명한 3대 도시가 있는데, 난징, 우한, 충칭이 그 주인공이다. 이들 도시는 중국 서남지역과 화중지역에 위치하고 있는데 공통점은 장강 중하류에 위치하고 주변에 호수가 많아서 공기 중에 습도가 높다는 점이다. 또한 충칭 같은 경우는 사천분지에 인접하여, 더워진 공기가 외부로 확산되지 못하고 도심 지역에 오랫동안 머물러 있는 특징을 보인다. 그 결과 이들 세도시의 여름철 평균기온은 32℃를 오르내리며, 밤에도 열대야 현상이 지속적으로 나타나고 있다.

○ 베이징 타임

중국 국토의 동서간 거리는 약 5,200km로, 경부고속도로 구간이 416km인 것을 고려하면, 서울-부산의 12.5배에 달한다. 세계시차표 기준에 따르면 중국 동서 간 구간은 5개의 시차 구간이 지나고 있으나, 중국 정부는 정치적인 목적에서 수도인 베이징(北京) 시간을 표준시간으로 통일시켜 사용하고 있다.

런던 그리니치 천문대의 자오선(본초자오선)은 1884년 국제협정에 의해 지구의 경도의 원점으로 채용되었으며, 또 1935년부터 이 자오선을 기준으로 하는 그리니치 시(時)가 세계시로서 국제적 시간계산에 쓰이게 되었다. 이를 그리니치 평균시, 즉 GMT(Greenwich Mean Time)라고 한다.

GMT를 기준으로 세계 여러 나라의 시각을 정한 원리는 다음과 같다. 지구는 한 바퀴가 360°이다. 1시간에 지구는 15°씩 회전하기 때문에 24시간이면 한 바퀴를 돌게 된다(1일이 24시간). GMT를 기준으로 15° 단위로 끊으면 지구 전체는 24개 구역이 된다. 이는 세계시차표의 24개 구간을 의미한다. 날짜변경선은 경도 0도인 영국 그리니치 천문대의 180도 반대쪽인 태평양 한가운데(경도 180도)로 북극과 남극 사이 태평양 바다 위에 세로로 그은 가상의 선이다.

동일 시간권은 A라는 국가와 B라는 국가가 24개 구간 중 한 개에 같이 있다는 의미이다. 한국은 GMT로 부터 135° 동쪽에 위치하므로 9시간 빠르며(GMT +9), 일본 도쿄 부근의 135° 경도선에서 120°까지는 같은 시간권을 쓰고 있어서 우리나라와 일본은 시간이 같다. 반면 베이징(東經 120°)은 우리보다 1시간 늦은 시간권(GMT +8)을 쓴다.

15° 단위로 나뉜 시간 구분선이 직선이지 않은 이유는 국가별 편의성 때문이다. 만

약 세계시차표에서처럼 시간 구분선이 국경을 기준으로 되어 있지 않고 직선으로 그어진다면, 우리나라의 경우 부산과 목포에 두 개의 시간대가 생기게 된다.

중국도 한때는 5개 시간권을 가지고 있었다. 문헌에 따르면 중국은 1902년(광서 28년)에 최초로 중국세관이 해안시(海岸時)를 지정하면서 동경(東經) 120°를 기준으로 삼았다. 1912년 중화민국 시절, 베이징에 있던 중앙관상대(中央观象台)는 중국 시간권을 5개로 나누었다. 1939년 3월, 중화민국 내정부는 중국 내 5개 시간권을 아래와 같이 확정하게 된다.

- 쿤룬 시간권(昆仑时区): GMT+5.5 신장 서부와 시짱(티베트) 일부
- 신장 시간권(新藏时区): GMT+6 신장과 시짱
- 룽수 시간권(陇蜀时区): GMT+7 중부권
- 중위안 표준시간권(中原标准时区): GMT+8 중국 해안
- 창바이 시간권(长白时区): GMT+8.5 동북권

그러나 1949년에 중화인민공화국이 탄생하면서, 마오쩌둥[2]은 중국 전체 권역에 대한 시간권을 GMT+8, 즉 이전의 중원 표준시간권으로 통일시켰다. 세계시차표 기준에 따르면 중국 동서간 구간은 5개의 시차 구간이 지나고 있음을 알 수 있다. 하지만 중국 정부는 정치적인 목적에서 수도인 베이징 시간을 표준시간으로 통일시켜서 사용하고 있는 것이다.

따라서 베이징보다 2시간 30분 시간이 빠른 인도 뉴델리와 같은 시간대 구역에 있는 우루무치시(신강위구르자치구 수도)의 시간도 북경과 동 시간대를 쓰고 있다. 이는 북경과 우루무치의 아침 8시는 동일한 표준시(베이징 타임)를 쓰고 있지만, 실제 우루무치의 천문환경은 인도 뉴델리(05시 30분)와 같은 새벽이라는 의미이다.

이러한 상황을 고려하여, 우루무치의 많은 기업들은 출근시간을 오전 10시로 늦추어, 북경 표준시 준수로 인한 생활의 불편을 해소하고 있다. 또한 우루무치의 많은 은행, 관공서 등도 하절기 영업시간은 10시로 늦춰 놓았다.

---

2 毛泽东(1893~1976), 호남성 상담(湖南 湘潭) 출신으로 중국 1세대 지도자이다. 1949년 10월 1일 중화인민공화국을 성립한 주인공 중 하나이다.

그림 1-4 여명이 밝아오는 7월 9일 아침 9시 19분, 우루무치 풍경

자료: ⓒ 2019. 김동하.

그림 1-5   세계시차표

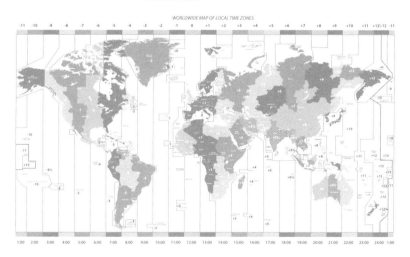

2. 중국 권역 구분

1 전통적 권역 구분법

중국의 권역 구분법은 청대 이전부터 장강(長江)과 황하(黃河)를 기준으로 남과 북을 양분(혹은 4분)하는 전통적인 지역 구분법이 있었다. 그 후, 중국의 중심인 하남성(河南省)을 기준으로 동, 서, 남, 북 방위를 나누어 화중(華中), 화동(華東), 화남(華南), 화북(華北)으로 나누는 4분법이 통칭되어왔다.

하남성은 중국 7대 고도(古都) 중 두 곳인 개봉(開封)과 낙양(洛陽)이 있어, 중국의 중심이라는 의미의 중원(中原)으로 불리던 곳이다. 중원답게 하남성 주위는 7개의 성(省)이 둘러싸고 있다. 중국이 개혁개방 정책을 시작한 1979년 이전부터 동서횡단 및 남북종단 철도의 모든 간선이 하남성 성도인 정주(정저우, 鄭州)를 통과하는 등 교통, 물류의 중심지였다. 하남성 카이펑(開封)은 7대 왕조(삼국시대 - 魏 220~265년, 오대 - 後梁·後晉·後漢·後周 907~960년, 북송 960~1127년, 금 1115~1234년)에 걸친 수도였고, 뤄양(洛陽)은 9대 왕조(동주 BC 770~221, 위, 서진 265~316년, 북위 386~534년, 당 618~907년, 후양, 후당)에 걸친 수도였다.

이러한 전통적인 권역 구분법은 1949년 공산당 혁명으로 신중국(新中國)이 성립된 후, 정치 및 경제발전을 위한 전략적 이유로 재편되게 된다.

○ 1선, 2선, 3선으로 구분되는 중국

1960년대에 중국은 정치적 이유로 1선(一線), 2선(二線), 3선(三線) 지역으로 구분되기도 했다. 1960년대 후반에 3선 건설(三線建設)이라는 용어가 탄생했다. 1964년부터 1978년까지 마오쩌둥의 중국 정부는 미국의 중국 침략설, 러시아(구소련)와 이념 갈등, 대만과의 군사적 긴장을 이유로 중요한 산업기지를 중서부 지역 13개 성과 자치구가 위치한 후방(내륙)에 건설하거나 이전하는 사업을 추진한다. 이 국책 사업의 이름은 '3선 건설'로 붙여졌으며, 여기서 후방(後方)이 3선인 셈이다. 이를 위해 15년 동안 총 2,052억 위안의 자금이 투입되었으며, 최고조에 이르렀을 때에는 400만 명의 인원이

동원되어 총 1,100개 신설 혹은 이전 프로젝트가 수행되었다.

1선은 연해와 국경지역으로 규정되었으며, 3선은 사천성·귀주성·운남성·섬서성·감숙성·영하자치구·청해성 등 7개 서부권 지역과, 산서성·하남성·호남성·호북성·광서장족자치구 등 5개 지역이 포함되었다. 그리고 2선은 1선과 3선에 포함되지 않은 나머지 지역으로 정의되었다. 따라서 현재 철강산업으로 대표되는 중국의 중화학 공업기지들은 3선 건설기간에 전혀 경제적인 고려없이 정치적인 목적에 따라 이들 산간 내륙지역에 들어서게 되었고, 지금까지도 운영되면서 중국경제의 한 축을 담당하고 있다. 이후 중국에서 '3선'은 물류망도 닿지 않는 내륙 깊숙한 지역이라는 의미를 담게 되었다.[3]

그림 1-6 1960년대 중국 삼선건설 지역 구분도

---

3 삼선건설: 1964년 10월 마오쩌둥이 제기한 지역발전 전략이다. 중·소 관계가 악화되고 미국이 베트남 전쟁에 개입하면서 국방·안보 문제에 대한 우려로 내륙지역 방위산업 분야에 집중 투자가 이루어졌다. 전국을 제1선(동부연해), 제2선(중부), 제3선(쓰촨, 윈난, 구이저우, 산시, 간쑤, 칭하이, 닝샤와 산시일부, 허난, 후베이, 후난서부)으로 구분하여 신규 산업시설 투자를 쓰촨, 구이저우, 간쑤, 산시성 등 내륙에 집중하고, 1970년대 말까지 2.9만 개 프로젝트(2,000개 기업과 연구단지, 45개 생산기지 및 30개 신흥도시)가 건설되었다.

'3선 건설'에서 시작된 1·2·3선은 이제 다른 의미로 각 영역에서 쓰인다. 규모(인구·경제)를 기준으로 혹은 시장이나 구매력을 기준으로 1·2·3·4선 지역과 도시를 구분하기도 한다. 중국의 WTO 가입 이후, 특히 도시지역에서 부동산 활황세가 불붙자 먼저 부동산 업계에서 도시를 1선, 2선, 3선으로 구분하기 시작했다. 가장 부동산 시장이 발달한 북경시, 상해시, 선전시, 광저우시 등 4개 도시가 1선으로 분류되었으며, 2선 도시는 성의 수도가 위치한 도시 중 경제 발달지역, 3선 도시는 경제가 미발달된 성 수도, 4선 도시는 일반 중소형 도시로 구분한 것이다. 중국 내수시장을 분석한 KOTRA 보고서에 따르면 상해, 북경, 광저우를 1선 도시로 구분하고 있으며, 2선 도시는 연해지역 도시 중 경제가 발달했거나 성 혹 자치구 수도인 도시 12개, 3선 도시는 기타 소비시장이 발달된 중대형 도시 13개를 꼽고 있다.[4]

어떤 시각으로 보느냐에 따라 1선, 2선, 3선 도시에 포함되는 기준이 달라진다. 즉 자동차 업계의 기준은 1인당 승용차 보유대수와 자동차 대중화의 정도(모터라이제이션)를 기준으로 하고 있으며, 금융 업계에서는 은행 지점수, 예금·대출 잔액 등이 기준이다. 중요한 것은 중국경제가 발전할수록 3선에서 2선 도시에 진입하는 대형 도시가 늘어난다는 점이며, 중국경제는 이들 도시를 중심으로 움직이는 도시경제라는 점이다.

표 1-2 최신 중국 도시군 구분

도시군	도시(城市)
1선 도시 (5개)	베이징(北京), 텐진(天津), 상하이(上海), 광저우(廣州), 선전(深圳)
2선 도시 (30개)	타이위안(太原), 정저우(鄭州), 스자좡(石家莊), 탕산(唐山), 옌타이(煙臺), 지난(濟南), 쯔보(淄博), 칭다오(青島), 난징(南京), 쑤저우(蘇州), 우시(無錫), 닝보(寧波), 원저우(溫州), 항저우(杭州), 다롄(大連), 선양(瀋陽), 창춘(長春), 하얼빈(哈爾濱), 허페이(合肥), 난창(南昌), 창사(長沙), 우한(武漢), 둥관(東莞), 포산(佛山), 샤먼(廈門), 푸저우(福州), 청두(成都), 쿤밍(昆明), 충칭(重慶), 시안(西安)

---

4 KOTRA(2009), 중국 내수의 신블루오션 유망 2, 3선 도시 소비 트렌드(2009.3.31.).

3선 도시 (61개)	바오터우(包頭), 어얼둬쓰(鄂爾多斯), 후허하오터(呼和浩特), 난양(南陽), 뤄양(洛陽), 랑팡(廊坊), 바오딩(保定), 창저우(滄州), 한단(邯鄲), 더저우(德州), 둥잉(東營), 랴오청(聊城), 린이(臨沂), 빈저우(濱州), 웨이팡(濰坊), 시닝(西寧), 웨이하이(威海), 지닝(濟寧), 타이안(泰安), 허쩌(荷澤), 난퉁(南通), 쉬저우(徐州), 양저우(揚州), 옌청(鹽城), 장인(江陰), 장자강(張家港), 전장(鎭江), 창저우(常州), 쿤산(昆山), 타이저우(泰州), 화이안(淮安), 샤오싱(紹興), 이우(義烏), 자싱(嘉興), 진화(金華), 타이저우(臺州), 안산(鞍山), 지린(吉林), 다칭(大慶), 우후(蕪湖), 웨양(嶽陽), 창더(常德), 샹양(襄陽), 이창(宜昌), 마오밍(茂名), 잔장(湛江), 장먼(江門), 주하이(珠海), 중산(中山), 후이저우(惠州), 류저우(柳州), 장저우(漳州), 취안저우(泉州), 하이커우(海口), 구이양(貴陽), 몐양(綿陽), 란저우(蘭州), 인촨(銀川), 바오지(寶鷄), 위린(楡林), 우루무치(烏魯木齊)

자료: KOTRA·중소기업청·중소기업진흥공단(2015), 「중소기업 중국내수시장 진출 종합안내서」.

2 개혁개방 이후 권역 구분법

1979년부터는 덩샤오핑[5]이 실시한 개혁개방 정책의 영향으로 중국은 크게 연안지역과 내륙지역으로 양분된 후, 다양한 구분법이 제시되어 오늘에 이르고 있다. 이중, 현재까지 중국 경제지리 현상 파악과 연구에 영향을 미치는 주요 구분법은 3대 유역(流域) 경제권, 3개 권역, 6대 경제구, 7대 경제구, 9개 경제구, 9대 대도시 경제권, 8대 권역 등이 있다.

1) 3대 유역(流域) 경제권

3대 유역(流域) 경제권은 중국 내 주요 하천인 장강과 주강 그리고 해역인 환발해만을 중심으로 인근 성(省), 시(市)를 동일 경제권으로 보는 개념이다.

현재 중국 내에서 급속한 경제성장을 선도하는 중요 핵심지역은 환발해 중 징진지(베이징, 톈진, 허베이), 장강삼각주(長江三角州), 주강삼각주(珠江三角洲) 등 3개 지역이다. 이들 지역을 인구, GDP, 산업구조 측면에서 비교해 보면, 인구규모는 장강삼각지역이 징진지의 1.5배이고, 주강삼각지역은 징진지와 비슷한 규모를 보이고 있다. GDP는 장강삼각주가 징진지의 2배가 넘어 양 지역의 격차가 더 벌어져 있지만, 주강삼각지

---

5   邓小平(1904~1997)은 사천성 광안(四川广安) 출신으로 마오쩌둥과 함께 신중국을 성립하였으나, 마오 주석 서거 후 중국 지도자로 등장했기에 중국의 2세대(1977~1992) 지도자로 불린다.

역은 징진지지역과 비슷한 규모를 보이고 있다. 산업구조의 특징은 징진지지역이 3차 산업이 특화되어 있고, 장강삼각지역과 주강삼각지역은 2차 산업이 특화되어 있다.

■ 환발해 경제권

환발해(环渤海) 경제권은 발해만을 연하고 있는 요녕성과 하북성 일부, 북경시, 천진시, 산동성 일부를 포함하는 경제권이다. 발해만은 중국의 랴오둥반도, 산둥반도, 화북평원에 둘러싸여 있으며 동북지역, 화북지역, 서북지역, 그리고 화둥 일부지역의 주요 출해통로(出海口)이다. 환발해지역은 중국의 정치중심지인 베이징을 비롯하여 톈진시, 그리고 산둥반도의 칭다오시 등 한국과 밀접한 관계를 가져온 도시들이 분포되어 있다.

환발해지역은 한국과 가장 근거리에 위치한 대형 경제권으로 면적이 중국 전체의 3.9%밖에 불과하지만 중국의 수도권을 포함한 핵심지역으로서 정치·경제·문화의 중심지이자 인구밀집 경제권이다. 중심도시로는 중국의 수도이자 직할시인 베이징시, 직할시인 톈진시, 성정부소재지(省会城市)이자 부성급(副省级)도시인 산둥성의 지난(济南)시, 성정부소재지인 스쟈좡(石家庄)시, 부성급도시인 칭다오(青岛)시가 있으며, 그 외에도 대도시로서 허베이성의 탕산(唐山)시와 한단(邯郸)시가 있다. 이 중 톈진시의 빈하이(滨海)신구는 부성급구(副省级区)로 지정되어 있다.

그림 1-7　　중국의 31개 성·직할시·자치구와 3대 유역도

징진지경제권(북경·천진·하북)과 산둥반도경제권이 환발해 경제권 지역에 분포되어 있는데, 이들 지역에는 해양자원, 광물자원, 가스자원 등이 풍부하며, 중국의 중요한 식량생산 중심지이자 관광 중심지이기도 하다. 환발해지역 총인구는 2억 455만 명으로 중국 전체의 15.1%를 점유하고 있으며, GRDP 16%, 면적은 38만km²로 중국 전역의 3.9%를 차지하고 있다.[6]

그림 1-8 발해만과 인근 도시

자료: 조선일보(2011.5.17.).

---

6 징진지 경제권은 본고 하북성 부분을 참고한다.

표 1-3 중국 도시군 유형과 특징

구분	특징
주강삼각주	다수의 중소도시 병행 발전, 외자경제 대동, 수출가공업 발전, 도시 및 산업지구의 성장, 도시체계 및 공간구조에 질적 변화 발생, 현지 산업체계의 발전, 업그레이드 및 고도화(첨단과학기술, 서비스업), 지역파급, 작용의 확대 및 상승
장강삼각주	중심도시 영향 강력, 산업과 기술 확산, 중상(重商)전통과 공상업기초, 현지기업(향진·민영기업)의 발전기초, 도시체계 및 공간구조 상대적 안정, 성시간 발전모델 및 정부작용의 차이, 지역 내 경제수준의 차이 큼
베이징-톈진-탕산	여러 개의 대도시 상대적 독립발전, 중심도시의 정치적 영향이 경제보다 큼. 지역보다 국가가 우선, 강력한 단핵집중 지역공간구조 출현, 지역 내 소도시 발전 미약, 상공업 중심의식 미약, 광범위한 농촌도시화, 산업화 현상 결여, 노동력 유출 극심, 지역 및 도시 간 격차가 도농 간 격차보다 큼. 시장경제는 있으나 정부자원 투자 부족
성정부 성회(省會) 중심의 도시군	성정부의 격려와 지원, 성정부 중심도시(성회)의 행정·경제작용, 성간 경쟁력 기제, 협조수요와 일체화 가능성 존재(창사-주저우-샹탄, 푸젠 남동부, 랴오닝 중남부, 중원, 장강중류, 관중 등)
중소도시 밀집발전 형성 도시군	다수의 중소도시 병행 발전, 상향식 자발적 공업화 모델, 민영경제가 주도, 내자·외자 공동 추동, 내부정비보다 외연확장 추세, 중심도시의 용지 증가속도가 교외(향진)보다 완만, 도시형 공간과 산업형 공간 함께 발전, 분산·조방·자원 소모형(샤먼-취안저우, 타이저우-원저우 등)

자료: 박인성·리칭·정희남(2008), 「중국의 거점도시 및 개발축 형성동향」, 국토연구원, p.148. 필자 편집.

■ 장강삼각주 경제권

장강삼각주는 장강(長江) 하류에 형성된 삼각주라는 뜻으로, 지리상으로는 상해시와 강소성·절강성 일대이다. 장강이 바다로 유입되는 관문으로 강과 바다, 육지를 모두 접하고 있다. 무역·금융·물류 중심지인 상해시를 중심으로 한 장강삼각주 경제권은 상해시와 강소성 8개 도시(양저우·타이저우·전장·난퉁·난징·창저우·우시·쑤저우), 절강성 7개 도시(자싱·후저우·항저우·저우산·샤오싱·닝보·타이저우)로 구성되어 있었으나, 2010년 3월 '창싼자오 경제협의회 10차 시장연석회의'를 통하여 강소성 후이안·옌청, 절강성 진화·취저우 그리고 안휘성 허페이·마안산을 포함시켜 총 22개 도시로 영역이 확대되었다. 장강삼각주 경제권의 면적은 중국 전체의 2.1%, 인구는 10.4%에 불과하지만, 2012년 기준 GDP는 21.5%, 소비액은 20.2%, 무역액은 36%, 고정자산 투자액은 15.5%에 달한다.

장강삼각주의 경제통합은 개혁개방 초기인 1983년에 '상하이 경제구 건설'이 추진되면서 논의되었고, 2008년 국무원 상무위원회에서 장강삼각주 지역의 발전을 중앙정부가 추진하기로 결정했다. 2010년 6월 국가발전개혁위원회에서 '장강삼각주지역구역규획(长江三角洲地区区域规划)'을 공포하면서, 발전 방향과 전략이 정책화되어 나타나게 된다.[7]

'장강삼각주 경제권'은 세 종류 범주를 나타낸다. 먼저 전통적으로 상해시, 절강성, 강소성의 세 지역을 포괄하는 개념이다. 이들 지역은 2022년 기준으로 중국 전체 GRDP(지역내 총생산)[8]의 20.5%, 소비의 20.4%, 인구의 12.5%, 수출입의 34.7%, FDI(해외직접투자) 17.2%를 점유하고 있다. 두 번째 개념은 2003년부터 2010년까지 이들 3개 지역 내 위치한 16개 도시를 포괄하는 협의의 개념이다. 세 번째 개념은 2010년 이후 등장했으며 기존 16개 도시에 안휘성 성도인 허페이와 마안산까지 포함(총 22개 도시)한 범위가 있다.

장강삼각주 경제권의 발전은 지리적 우위와 관계있다. 중국 화동권에 위치하며 동쪽으로는 한국, 일본과 남쪽으로는 대만, 홍콩, 동남아(싱가포르 등) 국가들과 물류망을 구축할 수 있는 위치에 놓여있다. 국내적으로 중국의 북부와 남부를 연결하는 국내 물류 허브 역할을 해왔던, 장강삼각주 경제권은 중국의 WTO 가입을 계기로 높아진 무역대국(2012년 교역액 세계 1위)의 위상에 힘입어 이제 동북아 물류 허브 기지로 역할을 수행하고 있는 것이다.

2005년 이전에는 상해시가 선도 역할을 하고 강소성과 절강성이 배후기지 역할로써 서로 간 상호보완 관계에 있었다면, 2005년 이후에는 각 지역별로 지정한 주력산

---

7 허흥호(2012), 중국 장강삼각주 지역의 경제통합 추진과 발전전망, 「중소연구」 제36권 제1호, p.112.

8 GDP(국내총생산. Gross Domestic Product)는 국가 전체의 총체적인 경제상황을 알려주는 지표이다. 반면, GRDP(지역내총생산. Gross Regional Domestic Product)는 일정 지역 내에서 새로이 창출된 최종생산물가치의 합, 즉 각 시·도(중국은 省) 내에서 경제활동별로 얼마만큼의 부가가치w가 발생되었는가를 나타내는 경제지표이다. 쉽게 말해 시도별 GDP이다. 그러나 통계방법이 다르기 때문에 각 GRDP를 더한다고 해서 GDP가 되지는 않는다.

업(방직, 화학, 식품가공, IT, 의류, 부동산, 자동차 및 부품)이 서로 중복되어 경쟁관계에 놓이게 되었다.

중앙정부는 2019년 「창장삼각주지역 통합 발전 강요(长江三角洲区域一体化发展规划纲要)」를 통해 창장삼각주 경제권을 상하이·장쑤·저장성·안후이성 전역(全域)으로 명확히 규정하면서 지역 간의 통합을 강조했다. 이는 이전 창장삼각주 경제권은 상하이, 장쑤의 9개 도시, 저장 8개 도시, 안후이 8개 도시 등 총 26개의 도시만을 포함한 개념이었던 것에서 바뀐 기준이다. '창장삼각주 통합발전 전략'에 따르면 장강삼각주는 이제 상하이, 강소, 절강, 안휘의 41개 주요 도시를 포함하게 되었다.

그림 1-9   장강삼각주 위치와 주요 26개 도시

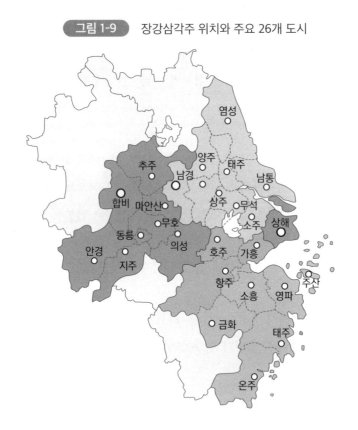

자료: 央广网(2020.12.2.).

■ 주강삼각주 경제권

주강삼각주(珠江三角洲) 경제권은 광동성에 위치한 주강 하류 인접 도시들로 이루어진 경제권역이다. 광동성 남부연해에 위치한 심천, 주해, 혜주, 동관, 중산, 강문, 불산 등 11개 도시와 42개 현으로 구성되어 있다.

면적은 4.17만km² 규모이며, 상주인구는 6,481만 명(2010년) 수준이다. 2012년 기준 이 지역의 GRDP는 4조 7,897.25억 위안으로 이는 전체 광동성의 79.1%를 점유하는 비중이다. 1인당 GDP는 13,454달러(84,563위안)에 달한다.

'주강삼각주 경제권'은 경제지리 개념으로 1980년대부터 시작되었는데, 이는 중국의 개혁개방 정책이 광동성에 설치된 경제특구(선전, 주하이, 산터우)를 중심으로 시작되었기 때문이다. 1994년 10월 8일에 광동성 성정부는 성 경제발전 전략에 '주강삼각주 경제구'라는 개념을 정식 문건에 포함시켜 공포함으로서 공식적인 정의가 내려지게 되었다. 이 시기 주강삼각주 경제구 범위는 광저우, 선전, 포산, 주하이, 동관, 중산, 장먼 등 7개 도시와 후이저우, 칭위안, 자오칭 등 3개 도시 일부 지역을 포함하는 개념이었다. 이후 홍콩(1997)과 마카오(1999)가 중국에 반환되면서 그 범위는 홍콩과 마카오를 포함한 11개 도시로 확대되었다.

2008년에 국무원은 '주강삼각주지구 개혁발전 규획강요'를 공포하여, 주강삼각주 경제권 발전전략은 국가급으로 승격되게 된다. 이후 주강삼각주 경제권은 도시별, 권역별 발전전략을 달리하여 '광저우-포산' 등과 같이 도시간 일체화 작업과 함께 진행되고 있다.

광동성에는 통신장비·컴퓨터 및 기타 전자 부품 제조, 문화·교육·체육용품 제조, 가구 제조, 인쇄·기록 매체 복제, 플라스틱 제품 제조업종 관련 기업이 중국 내에서 가장 밀집되어 있다. 또한 기업밀집도가 높은 업종을 중심으로 대규모 클러스터가 형성 되어 있다.

광동성 내 생산규모 1위인 통신장비·컴퓨터 및 기타 전자부품 제조업은 중국에서 전체량의 35%가 광동성에서 생산되고 있다. 이 산업은 선전시·둥관시·후이저우시·주하이시 등에 주로 분포되어 있으며 중국 총생산액 중 35.3%가 이들 지역에서 생산된다.

이외에도 기업 밀집도가 높은 문화·교육·체육용품 제조, 가구 제조, 인쇄·기록매체 복제업 등의 공업총생산액 규모는 상대적으로 낮지만 기업수는 많은 편이다. 이는 광동성의 노동집약적 저부가가치산업 특성을 대표한다. 이외에도 플라스틱 제품 제조, 가죽·모피 가공, 의복·신발·모자 제조 등 노동집약적 업종의 기업밀집도가 높다.

선전시, 둥관시, 후이저우시, 주하이시의 핵심 산업은 통신장비·컴퓨터 및 기타 전자부품 제조업이며 광저우시의 핵심 산업은 자동차 제조로 대표되는 교통·운송장비 제조업이다. 또한 포산시와 중산시는 전기장비 제조업, 장먼시는 금속제품 제조업, 자오칭시는 비철금속 제련·압연 가공업이 각각 해당지역의 핵심 산업이다.

그림 1-10 주강삼각주 위치도

자료: 캐나다 한국일보(2014.10.27.).

2) 6대 행정구

중국은 1949년 중국 성립후 1954년까지 중국 전역을 6대 행정구로 분류하여 통치하였다. 따라서 이후 중국의 구역 구분은 경제적으로나 사회통념적으로나 아래 6대 구분법에 근간을 두게 되었다. 특히 동북, 화북, 서북, 서남, 화동, 중남이라는 지역개념이 처음으로 등장하여, 이는 이후 세분화 된 7대 경제구, 8대 권역, 9대 권역 등의 구분법에 영향을 미치게 된다. 6대 행정구 구분은 다음과 같다.

- 동북(遼寧, 吉林, 黑龍江)

- 화북(北京, 天津, 河北, 內蒙古, 山西)

- 화동(山東, 上海, 江蘇, 浙江, 安徽, 福建, 江西)

- 중남(河南, 湖北, 湖南, 廣東, 廣西, 海南)

- 서남(四川, 重慶, 貴州, 雲南, 西藏)

- 서북(陝西, 甘肅, 靑海, 寧夏, 新疆)

그림 1-11 중국 7대 권역도

③ 7대 경제구

7대 경제구 개념은 6대 행정구에 근간을 두고 있다. 6대 행정구에서 중남(中南)에 속했던 구분을 화중(華中)과 화남(華南)으로 양분하여, 중국 지역을 7개로 나누었다. 이는 개혁개방 정책 후, 화남지역의 경제발전이 앞서 나갔기 때문에 특히 경제적으로도 필요한 구분이었다. 7대 경제구의 동북·화북·서남·서북지역은 6대 행정구와 변화가 없었고, 기존 화동지역(6대)에 있던 안휘성과 강서성은 화중지역(7대)으로 재분류 되었으며, 복건성은 화남지역(7대)으로 나뉘었다. 또한 중남지역(6대)을 구성했던 6개 성 중 광동·광서·해남은 화남지역(7대)으로, 하남·호북·호남은 화중지역(7대)으로 재분류 되었다. 7대 경제구 현황은 다음과 같다.

- 동북(遼寧, 吉林, 黑龍江)
- 서북(陝西, 甘肅, 靑海, 寧夏, 新疆)
- 화북(北京, 天津, 河北, 內蒙古, 山西)
- 화동(山東, 上海, 江蘇, 浙江)
- 화중(河南, 安徽, 江西, 湖北, 湖南)
- 화남(福建, 廣東, 廣西, 海南)
- 서남(四川, 重慶, 貴州, 雲南, 西藏)

주목할 점은 화북, 화남, 화동은 있으나 화서(華西)가 없다는 점이다. 6대 행정구에서도 화서는 등장하지 않는다. 그 첫 번째 이유는 역사적 배경에서 찾을 수 있다. 중국의 역대 왕조가 수도를 두었던 섬서성 서안을 기준으로 서쪽은 유목 민족(위구르, 티베트 등)이 지배했던 非중화민족의 땅이었다. 따라서 중국의 중심(중원)을 기준으로 서쪽은 중화민족의 영역이 아니었기 때문이다.

중국지리 개념 중 한족영토 18성(汉地十八省)이 있다. 소수민족이었던 만주족이 지배하는 청나라가 등장하면서 등장한 개념으로, 한족(중국 총인구의 91.11%)이 거주하는 18개 성을 의미한다. 명대에는 15성이었으나 청대에 호광성을 호북과 호남으로, 강남성을 강소, 안휘로 나누고 섬서성에서 감숙성을 구분하여 18성이 되었다. 이들 18성은 청대에도 이전 명대 통치제도를 그대로 유지했기 때문에 한족영토 18성이라 칭했다.[9]

이에 반해, 청나라 지배민족이던 만주족이 새로 점령한 신강(新疆), 내외몽고(内外蒙古), 청해(青海), 시짱(西藏) 등 기타 지역은 군대가 주둔하는 별도의 통치제도인 관외장

---

9 成崇德(1999), 十八世纪的中外舆图与清朝疆域(提要), 第二届国际满学研讨会. 成崇德(2005), 论清朝疆域形成与历代疆域的关系,「中国边疆史地研究」2005年第1期.

군직할구(关外将军辖区)를 유지했다. 18성과 이들 관외장군직할구를 구분하는 기준이 바로 만리장성이었다.

화서가 없는 두 번째 이유는 앞서 살펴본 3대 유역 경제권과 관계 있다. 장강, 환발해, 주강 모두 화동, 화북, 화남 지역을 배경으로 하고 있기 때문이다. 이런 이유로 중국 내 학교, 기관 명칭에 화동(화동사범대학 등), 화남(화남이공대학 등), 화북(화북전력대학 등)은 빈번하게 등장하지만, 화서는 아주 드물게 보인다.[10]

표 1-4 중국 7대 경제구 현황

권역	省·市·自治區	도시수	권역	省·市·自治區	도시수
동북지역	요녕성	31(28)	화중지역	하남성 •	37(27)
	길림성	26(10)		호북성 •	36(31)
	흑룡강성	27(18)		호남성 •	28(20)
화북지역	북경시	1		강서성 •	19(13)
	천진시	1		안휘성	22(18)
	하북성	34(23)	서북지역	섬서성◉	13(8)
	내몽고자치구◉	12(5)		감숙성◉	10(3)
	산서성 •	22(8)		청해성◉	2(2)
화동지역	산동성	48(47)		영하자치구◉	6(2)
	상해시	1		신강자치구◉	14(3)
	강소성	41(38)	서남지역	서장자치구◉	1(1)
	절강성	33(28)		운남성◉	13(6)
화남지역	복건성	23(12)		귀주성◉	13(7)
	광동성	52(37)		사천성◉	32(27)
	해남성	8(5)		중경시◉	1
	광서 자치구◉	16(12)	합계		625(445)

주: ◉ 표시지역은 서부대개발 정책 해당 12개 省·市·自治區이며, • 표시지역은 중부굴기 정책 해당 6개 성이다.
　도시 기준은 인구 20만 명 이상, 괄호 안 수치는 인구 50만 명 이상의 중형도시이다.

10　화서의과대학, 서안화서대학 등이 대표적이다. 이에 반해 화동, 화남, 화북을 대학 이름에 포함한 곳은 40여 곳이 넘는다.

○ 15인치 등우량선과 만리장성

역사학자 레이 황(黃仁宇. 1918~2000)은 중국 전체의 연간 평균 강우량 차이에 의해 농경 민족과 유목 민족이 나뉜다고 주장했다. 연간 강수량 15인치(400㎖)를 경계로 그 이상이면 농경이 가능하나, 그 이하이면 초본식물의 생장만 가능하다. 15인치 등우량선을 중국 지도에 그어보면 정확히 현재 만리장성의 위치와 일치함을 알 수 있다.[11]

즉 유목 민족들은 식량이 부족할 때는 약탈을 위해 농경 민족을 습격할 수 밖에 없었다. 농경 민족은 항상 다음 해 수확 때까지 반년간의 식량을 비축해 놓고 있었기 때문이다. 따라서 이들 두 집단 사이에는 전쟁이 불가피했다. 기원전 3세기인 진나라 때부터 중원에 자리 잡은 중국인(농경 민족)들은 보루를 쌓을 수밖에 없었고, 매 왕조마다 이것들을 연결하여 명대에 이르러 만리장성이 된 것이다.

만리장성(萬里長城)의 현재 길이는 지도상 약 2,700km이지만 중복된 부분을 합치면 2배 이상 되어(1里=0.5km), 만리(5,000km)장성이라고 부른다. 춘추시대 제(齊)나라가 영토방위를 위하여 국경에 쌓은 것이 기원이며, 전국시대 여러 나라도 이에 따랐다. 진시황제는 중국 통일(B.C. 221) 후 흉노족을 막기 위해 감숙성 남부로부터 북으로, 황허 북쪽을 따라 동으로, 동북 랴오허 하류에 이르는 장성을 쌓았다. 절반 이상은 전국시대 연(燕)·조(趙) 등이 쌓은 장성을 연결한 것이다. 전한 무제 때는 하서회랑(감숙성 서부)을 흉노로부터 지키려고 장성을 란저우 북방에서 서쪽으로 둔황 서편 옥문관까지 연장하였다.

남북조시대에는 북방 민족의 활동으로 장성 위치가 남하하여, 6세기 중엽 북제(北齊)는 산서 대동에서 북경 거용관을 거쳐 하북 산해관에 이르는 장성을 축성하였으며, 수(隋)는 돌궐·거란 방비를 위하여 오르도스(내몽고) 남쪽에 장성을 쌓았다. 장성이 현재의 규모로 정비된 것은 명나라 시대로 몽골의 침입을 막기 위해서였다. 1987년 만리장성은 유네스코 문화유산으로 지정되었다.

---

11 조관희(2015), 『베이징 800년을 걷다』, 도서출판 푸른역사, p.168.

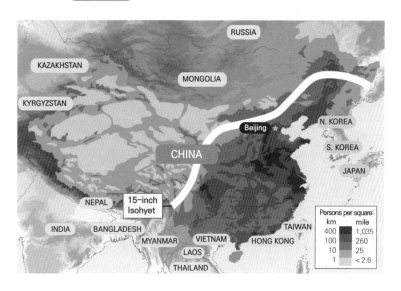

그림 1-12 중국의 15인치 등강수량선(isohyet)

자료: Encyclopædia Britannica(www.britannica.com).

 3. 광역 개발 정책

① 서부대개발 정책

1979년 중국의 개혁개방 정책 착수 후, 동부 연안지역과 서부 내륙지역 간 경제격차가 날로 확대되자, 중국 정부가 이의 해소를 위해 2000년부터 서부권 12개 지역을 대상으로 시작한 중장기(50년) 지역발전 정책이 서부대개발 정책이다.

- 해당 권역: 내몽고자치구(內蒙古), 중경시(重慶), 광서장족자치구(廣西), 운남성(云南), 섬서성(陝西), 영하회족자치구(寧夏), 사천성(四川), 서장자치구(西藏), 귀주성(貴州), 청해성(靑海), 신강위구르자치구(新疆), 감숙성(甘肅)

그림 1-13 서부대개발 권역도

표 1-5 서부권 주요 개황(2014년 기준)

구성	총 12개 지역 - 1개 직할시(중경), 6개 성(운남·섬서·사천·귀주·청해·감숙), 5개 자치구 (광서·내몽고·영하·신강·서장)	
인구	3억 6,836만 명(중국 전체의 26.9%) - 이 중 소수민족은 1억 449만 명(28.3%) - 도시화율(47.37%) [중국 전체: 54.77%]	
면적	541.4만km²(중국 전체의 56.4%)	
경제 (중국 전체 규모 중 점유비)	GRDP	20.2%
	1인당 GRDP	37,481위안(6,102달러) [중국 전체: 7,590$]
	수출입	7.8%
	FDI	8.5%
	경지면적	33.4%
	공업생산	14.3%
	소매판매(소비)	18.1%
산업구조	1차 산업 11.9%, 2차 산업 47.4%, 3차 산업 40.7% [중국 전체: 1차 9.2 / 2차 42.7 / 3차 48.1]	

자료: 『중국통계연감(2015)』.

서부대개발 정책 목표는 다음 몇 가지로 요약된다. 첫째는 지역 간 경제발전 격차 심화로 인해 5개 소수민족 자치구에서 일어날 수 있는 사회불안 요인의 해소이다. 둘째는 개혁개방을 먼저 시작했던 기존 연해 동남 지역에 이어서 경제성장 엔진 역할을 대체할 지역을 육성하는 것이다. 서부권에 대한 SOC 인프라 투자, 노동집약적 생산·수출기지 역할 부여, 내수시장 육성을 통해 미래 중국의 GDP 견인을 도모하려 한다. 셋째는 연해 동남 지역의 안정적이고 지속적인 발전을 위한 안정적인 에너지 공급기지를 건설하는 것이다. 이를 위해 서부권에 철도, 내륙수운 등 물류망 프로젝트를 착공했다.

서부대개발 정책은 총 3단계로 나누어 50년에 걸쳐 장기적으로 진행하는 국책사업이다. 1단계는 2000년부터 2005년까지로 同정책을 총괄할 중앙 및 지방정부 내 부처(기구)를 설치하고, SOC 분야 대형 프로젝트를 발주 집행했다. 이 시기 투자 주체는 중앙 및 지방정부이며, 예산 및 정책대출이 재원으로 활용되었다.

2단계는 2006년부터 2015년까지로 동남 연해 소재한 중국기업의 서부 내륙권 진출을 유도하며, 다음 단계로 외국기업의 해외직접투자(FDI)를 유치하고자 했다. 마지막 3단계는 2016년부터 2050년까지로 서부권의 도시화를 가속화하여 자체 구매력을 보유한 내수시장으로 육성하는 것이다. 또한 현재 소수민족자치구는 대외개방 정도가 연해지역 대비 뒤떨어지나, 2050년 전까지 시장 개방도를 연해지역 수준으로 제고할 계획이다.

표 1-6 단계별 서부대개발 정책 목표 및 전략

개발 초기 단계 (2000~2005)	대규모 개발 단계 (2006~2015)	전면적인 발전 단계 (2016~2050)
• 개발 계획 및 정책 수립 • 중앙 및 지방에 주요 관련 기구 설립 • SOC 부문 기초건설 가속화	• FDI를 통한 서부지역 자체 개발능력 제고 • 非SOC 분야로 투자 규모 확대	• 서부지역 도시화, 시장화를 통한 구매력 제고 • 전면적인 대외개방으로 국제화 수준 제고

자료: 공개자료 종합(2013.3.).

서부지역 광물 매장량과 중국 내 비중

구분	석유	천연가스	석탄	철광석	망간	크롬	바나듐	티타늄
매장량	95.585	30,744	1,610	63	10,160	516	953	22,811
비중	32.4	82.9	50.5	29.3	54.7	98.7	75.7	97.9

구분	구리	납	아연	보크사이트	마그네사이트	황철광	인광	고령토
매장량	1,188	907	2,962	49,355	236	77,155	17	19,158
비중	40.3	67.7	77.2	58.8	0.1	47.6	52.4	30.1

주: 단위는 천연가스 억㎥, 석탄, 철광석, 인광 등은 억 톤, 기타는 만 톤이다.
자료: 『중국통계연감(2010)』.

덩샤오핑 후임으로 제3세대 정부를 구성한 장쩌민 총서기[12]는 1999년 3월부터 서부지역 발전을 위한 전략 수립에 착수한다. 1999년 9월에 개최된 중국 공산당 제15기 4중전회에서 '서부대개발 전략 실시'가 정식으로 결정되었다. 이후 2000년 3월에 국무원 산하에 '서부지구 개발 영도소조 판공실'이 정식 중앙정부 산하 정책 조정기구로 설치된다.

2002년, 10차 5개년 기간(2001~2005년) 내 집행할 '10·5 서부개발 종합규획'이 공포되었고, 동 '규획'에 따라 서기동수, 서전동송 등 10대 프로젝트와 2대 공정이 제정되었다. 2006년, 11차 5개년 기간(2006~2010년) 내 집행할 '서부대개발 11·5 규획'이 공포되었고, 동 '규획'은 사회주의 신농촌 건설, 특색·경쟁우위 산업 육성, 중점 개발지역 지원, 환경보호, 자원절약, 공공서비스 강화 등에 중점을 두기로 했다. 2008년, 첫 번째 서부권 내 개별권역 발전전략인 '광서북부만 경제구 발전규획'을 공포하였으며, 그 후 '관중-톈수이 경제구 발전규획(2009)'도 공포된다. 2010년에는 '청위경제구 발전규획'을 공포했으며, 2016년에는 '서부대개발 13·5 규획'을 공포했다.

---

12 江泽民(1926~2022), 강소성 양주(苏省扬州) 출신으로 중국의 3세대(1992~2002) 지도자이다.

| 표 1-8 | 서부대개발 정책 주요 경과 조치 |

연도	주요 동향 및 변화
1999	9월, 공산당 중앙위원회 15기 4중 전체회의에서 '서부대개발 전략 실시' 천명
2000	1월, 국무원 서부지구개발 영도소조 구성(주룽지 총리 조장, 원자바오 부총리 부조장) 3월, 국무원 서부개발 판공실 설치
2001	3월, 전인대 9기 4차 회의. 서부대개발 전략 포함한 10·5 계획강요 통과(2001~2005)
2002	2월, 국가계획위원회, 국무원 서부개발판공실. 10·5 서부개발 총체규획 공포
2003	5월, 장강삼협(長江三峽) 공정 완공
2004	3월, 국무원, 서부대개발 진일보 추진 의견 공포 10월, 서기동수 1선 완공(신장-상하이)
2006	7월, 칭장철도(青藏铁路) 개통 12월, 국무원 <서부대개발 11·5 규획(2006~2010)> 통과
2007	국무원, 서부대개발 11·5 규획 공포
2010	6월, 국무원 서부대개발 전략의 심도 깊은 실시에 관한 약간 의견 공포
2011	22개 서부권 프로젝트(투자 규모 2079억 위안) 착수
2012	2월, 국무원 <서부대개발 12·5 규획(2011~2015)> 통과 12월, 서기동수 2선 완공(신장-광둥)
2014	8월, 서기동수 3선 서쪽 구간 완공 12월, 남수북조 중선 1기 개통(후베이-베이징)
2015	3월, 일대일로(一帶一路) 정책 발표 및 서부권 內 관련 프로젝트 시행
2016	3월, 국무원 <서부대개발 13·5 규획(2016~2020)> 통과
2017	1월, 국무원, 국가발전개혁위원회. 서부대개발 13·5 규획 공포
2018	28개 서부권 프로젝트(투자 규모 4825억 위안) 착수
2019	3월, 중앙전면심화개혁위원회. 신시대 서부대개발 추진에 신국면 형성에 대한 지도 의견 공표

자료: 공개자료 종합(2021.7.).

2020년 5월 17일 중국 공산당 중앙위원회와 국무원이 <신시대 서부대개발 추진의 새로운 구도 형성에 관한 지도의견>을 공포했다. 이는 서부대개발 발전의 길을 제시한 원칙적인 문건으로, 중국 지도부가 서부대개발에 다시 본격적인 시동을 건 것이다. 빈곤퇴치, 환경보호, 금융 리스크 방지 이행, 혁신발전 역량 제고, 현대화 산업 체계 구축 추진 등 36개의 구체적인 의견을 제시했다. 2035년까지 서부지역의 기본 공공서비스, 인프라 접근성과 인민생활 수준이 동부지역에 상당한 수준으로 발전시키기로 했다.

1999~2019년간 중국 서부지역의 GRDP는 큰 변화를 보였는데 그 중 구이저우, 샨시(陝西), 시짱은 15배나 성장했으며 구이저우는 17.5배나 확장되었다. 특히 구이저우는 2010년 공업강성(工业强省) 전략을 출시했으며 그해 12월 26일 108개 중앙기업(중앙정부 관할 국유기업)이 구이저우의 47개 프로젝트에 투자했고 규모는 2,929억 위안에 달했다. 그 결과 2019년 12월 말 기준, 구이저우성의 온라인 기업 숫자는 360곳에 이르렀다. 구이저우는 전자정보 제조산업, 소프트웨어·정보서비스 산업, 통신업 발전에 박차를 가했다.[13]

COVID-19에 따른 최근 3년간 경제 상황을 반영한 2022년 권역별 GRDP 비중을 보면, 동북 3성의 점유비는 현저하게 떨어져 4.8%까지 하락했으며, 기타 연해지역 역시 소폭 하락세를 시현했다. 반면, 중부 및 서부지역은 2018년과 비교하여 각각 0.7%p , 1.4%p 증가했다.

표 1-9　2000~2022년간 중국 권역별 경제(GRDP) 비중

구분	2000년	2005년	2010년	2015년	2018년	2022년
동북 3성	9.9%	8.6%	8.6%	8.0%	6.2%	4.8%
기타 연해 지역	53.4%	55.5%	53.1%	51.6%	52.6%	51.9%
중부지역	19.2%	18.8%	19.7%	20.3%	21.1%	21.8%
서부지역	17.5%	17.1%	18.6%	20.1%	20.1%	21.5%
합계	100.0%	100.0%	100.0%	100.0%	100.0%	100%

자료: 国家统计局 Data 및 『中国统计年鉴』 각 연도 자료로 필자 계산(2024.4.).

13　KIEP(2020.5.28.), CSF 이슈 트렌드, '中 10년 만에 서부대개발 중대문건 발표, 내용 및 전망'.

1) 서부대개발 주요 프로젝트의 추진 현황

○ 장강삼협 공정

1994년에 착공되어 2009년에 완공된 장강삼협(長江三峽) 댐은 중국 중부를 흐르는 장강(長江) 중류에 댐을 조성하여 홍수를 방지하고, 1,820만kW의 발전설비(발전량 1,000억kW/h)를 설치하는 공사이다. 장강삼협 댐 완공으로 서부권에 안정적인 전력 공급기반을 마련하게 되었다(2009년 삼협발전소 발전량 798.53억kW/h). 초기에는 독립 프로젝트로 착수되었으나, 서부대개발 정책 추진 후 서전동송 프로젝트로 편입되었다.

'키안수(Quiansui)이라 불리는 이 강은 세상에서 제일 크다. 1.5만 척 선박이 일시에 항해하는 것을 봤다. 16개 지방을 관통하며 주변엔 200개 이상의 도시가 있다.' 13세기 후반에 중국을 17년 동안 여행한 마르코 폴로[14]는 장강을 이렇게 묘사했다. 강을 뜻하는 강(江)과 하(河)의 두 한자 중 강은 본래 장강의 고유명사이다. 하는 황허(黃河)를 뜻한다. 장강 또는 대강(大江)으로 불리기 시작한 것은 위진남북조(221~589년) 시대 이후다. 장강과 혼동해 쓰는 양자강(양쯔장·揚子江)은 장강의 일부인데, 강소성 양저우(揚州)에서 바다에 이르는 하류의 옛 이름이다. 명나라 때 마테오 리치 등 선교사들이 장강을 양쯔강으로 서방에 소개하면서 비롯한 잘못이다.[15] 하지만 여전히 장강의 영어 명칭을 양쯔 리버(Yangtze River)라고 하기 때문에 혼동은 피할 수 없어 보인다.

장강은 청해성 탕구라 산맥에서 발원한다. 11개 성급 행정구역을 관통해 동해로 흘러 나간다. 길이는 6,300km로 세계에서 나일(6,695km)강과 아마존(6,400km)강 다음으로 길다. 장강 본류는 세 부분으로 나뉜다. 호북성 이창(宜昌)까지가 상류에 해당하며 길이는 4,529km다. 장강삼협댐은 이창 바로 위 상류 지역에 건설되었다. 지류를

---

14 '여러분은 이 거대한 도시 가운데로 물이 맑은 아주 커다란 강이 흐르고 그곳에서 고기가 풍부하게 잡힌다는 사실을 알아야 할 것이다. 너비는 거의 반 마일이고 매우 깊으며, 80일 거리 이상 아니 최대한 100일 거리를 흘러서 바다로 들어간다. 이 강은 키안수(Quiansui)라고 불린다. 이 강 주변으로는 정말로 많은 도시와 촌락들이 있다. 얼마나 크고 많은 배들이 다니는지 어느 누구도 그것을 직접 보지 않는다면 믿지 않을 정도이다. 또한 상인들이 이 강을 따라 위로 아래로 수송하는 물자들이 얼마나 풍부한지 직접 보지 않는다면 아무도 믿지 않으려 할 것이다. 그것은 강이라기보다는 바다라고 할 정도로 넓다.' 김호동 역주(2000), 『마르코 폴로의 동방견문록』, 사계절출판사. pp.307-308.

15 중앙일보(2007.11.13.).

포함해 장강의 수계 면적은 180만km²로 국토의 18.8%를 차지한다. 장강은 1500~2만 t급 선박이 하구로부터 사천성 신스(新市)까지 2,900여km 구간을 운항할 수 있는 중국의 대동맥이다.

'봉우리가 하늘과 만나니 배는 굴속을 지나는구나(峰與天關接 舟從地窟行)'. 청대 시인 허밍리(何明礼, 1769~1843)가 장강삼협을 지나면서 읊은 노래이다. 강 양쪽 절벽이 하늘 높이 솟아 있어 배가 마치 굴속을 지나는 것 같다는 얘기이다. 유비(劉備)가 숨을 거둔 사천성 동쪽 끝 바이디청(白帝城)에서 호북성 서쪽 이창(宜昌)까지 500리 물길이 장강삼협이다. 삼협은 취탕샤(瞿塘峽) 우샤(巫峽) 시링샤(西陵峽)의 3개 협곡(峽)을 이르는 말이다. 중류는 강서성 주장(九江)까지로 길이가 938km이다. 중국경제의 중심인 장강 삼각주를 포함하는 하류는 835km에 달한다.

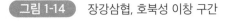

그림 1-14   장강삼협, 호북성 이창 구간

자료: © 2023. 김동하.

장강삼협댐의 높이는 185m, 길이는 2,309m, 너비는 135m이며, 최대 저수량은 393억t, 최고수위는 175m, 총 시설용량은 1,820만㎾, 연간 발전량은 847억㎾이다. 1994년 착공하여 물막이 제방과 수문건설, 발전기 26개를 가동해 시간당 총 1,820만

kW를 생산할 수 있는 발전소 건설, 1만t급 선박 2척이 댐을 넘나들 수 있는 갑문식 운하건설, 3,000t급 선박을 20분 만에 끌어올릴 수 있는 대형 리프트 건설 등 4단계로 나누어 진행되었다. 1997년 11월 1차 물막이 공사가 끝나고, 2003년 7월 시간당 70만kW 발전 용량의 1호 발전기가 가동되었다. 2006년 토목공사가 완공되었고, 2008년 10월 26번째 발전기가 설치됨으로써 완공되었다. 공사 책임은 중국싼샤댐개발총공사(CTGPC)가 맡았고, 총 사업비는 250억 달러가 소요되었다.

공사가 완료됨으로써 장강을 따라 길이 660km, 평균 너비 1.1km, 총면적 632km², 총저수량 393억t에 달하는 거대한 인공호가 만들어졌다. 이 저수량은 일본 전체의 담수량과 동일하며, 27억t인 우리나라 소양호 저수량의 13배가 넘는다. 또 중경까지 1만t급 선박이 운항해 장강유역의 물류 환경이 크게 개선되었다. 매년 빈발하는 장강 유역의 홍수도 방지되었다.

그림 1-15 장강 수계도 및 삼협댐 위치

자료: 김동하 외(2019), 『차이나 키워드 100』, p.51.

그림 1-16　장강삼협댐

자료: © 2023. 김동하.

○ 청장철도

청장철도(칭짱철도. 青藏铁路)는 청해성 거얼무와 서장자치구 수도인 라싸를 연결하는 총연장 1,142km 철도 노선으로 대표적인 서부대개발 프로젝트이다. 2001년 6월 착공된 칭짱철도는 2005년 10월에 전 노선 기초공사 및 궤도부설을 완료했고, 2006년 7월에 거얼무-라싸 간 여객운행을 시작했다. 칭짱철도 완공으로 철도망이 기존 청해성 수도 시닝(西寧)과 연결(1956km)되어 북경까지 개통됨으로써 서부권 물류에 획기적인 전기가 마련되었다.

청장철도의 이용객이 개통 6년 만에 1천만 명을 넘어섰다. 2011년 칭짱철도 이용객은 1,060만 명, 화물 운송량은 5,164만t에 달했다. 개통 첫해인 2006년 이용객 640만 명, 물동량 2,400만t과 비교하면 6년 만에 승객은 1.7배, 화물은 2.2배가 늘었다. 해발 최고 5,072m의 고원지대를 통과하는 청장철도는 세계에서 가장 긴 고원철도이다.[16]

중국은 2015년 라싸에서 서장 제2의 도시인 르카쩌(日喀則. 티베트어 시가체)까지 253km 구간을 연장했고, 2021년에는 시짱 주요 도시인 라싸-린즈(林芝) 구간 철도(435km. 해발 5,100m 구간, 시속 160km)도 개통하였다. 이 구간은 향후 네팔 수도 카트만두까지 확장할 계획이다. 중국 당국이 서부철도 확장에 적극적인 것은 이 지역이 지하자원의 보고로 떠올랐기 때문이다. 2007년 서장자치구 고원에서 1천 280억 달러 규모의 아연과 구리, 납 등의 자원이 발견됐다. 쓸모없는 동토의 땅으로 여겨졌던 칭하이에서

16　人民網(2012.3.8.).

'타는 얼음'으로 불리는 천연 가스하이드레이트가 원유 350억t에 맞먹는 규모로 매장된 것이 확인됐고, 각각 1억t 규모의 가스와 유전도 찾아냈다.

그림 1-17   칭짱철도 노선도

자료: 文匯報(2006.6.27.).

그림 1-18   서기동수 1·2·3기 공정 개념도

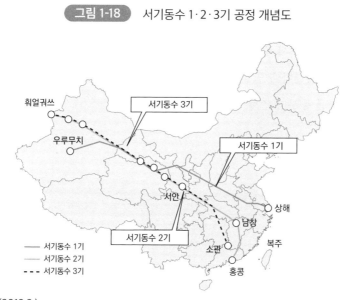

자료: 文匯報(2013.3.).

○ 서기동수

서기동수(西氣東輸)는 서부권 천연가스를 개발하여 신강 타리무에서 상해까지 설치된 4000km 파이프라인을 통해 연해 도시에 에너지를 공급(120억㎥/年)하는 프로젝트이다. 2004년에 1기 공정(신강-상해)이 완공되었고, 4,895km 규모의 2기 공정(300억㎥/年. 신강-화남)은 2008년 2월 착공 후 2011년 6월에 완공되었다. 서기동수 프로젝트로 동부권은 안정적 에너지 공급 채널을 확보하였으며, 서부권은 관련 산업(철강, 화학, 에너지)의 동반 발전을 꾀하고 있다.

2기 공정은 중앙아시아와 신강(新疆)위구르 자치구의 가스를 장강과 주강삼각주 지대로 보내는 사업이다. 주 가스관은 이미 완공됐으며 8개의 보조라인도 2013년에 완성되었다. 총 1천 422억 위안이 투입되어, 완성 후 매년 300억m³의 가스를 수송하고 있다. 2기 공정 완공으로 4억 명 이상의 중국인들이 청정에너지를 사용할 수 있게 됐다고 시공자인 중국석유천연기집단공사(CNCP)는 밝혔다.

2012년 10월 16일에는 3기 공정이 착공되었다. 3기 공정은 북경, 복건성, 신강위구르자치구 등 3개 지역에서 동시에 착공됐다. 이 파이프 라인은 중국의 10개 성과 자치구를 지나며 총 연장은 모두 7,378km에 이른다. 간선은 신강의 호르고스를 출발, 복건성 성도 푸저우(福州)까지 이어지며 길이는 5,000km이다. 완공되면 매년 300억m³ 천연가스를 신강위구르 지역에서 북경과 복건성으로 수송하게 된다. 이 중 250억m³ 는 중앙아시아 지역에서 수입되며 50억m³는 신강위구르 지역에서 생산된다. 사업비는 모두 1,250억 위안이 투입될 것이다. 이 중 서쪽 구간이 2014년 8월에 완공되었다. 현재는 동쪽 구간 공사가 진행 중이다.

그림 1-19   서전동송 개황도

자료: 바이두 이미지 D/B(2013.3.).

○ 서전동송

서전동송(西電東送)은 수자원과 석탄자원이 풍부한 서부 지역에서 수력 및 화력발전소를 건설하여 동부 지역으로 송전하려는 프로젝트이다. 현재 화북망(황허상류 → 북경, 천진), 화동망(장강삼협, 금사강 → 화동지역), 화남망(귀주, 운남 → 광동) 등 3대 전력망으로 나뉘어 진행 중이다. 화동망은 2009년 장강삼협 댐 준공으로 1차 완공된 상태이며, 화북망은 산서성 화력발전소 위주로 신증설이 진행 중이다.

화남망은 운남성 금사강(金沙江) 내 샹자댐(向家. 발전용량 600만kW)과 시뤄두댐(溪洛渡. 발전용량 1,260만kW)이 주력 발전소이다. 사천성과 운남성에 걸쳐있는 금사강에 2020년까지 20개의 수력발전소가 건설됐으며, 또 다른 초대형 댐(발전용량 1,990만kW)인 우둥더(烏東德), 바이허탄(白鶴灘)댐도 2021년과 2022년에 완공되었다. 화남망의 귀주 역시 우장(烏江)을 중심으로 1,000만kW 규모의 수력발전 설비가 신증설되고 있다.

내몽고자치구는 중국의 중요한 에너지 기지로 석탄 생산량과 발전장비 면에서 가장 앞서 있다. 2011년 내몽고자치구에서 타지역으로 송출한 전력은 1억1천60억kW로 호남성 및 상해의 1년 전력 소비량과 맞먹는다. 하지만 이는 내몽고자치구 발전총량의 37% 수준이며, 발전용 석탄량 또한 전체 매장량의 6%에 불과할 정도로 서부지역 에너지원 개발 잠재력은 크다. 2023년 6월 말 기준, 서전동송 프로젝트에 따른 전송 규모는 3억kW 규모이며, 하절기 타성 간 송전 규모는 1.8억kW 수준을 기록했다.[17]

○ 남수북조

남수북조(南水北調)는 남쪽 지방의 수자원을 북쪽 지방으로 보내기 위해 방대한 수로, 수송관, 댐, 저수지 등을 건설하는 프로젝트이다. 중국은 수자원 총량이 2조 8,000억m³로 세계 6위권이지만 대부분 남방에 치중되어 있다. 장강 유역을 비롯한 남부 지역은 중국 하천 유량의 80%를 차지하는 데 비하여 황하 등 북부 지역은 10%대에 그쳐 해마다 물 부족 현상에 시달리고 있다. 남수북조 프로젝트는 이러한 불균형을 해소하기 위해 1950년대부터 추진해 온 수자원 확보 정책의 일환이다. 이 사업의 포인트는 장강의 물을 황하로 끌어들이는 것이며, 동선(東線)·중선(中線)·서선(西線)의 3개 노선으로 공사를 진행한다.

동선 공사는 2002년 12월에 착공하였다. 총 길이 1,150km의 이 노선은 강소성 양주시에서 시작되며, 산동성에 이르러 다시 두 갈래로 나뉘는데, 하나는 북쪽으로 황하를 넘고 다른 하나는 동쪽으로 교동(膠東)지역을 통해 산동성 웨이하이(威海)까지 물을 수송한다. 동선 1기 공정 중 강소성 관통 구간은 2013년 5월 30일에 개통됐다.

2003년 1월 착공한 중선 공사는 총길이 1,246km로 베이징과 톈진을 향한다. 이를 위해 2007년 7월 황하 밑으로 2개의 터널을 뚫는 공사가 착공되었다. 하남성 자오쭤(焦作)시 원현 천거우(陳溝)촌에서 착공된 터널은 길이 4,250m, 지름 7m에 이르는 세계 최대의 하저터널로서 황하 밑을 지나 정저우(鄭州)에 도달한다. 이와 연결될 산서성 평정산 터널공정은 2013년 5월 27일 완공되었다. 2014년 12월에는 중선 1기(후베이-베이징)가 개통되었다.

서선 공사는 장강 상류의 물을 청해성 등 가뭄에 시달리는 서북의 6개 지방으로 끌어들이는 공정이며, 현재 타당성 조사 단계에 있다. 3개 노선이 완공되면 연평균 448억m³의 수량을 수송할 계획인데, 이 가운데 동선이 148억m³, 중선이 130억m³, 서선이

---

17 央视网(2023.7.28.).

170억㎥를 차지한다. 2050년쯤 완료되는 남수북조 사업에는 총 620억 달러의 사업비가 투입될 예상이다. 남수북조 프로젝트로 이미 수십만 명의 주민이 이주했다.[18]

그림 1-20　중국의 남수북조 사업 개황

자료: 한중지역경제협회·중국망(2014.12.29.).

2 동북진흥정책

1960년대까지 중국의 대표적인 중공업 기지였던 동북 3성(요녕·길림·흑룡강)이 1979년 중국의 개혁개방정책 착수 후에도 국유기업에 대한 투자 및 업그레이드 부재로 산업 전반이 노후화되어가자, 이를 해결하기 위해 2003년부터 동북 3성을 대상으로 시작한 지역발전 정책이 '동북진흥정책'이다.

동북지역은 계획경제 시기에 중국경제 발전의 견인차 역할을 담당하던 지역이었다. 1·5계획(1953~1957년) 기간 중 구소련의 지원을 받아 중국 전체에서 이루어졌던 156개의 대규모 건설투자(총투자액 611.58억 위안) 중 58개 사업(124.34억 위안)이 배정되었다. 주요 산업은 기계, 석유, 화학, 제련 등이었다. 또한 2·5계획(1958~1962년) 기간에

18　헤럴드경제(2012.2.6.), 新華網(2013.5.27.), China Daily(2013.5.27.).

도 183.67억 위안이 추가로 투자되고, 다칭 유전(흑룡강성)이 개발되어 관련 석유화학단지가 활성화됨으로써 동북지역은 중국의 대표적인 중화학공업기지로 발돋움하는 기틀을 마련하게 된다.[19]

그러나 1980년대 개혁·개방정책의 시작으로 동남연해 지역의 경제특구로 중앙정부의 지원정책이 집중되면서 동북지역에 대한 지속적인 산업 업그레이드가 단절되었다. 그 결과, 기존 중화학 국유기업들은 구설비로 수익을 낼 수 없는 지경에 빠지고, 개혁·개방정책으로 경영 효율성을 확보한 연해지역 기업들과의 경쟁에서 뒤처지게 되면서, '경영부진-부실채권 양산-조업중단'이라는 악순환이 1990년대 내내 지속되게 되었다.

이러한 현상(동북현상)을 극복하기 위하여 2003년부터 중앙정부 주도로 동북 3성에 대한 지역발전 정책을 집행하게 된다.

- 해당 권역: 흑룡강성(黑龍江省), 요녕성(遼寧省), 길림성(吉林省)

그림 1-21　동북진흥정책 개황도

자료: 오마이뉴스(2010.05.10.), ⓒ 고정미.

19　진병진(2008), 중국의 동북진흥계획 추진성과와 전망, 「한국동북아논총」 제47권, p. 8-9.

동북진흥정책이 8년째 집행되었던 11·5규획 기간(2006~2010년) 동북지역은 경제 총량이 두 배로 늘어나고, 성장속도는 동부지역 평균 수준보다 높았다. 1인당 GDP는 2005년 15,318위안에서 2010년에는 33,312위안으로 연평균 13.5% 성장하는 결과를 보였다. 국유기업 개혁을 중점으로 하는 체제 메커니즘 혁신이 중대한 성과를 이루고, 다양한 소유제의 경제가 활성화되었으며, 경제구조가 더욱 고도화되었다. 비공유제 경제부가가치 비중을 보면 2005년에는 36% 수준이었으나, 2010년에는 54%로 18%p 제고되었다. 대외개방 수준이 현저하게 제고되었으며, 인프라 시설이 개선되었다. 동 기간 도시화율을 보면, 2005년에는 52% 수준이었으나, 2010년에는 57%로 매년 1%p 증가하는 성장세를 보였다.

그러나 2008년 미국발 금융위기, 2014년 시진핑 주석 신창타이(뉴노멀) 선언 후 7% 밑으로 떨어진 중국 성장률, 2018년부터 시작된 미중 무역전쟁 등으로 구조조정할 대상(기업)이 방대한 동북 3성이 가장 큰 악영향을 받았다. 그 결과, 중국 전체 GRDP 중 동북 3성 비중은 2015년 8%에서 2022년 4.8%로 오히려 3.2%p나 축소되게 된다.

표 1-10 동북 3성 주요 개황(2014년 기준)

구성	흑룡강, 요녕, 길림 3성(省) • 중국 북동쪽에 위치하며 북한·러시아와 국경을 인접 • 옌볜 조선족자치구 포함(길림성)	
인구	• 1억 976만 명(중국 전체 중 8.02%) • 도시화율(60.82%) [중국 전체: 54.77%]	
면적	78.8만km²(중국 전체의 8.2%)	
경제 (중국 전체 규모 중 점유비)	GRDP	8.4%
	1인당 GRDP	52,357위안(8,523달러) [중국 전체: 7,590$]
	수출입	4.2%
	FDI	6.7%
	경지면적	13.3%
	공업생산	7.7%
	소매판매(소비)	6.5%
산업구조	• 1차 산업 11.2%, 2차 산업 47.4%, 3차 산업 41.5% • [중국 전체 : 1차 9.2 / 2차 42.7 / 3차 48.1]	

자료: 『중국통계연감(2015)』

1) 동북진흥정책 전략 및 경과

동북진흥정책 전략은 첫째, 노후된 공업시설을 개조(Reorganization)하여 산업구조를 개선하는 데 중점을 두고 있다. 둘째, 화남 및 화중에 이어서 동북 3성 지역을 안정적으로 세계 경제에 편입시키려는 계획이다. 셋째, 국경을 마주하고 있는 북한을 정치·경제적으로 고려하여 추진되는 경제발전 전략으로 북한과의 시너지 효과 발휘를 위한 발전 전략을 수행한다.

지역별 전략을 보면, 요녕성은 성 수도인 선양시를 동북 3성 중심도시로 발전시키고, 동북권 최대항인 다롄시의 물류 인프라 건설에 중점을 둔다. 길림성은 북한과 국경을 마주하고 있어서 기존 지역전략인 두만강 유역 개발과 훈춘합작구 건설 등에 중점을 두고 있다. 흑룡강성은 역시 국경을 마주한 러시아와 에너지·자원 부문 협력강화를 통해 경제발전을 꾀하고 있다.

표 1-11 동북진흥을 위한 단계별 발전전략

구분	요녕성	길림성	흑룡강성
중심 도시 발전 전략	• 선양(省都) 중심의 경제구 구성 • 동북권 최대항인 다롄 집중 육성	도시와 농촌 간 균형발전에 중점	도시와 농촌 간 균형발전에 중점
대외 개방	• 국유기업에 대한 FDI 투자 장려 • 과학기술형 투자장려	• 수출 증대에 노력 • 두만강 유역 개발, 훈춘합작구 건설	• 러시아 연계 투자(에너지) 유치 강화 • 대형 합작기업 신설 유도
인프라 건설	• 도시, 에너지, 수리 관련 인프라 건설 • 수자원 건설강화	수리시설, 교통, 통신시설 인프라 중점	• 종합교통운수망 건설 • 도시기초시설 건설
중점 발전 산업	장비제조(자동차·조선·항공·기계), 군수, 석유화학·철강·건자재, 첨단기술, 농업·농산품 가공, 서비스업(6대 산업 육성)	자동차, 석유화공, 농산품 가공, 중약·바이오, 첨단 기술(5대 산업 육성)	• 장비제조, 석유화학, 에너지공업, 녹색식품, 의약, 임업(6대 산업군 육성) • 현대서비스업 발전

자료: 각 지역「東北振興計劃綱要」,「11.5規劃」(2003. 2006).

2003년 9월, 국무원 판공실은 '동북지구 등 노공업기지 진흥전략의 실시에 관한 약간의 의견'을 통과시켜, 중앙정부 차원에서 정책 입안을 착수한다. 2003년 12월, 동북진흥전략 판공실이 국무원 산하 직속기구로 설치되었으며, 동북진흥을 위한 100개 프로젝트가 발표되었다.

2004년부터 중앙정부 방침에 따라 동북 3성 각 지역은 현지 실정에 적합한 '동북진흥계획' 입안에 착수한다. 2006년 3월, 국가 11차 5개년 경제발전 규획(11·5규획)에 동북진흥 전략을 포함하여 공포되었다. 2007년에 동북진흥전략에 관한 중앙정부 차원의 단독 발전정책인 '동북지구 진흥규획'이 공포되었으며, 그 주체는 국무원 동북진흥 판공실이었다.

2009년 7월, 동북 3성 중 요녕 연해지역 발전전략에 해당되는 '요녕 연해경제지역 발전규획'이 국무원을 통과하여, 국가급 발전전략으로 승격되게 된다. 가장 최근에는 2021년 4월에 국무원이 '동북전면진흥 14·5 실시방안'을 공포하여 14·5규획 기간(2021~2025)에 동북진흥 정책 가이드라인을 제시했다.

표 1-12 동북진흥정책 경과 조치

시기	주요 경과 조치
2002.11.	동북지역을 포함한 노공업기지의 구조조정과 개혁안 추진을 공포(중국 공산당 16차 전국대표대회)
2003.3.	<정부공작보고>에 동북지역 등 노공업기지 개발 방향 제시
2003.9.	'동북지구 등 노공업기지 진흥전략의 실시에 관한 약간의 의견' 통과(국무원 판공실)
2003.12.	• 동북진흥전략 원년 • 국무원 직속 산하 동북진흥 영도소조와 판공실 설치 • 동북진흥을 위한 100개 프로젝트 발표(총 투자액 610억 위안)
2004	동북 3성, 각 지역의 동북진흥계획 입안 착수
2005.6.	'동북노후공업기지의 대외개방 확대실시에 관한 의견'(국무원 36호 문건) 공표
2006.3.	국가 11.5규획(2006~2010년) 중 동북진흥전략 편제
2007.8.	'동북지구 진흥규획' 공포 (국무원 동북진흥 판공실)
2009.7.	'요녕 연해경제지역 발전규획' 국무원 통과
2009.9.	'동북지구 노공업기지 진흥전략의 진일보 실시에 관한 약간 의견' 통과(국무원)

2009.11.	국무원, 창-지-투 개발개방 선도구 발전규획 공포
2010.4.	국무원, 요녕성 선양경제구를 국가신형공업화 종합개혁시범구로 지정
2015.8.	요녕성 민영경제발전 실시방안
2015.12.	공산당 중앙위, 동북지역 등 낙후공업 기지 전면적 진흥에 관한 약간의 의견
2016.10.	• 국무원, 새로운 동북진흥 전략 시행을 통한 동북지역 경제 안정 추진 가속화 관련 약간의 중요조치 심화 추진에 관한 의견 • 국무원, 동북진흥 제13차 5개년 규획
2016.8.25.	국무원, 동북지구 등 노화공업기지 진흥 추진 3년 실시방안(2016~2018)
2016.11.1.	국무원, 동북지역 경제발전 추진을 위한 신라운드 동북진흥전략 추진 실시 조치 의견
2019.6.25.	국무원, 최근 동북진흥 지지를 위한 중대 정책 조치에 관한 의견
2021.4.2.	국무원, 동북전면진흥 14·5 실시방안(东北全面振兴 "十四五" 实施方案)

자료: 공개자료 종합(2021.7.).

이러한 동북 3성 지원 정책에도 불구하고, 2010년 이후 중국 전체 경제에서 동북지역이 차지하는 비중은 14년째 하락하고 있다. 이는 방대한 낙후 공업기지를 해결하는데 막대한 비용과 시간이 소요되었고, 글로벌 경기침체로 중국경제가 어렵거나 구조조정 압력이 증대할 때 동북 3성 지역의 발전이 더욱 늦춰졌기 때문이다.

실제 동북 3성의 각 성장(省长)은 최근 정부 업무보고에서 신(新)·구(舊) 성장 동력 교체에 시간이 필요한 상황이며, 민영경제 발전 수준이 부족하고 민생에도 많은 취약점이 존재한다고 밝혔다. 또, 일부 공무원의 봉사정신 부족, 업무태도가 불성실한 등 문제도 여전히 존재한다고 덧붙였다.

동북진흥정책 주요 프로젝트로는 동변도 철도망, 창지투 발전규획, 요녕 연해경제지역 발전규획 등이 있다. 이중 동변도(東邊道) 철도망 프로젝트는 북쪽 흑룡강 무단강서에서부터 남쪽 다롄시까지 러시아와 북한 국경에 연해서 총연장 1,520km 구간 철도망(총 13개 주선 및 지선)을 구축하는 프로젝트이다. 무단장-투먼-통화-번시-단둥-쫭허-다롄 등 10여 개 도시를 관통하며, 이 중 일부 구간에는 기존망이 있어 구간별 신증설 형태로 진행하고 있다.

2005년 착공 후, 길림성 일부 지선 구간은 2008년 말에 완공되었다. 흑룡강 무단장-지린 훈춘 구간(220km)은 2013년에 다롄-단동 구간(310km)은 2015년 12월에 개통되었다. 2016년 10월에는 동변도 철도망 동부 구간 전 노선이 개통되었다.[20]

③ 중부굴기 정책

중국 정부는 2005년부터 중부지역 6개 성에 대한 지역 발전전략인 중부굴기(中部崛起) 정책을 시행하고 있다. 2006년 5월 19일에는 국무원에서 '중부굴기 정책 조치(2006.5.)'가 발표되어, 명확한 중부굴기 정책 목표와 주요조치, 그리고 이를 수행할 주무부처가 명시되었고, 2007년 4월에는 국무원 산하에 중부굴기 판공실이 설치되어 중앙정부 차원의 정책 집행 주체가 명확해졌다.

중부굴기 정책 내 중부지역은 후베이성, 후난성, 허난성, 안후이성, 장시성, 산시성(山西省) 6개 성(省)을 일컫는다. 7대 경제구 구분에서 화중지역 5개 성에 더해 산서성이 추가되었다. 2022년 기준, 중부 7개성 인구는 중국 전체의 25.86%, GRDP는 21.77%에 달한다. 생산은 16.86%, 소비는 24.46%에 달해 1차 산업 비중이 높은 것을 알 수 있다. 또한 수출입 8.67%, 해외직접투자(FDI)는 5.81%에 불과해 대외개방도는 낮음을 알 수 있다.

2014년 기준, 중국 내 중부지역 현황을 보면, 중국 내 총인구의 26.5%가 거주하고 있는 중부지역은 중국 국토의 10.7%를 점유하고 있어 다소 높은 인구밀도를 나타내고 있다. 특히 2014년 말 기준 중국 1성당 평균 인구인 4,412만 명을 산서성을 제외하고 모두 상회하고 있으며, 하남성 인구는 1억 명을 육박하고 있다.

중부지역의 특성 중 하나는 농촌인구 비중이 높은 점을 들 수 있다. 2014년 기준 중국 농촌인구 비중은 45.23%이나, 중부지역은 호북성(44.33%)을 제외하고는 모두 이를 상회하는 수준이다. 한편, 중부지역은 중원지역에서 나타나는 소농문화(小農文化), 즉 현재의 생활수준에 만족하는 경향을 보이며, 진취적으로 발전을 도모하지 않는 전통적인 문화사상을 가지고 있다.

---

20   요령 연해경제지역 발전규획은 본고 요녕성 부분을, 창지투 발전규획은 길림성 부분을 참고한다.

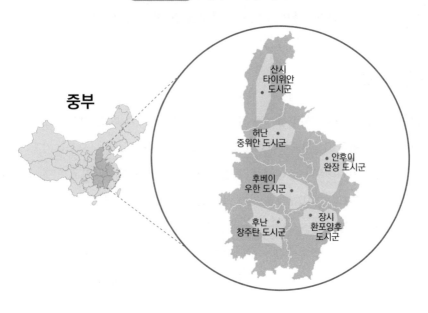

그림 1-22 중부 6개 성 위치도

중부

산시
타이위안
도시군

허난
중위안 도시군

안후이
완장 도시군

후베이
우한 도시군

후난
창주탄 도시군

장시
환포양후
도시군

표 1-13 중부권 주요 개황(2014년 기준)

구성	산서·안휘·강서·하남·호북·호남 6성(省): 중부 내륙과 장강 유역에 주로 위치	
인구	• 3억 6,262만 명(중국 전체 중 26.5%) • 도시화율(49.79%) [중국 전체: 54.77%]	
면적	102.7만km²(중국 전체의 10.7%)	
경제 (중국 전체 규모 중 점유비)	GRDP	20.3%
	1인당 GRDP	38,243위안(6,225달러) / [중국 전체: 7,590$]
	수출입	5.7%
	FDI	8.9%
	경지면적	30%
	공업생산	20.7%
	소매판매(소비)	18.8%
산업구조	• 1차 산업 11.1%, 2차 산업 49.6%, 3차 산업 39.3% • [중국 전체: 1차 9.2 / 2차 42.7 / 3차 48.1]	

자료: 『중국통계연감(2015)』

중부지역은 1979년 개혁개방 정책 이후, 먼저 개방한 동남 연해지역에 대한 노동력 제공기지 역할을 수행하였으며, 최근에는 가공 및 생산기지로 역할이 전환되고 있다. 6개 성의 중국 내 수출입 비중이 5.7%에 그치고 있는 점이 이를 방증(傍證)한다. 또한 2014년 기준 외국인직접투자(FDI) 비중 역시 중국 전체의 8.9%에 불과하여 외자 유치를 위한 환경이 미흡한 상태임을 알 수 있다.

1) 중부굴기 정책 전략 및 경과

중부지역은 경제지리적으로 서부와 동부 사이에 낀 지역으로, 정책적으로도 그동안 소외지역에 놓여 있었다. 즉 30년간 동남연해지역에서의 개혁개방정책은 연해지역과 내륙지역의 소득격차를 벌려 놓았으며, 2000년부터 시작된 서부대개발 정책으로 인해, 중앙정부 재정지원이 서부지역에 편중되어 '중부 함몰(中部塌陷)' 현상을 초래하였다.

'중부 함몰'은 중앙정부가 중부굴기 정책에 착수하면서 제시한 표현으로, 정책적 지원과 관심을 받지 못하면서 발전이 정체된 중부지역이 자연스럽게 주위 지역의 성장으로 인해 함몰 현상을 보이고 있다는 함의를 가지고 있다. 따라서 중부굴기의 주요 정책적 목적은 '중부 함몰'을 방지하는 데 있다.

삼농(三農. 농촌, 농민, 농업) 문제 해결을 위한 중요한 관건 중 하나는 중부지역의 발전에 있다. 중부지역의 국토면적은 중국 전체의 10.7% 수준이나, 경지면적은 30%에 달한다. 또한 중국 전체인구의 26.5%가 중부지역에 있으며, 농촌인구 중 50.2%는 중부지역에 살고 있다. 따라서 중부지역의 삼농 문제 해결 없이 중국 전체의 삼농 문제 해결은 어려운 상황이다. 삼농 문제의 심각성은 도농 간 소득격차, 농촌지역의 과잉 노동력, 농산품 시장의 공급과잉 문제, 농촌의 자체 투자자금 부족, 농촌빈곤의 가속화 등으로 요약할 수 있다.

중부굴기라는 개념은 1980년대 중반부터 호북성에서 제시된 발전전략에 가장 먼저 등장한다. 호북성 사회과학원은 '호북경제 발전모델의 선택'이라는 보고서에서 호북성이 중점산업 위주로 경제개발구 권역 내 발전전략을 취함으로써 중부지역의 발전(中部崛起)을 유도할 수 있을 것이라고 주장했다.

중국 공산당 중앙당 차원에서 최초로 중부굴기가 당의 방침으로 제시된 것은 2003

년 10월에 개최된 중국 공산당 16기 3중전회에서이다. 3중전회에서 중국 공산당은 '중부지역의 우세를 발휘하도록 하여 빠른 발전을 도모한다'라고 선언했다. 그 결과, 2006년 4월에 중앙정부 정책조치인 '중부지구 굴기의 약간 의견(총 36조)'이 공포되었다. '의견'은 중부굴기 정책에 해당되는 중부지구를 6개 성으로 확정하였으며, 중부지구를 식량기지, 에너지 및 원재료 기지로 육성할 것을 규정하였다. 주요 중부지역이 장강 내륙수운 통로와 경구(북경-홍콩) 철도가 교차되는 교통요지에 위치한 지리적 장점을 발휘하여 내륙교통 허브(Hub)로 발전시켜, 물류 및 관광 중심지로 육성하기로 하였다.

2007년 1월에 국무원은 '동북지구 등 노후공업 기지와 서부대개발 관련 정책에 대비하여 중부 6성 관련 정책 범위에 관한 통지'를 공포하여, 향후 추가되는 '중부굴기' 정책은 기존의 동북진흥정책 및 서부대개발 정책을 참고하여 제정할 것을 명시하였으며, 6개 성의 모든 지역에 일괄적으로 특혜정책을 부여하지 않고, 지역 발전전략에 가장 효과적인 성별 중점산업을 중심으로 해당 지역을 선정할 것임을 분명히 하였다.

중부굴기 정책이 정식으로 당정(黨政)에서 제시된 지 4년 만인 2007년 4월 13일, 중국 중앙정부는 국가발전개혁위원회 경제국(經濟司) 주체로 국무원 산하에 '중부굴기 업무 판공실'을 설치하였다. 이로써 중부굴기 정책은 중앙정부 차원에서 정책실행, 조정 및 감독을 위한 제도와 체제를 갖추게 되었다.

표 1-14   중부굴기 단계별 정책화 과정

시기	주요 정책	정책 주체
2003.10.	중부굴기 정책 제시	중공중앙(16기 3중전회)
2004.9.	중부굴기 정책당 방침 채택	중공중앙(16기 4중전회)
2005.3.	중부굴기 정책 부처별 진행	국무원/전인대
2006.3.27.	중부굴기 정책 관련 법규 제정 지시	중공중앙
2006.4.	'중부지구 굴기의 약간 의견' 공포(총 36조 의견)	중공중앙/국무원
2006.5.19.	'중부지구 굴기의 약간 의견'의 정책 조치 공포(총 56조 조치)	국무원 및 각 부처
2006.9.26.	제1차 중부 투자무역 박람회(호남 장사)	상무부 및 6개 성
2007.1.	'중부굴기 정책 범위' 통지 공포	국무원 및 각 부처
2007.4.13.	중부굴기 업무 판공실 설치	국무원

2007.4.26.	제2차 중부 투자무역 박람회(하남 정주)	상무부 및 6개 성
2007.5.11.	'중부 지구 증치세 감면 범위 확대에 대한 시험 방법' 공포	국무원, 각 부처, 각 지방정부
2009.9.23.	중부지역 부상촉진에 관한 규획(중부굴기 규획)	국무원
2011.1.	'전국주체공능구규획'에서 중부지역 발전 전략 제시	국무원
2012.12.	'중원경제구규획' 공포	국무원
2013.5.	2013년도 중부지구 중점업무 공표	국가발전개혁위원회
2016.12.7.	촉진 중부지구굴기규획 2016~2025, 공포	국무원
2021.7.22.	신시대 중부지구 고품질발전 추진에 관한 의견	국무원

자료: 김동하(2007) 및 공개자료 정리(2021.7.).

　2021년 7월 22일, 국무원은 「신시대 중부 지역의 고품질 발전 추진에 관한 의견」을 발표했다. 중부지역 경제성장을 위한 산업발전 비전을 제시하는 중부굴기의 일환으로 발표된 이번 정책은 2016년에 이어 5년 만이다. 이번 문건에는 제조, 교통, 과학, 교육, 에너지 등 다양한 분야에서 전방위적인 계획을 통해 향후 15년간 중부지역의 청사진을 그리고 있다. 또한 발전 목표로 R&D 투자 비중 확대와 선진 제조업 및 현대 서비스업의 융합을 처음으로 언급하는 등 중부지역 경제의 '질적 발전'에 큰 의미를 부여했다.

　2020년 기준, 중부 6성의 전체 GRDP는 22조 2,200억 위안으로 2006년보다 4.2배 증가했다. 중국 전체 GDP 기준으로는 같은 기간 3.8배 증가했고 중부 6성의 전체 GDP 점유율은 2006년 19.8%에서 2019년 22.1%까지 높아졌다. 연해지역 및 동북 3성 보다 중부지역이 양호한 성장세를 보이는 원인은 네 가지를 꼽을 수 있다.

　첫째, 임금 및 부동산 가격 급등 등 연안지역의 경영환경 악화로 국내외 기업들이 내륙지역에 관심을 돌리고 있다. 지리자동차가 장시성에 전지공장을 건설하고 중국 4대 디스플레이 기업인 Visionox가 안후이성 허페이에 생산라인을 구축하는 등 내륙지역 투자가 확대되고 있다. 특히 IT, 신재생에너지차, 바이오 등과 같은 신흥산업의 투자가 두드러지고 있다.

　둘째, 글로벌 경쟁 심화와 보호주의 확산으로 점차 내수시장에 대한 중요도가 높아지고 있기 때문이다. 2021년 상반기 기준으로 GDP 규모는 중국 31개 성·시·자치구 중 허난성이 5위, 후베이성이 8위, 후난성이 9위, 안후이성이 10위를 기록했으며, 중부 6성 중 4개성이 10위안에 들 정도로 내수시장 규모가 성장한 상황이다. 특히 내수 중심의 쌍순환 정책에 따라 향후 중부지역의 지속적인 경제성장이 기대되고 있다.

셋째, 동북 및 서부지역의 경우 중공업과 전통산업이 경제의 기반이 되고 있는데, 중국에서는 해당 산업의 경제 기여도는 점점 줄어들고 있어 이에 대한 상대적 효과도 있다. 첨단산업, 서비스 산업으로 변화하고 있는 중국의 산업 체질 변화도 한몫했다고 할 수 있다.

마지막으로 전국 고속철 네트워크 확장사업과 일대일로 인프라 구축 정책에서, 물류산업의 강점을 갖고 있는 중부지역이 많은 이익을 얻으면서 경제성장에 탄력을 받았기 때문이다. 특히 우한, 정저우 등 중부지역의 대도시는 고속철 확장사업 이후 중국 전체의 물류 중심지가 되었다.

4. 도시화

1 도시의 분류

중국의 행정구역 편제는 다소 복잡하다. 먼저 중국에는 4개의 직할시가 있으며, 북경, 상해, 천진, 중경이 그 주인공이다. 중경시는 원래 사천성 소속의 2대 도시였으나, 1997년 사천성에서 분리되어 직할시로 승격되었다. 이들 4대 직할시는 우리 도에 해당되는 성(省) 그리고 소수민족자치구와 동격이다. 중국에는 이러한 직할시(4개), 성(22개), 소수민족 자치구(5개)가 31개가 있으며 비록 명칭은 다르지만 이들은 동급 행정구역이다. 중국 내 행정 분류법상 1997년과 1999년에 각각 영국과 포르투갈로부터 반환된 홍콩특별행정구(Hong Kong Special Administrative Region)와 마카오특별행정구(Macao Special Administrative Region) 역시 성급으로 취급된다.

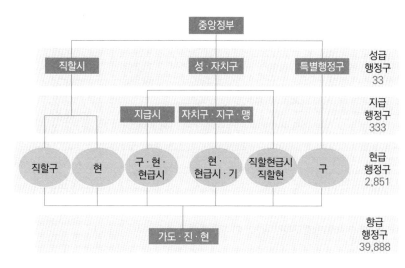

그림 1-23 중국 행정구역 편제 및 현황

주: 특별행정구인 홍콩과 마카오는 성급으로 분류된다. 4개 직할시를 제외한 중국 내 도시는 지급시와 현급시로 나뉘며, 전자는 지급행정구이고 후자는 현급행정구이다. 둘 다 명칭은 OO시이다.

이들 소수민족자치구와 성의 수도는 성회(省會)라고 하며, 각 성급 지역의 중심지이자 대도시이다. 다음으로 중국에 5개의 계획단열시(計劃單列市)가 있다. 광동성의 선전, 절강성의 닝보, 산동성의 칭다오, 요녕성의 다롄, 복건성의 샤먼 등이다. 이들은 재정수지관리에 있어서 성정부의 관할을 받지 않고 중앙정부의 관할을 받는 도시이다. 즉 준(準) 직할시인 셈이다. 1993년에는 14개까지 있었으나 계속 축소되어 5개가 남았다. 이들의 공통점은 경제특구가 설치되었던 곳(선전, 샤먼)이거나 해당 성 수도보다 경제 규모가 큰 연해지역 대도시(닝보, 칭다오, 다롄)라는 공통점이 있다.

다음으로는 부성급 도시(副省級城市)가 있다. 부분적인 입법권을 가지고 있으며, 해당 도시 공산당 서기나 시장의 행정 서열이 부성장급 내지는 차관급이다. 즉 행정적으로 비중이 있는 인사를 수장에 임명하는 차이가 있다. 현재 이러한 부성급 도시는 15개로 우한, 청두, 시안, 하얼빈, 창춘, 선양, 다롄, 지난, 칭다오, 난징, 항저우, 닝보, 샤먼, 광저우, 선전 등이 있다. 성급 하부 행정단위인 지급시(地級市)는 성정부 관할을 받는 도시이며, 현급시(縣級市)는 현급행정구에 속하는 지방도시이다. 다만 둘 다 OO시로 불려서 도시 명칭만 보고는 구분이 쉽지 않다.

표 1-15 중국 행정구역의 변화 추이

연도	지급시	현급시	시 직할구	현	진	향
2010	283	370	853	1,461	19,410	14,571
2011	284	369	857	1,456	19,683	13,587
2014	288	361	897	1,425	20,401	12,282
2016	293	360	954	1,366	20,883	10,872
2018	293	375	970	1,335	21,297	10,253
2020	293	388	973	1,312	21,157	8,809
2022	293	394	977	1,301	21,389	8,227

주: 지급시 중 8곳을 제외하고는 모두 인구 20만 명 이상 도시이다.

자료: 중국통계연감 각호, 행정구획간책(2006), 국가통계국 国家数据(2024.4.).

2 도시화 의미와 현황

2011년을 기준으로 중국 도시화율, 즉 도시의 주민 거주비율이 처음으로 50%를 넘어선 51.27%를 기록했다. 물론 이는 1949년 신중국 성립 이후 처음이다. 중국의 도시화는 크게 3단계로 나누어 볼 수 있다.

1단계로 新중국 성립 후(1949년)부터 1970년대까지 중국 정부는 공업기반 조성을 위한 도시화를 진행했으며, 2단계로는 개혁개방 정책이 시작된 1980년 초부터 WTO 가입(2001년) 전까지는 연해지역 경제발전을 위한 부동산 투자 및 개발형 도시화를 추진했다. 마지막 3단계에서는 농촌문제 해결과 소비 진작을 위한 도시화로 정책방향을 잡고 있다.

도시화란 행정적 혹은 비행정적인 방법으로 진행되는데, 먼저 행정적으로는 농촌 행정단위에 해당하는 현(縣. 우리의 군에 해당), 진(鎭. 우리의 읍에 해당)을 통폐합하여 시(市)로 승격시키는 방법이 있다. 비행정적으로는 농촌지역에 도시 인프라를 갖추도록 하여, 도시민이 향유하는 공공서비스를 제공하는 것이다.

행정적 방법인 신도시 건설은 기존 농촌의 상공업과 교통 중심지역을 확장하여 행정등급을 상향 조정하는 방법을 사용하고 있다. 그 결과, 2005년에 19,522개에 달했던 농촌 행정단위인 진(鎭)이 2010년에는 112개 줄어든 19,410개로 축소됐다.

도시 외곽에 붙어있는 현이나 향을 흡수통합하여 기존 도시를 확장하는 방법도 많이 활용되었다. 그 대표적인 사례가 중경시이다. 직할시 승격 이전 중경시는 인구 400만 명의 중형도시였는데, 직할시로 승격하면서 인근 17개 현과 4개 자치현까지 포함한 메머드급 대도시로 확장했다. 그 결과 인구는 3,253만 명으로 늘어났고, 면적은 북경, 상해, 천진 3개 직할시를 합친 것보다 2.39배 더 커졌다.[21]

표 1-16 중국의 단계별 도시화 수준

도시화 단계		도시 수(개)	도시인구 수 (마지막 연도, 만 명)	도시화율 (%)
제1단계(1949~1957)		176	7,077.3	10.9
제2단계 (1958~1965)	대약진 운동(1961)	208	10,132.5	15.4
	국민경제 후퇴(1965)	168	8,857.6	12.2
제3단계(1966~1978)		184	17,245	17.9
제4단계(1979~1991)		470	31,203	26.9
제5단계(1992~2008)		655	62,403	45.7

자료: KIEP(2009), 중국의 도시화 및 도시군 전략, 중국경제현안브리핑9-24호, p.3. 및 공개자료 필자 편집.

○ 도시화와 경제 성장

중국이 농촌의 도시화를 확대하는 첫 번째 이유는 경제 성장이다. 한 국가의 GDP는 투자, 소비, 순수출로 이루어진다. 도시화는 정부 및 민간부문의 고정자산투자를 유발하며, 이를 통해서 경제성장을 견인할 수 있다. 2010년 도시지역의 고정자산투자는 농촌 대비 6.58배나 높았다. 농촌지역이 도시로 탈바꿈할 경우, 학교, 병원 등 기초행정기반 인프라 외에도 현재 중국에서 도시지역에만 설치되어 있는 생활오수 및 쓰레기처리시설 등이 건설되게 된다. 또한 도시화가 기존 도시 근교지역 농촌을 편입하여 이루어질 경우, 도심과 근교지역을 연결하는 교통망(도로, 철도)이 들어서면서 투자를 유발하게 된다.

중국은 매년 1%p 이상의 도시화율을 목표로 하고 있다. 도시화란 농촌을 현대화

---

21 김동하(2012), 50% 넘는 도시화, 미래 중국경제성장 견인, 친디아저널(2012년 7월호), POSRI.

하는 것이다. 따라서 무엇보다도 주택개량사업이 우선 펼쳐진다. 1%p 도시화율이 늘어난다는 것은 1,324만 명의 농촌인구에게 새로 집을 지어야 한다는 것을 의미하며, 넉넉하게 1가구 4인 기준으로 계산해도 매년 331만 채의 주택이 필요하다.

둘째, 도시화는 소비를 진작시켜 경제성장을 견인한다. 중국 공산당은 2010년 최우선 국정과제인 '중앙 1호 문건'으로 '도농 통합 발전'을 제시했다. '도농 통합 발전'은 농촌의 도시화를 의미하며, 여기에는 도시화를 통한 내수확대라는 정책목표가 담겨있다. 중국경제가 성장을 지속하기 위해서는 도시화가 필요하다. 도시화가 중국경제의 핵심과제인 내수시장 발전과 농민 저소득 문제의 근본적인 해결방안이기 때문이다. 수요부족의 큰 원인은 농촌 거주자의 소비 부진이며, 이의 해결을 위해서는 농촌 거주자를 도시민으로 전환하고 거기서 군집 효과와 규모의 경제효과가 나타날 수 있게 해야 한다.

표 1-17 중국의 도시 분류 방법

도시 유형	상주 인구	주요 해당 도시
초대형도시	1천만 명 이상	• 2천만 명 이상: 上海 • 1천만 명 이상: 北京, 重庆, 广州, 深圳, 天津
특대도시	500~1천만 명	东莞, 武汉, 成都, 杭州, 南京, 郑州, 西安, 济南, 沈阳, 青岛
대도시	100~500만 명	• 1급 대도시: 300~500만 명 • 哈尔滨, 长春, 大连, 合肥, 昆明, 太原, 长沙, 苏州, 南宁, 乌鲁木齐, 石家庄, 厦门, 宁波, 福州 14개 • 2급 대도시: 100~300만 명 • 贵阳, 无锡, 兰州, 惠州, 洛阳, 温州, 唐山, 呼和浩特, 海口, 南通, 芜湖, 九江, 徐州, 常州 등 120여 개
중등도시	50~100만 명	邯郸, 保定, 张家口, 大同, 呼和浩特, 本溪, 丹东, 锦州, 阜新, 辽阳, 鸡西, 鹤岗, 大庆, 伊春, 佳木斯, 牡丹江, 淮南, 淮北, 枣庄, 烟台, 潍坊, 泰安, 临沂, 开封, 洛阳, 平顶山, 安阳, 新乡, 焦作, 黄石, 襄樊, 荆州, 株洲, 湘潭, 衡阳, 汕头, 湛江, 南宁, 柳州, 西宁 등 30여 개
소도시	50만 명 이하	山西省, 晋城市 등 50여 개

자료: 国务院, 《关于调整城市规模划分标准的通知》(2014.11.).

셋째, 도시화는 산업의 구조적인 문제를 해결할 수 있는 관건이기도 하다. 도시화로 서비스업이 성장하면 산업구조 고도화를 통해 3차 산업 부진, 2차 산업 저부가 가치화라는 문제를 해결할 수 있으며, 3차 산업의 발전은 실업문제 완화에도 도움이 된다. 매년 통계자료를 보면 3차 산업과 관계된 교육문화, 교통통신, 의복 등에 대한 도시민의 지출 비중이 농촌보다 높다. 넷째, 도시화는 환경문제 해결을 위해서도 필요하다. 중서부 내륙지역에서 생태환경에 의존한 1차 산업만으로는 환경을 훼손하지 않으면서 많은 인구를 부양하기가 불가능하다. 이러한 생계형 환경파괴를 방지하기 위해서는 도시화가 해답이 될 수 있다.

표 1-18 중국 도시화 현황

구분	2001	2006	2011년	2015년	2016년	2018년	2020년	2023년
도시인구 (억 명)	4.80	5.82	6.9	7.93	8.19	8.64	9.01	9.32
도시화율 (%)	37.66	44.34	51.3	57.3	58.8	61.5	63.8	66.2

주: 2019년 현재 우리나라와 일본의 도시화율은 91.8%이고, 미국은 83.9% 수준이다.
자료: 중국통계연감(2011), 국무원발전연구센터(2009), 국가통계국 国家数据(2024.4.).

○ 후커우로 분리된 도시와 농촌

후커우(户口)는 우리말로 하면 호적쯤 된다. 하지만 중국에서 후커우는 도시와 농촌으로 영원히 격리된 신분증이라는 해석이 더 정확하다. 1949년에 건국된 중국은 항일 전쟁과 내전으로 인해 피폐해진 경제를 복구하는 데 힘을 기울였다. 이 과정에서 농민들은 더 높은 소득과 일거리를 찾기 위해 도시로 이주하였고, 농촌에서는 농민의 이탈이 심화되면서 노동력이 감소하였다. 당시 도시민은 주택, 식량, 의료, 교육 등 상대적으로 높은 사회보장 서비스가 제공되고 있었는데, 농민의 대규모 도시 유입은 공공서비스 기능을 마비시킬 가능성이 있었다. 실제로 도시 내의 주택과 상하수도 시설 부족, 사회질서 유지 등 여러 문제점이 발생하였다.

이에 중국 정부는 1958년에 '중국 호구 등기조례'를 발표하고, 농촌 주민(혹 농촌 후커우 보유자)의 도시 진입을 통제하였다. 또한 도시민(도시 후커우 보유자)들 역시 정당한 사유(타 지역 국유기업 입사나 대학 입학 등) 없이 다른 도시로 이사할 수 없었다. 즉, 전입·전출의 자유가 없어진 것이다. 이제 후커우 제도는 사회 전반에 영향을 미치게 된다. 1979년 개혁개방 정책이 시작되면서 연해 도시에서 필요로 하는 수많은 노동력은 농촌으로부터 유입되었고, 이들은 모두 농촌 후커우를 가진 '농민공'들이었다. 이들은 도시 후커우가 없었기에 도시에 정착할 수 없었고, 임시거주민 신분으로 머물러야 했다. 비록 부모들이 도시에서 일하고 있었으나, 그 자녀들은 도시 초등학교에 입학할 수 없었고, 병원에서는 훨씬 비싼 진료비를 내야 했다. 이에 따라 2000년까지만 해도 기업들의 직원 채용공고에는 '반드시 ○○시 후커우 소유자에 한함'이라는 조건이 걸렸다. 기업 입장에서는 별도의 간접비(더 비싼 산업재해 및 의료보험료 등)가 더 들어가는 타 지역 후커우 직원을 피하고 싶었기 때문이다.

2014년부터 일부 도시에서 기존 농촌 후커우, 비농촌 후커우(도시후커우)로 양분된 규정을 거주민 후커우로 통일하는 등의 후커우 개혁제도가 실시되고 있으나, 여전히 중국은 후커우로 농촌과 도시가 격리되어 있다. 예를 들면 광동성 선전시의 도시 후커우를 취득하려면 기준 점수를 채워야 하는데 대학 졸업 여부, 세금납부 실적, 얼마나 도시발전에 필요한 직업을 가졌는가, 재직 회사의 규모 등이 모두 점수로 환산되는 것이다. 마치 미국의 영주권(그린카드) 취득이 연상된다.

③ 고속철도망

2012년 12월 26일, 2,298km의 베이징-광저우 고속철이 개통되면서 기존의 '4종 4횡' 철도망과 연결되어, 중국 내 주요 도시를 하루 만에 다녀올 수 있는 1일 생활권 시대를 개막했다. 베이징-광저우 고속철도는 2005년 6월, 공사를 시작한 지 7년 만에 전 노선이 개통됐다. 정저우-후베이성 우한 구간(536km)은 2012년 9월에, 우한-광저우 구간(1,068km)은 2009년 12월에 개통되었다. 2015년에는 광저우-선전-홍콩선 개통으로, 베이징-홍콩의 종축 노선이 완성되었다.

베이징-광저우 구간의 평균 시속은 350km로 설계되었으며 기존 철도로 22시간 걸리던 것이 8시간으로 단축되었다. 산시성 시안은 지금까지 고속철로 하남성 정저우까지만 연결이 되었으나, 이번 베이징-정저우 구간 개통으로 베이징까지 기존 12시간에서 4시간 40분으로 단축되었다. 또한 쓰촨성 청두-베이징 구간도 기존에는 만 하루가 걸렸으나, 10시간 이내로 단축되었다.

2004년 중국 철도부는 '중장기 철도망 규획'을 공포하여, 2012년까지 4개의 세로축과 4개의 가로축(4종 4횡) 고속철도망을 건설하기로 결정했다. 하지만 미국발 금융위기, 철도부문 투자 계획 재조정 등으로 완결 시한이 다소 미루어졌다. 중국이 고속철 건설에 전념하는 이유는 첫째, '대량 운송, 저오염, 저운송비, 저에너지 소모'라는 우위 때문이며, 둘째는 석탄·철강 등 대형화물로 인해 유발되는 철도 병목현상을 여객 중심의 고속철로 해소하기 위함이다. 실제 단위자원 소모량을 보면 고속철이 70~100 kcal/사람·km인 데 반해, 버스는 180~213kcal/사람·km, 소형차는 721~813kcal/사람·km 수준이다.

'4종 4횡'의 중심축이라 할 수 있는 베이징-상하이 구간이 2011년 6월에 개통되면서 고속철 시대를 개막하였다. 2009년 9월에 개통된 우한-광저우 구간은 중국 최장구간의 최고속도(350km/h) 고속철 개통으로 기록되면서, 동일 구간의 항공노선이 폐지되는 영향이 있었다. 베이징-광저우 노선은 중국 내에서도 물류 및 여객량이 많은 노선이어서, 개통으로 인한 파급 효과가 컸다. 동 노선은 중국 철도망 총연장 중 3.14%를 점유하고 있으나, 전체 철도 물류량 중 8%를 소화하고 있고, 여객은 18%를 운송하고 있는 중요 간선망이다.

고속철 개통으로 도시 간 일체화(同城化) 현상이 확대되고 있다. 베이징에서 80km 떨어진 허베이성 가오베이뎬의 경우, 고속철로 19분 만에 도달할 수 있게 되자, 수강 특수강, 베이징일기창 같은 대기업이 이전했으며, 5천여 명의 베이징 시민이 싼 주택을 찾아서 이주하기 시작했다. 이러한 도시 간 일체화 현상은 베이징, 정저우, 타이위안, 지난 같은 대도시(성의 수도) 인접 위성도시들 간에서 확산되고 있다.

베이징-광저우 구간은 6개 성에 있는 28개 도시를 관통하며, 이들 도시는 총 53개 주요 도시를 5시간 거리 범위 내에 두고 있다. 동 구간은 보하이경제권(베이징, 톈진), 중위안경제구(정저우), 우한도시권(우한), 창주탄 도시권(창저우), 주강삼각주 경제구(광저우, 선전) 등 주요 경제권역을 관통한다. 그 결과, 우한시가 교통 허브로 부상했으며, 신설 고속철역 주변에는 신도시를 조성하고 있다. 후베이성 우한시는 '4종 4횡' 교차구간 중 종축 및 횡축노선이 모두 개통된 도시로, 8시간 이내 총 8억 인구의 경제권을 범위에 두고 있다.

베이징-광저우 구간 개통으로 매년 주변 도시들은 5% 이상의 경제성장을 추가로 달성할 전망이다. 동 구간 개통으로 28개 도시가 8시간 내 생활권에 들어감에 따라 매년 3~5% 수준의 경제 성장을 추가로 동인한 것으로 분석되었다. 실제, 후난성 창사시는 동 구간 개통으로 우한(1시간), 광저우(2시간), 상하이(3시간), 쿤밍(4시간), 베이징(5시간) 등을 5시간 이내에 도달할 수 있게 되어, 이전에는 불가능했던 국제금융, 전람회, 명품소비, 문화, 의료서비스, 물류센터 관련 지역발전 전략을 수립할 수 있게 되었다.[22]

2023년 말 현재 중국에는 총 15.9만km의 철도망과 4.5만km의 고속철 철도망이 완성되었다. 중국 31개 성·직할시·자치구 중 시짱 자치구를 제외한 모든 지역은 고속철로 연결되어 있다. 지역 간 균형발전, 내수부양을 위한 인프라 건설 그리고 급중하는 '마이 카'로 인한 물류망 병목현상을 해결할 대안이 고속철밖에 없다는 것이 중국 정부의 판단이다.

표 1-19 중국의 '4종 4횡' 철도망 현황

구분	구간명	개통 현황	전장	소요시간
4종	베이징-홍콩	베이징-광저우 개통(2012년 12월), 선전-홍콩(2018년)	2,350km	8시간 (베이징-광저우)
	베이징-상하이	2011.6월 개통	1,318km	4시간 25분
	베이징-하얼빈	하얼빈-다롄(2012년 12월 개통), 베이징-선양(2019년)	1,612km	5시간 20분 (하얼빈-다롄)
	항저우-선전	2015년 개통	1,346km	8시간
4횡	쉬저우-란저우	2017년 개통	1,346km	4시간 30분
	상하이-쿤밍	2016년 개통	2,264km	7시간 30분
	칭다오-타이위안	2018년 개통	906km	3시간
	상하이-청두	2021년 착공, 2030년 전 노선 개통. (沪蓉高铁:上海-苏州-无锡-常州-镇江-南京-全椒-肥东-合肥-六安-罗田-武汉-荆门-宜昌-恩施-重庆-成都)	1,922km	일부 구간 완공 7시간(상하이-이창), 1.5시간 (청두-충칭)

자료: 중국철도망(2016.1.) 및 최신 공개자료 참고(2024.5.).

---

22 김동하(2013.1.7.), 베이징-광저우 고속철 개통으로 전국 1일 생활권 개막. 대외경제정책연구원 CSF 이슈 분석.

그림 1-24   중국 고속철 '4종 4횡' 구조도

하얼빈
노선 ❸
선양
베이징
스자좡   톈진   다롄
타이위안 ❸   지난   칭다오
란저우   정저우 ❶   쉬저우
❶
시안   벙부
청두   우한   난징   상하이
❹   허페이   닝보
충칭   창사   항저우
❷   난창
구이양   ❷   푸저우
쿤밍   광저우   ❹   샤먼
홍콩   선전

중국의
고속철 노선
▬▬▬ 4종
▬▬▬ 4횡

자료: 동아시아평화문제연구소(2014.10.10.).

5. 중국 지역 명칭

1 구주와 지역 명칭 유래

중국의 성급 행정구역은 유구한 역사적 배경을 가지고 있다. 중국에서는 5천 년 동안 수많은 왕조가 흥망성쇠를 거듭하였지만, 기본적으로 행정구역의 명칭은 그대로 유지되거나, 원래 고유의 뜻을 함유한 채 이어지는 경우가 많았다. 특히 시안, 정저우 같은 고도(古都)를 가지고 있는 하남성, 섬서성 같은 내륙지역의 지명들은 비교적 오랜 역사를 가지고 있었고, 이에 반해 연해지역 신흥도시나 국경지역 지명들은 상대적으로 빈번한 변화가 있었다.

중국(中國)이라는 두 글자가 처음 등장한 것은 1963년 산시성 바오지에서 출토된 하준(何尊. 제례용 술잔)에 새겨진 124개 글자에서이다. 하준은 기원전 서주(西周)시대 만

들어진 청동기로 당시 '중국'은 서주의 수도 낙양을 의미했다.[23]

중국 지역에 관한 최초 기록은 하(夏. B.C. 21~16C), 상(商. B.C. 16~11C), 주(周. B.C. 11~ 221) 나라 기록을 담고 있는 상서(尚書) 우공(禹贡)편에 나오는 구주(九州)로 볼 수 있다. 「우공」에서는 중국 강토를 9개 주(州)로 나누었는데, 기주(冀州), 윤주(兗州), 청주(青州), 서주(徐州), 양주(扬州), 형주(荆州), 예주(豫州), 량주(梁州), 옹주(雍州) 등이다. 이런 이유로 중국을 지칭하는 명칭 중 하나로 구주(九州)가 아직까지도 쓰이고 있다.

구주의 위치는 남송(1158년) 때 제작된 우공구주산천지도(禹贡九州山川地图)에서 유추해 볼 수 있다. 기주는 지금은 산서성과 하북, 하남의 일부 지역이며, 윤주는 하북성과 산동성의 일부, 청주는 지금의 산동반도, 서주는 산동성 남부와 강소성 북부, 양주는 회수(淮水) 이남의 강소 및 안휘지역, 형주는 호남과 호북지역, 예주는 하남, 량주는 사천성과 섬서의 한중지구(漢中), 옹주는 관중(關中)과 감숙성 동부를 지칭한다. 이러한 지역 구분법은 지금까지도 영향을 미치는데, 기주(하북성-冀), 예주(하남성-豫)는 아직까지도 지역별 약칭으로 쓰이고 있다.

그림 1-25   우공구주산천지도(禹贡九州山川地图)

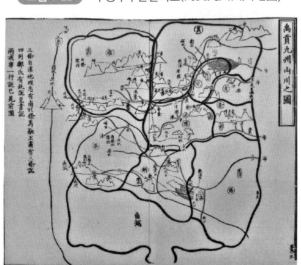

주: 9주 외에 지도 남쪽에 남월(南越. B.C. 204~111)이 표기되어 있다.
자료: 바이두 이미지 D/B(2013.3.).

---

23   박정희(2020),『중국 고도를 거닐다』, 서울대학교출판문화원, p.133.

2 성, 직할시, 자치구 명칭 유래

중국 내 여러 성, 직할시, 자치구는 역사적 배경을 가지고 지명을 정한 경우가 많다. 따라서 원래의 행정구역 명칭 외에도 역사 문화적 배경을 가진 별도의 호칭(별칭)이 존재한다. 또한 표의문자(表意文字)인 중국어 특성상 이들 지명을 단 한 글자로 약칭하기도 한다.

지역 내 대학 및 회사 이름, 식당 상호, 술 이름 등에 지역별 별칭이 널리 사용된다. 공자와 맹자의 고향인 산동성의 경우, 춘추전국시대(B.C. 770~221)에 제(齊)나라와 노(魯)나라가 있던 지역이다. 따라서 산동성은 중국 내 매스컴에서 제노(齊魯)라는 별칭으로 자주 거론된다. 중국 문학작품에서는 이러한 별칭이 원래 지역명보다 더 빈번하게 등장한다.

지역별 명칭이 정해진 원리는 네 가지 정도로 나누어 볼 수 있다.

첫째, 주변 지역의 산, 강, 섬 같은 자연물의 이름에서 유래된 경우이다. 산동성(山東省)은 태행산(太行山)의 동쪽에 있다는 유래로 만들어진 지명이다. 호남성과 호북성은 동정호의 남쪽과 북쪽을 의미하며, 강서성은 장강 남쪽의 서부를 의미한다. 하북성과, 하남성은 황하의 북쪽과 남쪽에 있는 지역이다. 운남성, 흑룡강성, 귀주성, 청해성, 해남성도 이러한 유형에 속한다.

둘째, 해당 지역의 주요 지명(도시명)을 합성하여 만든 것이다. 감숙성(甘肅省)은 감주(甘州)와 숙주(肅州)로부터 유래되었다. 안휘성, 강소성, 복건성 등도 이런 유형이다. 참고로 우리나라도 경상도는 경주와 상주를, 전라도는 전주와 나주에서 유래되었다.

셋째, 국경 지역의 경우, 해당 지역에 대한 안녕을 기원하는 문구에서 유래되었다. 요녕성(遼寧省)은 '요하 유역이여, 영원히 안녕하라(辽河流域,永远安宁)'는 문구의 첫 글자와 마지막 글자에서 유래한다. 이는 북방 민족이 중국의 중원으로 진입하는 요충지(국경지역)가 요녕성이기 때문에 중요한 역할을 고려하여 안녕(安寧)을 기원했던 것이다. 유목민족들과 끊임없이 전쟁을 치루어야 했던 지역인 영하회족자치구도 이러한 유형에 해당한다.[24]

---

24 김상욱(2011), 『중국지역경제개론』, 신아사, pp.47-48.

표 1-20　중국 주요 지역 명칭의 유래

지명	유래, 특징	지명	유래, 특징
감숙성 甘肅省	감주 甘州, 숙주 肅州	산동성 山東省	太行山의 동쪽
안휘성 安徽省	안경 安慶, 휘주 徽州	산서성 山西省	太行山의 서쪽
강소성 江蘇省	강녕 江寧, 소주 蘇州	하남성 河南省	黃河의 남쪽
복건성 福建省	복주 福州, 건주 建州	하북성 河北省	黃河의 북쪽
사천성 四川省	川峽四路(행정구 약칭)	길림성 吉林省	만주어 吉林乌拉에서 유래 (沿江 의미)
흑룡강성 黑龍江省	黑龍江(강이름)	호남성 湖南省	동정호(洞庭湖)의 남쪽
절강성 浙江省	浙江, 錢唐江(강이름)	호북성 湖北省	동정호의 북쪽
광서 廣西	송대 廣南西路 행정구 약칭	광동성 廣東省	송대 廣南東路 행정구 약칭
귀주성 貴州省	貴山(귀산. 산이름)	청해성 靑海省	靑海湖(청해호 호수명)
신강 新疆	新辟疆土(唐宋, 西域. 새로 얻은 땅)	영하성 寧夏省	西夏平定(서하의 평안기원)
해남성 海南省	해남도(海南島. 섬이름)	강서성 江西省	장강 남쪽의 서부
요녕성 遼寧省	辽河流域,永远安宁(요하 유역 평안기원)	운남성 雲南省	운령(雲嶺)의 남쪽
내몽고 內蒙古	청대 막남몽고(漠南蒙古), 고비(戈壁)사막 남쪽	섬서성 陝西省	서주(西周)시대 서원(陝原. 陝州) 서쪽

자료: 김상욱(2011), p.48 및 中国国家地理网(www.dili360.com) 공개자료.

넷째, 고대 행정구역 명칭에서 유래된 경우이다. 사천성은 당나라 때 검남도(劍南道) 지역을 검남서천(劍南西川), 검남동천(劍南东川), 산남서도(山南西道) 등 3개 행정구로 나눴다. 송대에는 서천로(西川路)라는 이전 행정구를 4개(益州路·梓州路·利州路·夔州路)로 나누고, 이들 행정구를 천섬서로(川峽四路), 사천로(四川路) 라고 불렀다. 여기에서 유래된 사천(四川)은 점차 이 지역 명칭으로 정립되게 된다. 광서자치구는 송대에 광서서로가, 광동성 역시 송대 광남동로라는 명칭을 가진 행정구역이 설치된 지역이었다.

그림 1-26 한 글자 약칭 사용 중인 중국 각지 차 번호판

자료: ⓒ 2015. 김동하, 바이두 이미지 D/B(2013.2.).

3 성, 직할시, 자치구 약칭

지역명에 대한 한 글자 약칭은 우선 현재 중국 내에서 실행되고 있는 자동차 번호판에 공식적으로 사용되고 있다. 가령 북경에서 운행되는 북경 등록 자동차 번호판 앞자리는 북경의 한 글자 약칭인 '京'자로 시작된다. 또한 이러한 약칭들은 중국 내 언론, 각종 비즈니스 서식 등에도 사용된다.

성, 직할시, 자치구의 한 글자 약칭을 만들 때 다음 몇 가지 규칙을 따르고 있다.

첫째, 두 글자로 이루어진 행정명칭 중 한 글자만 추출해서 약칭으로 삼는 경우이다. 북경(北京)의 약칭 경(京), 천진(天津)의 약칭 진(津)이 해당된다. 물론 북경의 京은 대대로 이 지역이 역대 왕조의 수도였다는 의미로 수도 京자를 썼다는 해석도 가능하며, 천진 역시 발해만의 항구도시라는 지리적인 이유로 나루 진(津)을 약칭으로 선택했다는 설명도 틀린 것은 아니다.

둘째, 해당 지역과 연관이 있는 고대 왕조 명칭에서 유래된 것이다. 산서성(山西省)의 약칭은 진(晋)인데, 춘추전국시대 이곳에 진나라가 존재했기 때문이다. 지금도 산서성 출신 상인들은 진상(晋商)이라고 부른다.

셋째, 주변 지역의 산, 강, 섬 같은 자연물의 이름을 한 글자 약칭으로 택하는 경우이다. 호남성(湖南省)의 약칭은 상(湘)인데, 이는 그 지역에 상강(湘江)이 있기 때문이며, 강서성(江西省)이 약칭은 감(贛)인데, 역시 지역 내 감강(贛江)이 관통하여 흐르고 있기 때문이다. 주요 지역의 약칭의 유래를 살펴보면 다음과 같다.

- 북경시의 약칭은 경(京.jing)이다. 수도 京자를 쓰는 북경은 전국시대 별칭이 薊(계. ji)였는데, 전국 7웅 하나인 연나라(燕国) 수도였다. 거란족이 세운 요나라(916~1125) 때에는 연경(燕京)이라고 했다. 여진족이 세운 금나라(金. 1115~1234) 때에는 경도(京都)로, 원대에는 대도(大都)로 불리었다. 명나라 태조 주원장은 북평(北平)으로 명칭을 바꾸었으며, 영락제는 다시 北京으로 바꾸었다.

- 천진시(天津市)의 약칭은 진(津. jin)인데, 이는 한자로 나루터를 뜻한다. 발해만 해안도시인 천진시의 환경적 특성을 말해준다.

- 상해시 약칭은 호(沪. 滬. hu)인데, 상해 어민들이 바닷가에서 고기 잡는 대나무 어살을 의미한다. 송강(淞江) 인근에 있어서, '淞沪'라는 별칭도 있다. 상해시 별칭 중 하나는 신성(申城)인데, 이는 상해를 관통하는 황포강(黄浦江) 옛 이름이 춘신강(春申江)이어서 나온 것이다. 또한 申(신)은 춘추전국시대 상해지역을 다스렸던 제후 명칭이기도 하다.

- 중경시 약칭은 유(渝. yu)인데, 인근 가릉강(嘉陵江) 옛 이름이 유수(渝水)라는 유래와, 수나라 문제(文帝. 583년) 때 중경에 유주(渝州)라는 행정 지역을 설치한 데 기인한다.

- 하북성은 북경을 에워 쌓고 있는 성(省)이다. 하북성의 별칭은 기(冀.ji)이다. 이는 고대에 이 지역에 기주(冀州)라는 행정단위가 설치된 데 기인한다.

- 산서성 약칭은 진(晉. jin)이다. 춘추전국시대 진나라가 이 지역에 근거지를 두었기 때문이다.

- 요녕성의 약칭은 요(辽. liao)이며, 인근에 있는 요하(辽河)라는 강에 기인한다.

- 길림성 약칭은 길(吉. ji)이다. 길림성은 송화강(松花江) 상류에 있는데, 강에 인접해 있다(沿江)라는 뜻의 만주어는 '吉林乌拉'이다. 즉 길림의 뜻은 '송화강에 인접해 있다'라는 의미가 된다. 길림 지역에는 만주족(중국에서는 满族이라 호칭)이 많이 거주했는데, 지금도 만주족 자치현이 있고 86만 명이 거주하고 있다.

- 흑룡강성의 약칭은 흑(黑)이다. 흑룡강성 북부에 있는 흑룡강(黑龙江)에 기인한다.
- 강소성(江苏省)의 약칭은 소(苏. su)이다. 강소라는 명칭은 강녕부(江宁府)와 소주부(苏州府)라는 옛 행정명칭의 첫 글자를 따서 만들었다.
- 절강성 약칭은 절(浙. zhe)이다. 이곳에 있는 절강(浙江. 지금의 富春江)에서 기인한다.
- 안휘성의 약칭은 환(皖. wan)이다. 안휘성 성내에 환산(皖山)이 있고, 춘추전국시대에 이 지역을 환국(皖国)이라 칭했다. 안휘라는 명칭은 장강 하류에 있었던 안경부(安庆府)와 휘주(徽州府)부라는 옛 행정명칭의 첫 글자를 따서 만들었다.
- 복건성의 약칭은 민(闽)이다. 진나라(秦代) 시절, 이곳에는 민중군(闽中郡)이 설치되어 있었고, 오대(五代. 907~960)에는 민국(闽国)이 이곳에 있었다.
- 강서성의 약칭은 감(赣. gan)이다. 이는 성내에 감강(赣江)이 흐르고 있음에 기인한다.
- 산동성 약칭은 노(鲁. lu)이다. 춘추전국시대에 제나라(齐国)와 노나라(鲁国)가 있었다.
- 하남성 약칭은 예(豫. yu)이다. 한무제(B.C. 141) 때 예주(豫州)라는 행정단위가 있었다.
- 호북성 약칭은 악(鄂. e)이다. 춘추전국시대 초나라(楚. B.C. 223)가 있었고, 봉건 영주 악왕(鄂王)이 지역을 통치했다. 청조 때 악주(鄂州)라는 행정단위가 설치되기도 했다.
- 호남성의 약칭은 상(湘. xiang)이다. 이는 성내에 상강(湘江)이 있음에 기인한다.
- 광동성의 한 글자 약칭은 월(粤. yue)이다. 기원전 남월국(南越国)이 있었다. 이후 월(越)을 약칭으로 써왔으나, 춘추전국시대 절강성에 월(越)나라가 들어서자 혼란을 피하기 위해 영남 지역(광동 남부) 월나라를 의미하는 월(粤)로 한자를 바꾸어 사용하고 있다.
- 해남성 약칭은 경(琼. qiong)이다. 당나라(631년) 때 경주(琼州)라는 행정단위가 있었다.
- 사천성의 약칭은 천(川. chuan) 혹은 촉(蜀. shu)이다. 촉한(蜀漢, 221~264)은 삼국시대 때 유비(劉備)가 지금의 사천성 지역에 세운 나라이다.
- 귀주성의 약칭은 귀(贵. gui) 혹은 검(黔. qian)이다. 성 내에 귀산(贵山)이 있으며, 진대(秦) 검중군(黔中郡)이 설치되었다.
- 운남성의 약칭은 운(云. yun) 혹은 전(滇. dian)이다. 운남이라는 명칭은 운령(云岭)의 남쪽에 있다라는 지형적 이유로 생겨났다. '전'이라는 약칭은 고대(B.C. 278~115)에

운남성 성도인 곤명시 부근에 전국(滇国)이라는 나라가 있어서 유래했다.

- 섬서성의 약칭은 섬(陝. shan) 혹은 진(秦. qin)이다. 송대 이후 이 지역을 섬서로(陝西路)라고 칭하여 유래되었다. 이 지역은 진나라(秦国. B.C. 221~B.C.206) 영토이기도 했다.[25]

- 감숙성의 약칭은 감(甘. gan) 혹은 롱(陇. long)이다. 감숙은 청대 감주부(甘州府)와 숙주부(肃州府)라는 행정단위가 있었다. 감주는 지금 장예시(张掖), 숙주는 지우취안시(酒泉)이다. 감숙성은 롱산(陇山) 서쪽에 위치해 있어서, '롱'이라는 약칭도 유래되었다.

- 청해성 약칭은 청(青. qing)이다. 성내 중국 최대 호수인 청해호(青海湖) 지명에서 유래되었다.

- 서장자치구 약칭은 장(藏.zang)이다. 원·명대에 냐오쓰장(乌斯藏)이라 했다. 냐오쓰는 티베트어로 '중앙', 장(藏)은 '성스러움', '순결'의 의미이다. 서부에 있어 서장(西藏)이라 불렀다.

- 광서장족자치구(广西壮族自治区) 약칭은 계(桂. gui)이다. 이는 기원전 214년에 이곳에 계림군(桂林郡)이라는 행정단위가 설치된 것에 기인한다.

- 내몽고자치구(内蒙古自治区) 약칭은 몽(蒙. meng)이다. 몽골공화국을 관례적으로 외몽고(外蒙古)로 불렀고, 이와 구분을 위해 내몽고라는 명칭이 유래되었다.

- 영하회족자치구(宁夏回族自治区) 약칭은 녕(宁. ning)이다. '영하'는 '국경지역하의 평안을 기원(夏地安宁)'이라는 의미이다.

- 신강위구르자치구(新疆维吾尔自治区) 약칭은 신(新. xin)이다. 기원전 1세기에 한왕조 관할이었다. 이후 돌궐, 위구르 왕국이 지배를 했으나, 청대에 다시 관할권을 확보했다. 그 연유로 '새로 개척한 영토(新开辟的疆土)'라는 의미로 신강(新疆)으로 불렀다.

---

25 송대 행정단위는 2급 체제였는데, 부(府)-주(州)-군(軍)-감(監) 등이 1급이었고, 현(縣)이 2급이었다. 다만 주요 권역에는 '부-주-군-감'을 포괄하는 대행정구를 만들어서 OO로(路)라고 호칭했다. 따라서 송대 지역명에 등장하는 'OO路'는 도로나 길을 뜻하는 것이 아니며, OO지역이라는 의미이다. 陝西路(섬서성), 廣南西路(광서장족자치구), 廣南東路(광동성) 등이 이런 사례에 해당한다. (華夏文明. http://cathay.ce.cn)

- 홍콩특별행정구(香港特別行政区) 약칭은 항(港. gang)이다. 홍콩은 옛날 어항(漁港)이 었다.
- 마카오특별행정구(澳门特別行政区) 약칭은 오(澳. ao)이다. 오(澳)는 완만한 해변처럼 선박을 정박할 수 있는 곳이라는 의미이다.

표 1-21 중국 지역 명칭과 약칭

명칭	약칭(간체자)	성, 시, 자치구 수도
북경시 北京市	경 京	북경 北京
천진시 天津市	진 津	천진 天津
상해시 上海市	호 滬(沪)	상해 上海
중경시 重慶市	유 渝	중경 重慶
길림성 吉林省	길 吉	장춘 長春
요녕성 遼寧省	요 遼(辽)	심양 瀋陽
흑룡강성 黑龍江省	흑 黑	합이빈 哈爾濱
하북성 河北省	기 冀	석가장 石家庄
하남성 河南省	예 豫	정주 鄭州
산동성 山東省	노 魯	제남 濟南
산서성 山西省	진 晋	태원 太原
섬서성 陝西省	섬 陝·진 秦	서안 西安
감숙성 甘肅省	감 甘·롱 隴(陇)	난주 蘭州
청해성 靑海省	청 靑	서녕 西寧
안휘성 安徽省	환 皖	합비 合肥
강소성 江蘇省	소 蘇(苏)	남경 南京
절강성 浙江省	절 浙	항주 杭州
강서성 江西省	감/공 贛	남창 南昌
호북성 湖北省	악 鄂	무한 武漢
호남성 湖南省	상 湘	장사 長沙
사천성 四川省	천 川·촉 蜀	성도 成都
귀주성 貴州省	귀 貴·검 黔	귀양 貴陽
운남성 雲南省	운 雲·전 滇	곤명 昆明

광동성 廣東省	월 粤	광주 廣州
해남성 海南省	경 琼	해구 海口
복건성 福建省	민 閩(闽)	복주 福州
광서장족 廣西壯族 자치구	계 桂	남녕 南寧
내몽고 內蒙古 자치구	몽 蒙	호화호특 呼和浩特
영하회족 寧夏回族 자치구	녕 寧(宁)	은천 銀川
서장 西藏 자치구	장 藏	랍살 拉薩
신강 新疆 위구르자치구	신 新	오노목제 烏魯木齊
홍콩 香港 특별행정구	항 港	홍콩 香港
마카오 澳門 특별행정구	오 澳	마카오 澳門

1) 여러 도시의 별칭(아칭)

아칭(雅稱)은 고상하고 멋있는 이름을 의미한다. 우리나라를 보면 대전(大田)을 의미하는 한밭, 광주(光州)를 풀어쓴 빛고을도 별칭이자 아칭이다. 중국도 거의 대부분의 대도시들이 이런 아칭, 별칭을 가지고 있다. 여러 중국 지역을 방문하면서 그 도시의 아칭(별칭)을 알아보는 것도 중국의 인문지리를 현장에서 공부하는 방법이 될 것이다.

매년 열리는 빙등제로 유명한 하얼빈의 아칭은 빙청(冰城), 즉 얼음 도시이다. 산과 산이 어울러진 도시로 경사가 심해 자전거는 못다니고 오토바이만 넘쳐났던 중국의 네 번째 직할시 중경의 별칭은 산청(山城), 즉 산의 도시이다. 중경시의 또 다른 별칭은 안개도시(우두. 霧都)인데 산으로 둘러싸인 분지 안에 있어서 항상 안개에 쌓여 있어서이다.

중국에서 지하수가 가장 많은 도시인 산동성의 수도 제남시 아칭은 온천의 도시(취안청.泉城)이며, 2019년에서야 지하철이 개통되었고 노선 중 2/3는 지하수 구간을 피해서 지상에 건설되었다. 농업생산 대국 흑룡강성의 별칭은 북쪽 식량창고(北國糧倉)이며, 중국의 베니스라고 불리는 쑤저우는 물의 도시(水城)이고, 중국 최대 자동차 메이커인 중국일기가 위치한 창춘은 자동차의 도시(車城)이다. 장강 중류에 위치하고 9개의 성으로 둘러싸여 물류 중심지인 호북성의 다른 아칭은 구성통구(九省通衢), 우리 말로 풀어쓰면 사통팔달이다.

표 1-22 중국 주요 지역의 별칭

별칭	현재 행정단위	별칭	현재 행정단위	별칭	현재 행정단위
江东	皖南, 浙江	天涯海角	海南省	烏金之鄉	山西省
南诏	云南	北國糧倉	黑龍江省	中原之鄉	河南省
湖广	湖北, 湖南	彩雲南國	雲南省	天府之國	四川省
河塑	河北	江河之源	青海省	西南山城	重慶市
巴蜀	四川, 重庆	絲路咽喉	甘肅省	壯美高原	貴州省
关东	东北三省	古樸秦川	陝西省	九省通衢	湖北省
荊楚, 楚天	湖北	瀟湘, 三湘	湖南	中原, 河洛	河南
南越	广东	三晋	山西	燕趙沃野	河北省
錦繡壯鄉	廣西壯族自治區	天山南北	新疆維吾爾自治區	塞上江南	寧夏回族自治區
齊魯大地	山東省	雪域高原	西藏自治區	嶺南熱土	廣東省
富饒水鄉	江蘇省	物華天寶	江西省	芙蓉國度	湖南省
錢塘江畔	浙江省	江淮之濱	安徽省	草原氊鄉	內蒙古自治區
花城, 羊城	广州	星城, 潭城	長沙	龙城	太原
山城, 雾都	重庆	蓉城, 锦城	成都	泉城, 历城	济南
春城, 花城	昆明	甬	宁波	青城	呼和浩特
江城	武汉	武林	杭州	洪城, 英雄城	南昌
鹿城	温州	龙城	柳州	石头城	南京
岛城	青岛	榕城	福州	鹿城, 草原钢城	包头
滨城	大连	车城	長春	日光城	拉萨
水城	苏州	鹭城	厦门	冰城	哈尔滨

자료: 華夏文明(http://cathay.ce.cn).

○ 호남, 영동 그리고 웨(粤)

우리는 전라남도와 강원도라는 행정명칭이 있지만, 호남, 영동이라는 별칭도 널리 사용한다. 호수의 남쪽을 의미하는 호남(湖南)은 전라도의 별칭인데, 호수는 김제의 벽골제호를 가리킨다고 전해진다. 영동(嶺東)은 강원도의 태백산맥 동쪽 지방을 이르는 말이다. 태백산맥 가운데 줄기인 중앙산맥을 경계로 영서지방과 나뉘며 중심도시는 강릉·동해·속초·삼척·태백시 등이다. 중국의 모든 성(省)과 주요 도시들도 이런 별칭을 가지고 있는 것이다.

광동성의 현재 약칭은 웨(粵. 나라이름 월)인데, 그 배경은 기원전 204~111년간 이 지역에 남월국(南越国)이 있었기 때문이다. 남월국은 한무제(B.C. 156~87)에게 멸망되었다. 따라서 한동안 광동성의 약칭은 웨(越. 넘을 월, 나라이름 월)로 불리었다. 그런데 춘추전국시대(B.C. 770~222)에 지금의 절강성 지역에 월(越)나라가 들어선다. 우리에게도 널리 알려진 고사성어인 오월동주, 와신상담의 주인공인 월나라이다. 결국 월(越)은 절강성 혹은 광동성의 약칭으로 한동안 혼용되었다.

서기 23년에 완성된 역사책인 한서(汉书)에 처음으로 광동 지역을 남월(南粵)으로 부르면서 웨(粵)가 별칭으로 등장했다. 이 때 남월 지역을 영남(岭南) 일대로 지칭했는데, 광동성에 위치한 산맥인 남령산맥의 남쪽 즉 광동 남부 지역을 가르킨다. 청말에 이르러 이러한 혼용을 바로잡기 위해 광동성은 영남을 가르키는 웨(粵)로 절강성은 웨(越) 혹은 저(浙)로 구분하기 시작한다. 연기자 전원이 여성으로 구성된 중국 전통 연극인 월극(越剧)이 바로 절강성 소흥에서 발원한 연극이다.

II

중국 주변국 현황

중국 인문·경제지리

II

중국 주변국 현황

1. 개황

중국의 내륙 국경선은 22,117km인데, 모두 14개 국가와 국경을 인접하고 있다. 국경을 마주하고 있다는 의미는 정치·경제적으로 상황에 따라서는 우호 관계를 증진할 수 있고, 또 국경분쟁 등의 마찰로 인해 전쟁 상태에 빠질 수 있다는 것을 의미한다. 실제로 중국은 1978년에는 베트남과 국경분쟁(군사충돌)을 경험했으며, 1959년에도 국경을 마주한 인도와 무력충돌을 가졌다. 반면에 중국은 아세안(동남아시아 10개국)과 2005년에 FTA(자유무역협정)를 체결하여, 이들 지역과 국경을 맞대고 있는 광서장족자치구, 운남성 등의 대아세안 무역 규모가 큰 폭으로 늘고 있다.

> **그림 2-1**　중국의 주변 국가

자료: 구글 지도(2024.4.).

이처럼 중국의 주변국은 국경을 마주하고 있기 때문에 멀리 떨어진 다른 나라보다 정치·경제적인 이슈들이 민감해질 수 있으며, 그 결과에 따라 사회·문화 등 다른 영역에 영향을 끼치기도 한다.

중국과 국경을 마주하고 있는 14개 국가들(국경 연장선)은 다음과 같다. 아프가니스탄(76km), 부탄(470km), 미얀마(2,185km), 인도(3,380km), 카자흐스탄(1,533km), 북한(1,416km), 키르기스스탄(858km), 라오스(423km), 몽골(4,677km), 네팔(1,236km), 파키스탄(523km), 러시아(동북선 3,605km. 서북선 40km), 타지키스탄(414km), 베트남(1,281km) 등이다.

1 일대일로(一帶一路) 프로젝트

일대일로는 시진핑[1] 정부가 추진하는 실크로드 경제벨트(絲綢之路經濟帶)와 21세기 해상 실크로드(21世紀海上絲綢之路) 등 2개의 실크로드 프로젝트를 일컫는 표현이다. 중국 입장에서는 당나라(육상)와 명나라(해상)의 실크로드 옛 영광을 재현하고 중화민족의 위대한 부흥이란 '중국의 꿈(中國夢)'을 실현하기 위한 시진핑의 대외정책 통치이념을 포함하고 있는 개념이기도 하다. 즉 일대일로 프로젝트는 경제뿐만 아니라 정치, 안보, 외교를 아우르는 장기 비전으로 시진핑 주석이 제창한 '중국의 꿈(중국몽)'과 연결되어지는 것이다.[2]

물류망을 중심으로 보면, 일대일로는 동아시아와 유럽 경제권을 연결하는 초대형 인프라 건설 프로젝트이다. 육로와 해상 실크로드를 양대 축으로 아시아, 유럽, 아프리카 및 주변 해역을 모두 아우르고 동아시아와 유럽 경제권을 연결하는 것을 목표로 하고 있다.

이를 통해 아시아, 유럽, 아프리카 지역 26개 국가와 지역의 인구 44억 명(세계 인구의 63%)을 직접적으로 연결할 계획이다. 26개 국가와 지역의 경제규모(GDP)는 21조 달러로 전 세계의 29%를 차지하고 있으며, 전 세계 상품 및 서비스 수출의 23.9%를 차지하고 있다.

---

1 习近平(1953년생)은 섬서성 부평(陝西富平) 출신이다. 후진타오에 이어 2012년에 중국의 5세대 지도자로 등장했으며, 집정 10년 후인 2022년 10월에 3기 정부를 구성했다.

2 국가주석 시진핑이 2012년 공산당 총서기에 선출된 직후, '위대한 중화민족의 부흥'을 의미하는 중국몽(中國夢)의 실현에 나서겠다고 선언하면서 통치이념이 되었다. 중국몽 달성을 위한 두 가지 목표 중 하나는 공산당 창당 100주년이 되는 2021년에 전면적인 소강사회를 건설(전국민 빈곤 탈출)하는 것이며, 둘째 목표는 중국 건국 100주년이 되는 2049년에 사회주의 현대화(세계 1위 국가)를 완성하는 것이다.

그림 2-2   중국 신실크로드(일대일로) 노선도

중국 일대일로 프로젝트

육상 실크로드

우크라이나(미확정)
키예프 지하철 4호선 13억

네덜란드 로테르담
독일 뒤스부르크
헝가리
이탈리아 베네치아
터키 이스탄불
그리스 아테네
지중해
러시아 모스크바
카자흐스탄 알마티
우루무치
몽골
베이징
북한
한국
우즈베키스탄 사마르칸트
키르기스스탄 비슈케크
란저우
시안
상하이
이란 테헤란
타지키스탄 두샨베
중국
광저우
취안저우
이스라엘
파키스탄 과다르항
인도 콜카타
하이커우
베트남 하노이
해상 실크로드
아라비아해
라오스
캄보디아
스리랑카 함반토타
말레이시아 쿠알라룸푸르
케냐 나이로비
인도양
인도네시아 자카르타

자료: 서울신문(2018.9.7.).

1) 추진 경과

중앙아시아 및 동남아 국가 순방 기간 중 시진핑 주석이 2013년에 실크로드 경제 벨트와 21세기 해상 실크로드 건설을 제안한 것이 그 효시이다. 2013년 9월, 카자흐 스탄에서 시진핑 주석은 인구 30억 명을 포괄하는 실크로드 경제벨트 구축을 제안했 다. 이를 위해서 중국과 중앙아시아 간 교통 체계부터 개선하여 태평양에서 발트해까 지 연결되는 실크로드 경제권을 구축하자고 제안했다. 2013년 10월, 인도네시아에서 도 시 주석은 아세안과 21세기 해상 실크로드의 공동 건설을 제안했다. 시 주석은 아 세안과 중국-아세안 FTA를 통해 경제협력을 강화하자고 강조했다.

시 주석은 2013년 10월, 아시아인프라투자은행(AIIB) 설립을 제안했는데, 이는 일 대일로 프로젝트 추진을 위한 자금 공급 채널을 염두에 둔 것이다. AIIB는 일대일로 프로젝트 실현을 위한 자금조달 수단 및 아시아 개도국들의 부족한 인프라 건설을 지 원하기 위해 2016년에 중국 주도로 설립됐다.

2015년 2월, '일대일로 건설 공작 영도소조'가 출범하여, 중앙정부 차원에서 본격적으로 실행에 옮기게 된다. 공산당 서열 7위인 장가오리 부총리 겸 당정치국 상무위원이 '일대일로 건설공작 영도소조'의 조장을 맡아 일대일로 프로젝트 건설을 총괄하기로 했다. 부조장은 당중앙 정책연구실 왕후닝 주임, 왕양 부총리, 양징 국무위원, 양제츠 외교담당 국무위원이 임명되었다.

2) 추진 배경 및 목적

일대일로 추진 목적은 첫째, 신흥시장 확보 및 과잉산업 문제 해소에 있다. 중앙아시아, 동남아시아 등 신흥시장 진출을 통해 경제성장의 동력을 확보하고 중국의 과잉생산 및 과잉산업 문제를 해소하려 하고 있다. 육상 실크로드 구축을 위한 철도·도로 등 건설 공사를 주도해 내수 활성화 효과를 내고, 중국기업의 해외 진출도 촉진하려 하고 있다. 이들 지역에 철도, 도로 등 사회간접자본(SOC)을 건설함으로써 철강·시멘트 등 중국 전통산업의 공급과잉을 해소하려 하고 있다.

둘째는 자원과 에너지 확보이다. 중국은 세계 최대 에너지 소비국으로서 필요한 자원과 에너지를 안정적으로 공급받기 위해 일대일로를 추진하고 있다. 해상 실크로드를 통해 중동과 아프리카로부터의 원유·자원을, 실크로드 경제벨트를 통해 중앙아시아의 풍부한 지하자원을 안정적으로 확보하려 하는 것이다. 중국 원유 수입의 80% 이상은 미 해군력이 통제하는 말라카 해협을 거쳐 남중국해를 통과하고 있다. 따라서 중국이 21세기 해상 실크로드 프로젝트를 통해 중동과 남중국해 해로를 개척하려 하고 있다.

셋째, 지역 불균형 발전 문제 해소가 그 목적이다. 일대일로는 중국의 지역 불균형 발전과 도농격차를 해소하기를 기대하고 있다. 이를 바탕으로 신장 등 소수민족의 독립 움직임까지 약화시키는 데 도움이 될 것이라고 판단하고 있는 것이다. 일대일로 구상의 핵심 지역이 섬서성에서 신장위구르자치구로 이어지는 서북 5개 성으로 확정되는 등 지역 불균형 발전 해소를 위해 노력하고 있다. 섬서성은 실크로드의 '출발점', 간쑤성은 '황금구간', 닝샤자치구와 칭하이성은 '전략지대', 신장위구르자치구는 '핵심지역'으로 정해졌다. 신장의 지리적 이점을 활용하여 서부(중앙아시아 및 남·서 아시아) 육상 실크로드의 허브이자 교통과 물류 및 문화, 과학, 교육 등의 중심지로 육성할 계획이다. 시안에서 출발해서 카자흐스탄, 우즈베키스탄, 키르기스스탄 등 중앙아시아 5 개국을 잇는 장안호를 비롯, 충칭-러시아-폴란드-독일을 잇는 위신어우 열차, 장쑤성 롄윈강-간쑤성 란저우-신장 위구르자치구 우루무치를 잇는 중국횡단철도(TCR) 등 주요 물류 운송열차 대부분이 시안을 통과하기 때문이다.[3]

넷째, 지역 경제통합의 주도권을 확보하는 데 추진 목적이 있다. 중국은 일대일로를 통해 자국의 경제 영토를 중앙아시아와 동남아시아로 확대하고 나아가 지역경제통합의 주도권을 확보하려 하고 있다.[4]

표 2-1 일대일로 사업 대상 지역 및 역할

지역		역할
서북	신장(新疆)·산시(陝西)·간쑤(甘肅)·닝샤(寧夏)·칭하이(青海)·네이멍구(內蒙古)	중앙아시아, 남아시아, 서아시아 국가로 뻗어 나가는 통로
동북	헤이룽장(黑龍江)·랴오닝(遼寧)·지린(吉林)	러시아, 몽골 등 극동지역과 육·해상 창구
서남	광시(廣西)·윈난(雲南)·시짱(西藏)	육상 실크로드와 해상 실크로드를 유기적으로 연결
연해지역	푸젠(福建)·상하이(上海)·광둥(廣東)·저장(浙江)·하이난(海南)	해상 실크로드 건설 중추
내륙지역	충칭(重慶)	동부와 중부, 서부를 이어주는 운송 통로

자료: 국가발전개혁위원회(2015.3.28.), 실크로드 경제벨트 및 21세기 해상 실크로드 공동건설 추진에 대한 비전과 행동(推动共建丝绸之路经济带和21世纪海上丝绸之路的愿景与行动).

---

3 임영석·박두정(2015), 중국 일대일로 추진 동향 및 시사점, 이슈리포트 09, 한국수출입은행 해외경제연구소(2015.7.).

4 이봉걸(2015), 일대일로 프로젝트 현황과 영향, Trade Focus Vo.14 No.16, 국제무역연구원(2015.5.).

2. 14개 주요 주변국

1 아프가니스탄, 阿富汗伊斯兰酋长国(The Islamic Emirate of Afghanistan)

아프가니스탄 1인당 GDP는 611달러(2023년)로 세계 183위 수준이며, 인구는 4,337만 명(세계 36위)으로 UN이 지정한 최빈국(최저개발국)이다.[5] 아프가니스탄은 중국 신강 위구르자치구와 국경을 마주하고 있다. 중국과는 1955년 1월 20일에 정식으로 수교하였다. 1979년 이전에는 양국 정상이 수차례 방문했다. 구소련의 아프가니스탄 침공(1979~1988) 이후, 중국은 아프가니스탄 정부를 인정하지 않았다. 1992년에 양국의 국교는 다시 정상화되었으나, 테러 등 안전문제로 인해 1993년 2월, 중국 정부는 아프가니스탄 내 중국 외교관원을 철수시켰다. 2001년 12월, 아프가니스탄 임시정부가 설립되고, 중국은 다시 외교관계를 복원하였다. 2002년 1월, 아프가니스탄 임시정부 주석이 중국을 방문한 것을 계기로, 향후 5년 동안 1.5억 달러의 지원을 선언하기도 하였다. 2002년 2월, 주아프가니스탄 중국대사관이 다시 업무를 개시하였다.

중국과 아프가니스탄과의 국경선은 76km에 불과하고, 위로는 타지키스탄 아래로는 파키스탄 국경선과 연결되어 있다. 2001년 9.11 테러 후 미국이 아프가니스탄 텔레반 정권과의 전쟁을 수행하면서, 이 국경선은 중요한 전략적 가치(對테러전 지원)를 가지게 되었다.[6]

---

5 참고로 2023년 기준 중국 인구는 14억 967만 명(국가통계국)이며, 1인당 GDP는 12,510달러로 세계 60위 수준이다. 한국 1인당 GDP는 33,190달러로 29위이다.

6 3천여 명이 희생된 '9.11 테러'가 2001년 9월 11일, 미국 본토에서 발생했다. 알카에다 테러리스트들은 납치 항공기로 뉴욕 맨해튼 세계무역센터를 무너트리고 워싱턴 국방부 청사를 공격했다. 미국은 알카에다와 오사마 빈 라덴을 지원하는 탈레반 정권 축출을 위해 2001년 10월 7일부터 아프가니스탄과 전쟁을 시작한다. 2011년 5월 2일, 오사마 빈 라덴이 미군에 사살되었으나 전쟁은 10년이나 더 지속되었다. 조 바이든 미 대통령은 미군 철수(2021.8.30.)를 결정했고, 미군 포함 다국적군 3,600여 명이 전사한 전쟁은 끝났다. 아프가니스탄은 2021년 9월부터 텔레반 정권이 재집권하게 된다.

또한 아프가니스탄은 중국의 신장위구르자치구와 국경을 마주하고 있는데, 자치구 지역의 평화를 위해서 아프가니스탄과의 우호 관계 유지가 무엇보다 우선된다. 위구르족 청년들을 중심으로 1990년 설립된 ETIM(East Turkestan Islamic Movement.동투르키스탄 이슬람운동)은 '동투르키스탄'이라는 독립국가를 세우기 위해 중국 관공서와 경찰서를 습격해왔다. 이에 중국은 테러단체로 규정하고 소탕작전을 벌였으며, 그 결과 ETIM는 아프가니스탄, 파키스탄, 터키 등으로 피신했다. 아프간 내 탈레반은 같은 이슬람 수니파인 ETIM을 지원하고 있다. 중국 정부는 76km에 달하는 아프간과의 국경지대에 있는 '와칸 회랑'에 군사기지를 만들었다. 아프간 북부 바다흐샨주에 위치한 와칸 회랑은 북쪽으론 타지키스탄, 남쪽으론 파키스탄, 동쪽으론 중국 신장위구르자치구와 맞닿아 있다.[7]

그림 2-3 중국 서북부 국경지역 현황

주: 구글 지도에서 양국 혹 다국간 국경이 확정되지 않은 곳은 점선으로 표시됨. 중국 서북부는 파키스탄, 인도, 중국 간 국경이 확정되지 않았다.
자료: 구글 지도(2024.4.).

---

7 동아일보(2021.5.8.).

이러한 배경으로 중국은 9.11 테러 이전은 물론 이후에도 아프가니스탄과 우호 협력관계를 유지하고 있다. 중국은 2011년 6월, 북경에서 열린 상하이협력기구(SCO)정상회의에서 아프가니스탄을 게스트 국가(Guest Country)에서 준회원(옵저버)국가로 승격시켰다.[8]

2015년에도 중국은 아프가니스탄의 재건을 위한 지원을 약속했다. 중국-아프간 수교 60주년을 기념해 아프간을 방문한 리위안차오 중국 국가 부주석은 중국이 앞으로 3년간 15억 위안을 아프간에 지원하겠다고 밝혔다. 아슈라프 가니 아프간 대통령도 중국과 가스관, 전력, 철도, 도로 등 분야의 협력강화를 희망했다.[9]

실제 두 나라는 지난 2015년 중국-아프간 경제·통상위원회를 설립한 이후 직항 화물 항공편과 열차를 개통했고, 양국 간 무역은 2013년 3억 3,800만 달러에서 2019년 6억 2,900만 달러로 약 2배 증가했다. 이러한 배경으로 미국-아프가니스탄 전쟁 종료(2021.8.30.) 후 중국은 가장 먼저 텔레반 정권을 승인하게 된다.

2024년 1월 30일, 시진핑 국가주석은 베이징에서 빌랄 카리미 신임 아프간 대사로부터 신임장을 제정받았다. 중국은 2023년 9월, 아프가니스탄에 자오성 신임 대사를 이미 파견했다. 탈레반은 2021년 재집권 후 국호를 '아프가니스탄 이슬람 공화국'에서 '아프가니스탄 이슬람 에미리트(The Islamic Emirate of Afghanistan)'로 바꾸고 이슬람 율법에 따른 통치를 하고 있다. 여성들의 교육과 취업을 제한하는 인권 탄압이 이어져 국제사회 대부분은 탈레반 정권을 인정하지 않고 있다.[10]

---

8   SCO(Shanghai Cooperation Organization)는 2001년 중국과 러시아를 중심으로 우즈베키스탄, 카자흐스탄, 키르기스스탄, 타지키스탄의 6개국이 설립했다. 옵저버로 인도와 이란, 몽골, 파키스탄을, 대화 파트너로 벨라루스와 스리랑카를 참여시켰다. 여기에 아프가니스탄(옵저버)과 터키(대화 파트너)를 포함하면 참여국은 14개이다.

9   연합뉴스(2015.11.4.).

10   경향신문(2024.01.31.).

② 파키스탄, 巴基斯坦伊斯兰共和国(The Islamic Republic of Pakistan)

파키스탄 1인당 GDP는 1,460달러(2023년)로 세계 154위 수준이며, 인구는 2억 4,292만 명으로 인도, 중국, 미국, 인도네시아에 이어 세계 5위 인구대국이다. 파키스탄은 중국 신강위구르자치구 및 서장자치구와 국경을 마주하고 있다. 1950년 1월 5일, 파키스탄은 중국을 정식 국가로 인정하였으며, 1951년 5월 21일, 양국은 수교하였다. 1963년 3월 중국은 파키스탄·중국 국경협정을 통해 점령 중이던 750mi²(평방마일)의 카시미르 분쟁 지역을 파키스탄에 양도하였다. 1965년 5월 제2차 인도-파키스탄 전쟁이 발발했을 때, 중국은 파키스탄을 군사적으로 지원하고, 1971년 제3차 인도-파키스탄 전쟁이 종료된 후, 전후 문제를 처리하는 과정에서도 파키스탄을 지지하였다.

파키스탄은 중국을 가장 신뢰할 수 있는 우방으로 생각한다. 중국도 서남아시아에서 인도의 주도권을 견제하기 위해 파키스탄을 중요한 우방으로 여기고 있다. 중국은 인도를 견제하기 위해서 파키스탄을, 파키스탄은 인도와 미국을 견제하는 데 중국을 활용하고 있다. 양국은 경제 분야에서도 긴밀히 협력하는데, 2006년 11월에는 FTA를 체결하기에 이른다.

2013년 1월 30일, 중국은 인도양 거점 도시인 파키스탄 과다르항(Gwadar港)의 운영·관리권을 확보했다. 중국 기업은 항만 확장공사 등에 필요한 자금 3억 900만 달러 중 75%인 2억 3100만 달러를 투자할 계획이다. 2015년 11월 11일, 양국은 과다르항 자유무역지대 총면적의 30%(280ha) 부지에 대한 사용권을 43년간 중국해외항만주식유한회사(COPHC)에 이양하는 협약서에 서명하였다. 과다르항은 파키스탄 서부 발루치스탄에 위치해 있다. 항구도시 카라치와의 거리는 600km이고, 이란 국경지대, 아라비아해, 호르무즈 해협과 인접해 있어 인도양의 전략적 요충지라고 불린다.

중국은 과다르항과 신장위구르 지역을 연결해 남아시아에서 자국으로의 수송라인을 확보함으로써 동 지역에 대한 미국과 인도의 영향력을 견제하고자 한다. 중국이 중동으로부터 수입하는 원유 수송거리가 아라비아해와 말라카해협을 통과 시에는 12,000km이나, 이번 계약에 따라 2,395km로 대폭 단축되었다. 중국은 수입 원유의 60%가 중동과 아프리카지역에서 오며, 이들 중 80%가 인도양과 말라카 해협을 통과한다.

그림 2-4　　중국-파키스탄 내륙 원유 수송로

자료: 조선일보(2023.1.6.).

　　이번 협정서 체결은 양국이 추진해 온 중국-파키스탄 경제회랑(CPEC: China–Pakistan Economic Corridor)[11] 구축 프로젝트의 일환이다. 시진핑 국가주석은 2015년 4월 파키스탄을 방문하여 파키스탄 나와즈 샤리프 총리와 신장에서 출발하여 과다르항까지, 그리고 여기서 아라비아해에 이르는 총 3,000km 길이, 460억 달러 규모의 경제회랑을 구축하기로 했다.[12]

　　CPEC 프로젝트는 파키스탄 전역에 약 500억 달러 규모의 다양한 인프라 및 에너지 개발 프로젝트 추진을 목표로 한다. 이 프로젝트의 핵심은 도로 인프라 건설로 중앙 아시아, 중동 및 유럽 국가로의 중국 상품 수출을 위해 중국 신장에서 파키스탄 과다르 항구까지 양방향 도로망을 구축하는 것이다. 또한 중국은 산업 단지와 경제 자유구역을 설립할 예정이다. 2023년까지 190억 달러에 달하는 27개 프로젝트가 완료되

11　경제회랑(economic corridor)은 주요 경제권을 철도·도로 등 물류망을 중심으로 연결하는 프로젝트이다.

12　參考消息(2015.11.12.), 北京靑年報(2015.11.13.).

었으며, 2030년까지 352억 달러에 달하는 63개 프로젝트가 추가로 완료될 예정이다.

2023년 8월 1일, 중국의 부총리가 파키스탄을 방문해 6개의 MOU에 서명했다. 수년간 지연되었던 주요 철도 프로젝트인 메인 라인(ML)-1의 진행을 가속화하기로 결정했다. CPEC 2단계로 양국은 농촌 부흥, 농업 개발, 산업화, 녹색 개발, 과학 및 기술 등에서 협력을 확대했다.[13]

3 북한, 朝鮮(朝鮮民主主義人民共和国, Democratic People's Republic of Korea)

북한 1인당 GDP는 1,123달러(2022. 한국은행 추정)로 세계 182위 수준이며, 인구는 2,603만 명이다. 북한은 중국 요녕성 및 길림성과 국경을 마주하고 있다. 북한과 중국은 1949년 10월 6일 수교하였으며, 중국과 가장 먼저 수교한 국가 중 하나이다. 1950년대 중국과 구소련이 협력하던 시기에는 사회주의 국가 건설이라는 공동목표 달성을 위해 정치, 안보, 경제 등 모든 측면에서 북한과 중국은 긴밀한 협력관계를 유지하였다. 1950년에는 한국전쟁이 발발하자 중국 인민의용군을 북한에 파병하였으며, 1953년에는 김일성이 중국을 방문하여, 경제·문화협조 및 지원 협정을 체결하였다. 1958년에는 중요물자 공급 협정 및 차관제공 협정을 체결하였다. 1961년 7월에는 중국과 북한은 군사방위조약에 해당하는 '중·조(中·朝) 우호협조 및 상호 원조조약'을 체결한다. 동 조약 제2조는 일방이 침략을 당할 경우, 자동적인 군사개입(지원)을 명시하고 있다.

현재 중국은 북한의 최대 교역·외자유치 대상국으로 부상했다. KOTRA에 따르면 북한의 대(對)중 무역의존도는 2009년 78.5%에서 2010년 83.0%로 증가하였다. 특히 북한은 1차 상품(무연탄 등) 수출, 주요 물자 수입(원유, 비료, 식량 등)의 무역구조를 지속하고 있다.

북한의 주요 수출품은 어패류 등 1차 상품이 주종을 이루며, 그 외 철강 및 위탁가공품인 의류 등으로 구성되어 있다. 북한의 대(對)중 수출품은 광물, 철강, 어류, 방직원료 등이다. 그리고 북한은 원자재 중심의 수입 구조를 보이는 가운데 최근 소비재

---

13 KOTRA 파키스탄 카라치무역관(2023.12.12.), 중국의 대 파키스탄 투자 현황과 CPEC 추진 동향.

수입이 증가하고 있다. 북한의 주요 수입품은 식용육류, 곡물류, 전기기기, 플라스틱 제품, 생필품, 연료 등이다. 북한과 중국 간 무역은 지리적 인접성 및 중국 국경무역의 관세혜택 등으로 인해 동북 3성(요녕·길림·흑룡강)에 편중되어 있다.

북한은 중국의 최대 무상원조 공여국으로 규모는 연간 3~4억 달러로 추정된다. 최근 북한과 중국 간 경제협력은 중국의 동북 3성 개발 전략과 북한의 투자유치 필요 등 이해관계가 일치하면서 나선과 황금평·위화도 경제특구를 중심으로 경제협력을 가시화하였다. 2010년 12월에는 신압록강 대교를 착공하고, 2011월 6월에 황금평 개발을 착공하였으며, 2011년 6월에는 훈춘(琿春)-나선 도로 확장공사를 착공하였다.

북한 전체 수출에서 중국의 비중은 2003년 50.9%에서 2013년 90.6%로 높아졌다. 특정 국가로의 수출 비중이 90%를 상회하는 것은 무역 의존도가 절대적인 수준에 도달했음을 의미한다. KDI에 따르면 북한의 대중 무역의존도는 2011년 88.6%를 시작으로 2014년도에 이미 90%를 넘어섰으며, 2019년에는 95.4%에 달하는 것을 확인할 수 있다.[14]

그림 2-5 중국-북한 주요 교통로

자료: 조선일보(2011.12.22.).

---

14 전선미(2023.7.30.), 對중국경제 의존도 비교: 북한 vs 중국 접경 국가, 「KDI 북한경제리뷰」 2023년 7월

중국의 북한으로부터 수입액은 2003년 4억 달러에서 2013년 29억 달러로 6배 이상 증가했다. 하지만 중국 전체 수입에서 차지하는 비중은 0.15%로 미미한 수준이다. 북한의 대중국 투자 규모(주로 식당 등 소규모 투자)는 2003년 238만 달러에서 2013년 268만 달러로 12.6% 증가했다. 중국의 대북한 직접투자는 2003년 112만 달러에서 2013년 8천 620만 달러로 76배 급증했다. 경제 교류와 더불어 인적 교류도 확대되는 추세다. 중국을 찾은 북한 방문자는 2003년 8만 명에서 2013년 21만 명으로 162.5% 증가했으며, 근로자 비중이 절반 정도이다.[15]

그림 2-6 북경-평양 간 국제열차

주: 북경-평양 간에는 국제열차(K27, K28)가 운행되고 있으며, 북경에서 오후 5시 30분에 출발하는 열차는 선양, 단동을 거쳐 신의주, 평양에 다음 날 저녁 7시 30분에 도착한다(거리 1364km, 소요시간 25시간).
자료: 베이징 관광국(visitbeijing.or.kr)(검색일자: 2015.12.).

---

15 한국무역협회, 최근 10년간 남 · 북한의 對중국 경제교류 추이 비교(2015.1.14.).

4 러시아, 俄罗斯(Russia)

러시아의 1인당 GDP는 13,650달러(2023년)로 세계 59위 수준이며, 인구는 1억 4,316만 명으로 세계 9위이다. 러시아는 중국의 길림성, 흑룡강성, 신강위구르자치구, 내몽고자치구 등과 국경을 마주하고 있다. 중국과 러시아는 1949년 10월 3일 수교하였다. 수교 당시 러시아는 소비에트 연방(소련)이었으며, 공산주의 종주국으로써 중화인민공화국 설립에 지대한 영향을 끼쳤다. 1949년 10월 중국이 건국된 후, 1953년 3월 스탈린이 사망할 때까지 중국과 소련 양국은 긴밀한 우호협력 관계를 유지하였다. 1949년 12월, 마오쩌둥이 러시아를 방문하였고, 1950년 2월에는 중국·소련 우호동맹 상호원조조약을 체결하였다(30년 기한).

그러나 1950년대 중반부터 양국 간 관계에 긴장이 조성되기 시작하였다. 1956년 12월 소련 공산당 제20차 전당대회에서 흐루시초프가 서방과의 평화공존원칙을 천명한 데 대해 중국 측은 비판적 태도를 견지하였다. 1959년 6월 원자탄 제조기술을 달라는 중국의 요구를 소련이 거부함에 따라 양국관계는 악화되었으며, 흐루시초프는 중국을 '교조주의'라 비난하고, 중국은 소련을 '수정주의'라 비난하였다. 이러한 양국 간 긴장관계는 1969년 3월 국경선 영토분쟁을 둘러싼 무력충돌로 이어져 양국관계는 최악의 상태에 직면하게 되었다. 1979년 4월, 전국인민대표대회 상무위원회는 '중국·소련 우호동맹 상호원조조약'을 연장하지 않기로 결정하였으며, 이 조약은 1980년 4월에 기한만료로 자동 폐기되었다.

1982년부터 1988년 6월까지 중국과 소련은 외무차관급 회담에서 3대 장애요소를 다루었다. 첫째로는 중국·소련 국경 및 중국·몽골 국경지역 소련군 감축, 둘째로는 아프가니스탄 내 소련군 철수, 셋째로는 캄푸차(지금의 캄보디아) 문제에 있어 베트남 지원 중지 등이다.

1991년 12월, 소비에트 연방[16]이 해체되었다. 1996년 4월 중국과 러시아 양국은

---

16 정식 명칭은 소비에트 사회주의 공화국연방(Union of Soviet Socialist Republics)이다. 러시아 · 우크라이나 · 벨라루스 · 우즈베크 · 카자흐 · 아제르바이잔 · 몰다비아 · 키르기스 · 타지크 · 아르메니아 · 투르크멘 · 그루지야 · 에스토니아 · 라트비아 · 리투아니아 15개 공화국이다. 1922년 12월에 결성, 1991년 12월에 해체되었다.

보리스 옐친 러시아 대통령의 방중을 계기로 '전략적 협력 동반자 관계'를 설정하고 정치, 군사, 경제 등 제반 분야에서 협력을 추진하였다. 이러한 기조하에 접경국인 카자흐스탄, 키르기스스탄, 타지키스탄과 함께 1996년 4월 정상회담을 개최하고, '상해 5개국(Shanghai Five: 이후 SCO)'이라는 협의체를 출범시켰다.

2000년 이후 중국과 러시아는 양국 정상 간 상호 방문 등 고위인사의 정례협의 채널을 구축하여 양자관계를 유지하였다. 또한, 2001년 6월 출범한 상하이협력기구(SCO, Shanghai Cooperation Organization)를 통해 지역문제와 국제문제에 대한 협력증진을 도모하였다. 2001년 7월 장쩌민 주석이 러시아를 방문하였을 때, 양국은 '중국·러시아 선린우호협력조약'을 체결하여, 향후 양국관계 발전을 위한 정치적 틀을 형성하였다.

시진핑 주석과 푸틴 대통령은 2015년 7월 8일부터 러시아 우파에서 열리는 정상회의에서 회동했다. 앞서 시진핑 주석은 2015년 5월 초 모스크바에서 열린 제2차 세계대전 승전 70주년 열병식 참석차 러시아를 방문해 푸틴 대통령과 만났다. 양국의 밀착은 중앙아시아에서의 영향력 확보와 서방 견제 때문이다. 중국은 '일대일로'를 통해 중앙아시아와 남아시아를 거쳐 유럽·아프리카를 아우르는 경제공동체를 구상 중이고, 러시아는 유라시아경제연합(EEU)의 안착을 바라고 있다.[17]

2021년 6월 28일, 시진핑 주석과 푸틴 러시아 대통령은 양국이 맺은 '선린우호협력조약' 연장을 합의했다. 양국은 2001년 협약을 맺은 뒤 우호적 이웃이자 전략적 협력자라는 관계를 유지해 왔다.[18]

러시아-우크라이나 전쟁 발발(2022.2.24.) 후 중-러 두 나라는 더욱 밀착 행보를 보이고 있다. 중국이 러시아를 경유하지 않는 유럽행 철도(중국-키르기스스탄-우즈베키스탄. 523km) 건설을 추진했으나 러시아 반대로 지지부진했었다. 그러나 푸틴 대통령은 2023년 10월 18일, 베이징에서 열린 제3회 일대일로 국제협력 정상포럼에서 일대일로 구상이 성공적이며 러시아가 핵심 역할을 할 수 있을 것이라고 밝혔다. 이어 2023

---

17 연합뉴스(2015.7.7.). EEU는 유럽 중심의 EU에 대응하고 옛 소련권 국가들의 다각적인 협력을 위해 2015년에 만들어진 지역통합체이다. 러시아를 중심으로 카자흐스탄, 벨라루스, 키르기스스탄, 아르메니아 등 5개국으로 구성되어 있다.

18 연합뉴스(2021.6.28.).

년 12월 19일, 미하일 미슈스틴 러시아 총리는 베이징에서 리창 총리와 만나 EEU와 일대일로 사업 간 시너지 효과를 촉진하자고 결의하기도 했다.

최근 양국 간 이러한 움직임은 우크라이나전 이후 러시아 경제의 중국 의존 심화와 관계가 있다. 러시아는 미국과 EU 제재로 서방 국가에 대한 가스·원유 판매가 막히고 수익이 급감하자 이를 대(對)중국 수출로 돌려왔다. 국제금융거래를 중개하는 국제은행간통신협회(SWIFT)가 우크라이나 전쟁 이후 러시아 주요 은행들을 결제망에서 배제한 것도 러시아의 입장 변화 요인이다.[19]

5 몽골, 蒙古国(Mongolia)

몽골의 1인당 GDP는 5,670달러(2023)로 세계 114위 수준이며, 인구는 349만 명이다. 몽골은 중국의 신강위구르자치구, 감숙성, 내몽골자치구 등과 국경을 마주하고 있다. 몽골과 중국은 200여 년간 청나라의 몽골 지배에서 유래한 민족감정과 국경분쟁 등 요인으로 오랫동안 불편한 관계 유지하였다. 1949년 10월 16일, 양국은 수교하였다. 그러나 중-러시아(소련) 분쟁시기에 소련군의 몽골 주둔을 허용하여 잠시 외교 관계가 단절(1967~1971)된 바 있으며, 이후 1994년 몽골·중국 신우호협력 협정 체결 후 개선되었다.

중국은 몽골의 제1위 교역·투자국이며, 자원·수출시장, 소비재 공급국, 최단거리 항구 제공국으로, 몽골의 대중국 의존도는 갈수록 심화되고 있다. 2010년 기준, 몽골의 대중 수출 24.6억 달러, 수입 10억 달러, 중국의 대몽골 투자 24.6억 달러(5,303개사)로 1위를 기록했다. 2003년 6월에는 후진타오 국가주석이 몽골을 방문하여, '선린우호 및 상호신뢰의 동반자 관계' 설정했다. 또한 주요 협정(경제·기술협력 및 울란바토르-북경 간 국제열차 증편)에 서명했으며, 중국은 몽골에 대한 무상원조(770만 달러) 및 차관(3억 달러) 계획을 발표했다. 양국 관계는 2011년에는 '전략적 동반자 관계'로, 2014년에는 '전면적 전략 동반자 관계'로 격상됐다.

최근 중국-몽골 관계는 더욱 가까워지고 있다. 시진핑 중국 국가주석과 차히야 엘

---

19 한국무역신문(2024.4.8.).

벡도르지 몽골 대통령이 2015년 11월 10일 정상회담을 통해 경제기술, 인프라 건설, 식품안전, 항공, 에너지, 금융 분야별 협정 및 계약을 체결했다. 시진핑 주석은 양국이 '일대일로'와 몽골의 '초원의 길' 프로젝트의 접목에 합의한 사실을 거론하며 양국 전략 프로젝트에 관한 협력 가속화를 희망했다. '초원의 길'이란 중국 국경부터 러시아까지 1,100km의 철도를 운영 중인 몽골이 두 나라 사이에 철도망, 고속도로, 가스·오일 파이프라인, 전기선 등을 연결하는 프로젝트(2014년 11월 발표)를 말한다.

시 주석은 이밖에 중국, 러시아, 몽골 등 3국 간 '경제회랑'(economic corridor) 조성 계획에도 속도를 내자고 제안했다. '경제회랑'이란 주요 경제권을 철도·도로 등 물류망을 중심으로 연결하는 프로젝트로 중국이 '일대일로'를 추진하는 데 중추적 역할을 담당하게 된다. 2016년 3국 정상이 프로그램 이행에 합의한 이후 교통 인프라, 세관, 무역, 지방 협력, 관광 등 여러 부문에 걸쳐 실질 협력이 이루어지고 있다. 2017년 3국 정부 대표로 구성된 워킹그룹이 출범되었고, 동 프로그램에 포함된 32개 사업을 선정하기도 하였다.[20]

2022년 9월 16일, 시진핑 국가주석은 우즈베키스탄 사마르칸트에서 푸틴 러시아 대통령, 후렐수흐 몽골 대통령과 제6차 중·러·몽골 정상회담을 개최했다. 상하이협력기구(SCO) 틀 안에서 협력 제고와 성장 플랫폼 공동 구축을 건의했다. 중·러·몽골 경제회랑 건설이 이룬 합의를 잘 이행하고 인접 지역에서 경제무역, 인문, 관광 등 영역의 협력을 심화하자고 제안했다.[21]

---

20 연합뉴스(2015.11.10.).

21 신화망(2022.9.16.).

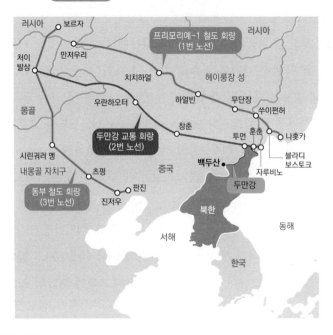

그림 2-7 중국-러시아-몽골 경제회랑 계획

자료: 중앙일보(2017.9.19.).

⑥ 인도, 印度共和国(The Republic of India)

인도의 1인당 GDP는 2,500달러(2023년)로 세계 138위 수준이며, 인구는 14억 2,862만 명으로 2023년에 처음으로 중국을 추월하여 인구 대국으로 부상했다. 인도는 중국의 서장자치구와 국경을 마주하고 있다. 1950년 4월 1일, 중국과 인도는 수교했다. 1950년대까지 제3세계 동맹국으로써 우호 관계를 유치하였으나, 1959년 티베트 지역에서의 국경 충돌로 양국 관계는 악화되기 시작했다. 분쟁의 원인은 국경선이다. 인도 측은 식민지시대에 영국이 설정한 맥마흔 라인(1914)을 국경선으로 보고 있는데, 중국 측은 영국 침략 이전의 전통적 경계선을 국경으로 주장하였다.

양국의 국경수비대가 최초로 충돌한 것은 1959년 8월 인도 북동부 국경지대와 라다크 지구에서였다. 1960년 4월, 저우언라이 총리와 네루의 회담으로 소강상태를 유지하고 있었다. 그러나 1962년 봄이 되자 인도군이 활발한 움직임을 보여 7~9월에 라다크 지구, 맥마흔 라인에서 중국군과 무력충돌을 일으켰다. 중국군은 동년 11월

정전을 선언하고 평화회담을 제의한 후 일방적으로 철수하였다. 1962년 말부터 아시아·아프리카 여러 나라의 조정이 시도되었으나 실패하였다.

　1962년 전쟁 이후 양국 국경은 군사적 대치가 지속되기는 했지만, 1975년 9월과 10월 인도 서부국경 악사이 친에서 발생한 총격전을 제외하고는 무력 충돌은 없었다. 1989년 이래 국경선 획정을 위한 양국 간 회담이 추진되었고, 1995~1996년 양측은 국경 병력 철수와 상호 신뢰구축 등 4개 협정에 합의하기도 했다. 특히 2003년 이래 국경문제 해결을 위한 특별대표급 회담이 진행되었고 2005년 4월에는 양국이 전략적 동반자 관계를 선언했으며, 국경분쟁 해결과 경제 및 군사협력 증진에 합의하는 등 분쟁의 평화적 해결 분위기를 높여왔다. 하지만 2020년 6월 15일 라다크(Ladakh) 갈완 계곡에서 양국군 간의 유혈 충돌로 45년만에 사상자(인도 20명, 중국 4명)가 발생했다. 이후 국경을 둘러싼 양국 간의 긴장은 고조되고 있다.[22]

　인도는 중국이 자국령 카슈미르 4만 3천km^2를, 중국은 인도가 자국령 아루나찰 프라데시주 9만km^2를 강점하고 있다는 입장을 고수하고 있다. 2009년 8월 7일, 13차 국경회담에서 중국과 인도 양측은 평화적 해결 원칙에는 합의했다. 만모한 싱 인도 총리와 원자바오 중국 총리 간 핫라인 개설에 합의했고, 양국 대표단은 수교 60주년을 맞는 2010년에 '인도 중국 우호친선의 해' 행사를 공동 개최하기도 했다.[23]

　2020년 5월, 양국 간 다시 유혈 사태가 발생했다. 라다크 판공호에서 이틀간 이어진 45년 만의 총격전과 투석전으로 양측 군인 11명이 부상을 입었다. 2020년 6월 15일 다시 양국군 간 투석전(갈완 계곡 몽둥이 충돌)이 시작됐다. 양국은 협정에 따라 국경지대에서 무기를 휴대하지 않지만, 병력 600명이 쇠막대기를 휘둘러, 인도군 20명과 중국군 4명이 숨지는 등 1975년 이후 처음으로 사망자가 나왔다. 이후 양국은 회담 후 2021년 2월, 판공호수 일대에서 부대를 철수시켰다. 하지만 양국은 병력 및 군사 장비를 강화하고 있다. 중국은 지대공 미사일을 배치하고 지하벙커와 터널, 수력발전소를 구축했고, 인도 역시 도로 및 터널, 군 막사 구축에 나서고 있다.[24]

22　연합뉴스(2021.6.16.).

23　한국국방연구원, KIDA 세계분쟁 데이터 베이스(www.kida.re.kr)(검색일자: 2013년 2월).

24　뉴스1(2021.7.4.).

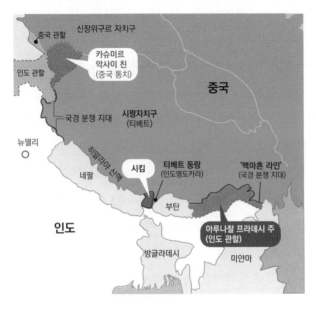

그림 2-8   중국-인도 국경분쟁 지도

자료: 연합뉴스(2011.1.25.).

국경 분쟁에도 두 나라의 교류는 늘어나고 있는 것으로 나타났다. 사우스차이나 모닝포스트(SCMP)는 2020년 양국 교역량은 5% 이상 증가한 것으로 보도했다. 게다가 2020~2021 회계연도 기준 양국 간 교역은 864억 달러에 달해 중국은 인도의 최대 무역 파트너로 올라섰다. COVID-19 영향으로 인도가 전 세계에서 수입하는 물량은 17% 이상 감소했지만, 중국과의 무역은 늘어난 것이다. 인도의 대(對)중국 수출 역시 늘어났다. 2020년 인도의 수출액은 전년비 줄어들었지만, 중국에 대한 수출만큼은 160억 달러에서 220억 달러로 늘어났다.[25]

7 네팔, 尼泊尔联邦民主共和国(The Federal Democratic Republic of Nepal)

네팔 1인당 GDP는 1,320달러(2023년)로 세계 162위 수준으로 UN이 지정한 최빈국(최저개발국) 중 하나이다. 인구는 3,124만 명으로 세계 49위 수준이다. 네팔은 중국

---

25   중앙일보(2021.7.12.).

의 서장자치구와 국경을 마주하고 있다. 양국은 1955년 8월 1일 외교관계를 수립했다. 양국은 상호 정치·안보적 필요성에 의해 친밀관계를 유지하고 있다. 네팔은 중국과의 관계 발전을 통해 인도 견제도 추구하고 있다. 중국은 1956년 네팔-중국 간 경제지원 협정체결 이후 네팔에 지속적인 경제기술 지원을 통한 네팔의 산업 인프라 구축에 기여하고 있다. 중국은 서장자치구와 인접한 네팔이 티베트 독립운동 및 반중국 활동의 배후 거점이 되지 않도록 네팔정부의 협력 기대하고 있는 상황이다. 네팔은 중국의 One China(하나의 중국) 정책을 지지해왔다. 네팔은 중국과 1,236km나 되는 광범위한 국경선을 공유하고 있음에도 불구하고, 1961년 평화롭게 국경선 문제를 해결했고, 그 이래로 국경선 관련 분쟁이 없다.

1955년 8월 1일, 양국 간 국교 수립 후, 1960년 6월 양국 수도에 대사관을 개설했다. 이후 Birendra 국왕 및 Gyanendra 국왕의 방중과 Koirala, Adhikari, Deuba 수상 등의 방중, 중국의 장쩌민 주석, 주룽지 총리 네팔방문 등 양국의 고위인사 상호 방문을 통한 우호·협력관계를 발전시키고 있다. 네팔과 중국은 1982년 10월, Inter-Governmental Economic and Trade Committee(IGETC)를 체결하여 경제·기술협력을 도모할 수 있는 토대를 마련했다. 2005년 11월, SAARC 정상회의에서 네팔 정부는 중국의 SAARC 옵저버 국가 지위 부여에 협조하는 등 중국과의 관계 강화를 통해 네팔에 대한 인도의 과도한 영향력 견제를 시도하고 있다.[26]

네팔에 대한 중국 원조 및 투자는 매년 증가하고 있으며, 도로·교통 및 수자원, 보건 분야에 투자 및 원조가 집중되고 있다. Arniko Highway(104km), Kathmandu- Bhaktapur Trolly Bus(14km), Kathmandu Ring Road(27.2km) 등 고속도로가 완공되었으며, Bansbari 가죽공장, Bhaktapur 벽돌공장, Lumbini 설탕정제소 등 프로젝트가 원조되었다.[27]

원자바오 중국 총리가 2012년 11월 네팔 방문에서 1억 1,900만 달러를 네팔에 원

---

26 SAARC(South Asian Association for Regional Cooperation)는 남아시아 지역협력연합이다. 1985년 12월 방글라데시의 다카에서 처음 남아시아 7개국 정상회담을 개최, 공동성명과 함께 'SAARC 헌장'을 채택해 정식 발족했다. 가맹국은 인도, 파키스탄, 방글라데시, 스리랑카, 네팔, 부탄, 몰디브의 7개국이다.

27 네팔 개황(2011.6.), 외교통상부 남아시아태평양국 서남아태평양과.

조했다. 이보다 앞서 2011년에는 천빙더 전 중국 인민해방군 총참모장이 네팔을 방문해 군사 우호협력 관계를 다졌다. 또 2012년 12월 26일에 바부람 바타라이 네팔 총리는 베이징에서 중국 국내 치안담당 최고책임자인 저우융캉 중앙정치국 상무위원과 회담했다. 회담에서 네팔은 1,400km 국경을 맞댄 양국이 사법 집행과 안보 강화, 반(反) 테러 활동에 협력하기로 했다.

부탄보다는 덜 인도에 종속된 네팔이지만 인도의 영향권에서 벗어나려 한다. 1950년대 이후 인도의 네팔에 대한 영향력이 확대됨에 따라 양국 간 외교적 마찰이 심화하기도 했다. 네팔 정부는 역사·지리·경제적 특수 관계(석유·전기를 인도에 의존)로 인도와의 우호 관계 유지에 노력하고, 인도는 네팔에 대해 원조를 제공하면서 국경을 맞대고 있는 나라로서는 드물게 밀월 관계를 유지해 왔다. 외교권을 인도에 맡긴 부탄 정부와 네팔 정부의 관계는 양호하지 못하다. 중국 정부는 시짱자치구와 접경인 네팔 무스탕에 매년 5만 달러어치의 식량을 지원하고 있으며, 중국과 네팔의 밀월 관계로 네팔로 망명하는 티베트인은 줄어들었다.[28]

○ 기차로 갈 수 있는 에베레스트산

중국 국유철도건설사 연구소가 히말라야 산악지대를 관통해 중국 시짱(西藏)과 네팔을 잇는 철도 건설 보고서를 중국과 네팔 정부에 제출했다. 시짱의 시가체(日喀則. 중국명 르카쩌)와 네팔의 수도 카트만두를 연결하는 총연장 513km의 철도 건설 방안(투자액 536억 위안)을 제시했다. 에베레스트(8,848m. 중국명: 珠穆朗瑪) 국가공원 구간에서는 30km에 달하는 지하터널을 파서 철도를 건설하게 된다. 이 프로젝트에 대해 네팔 인접국인 인도는 반대하는 입장이다. 인도는 네팔의 최대 무역 대상국이다. 양국 간 무역 규모는 2019년 기준 80억 달러를 넘었다. 반면 네팔과 중국 간 무역 규모는 2019년 2천만 달러에 불과했다. 네팔은 국경선 문제로 갈등을 빚고 있는 중국과 인도 사이에 완충 역할을 하고 있다.[29]

왕이 외교부장은 2022년 8월 10일, 산둥성 칭다오에서 카드가 올리 네팔 외교장관

---

28 뉴시스, 하도겸 박사의 '히말라야 이야기'(2013.5.27.).

29 연합뉴스(2021.6.26.).

과 회담을 갖고, 올해 안에 전문가를 네팔에 파견해 측량을 시작하겠다고 선포했다. 왕 부장은 또 네팔의 전력 등 기초설비 협력을 적극적으로 전개하고, 카트만두 내부 순환도로 업그레이드 등 중요 네팔 지원 프로젝트를 시행할 것이라며, 중국은 네팔 수출품 98%에 대해 무관세 혜택을 부여해 네팔의 찻잎, 중의약재, 농·목산품의 수출 확대를 환영한다고 말했다.

중국·네팔 철도는 2014년 중국이 개통한 라싸·시가체 철도의 연장선이다. 중국 영토 내 노선 443.8km와 네팔 경내 노선 72km로 구성된다. 시짱자치구 시가체에서 지룽(吉隆)을 잇는 중국 노선(페이쿠취-지룽)은 2025년 완공 예정이다. 실질적인 중국·네팔 철도 프로젝트는 2016년 시작됐는데, 당시 샤르마 올리가 네팔 총리가 중국을 방문해 체결한 10개의 협정 중 하나에 포함됐다. 이어 2018년 6월 중국·네팔 정부는 국제 철도 협력 양해각서에 서명하고 시가체와 카트만두를 연결하는 철도 계획을 확정했다. 2019년 10월 시진핑 국가주석의 네팔 국빈 방문 당시 발표된 공동성명에 이미 지룽에서 카트만두를 잇는 국제 철도 프로젝트 타당성 연구가 포함됐다.

그림 2-9　중국과 네팔 간 에베레스트 철도 계획

주: 시가체는 티베트어이며, 중국어 도시명은 르카쩌(日喀則)이다.
자료: 연합뉴스(2021.6.26.).

중국·네팔 철도는 세계의 지붕으로 불리는 히말라야산맥을 통과해야 하는 고난도 프로젝트이다. 지리·기후 등 환경 요인뿐만 아니라, 교량·터널 등 완공까지 난제가 산적해 있다. 허우옌치 주네팔 중국 대사는 전체 노선 중 교량·터널 구간이 90%를 넘고, 1km당 공사비가 2억 위안에 이른다고 밝혔다. 이 프로젝트의 걸림돌은 인도이다. 현재 네팔로 통하는 철로는 인도의 통제를 받고 있다. 1989년 인도는 철로를 막아 네팔 경제를 13개월간 봉쇄한 선례가 있었다. 네팔이 중국·네팔 철도를 건설하려는 목적은 중국과 인도 사이의 내륙 교통 허브로 자리매김해 어느 쪽의 봉쇄로부터 탈피할 대안을 마련하겠다는 취지이다. 네팔 노선 72km 부분 건설비만 해도 27.5억 달러로 추산된다. 네팔의 연간 GDP는 310억 달러에 불과해 중국의 차관에 의존할 수밖에 없다.[30]

8 부탄, 不丹王国(The Kingdom of Bhutan)

부탄의 1인당 GDP는 3,780달러(2023년)로 세계 130위 수준이며, 인구는 79만 명이다. 부탄은 중국의 서장자치구와 국경을 마주하고 있다. 부탄과 중국은 아직 수교하지 않았다. 중국은 부탄과 인도 간의 외교적 특수 관계(외교관계를 인도 정부의 권고를 따름)를 인정하지 않고 있으며, 부탄 주재 인도 군사고문단의 철수를 요구하였다. 1959년 중국은 히말라야 지역의 국경지도를 편찬할 때 부탄 영토를 중국 영토로 표시하면서 부탄이 티베트의 일부라고 주장하였다. 이에 대해 인도 네루(Nehru) 총리는 부탄에 대한 침략을 인도에 대한 공격으로 간주할 것이라고 경고하였다.

부탄은 중국과 외교관계가 없다. 2001~2002년 동안 부탄과 중국 간 고위인사 교류를 통한 관계 증진을 추진하기도 하였으나, 이후 중국 쪽 국경을 완전히 폐쇄하였다. 부탄은 중국과 470km의 국경을 공유하고 있으며 1998년 '평화와 안정을 위한 국경조약'을 체결하였음에도 불구하고 일부 국경(269km)은 경계가 모호한 상황이다. 2005년 중국군 200여 명이 티베트 폭설 등을 이유로 부탄 내륙 20km 지점까지 진입하였다. 그리고 군인들이 부탄 내에 도로와 교량을 건설하자 부탄 외무장관이 중국 측에 문제 제기를 했다.[31]

---

30 중앙일보(2022.8.14.).

31 부탄 개황(2012.5.), 외교통상부 주인도대사관.

1907년 부탄 전역을 통일한 지금의 왕추크 왕조는 1910년 영국과 평화조약을 체결했다. 영국은 부탄의 내정에 간섭하지 않고, 대신 부탄은 영국의 외교자문을 받기로 했다. 인도가 1947년 영국의 권리와 의무를 승계했다. 이런 배경으로 부탄에서 인도는 특별한 대접을 받는다. 부탄 서부 하(Haa) 지역에는 수천의 인도 군인이 주둔하고 있었다. 중국 시장자치구와 인도 국경이 맞물리는 곳이다. 주민들은 인도 군인들을 그리 경계하지 않았다. 인도 사람들은 하루 200~250달러의 관광비를 내지 않고 자유롭게 부탄을 여행하는 특권도 누린다. 비자도 필요 없다. 부탄 화폐 환율은 인도 루피화에 1대1로 연동되어 있다. 부탄 지도층의 절대다수가 인도 유학파이고, 인도의 저임 노동력은 부탄 공사 현장에서 일자리를 얻는다.

부탄은 인도와 1949년 체결한 우호조약을 바탕으로 특수 관계를 유지하고 있다. 부탄 국왕이 1년에 한 차례 이상 인도를 방문해 양국 문제를 협의하고 인도 일변도의 외교정책을 펴고 있다. 경제·무역도 인도 의존도가 절대적이다. 이 때문에 부탄은 인도와 앙숙 관계인 중국과는 거리를 두는 외교정책을 유지해 왔다.

2017년 6월 16일, 중국이 지배한 부탄 지역에 도로를 건설하기 시작하면서 73일간 중국군과 인도군이 대치했다. 히말라야 정상 인근 해발 4,800m의 도클람(중국명 둥랑, 인도명 도카라)은 서쪽으로 인도 시킴주, 동쪽으로 부탄, 북쪽으로는 중국과 닿아 있다. 1890년 이후 중국이 실효 지배해 온 곳이나, 부탄은 국경이 확정되지 않은 분쟁지역이라고 여긴다. 3만 8천여km^{2}에 넓이의 부탄은 히말라야산맥 북부와 서부에서 중국과 국경선이 획정되지 않아 분쟁을 겪고 있다.

부탄은 중국과 국경 문제 관련 협상을 1984년부터 진행해왔고 1998년에는 국경의 일방적인 현상 변경을 피한다는 데 합의했다. 또 2023년 8월 베이징에서 열린 부탄과 중국 간 13차 전문가 회담에서 양국 관리들이 국경을 표시하기 위한 공동 기술팀을 구축하기로 했다. 2023년 10월에는 양국 외교부가 7년 만에 국경 회담을 개최하기도 했다.

양국이 공유된 국경에서 인도는 미확정 국경이 3,488km, 중국은 2,000km라고 주장한다. 이들 세 나라가 국경 문제로 얽힌 가운데 가장 논란이 되는 지역 중 하나가 인도 동북부 시킴주 북쪽의 도카라(중국명 둥랑·부탄명 도클람) 고원이다. 도카라 고원은 이들 3국이 접경한 지역과 가깝다. 부탄과 중국은 서로 도카라 고원을 자국 영토라고 내 세우며, 인도는 부탄의 입장을 지지한다. 인도로서는 도카라 고원이 중국 지배하에 들어가면 인도 본토와 동북부 지역을 잇는 22km 구간이 위협받기 때문에 도카라 고원 문제에 민감하다.[32]

그림 2-10 중국과 부탄 간 국경 분쟁 지역

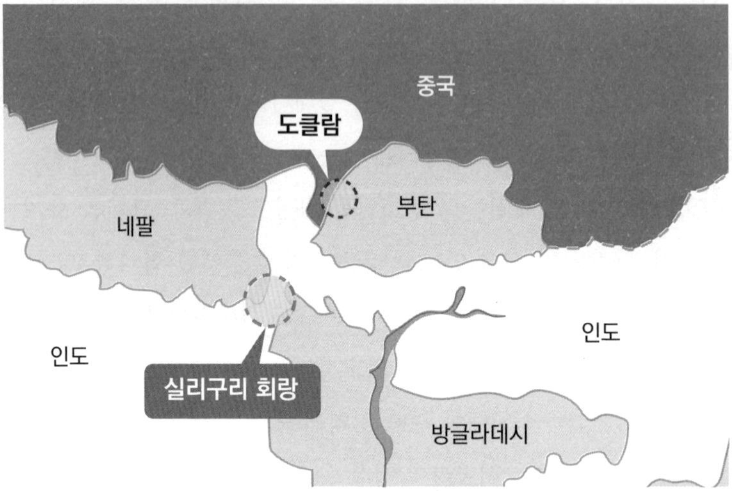

자료: 경향신문(2017.8.16.).

9 미얀마, 缅甸联邦(The Union of Myanmar)

미얀마의 1인당 GDP는 1,190달러(2023년)로 세계 166위 수준이며, UN이 정한 최빈국(최저개발국)이다. 반면 인구는 5,480만 명으로 세계 27위 수준이며 한국보다 많다. 미얀마는 중국의 서장자치구와 운남성과 국경을 마주하고 있다. 미얀마와 중국은 1950년 6월 8일에 국교를 수립했다. 중국은 인도양 진출을 위한 지정학적 고려와 미얀마 내 원유 및 가스 확보, 화교 보호 차원에서 미얀마와 긴밀한 관계를 유지하고 있다. 또한 반복된 미얀마 군부 쿠데타로 서방의 제재가 계속되면서 중국 의존도가 높아져 왔다.

---

32 연합뉴스(2012.6.22.), (2023.4.28.), (2024.2.19.).

양국 간 고위급 교류도 활발하다. 2001년 12월 장쩌민 주석이 미얀마를 방문하였고, 2004년 7월에는 킨 윤(Khin Nyunt) 미얀마 총리가 중국을 방문하였다. 2006년 2월에는 소 윈(Soe Win) 미얀마 총리가 중국을 방문하였고, 2010년 6월에는 원자바오 총리가 미얀마를 방문하였다. 시진핑 주석은 2020년 첫 해외 방문지로 미얀마(1.17.)를 택했다.[33]

미얀마는 1948년 영국에서 독립한 이후 다수의 버마족이 권력을 잡으면서 소수민족과 갈등을 빚어왔다. 미얀마에는 샨족, 카친족, 친족, 목족 등 10여 개 소수민족이 있으며, 전체 인구의 40% 정도 된다. 이 중 카렌족은 7% 정도로, 소수민족 반군 중 최대 세력이다. 이들은 1949년 독립을 선포한 이후 자치권과 민주화 등을 요구하며 무장투쟁을 계속해왔다. 2013년에는 중국이 미얀마 내전의 중재자로 나선 바도 있다. 미얀마 정부와 반군인 카친독립군 대표들은 중국 운남성 휴양도시인 루이리(瑞麗)에서 내전 종식협상(2.4.)을 벌였다.[34]

미 대통령 오바마는 2012년 7월, 미국 민간기업의 미얀마 투자를 허용한 것을 시작으로 순차적으로 경제 제재 조치를 해제했다. 반면, 중국은 미얀마에 1988년부터 2011년까지 총 139.5억 달러를 투자하였으며, 단일 국가로는 최대 투자국이다. 주요 투자 프로젝트로는 수력발전소 2개 건설(50억 달러), 석유가스 개발 및 파이프라인 건설(44억 달러. 운남성-차이크퓨 항구), 구리광산(10억 달러), 기타(35.5억 달러) 등이 있다. 또한 2010년에만 42억 달러의 무이자 차관을 제공했다.

2015년 11월 13일, 아웅산 수지의 '민주주의민족동맹당(NLD)'이 상하원 과반을 달성해 정권교체를 이루었다. 1962년 군사 쿠데타 후 줄곧 미얀마 군부를 지원해 온 중국은 NLD와도 우호 관계를 구축해 왔다. 2015년 6월, 수치 여사를 중국에 초청했으며, 시진핑 국가주석도 만났다. 미얀마 경제가 미국보단 중국에 더 의존하고 있다는 점도 작용한다. 중국과 미얀마의 무역액은 2014년 259억 달러로, 2억 달러도 안 되는 미국의 130배가 넘는다.[35] 2019년에도 미얀마 수출의 32%(1위), 수입의 35%(1위)가 중국

---

33 아시아경제(2020.1.17.). 미얀마 개황(2011.8.), 외교통상부.

34 중앙일보(2013.2.5.).

35 한국일보(2015.11.10.).

과의 교역이었다. 2021년 2월 1일, 미얀마에서 다시 군부 쿠데타가 발생했고, 수지 여사가 가택연금을 당하는 등 이후 불안한 정세가 지속되고 있다. 현재 미얀마는 2021년 이후, 4년째 군부가 '국가행정위원회'를 구성하여 13개 핵심 부처 장관을 군 출신으로 임명하는 등 임시 군정 체제를 지속하고 있다. 카렌민족연합(KNU)은 2024년 4월 현재, 미얀마 군부와 교전 중인 것으로 전해졌다.[36]

2018년 9월, 미얀마 정부는 중국-미얀마 경제회랑(China-Myanmar Economic Corridor. CMEC)을 설립하기 위해 중국과 양해각서를 체결했다. '경제회랑'이란 경제권을 철도·도로 등 물류망으로 연결하는 프로젝트이다. CMEC는 미얀마 차우크퓨항과 미얀마 경제수도인 양곤을 연결하는 대형 프로젝트이다. 2020년 1월 17~18일 시진핑 국가주석은 미얀마를 방문, 양국 경제협력을 위한 협약을 대거(33건) 체결했다. MOU 중 13개가 '일대일로'와 관련된 도로, 철도, 에너지 등 인프라 사업이었다. 중국-미얀마 경제회랑(CMEC), 특히 벵골만 차우크퓨 경제특구와 심해항 조성사업이 핵심이었다.[37]

차우크퓨(Kyaukphyu)는 중국-미얀마 경제회랑 구상의 핵심이다. 중국 쿤밍으로 이어지는 793km의 미얀마 송유관 구간이 시작되는 곳이다. 미얀마의 경제수도 양곤에서 400km 북서쪽에 위치한 차우크퓨항 개발 프로젝트는 총투자 규모가 13억 달러에 달한다. 차우크퓨항은 중국 윈난성 쿤밍과 미얀마의 주요 도시를 연결하는 1,700km 경제회랑의 서쪽 끝에 있다. 여기에는 40만 개의 일자리를 창출할 의류·식품 가공산업 단지도 조성된다.

○ 중국-미얀마, 원유 및 가스 수송관 개통

2014년 8월 6일, 미얀마 서부 해안과 중국 윈난성을 연결하는 송유관이 완공되었다. 송유관과 나란히 가스관(총연장 793km, 연간 52억㎥ 수송능력)이 먼저 건설됐고, 가스는 2013년 7월부터 수송됐다. 이 송유관은 미얀마 차우크퓨항에서 출발한다. 아프리카나 중동에서 원유를 채운 탱커가 항구에 도착해 송유관에 원유를 주입하면 하루 44만 배럴이 중국으로 수송된다. 이 송유관은 중국의 연간 석유 수입량의 8%인 2,200만t 원

---

36   뉴스1(2024.4.11.).

37   연합뉴스(2020.1.17.).

유를 공급할 수 있다. 미얀마는 두 파이프라인을 통해 연간 원유 200만t과 천연가스 20억m³를 제공받고 30년 뒤에 파이프라인을 넘겨받는다. 이 프로젝트는 국유사인 중국석유천연가스공사(CNPC)가 주축이 된 중국·미얀마·한국·인도 6개 기업이 추진(투자액 25억 달러)해왔다. 중국은 이 파이프라인을 통해 말라카해협에 대한 의존도(에너지 운송의 80%)를 낮추려 한다. 말라카해협은 말레이반도 남부와 수마트라섬 사이에 있는 해상 수송로로 미국 해군이 장악하고 있다.[38]

2013년부터 운영이 시작된 천연가스 수송관은 2019년까지 240억m³의 가스를 중국으로 수송했다. 또 2017년부터 가동을 한 원유 수송관은 2019년까지 2,500만t의 원유를 운반했다. 2018년 기준 중국의 에너지 수입은 천연가스가 전체 수요의 40%를, 원유가 70%를 차지했다. 이 에너지 수송관을 통한 수입량은 중국 전체 수입량의 10% 정도를 점유한다.[39]

그림 2-11 중국-미얀마 가스 및 원유 파이프라인

자료: 국민일보(2013.1.22.).

---

38 아시아경제(2014.8.7.).

39 아시아경제(2020.1.17.).

10 라오스, 老挝人民民主共和国(The Lao People's Democratic Republic)

라오스의 1인당 GDP는 2,088달러(2023년)로 세계 149위 수준이며, UN이 정한 최빈국(최저개발국) 중 한 곳이다. 인구는 773만 명이다. 라오스는 중국의 운남성과 국경을 마주하고 있다. 중국과 라오스는 1961년 4월 25일에 국교를 수립했다. 1970년대 말 중국-베트남 분쟁 시 라오스가 우호국인 베트남을 지지한 이래, 라오스와 중국의 관계는 일시적으로 악화되었다. 그러나 중국-베트남 분쟁이 종료된 후 '중국을 위시한 사회주의 국가와의 전면적 협력 관계'라는 구호 아래 양국 관계는 개선·발전하였다. 1989년 10월 카이손 총리의 중국 방문을 통해 두 나라의 관계는 완전히 정상화되었다. 이후 중국은 對라오스 투자를 늘려 2000년부터 2010년간 총 28억 달러를 투자함으로써 對라오스 외국인직접투자(FDI) 규모에서 베트남에 이어 2위를 차지하였다.

2000년 11월 장쩌민 주석이 최초로 라오스를 방문한 이래 양국 지도부의 상호 방문이 활발하게 이루어지고 있다. 이후 라오스 대통령과 총리가 매년 중국을 방문하였다. 그리고 중국에서는 2006년 후진타오 주석, 2008년 원자바오 총리, 2010년 시진핑 부주석 등이 라오스를 방문하였다. 중국은 2009년 라오스에서 개최된 동남아시아경기대회(SEA. South East Asian Games) 경기장 건설을 위해 8,000만 달러의 파이낸싱을 제공하였고, 루앙프라방(Luang Prabang) 국제공항 확장공사를 위해 8,600만 달러의 유상원조를 제공했다. 누계기준으로 라오스 제1위 투자국은 베트남(427건, 47억 달러)이며, 중국은 3위(759건, 31억 달러)를 기록했다. 하지만 2011년 한 해만 보면 중국이 전체 투자액의 46.7%로 1위로 부상했다. 중국은 대라오스 외국인 투자의 1, 2위를 차지하는 광업, 발전업에 집중하고 있다.[40]

그 결과, 중국 기업은 라오스 최대 화력발전소의 최대 지분을 소유하고 있다. 중국은 1,878MW 규모(투자액 40억 달러)에 달하는 라오스 최대 화력발전소인 홍사(Hongsa) 프로젝트에 태국, 라오스와 컨소시엄 형태로 투자했다. 2015년 완공된 홍사 화력발전소는 라오스와 태국의 국경지역인 싸야부리州 홍사 지역에 위치하며, 전력 일부는 태

40　KOTRA(2012), 무시무시한 중국의 對라오스 진출공세, KOTRA 비엔티안무역관(2012.6.11.).

국에 수출하고 있다. 중국의 대라오스 ODA(공적개발원조)는 1978년 루앙프라방 다리건설로 본격화되었다. National Culture Hall(비엔티안), Lao-China 우정병원(루앙프라방), SEA Game Stadium(비엔티안), 빠뚜사이(개선문, 비엔티안) 분수공원 조성 등이 대표 사례이다.

라오스는 5개국(중국·베트남·캄보디아·태국·미얀마)에 둘러싸인 내륙국이다. 중국이 라오스에 공을 들이는 이유는 라오스의 부존자원과 내수 시장보다는 지정학적 이유가 크다. 중국이 동남아 진출로 활용 가능한 국가 중 하나는 베트남이지만 수년간 남중국해 영유권 문제로 갈등을 빚고 있다. 따라서 중국이 윈난성을 통해 아세안으로 진출하려 할 때, 유일하게 남은 곳은 라오스이다. 이런 배경으로 2015년에 중국 쿤밍에서 비엔티안으로 이어지는 철도가 착공된 것이다.

○ 윈난성 모한-라오스 보텐 간 철도 개통(2021)

중국과 라오스는 양국 국경도시를 연결하는 총연장 418km의 철도를 건설하기로 합의(투자액 505억 위안, 中·라오스 7:3)했다. 이 철도는 중국 윈난성 모한(磨憨)과 라오스의 보텐(Boten)을 먼저 연결하고, 라오스 수도 비엔티안까지 닿게 된다. 2015년 12월 2일 착공되었으며 6년간의 공사를 거쳐 전 라인이 2021년 12월 3일에 개통되었다. 이제 라오스는 중국에서 철도로 여행이 가능한 국가가 된 것이다.

철도 개통 후 중국에서 채소, 과일, 기계가 수출되고 천연고무, 철광석, 비료 등이 수입되고 있다. 또 중국 시발 역인 쿤밍은 물론 산둥, 저장, 충칭 등 25개 성·직할시·자치구에서도 동남아로 가는 국제화물(크로스보더)이 발송되고 있다. 중국은 이 철도를 통해 라오스는 물론 태국, 캄보디아까지 연결되는 육로 운송 통로를 확보했다.

중국 쿤밍에서 라오스 비엔티안까지 1,035km를 연결한 철도는 평균 시속 160km로 운행하며 소요시간은 10시간이다. 중국의 일대일로 전략과 라오스의 물류 중심국 전환 정책이 맞물린 결과이다. 세계은행은 철도 개통으로 운송비가 30~50% 절감되고, 2030년에는 중국과 라오스 간 교역량이 370만t으로 증가할 것으로 전망했다. 중국은 라오스에서 태국 방콕을 지나 말레이시아, 싱가포르를 연결하는 범아시아 철도 연결을 구상 중이다.[41]

---

41 연합뉴스(2021.12.23.).

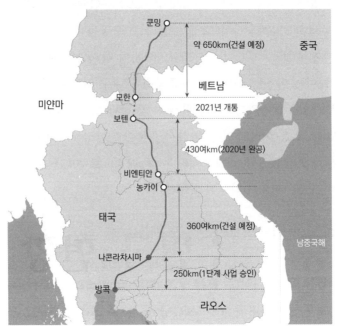

그림 2-12　중국-라오스-태국 철도 노선도

쿤밍 / 중국 / 약 650km(건설 예정) / 베트남 / 미얀마 / 모한 / 2021년 개통 / 보텐 / 430여km(2020년 완공) / 비엔티안 / 농카이 / 태국 / 360여km(건설 예정) / 남중국해 / 나콘라차시마 / 250km(1단계 사업 승인) / 방콕 / 라오스

자료: 연합뉴스(2019.4.23.).

　　개통 후 양국 간 여객·물류 운송이 활발히 이루어졌다. 2023년 6월, 18개월 누적 기준 여객·화물 운송량이 각각 1,640만 명, 2,100만 톤을 기록했다. 2023년 4월에는 윈난성 쿤밍남역에서 비엔티안까지 당일 운행도 실현됐다. 그 결과, 중국-아세안 간 물류 통로로 자리 잡고 시간 및 비용 절감으로 동남아 과일과 윈난성의 농산물·전자 부품 등 교역이 활발해지고 있다. 현재 중국 모한-라오스 보텐 경제합작구(현대물류, 금융·보세, 문화·관광·보건서비스)가 건설되고 있으며, 보텐에는 해외면세쇼핑, 상품무역, 금융서비스, 보세가공 등 산업 클러스터를 구축할 계획이다. 교역 품목도 초기 화학비료·일용품 등 10여 종에서 전자 및 태양광 제품, 콜드체인 과일 등 2천여 종으로 확대됐다.[42]

42　신화망(2023.6.14.).

⑪ 베트남, 越南社会主义共和国(The Socialist Republic of Viet Nam)

베트남 1인당 GDP는 4,320달러(2023년)로 세계 116위 수준이며, 인구는 9,949만 명(세계 16위)이다. 베트남은 중국 운남성, 광서장족자치구와 국경을 마주하고 있다. 베트남은 중국과 1950년 1월 18일, 수교하였다. 중국과 국경 전쟁을 치룬 후 1979년에 단교하였으며, 1991년에 다시 복교하기에 이른다. 지리적으로 베트남은 동남아시아에 속하지만 중국과 오랜 역사적 관계를 맺고 있다. 남진(南進)정책을 추구하면서 한편으로는 북쪽 국경을 맞댄 중국의 끊임없는 지배를 경험해야 했다.

기원전 206년 진나라가 멸망한 후, 중국에 한나라가 들어섰다. B.C. 203 진나라 장수였던 찌에우다(趙佗)가 번우(광저우)를 수도로 하여 남월국(南越)을 세웠다. 남월국은 전성기에 광동성, 광서장족자치구 대부분과 복건, 호남, 귀주, 운남 일부와 베트남 북부를 포함한 광대한 지역에 이르렀다. 남월국은 B.C. 111 한무제에 의해 멸망하였고, 베트남 북부도 한나라 지배에 들어갔다. 후한(23~220) 초기, 베트남 독립을 위한 투쟁이 있었는데 쯩짝·쯩니 자매(Trung Trac, Trung Nhi) 운동이다. 939년 베트남 응오꾸옌이 남한(南漢)을 물리치고, 10세기 이후에 중국의 지배로부터 독립을 쟁취하였다.

중국의 식민지배에서 완전한 독립을 이룬 것은 966년 딘보린(丁王朝. 968~980) 이후였다. 리 왕조(1009~1225)와 쩐 왕조(1225~1400)를 거쳐, 레 왕조(1428~1789)는 국호를 다이비엣(大越)라 하고 하노이를 수도로 삼았다. 레 왕조는 관료기구를 정비하고, 정치·문화 등 모든 면에서 국력의 최성기를 맞이하였다.

응우옌 푹 아인은 베트남 마지막 왕조인 응웬 왕조(1802~1945)를 창건한다. 그는 국호를 중국에서 불렀던 남비에트(남월)와 구분하여 비에트남(越南. 월남)이라고 하였다. 인도차이나 진출을 꾀하던 프랑스 나폴레옹 3세는 1858년 다낭을 공격하고 사이공을 점령하였다. 1884년에는 베트남 전역이 프랑스 식민지가 되었다. 1945년 8월, 일본이 패망하자 베트남 민주공화국이 성립되었다. 그러나 프랑스는 지배권을 되찾고자 1946년부터 베트남과 인도차이나 전쟁을 일으켰고 8년이나 지속되었다. 1954년 7월, 프랑스군 패배로 제네바에서 휴전협정이 성립되고 북위 17도선을 경계로 베트남은 싸이공 정부(남베트남)와 호찌민의 하노이 정부(북베트남)로 양분되었다.

하노이 정부는 미국의 지원을 받아 온 싸이공 정부와 베트남전(1960~1975)을 수행하여 승리를 거두었고, 1976년 7월 2일 남북 베트남이 통합해 지금의 '베트남사회주의공화국'을 수립했다. 베트남 공산당은 1930년 2월, 홍콩에서 호찌민(胡志明. 1890~1969)이 결성(인도차이나 공산당)하였다. 이들은 1945년 9월 하노이에서 '베트남 민주공화국'의 독립을 선포했고, 중국이 수교(1950년 1월)한 파트너였다.

1978년 5월에는 베트남 내 중국계 주민과 화교 추방을 둘러싸고 중국·베트남 정권이 대립하였다. 1978년 말에는 중국 운남성 및 광서자치구 국경에서 군사충돌이 발생하였다. 이에 1979년 2월 17일 중국군은 베트남을 침공하면서, 중국-베트남 전쟁이 발발하였다. 중국은 국경의 베트남 군사시설을 파괴하고 자위반격을 달성하였다는 명분으로 1979년 3월 6일 철수하였다. 이후 양국은 국경선 확정을 위한 교섭을 개시하였으나 1980년대 내내 산발적인 전투가 계속되었다. 1989년 베트남군이 캄보디아로부터 철군하자 평화협상이 시작되었다. 1991년 11월, 베트남 공산당 서기장과 수상의 베이징 방문으로 양국관계 정상화(외교 관계 복원)가 이루어졌다.[43] 이후 1999년에 양국 국경 평화협정이 체결되었다. 그로부터 10년이 지난 2009년 1월 2일, 베트남과 중국 간 1,400km에 달하는 국경 문제가 확정되었다.

2015년 11월 5일, 시진핑 국가주석이 베트남을 방문했다. 양국 정상의 만남은 경제 분야의 협력 확대와 남중국해 영유권 갈등 관리에 초점이 맞춰져 있었다. 중국은 베트남 무역의 25% 가량을 차지하는 최대 교역국이다. 베트남이 2015년에 출범한 중국 주도 아시아인프라투자은행(AIIB)의 창립 회원국으로 참여한 것은 경제개발 지원 때문이다. 반면 베트남은 미국 주도의 TPP(환태평양경제동반자협정. CPTPP로 2018년 발효)에 참여하고, 공산당 서기장이 처음으로 미국을 방문(2014.7.)하기도 했다. 2023년 9월, 바이든 미국 대통령이 베트남을 방문해 양국 관계를 '전략적 동반자'로 격상한 지 3개월 만에 시진핑 국가주석도 '운명 공동체를 구축하자'면서 베트남을 찾았다. 베트남은 미중간 실리 외교를 펴고 있다.[44]

---

43 유인선(2012), 베트남과 그 이웃 중국: 양국관계의 어제와 오늘, 창작과비평사.

44 연합뉴스(2015.11.5.), 조선일보(2024.5.8.).

○ 남중국해 영유권 분쟁으로 중국과 베트남은 긴장 국면

2016년 7월 12일, 네덜란드 헤이그의 상설중재재판소(PCA)는 남중국해 영유권 분쟁에 대한 판결에서 중국의 주장을 무효화했다. 이는 필리핀이 2013년 '남해구단선' 내 섬에 대한 중국의 영유권 주장이 UN 해양법 협약에 맞는지 판단해달라며 시작됐다. 스프래틀리 군도, 미스치프환초, 수비환초, 파이어리크로스환초는 간조기에만 드러나는 섬으로 영토가 될 수 없다는 주장이었다. PCA는 중국 주장의 남해구단선은 법적 근거가 없으며 무효하다고 판결했다.

남중국해 영유권 분쟁은 중국-베트남 관계의 가장 큰 이슈이다. 남중국해 해역에서 조업하는 베트남 어선들이 중국 해양경비정의 공격 또는 단속을 받는 일이 발생하고 있었다. 2014년 5월에는 베트남에서 중국의 분쟁지역 원유 시추에 항의하는 시위가 벌어져 중국인 사상자가 발생, 베트남을 찾는 중국인 관광객이 급감하는 등 양국 교류가 얼어붙었다.

중국은 남중국해를 군사 거점화하는 실효 지배를 진행하고 있다. PCA의 판결 후에도 남중국해의 군사거점 정비를 추진하였다. 중국은 스프래틀리 군도 암초에 7개의 인공섬을 건설했고, 그 주변 피어리크로스환초(중국명 융수·永暑)·수비환초(중국명 주비자오·渚碧礁)·미스치프(팡가니방) 환초 등에 포대와 항만·활주로를 정비했다. 2018년에는 스프래틀리 군도 3개 인공섬에서 기상관측소 운영을 시작했다.[45]

---

45 아시아투데이(2021.7.13.).

그림 2-13　남중국해 영유권 분쟁 현황

중국 주장
영유권
남해구단선

중국

대만

파라셀 군도
(시사군도)

베트남

필리핀

남중국해

베트남
주장
영유권

스프래틀리 군도
(난사군도)

말레이시아

인도네시아

인도네시아 주장

필리핀
주장

자료: 조선일보(2021.7.5.).

12 카자흐스탄, 哈萨克斯坦共和国(The Republic of Kazakhstan)

　카자흐스탄 1인당 GDP는 13,120달러(2023년)로 세계 67위 수준이며, 인구는 1,982만 명이다. 카자흐스탄은 중국 신강위구르자치구와 국경을 마주하고 있다. 카자흐스탄은 옛 소련에서 독립한 국가이다. 1991년 12월 27일, 중국은 카자흐스탄의 독립을 승인했으며, 1992년 1월 3일, 양국은 외교관계를 수립했다. 2005년 7월에 양국은 '전략적 파트너 쉽'을 체결한 이후 우호 관계를 이어오고 있다. 카자흐스탄은 북쪽으로 러시아, 동쪽으로는 중국, 남쪽으로는 중앙아시아 국가와 '스탄'(페르시아어로 땅) 국가들에 둘러싸여 유라시아 대륙의 중앙부에 위치하고 있다.

　최근에는 원유 수출루트 다양화를 위해 에너지 중심으로 중국과 협력이 강화되고 있다. 1990년대 후반 이후, 중국석유천연가스집단공사가 카자흐스탄 서부의 악토베

州, 망기스타우州, 남부 키질로르다州에서 다수 유전개발권을 획득, 카자흐스탄 전체 생산의 20%를 차지하게 되었다. 2006년 카자흐스탄과 중국을 잇는 아타수-알라산코우(Atasu-Alashankou) 송유관(960km)이 완공된 후 연간 4백만 톤 원유가 중국에 수출되고 있다.[46]

'경제발전 전략 2050'의 일부로서 카자흐스탄이 추진하고 있는 인프라 구축사업 '누를리 졸(Nurly Zhol)'과 중국의 일대일로의 공통 목적성으로 인해 중국의 카자흐스탄 투자가 활발해지고 있다. '누를리 졸'은 카자흐스탄의 경제안정과 위기예방 산업개발 및 사회·산업 인프라 구축을 목표로 2015~2019년까지 시행되는 정부정책이다. 카자흐스탄 정부는 우선 2015~2017년간 총 5000억 텡게(26억 9,188만 달러)를 해당 프로그램에 투자할 예정이며, 금융권 회복, 중소기업 진흥, 교통·운송 분야 개발에 지원할 예정이다.

'누를리졸'과 '일대일로'의 협력과 관련하여 2013년 9월, 시진핑 국가주석이 카자흐스탄을 방문해서 처음으로 '신 실크로드' 프로젝트에 대해 언급했다. 2014년 12월, 리커창 총리의 카자흐스탄 방문 중 140억 달러의 협정 조약이 체결되었다. 카자흐스탄의 총리 카림 마시모프는 2015년 3월 베이징에서 리커창 총리와 함께 236억 달러 규모의 산업 협력에 서명했다. 2015년 5월 7일에는 시진핑 국가주석이 카자흐스탄을 다시 방문하여 일대일로 참여에 지지를 요청했다. '누를리 졸'의 교통·운송 인프라 구축은 중국의 '일대일로' 프로젝트의 유라시아 대륙 교통·운송 인프라 연결과 맥을 같이 하고 있다.

'일대일로'는 중국의 유라시아 대륙의 육상실크로드 지역 개발과 남중국해에서부터 유럽까지를 잇는 21세기 해상실크로드 지역 개발을 의미한다. 이 중 중앙아시아를 통과하는 철도에 있어 카자흐스탄은 일대일로 노선 중 제1·2노선의 교차로 역할을 하며 카자흐스탄을 기점으로 각각 러시아와 서아시아로 갈려 나간다.

---

46 김영진(2012), 「중앙아시아 지역:카자흐스탄」, e-Eurasia, Vol.2012, No.38, 한양대학교 아태지역연구센타, pp.39-42.

그림 2-14 카자흐스탄 송유관 시설 현황

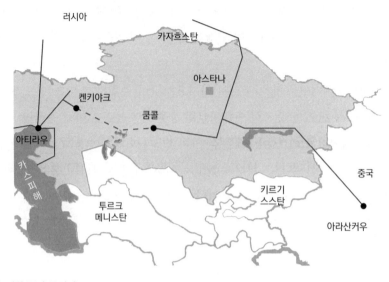

주: 점선은 계획 중인 곳이다.
자료: 한겨레 신문(2019.10.20.).

카자흐스탄의 對중국 대외교역액은 전체 교역국 중 2위로 2014년 전체 무역액의 14%인 170억 달러를 기록하며, 15%를 차지하는 러시아 다음으로 많은 교역을 하는 국가였다. 또한 높은 카자흐스탄의 대러시아 교역 의존도를 낮추기 위한 출구로 인지되고 있다.[47]

2019년 9월 11일, 카심-조마르트 토카예프 카자흐스탄 대통령이 중국을 공식 방문, 시진핑 국가주석과 '일대일로' 건설 협력 이행 등에 합의했다. 또, 카자흐스탄에서 중국으로 수출되는 농산물, 유제품, 양모, 아마 등에 대한 검역 및 위생, 세관통관 관련 의정서도 체결했다. 2023년 5월 17일에도 시진핑 국가주석은 샨시(陝西)성 시안(西安)에서 개최된 중국-중앙아시아 정상회의 참석차 방중한 카심-조마르트 토카예프 카자흐스탄 대통령과 회담을 가지고, 양국 간 항구적이고 포괄적인 전략적 동반자 관계를 강화하기로 합의하였다.

2023년 상반기에 중국이 러시아를 따돌리고 카자흐스탄의 최대 무역국으로 등장

---

47 KOTRA 해외정보, '카자흐스탄 Nurly Zhol과 중국의 일대일로'. 알마티무역관(2015.5.29.).

했다. 2023년 1~6월 중국과 카자흐스탄의 교역액은 전년동기보다 20.5% 증가한 136억 달러로 카자흐스탄 총 교역액의 20.2%에 달했다. 대(對)중국 수출은 63억 달러로 전체 수출의 16.7%를, 수입은 73억 달러로 전체의 24.8%를 차지했다. 반면, 2023년 상반기 러시아와 카자흐스탄 무역 규모는 카자흐스탄 전체 무역액의 18.9%를 차지했다.[48]

그림 2-15 소련의 해체와 CIS 회원국 현황

자료: http://eurodialogue.org(2021), 두피디아(2024.5.).

○ CIS(독립국가연합) 현황

1991년 12월 21일, 독립국가연합의 출범으로 소비에트 연방(옛 소련)[49]이 공식 소멸됐다. 발트 3국(에스토니아·라트비아·리투아니아)과 그루지야(조지아)를 제외한 소련 내 11개 공화국 대표들이 카자흐스탄의 수도 알마아타에서 회동을 갖고 알마아타 선언 등 6개 협정에 서명, 독립국가연합(CIS, Commonwealth of Independent States)을 출범시켰다. 1922년 소비에트 연방 형성 이후 70년간의 사회주의 연방국가 한 구성원의 위치에서

---

48 조선일보(2023.8.17.).

49 소비에트(soviet)는 평의회·대표자회의라는 러시아어였지만, 러시아혁명(1905) 때에 노동자·군대·농민 대의원 소비에트가 형성된 후 권력기관이라는 의미를 가지게 되었고, 마침내 국가 제도로 확대되었다.

벗어나 실제적으로 독립을 성취한 독립국 자격으로 새로운 형태의 연합체가 탄생한 것이다. CIS는 1993년 12월 그루지야(조지아)가 가입함으로써 12개 공화국으로 확대되었다.

결성 당시의 11개국은 러시아·우크라이나·벨라루스·몰도바·카자흐스탄·우즈베키스탄·투르크메니스탄·타지키스탄·키르기스스탄·아르메니아·아제르바이잔공화국(1992년 10월 탈퇴 후 1993년 9월 복귀)이다. 조지아는 1993년 10월 가입하였다가 2008년 러시아와의 전쟁 후 탈퇴하였고, 투르크메니스탄은 2005년 탈퇴한 후로 준회원국으로 참가한다. 우크라이나는 2018년 5월 19일 탈퇴하였다. 2015년 현재 9개 공화국으로 구성되어 있다.

13 키르기스스탄, 吉尔吉斯斯坦(Kyrgyzstan)

키르기스스탄 1인당 GDP는 1,840달러(2023년)로 세계 157위 수준이며, 인구는 683만 명이다. 키르기스스탄은 중국의 신강위구르자치구와 국경을 마주하고 있다. 키르기스스탄 역시, 소련으로부터 독립한 CIS 일원이다. 중국과는 1992년 1월 5일자로 외교 관계를 수립했다. 850km에 달하는 국경을 접하고 있는 중국과는 접경 공유지역 내 위구르족의 분리독립운동 및 이슬람 근본주의 확대를 저지하기 위해 상하이협력기구(SCO) 등 역내 다자안보협력체를 통한 안보협력을 강화하고 있다.

키르기스스탄은 면적이 200km^{2}로 한반도보다 작은데, 90%가 산으로 이루어졌다. 천산산맥과 파미르 고원으로 둘러싸여 있다. 북으로는 카자흐스탄, 동으로 중국, 남으로 타지키스탄, 서로는 우즈베키스탄과 마주한다. 이란 앞바다로 나가려면 3000km를 넘어야 한다. 인구 중 키르기스계가 73%. 우즈벡계가 15%. 러시아계가 5% 등을 차지하는 다민족국가다. 비슈케크(Bishkek)는 키르기스스탄 북부에 위치한 인구 100만 명의 수도로, 카자흐스탄과 국경을 맞댄 국경 도시이다. 키르기스스탄은 동·서·남쪽으로 험준한 산으로 둘러싸여 있는데, 북쪽의 카자흐스탄 방향이 평지에 속한다. 따라서 키르기스스탄은 관문인 비슈케크를 거쳐서 카자흐스탄을 통해 러시아, 중국, 우즈베키스탄, EU 등과 교역한다. 카자흐스탄의 알마티와 비슈케크는 200km 거리인데, 차량으로 3시간 걸린다.

2013년 9월 16일, 시진핑 국가주석은 키르기스스탄을 방문하여 양국 간 관계를 '전략적 동반자관계'로 격상했다. 시진핑 주석은 알마즈벡 아탐바예프 키르기스스탄 대통령과 회담을 가지고, 동투르키스탄을 포함한 테러·분열·극단세력을 척결하고 공동안보를 수호하기로 했다. 중국과 중앙아시아 천연가스관 D선 사업을 추진해 무역을 확대하고, 전력, 에너지, 교통, 농업, 인접지역 협력을 강화하기로 했다. 아탐바예프 대통령은 일대일로에 찬성한다며 중국과 경제무역, 에너지, 상호연계, 인문 등 분야 협력을 확대하기로 했다. 양국 정상은 상하이협력기구(SCO) 내 협력과 공조를 강화하는 데 합의했다.[50] 실제 비쉬켁인문대학과 키르기스국립대학에 설치된 유교연구소들은 중국 정부 지원으로 지방 거주 3천 명 학생들의 중국어 학습을 위해 교사와 교재를 제공한다. 중국은 SCO를 통하여 유학 프로그램을 제공하며, 많은 학생들이 본과 졸업 후 석·박사학위를 위해 중국으로 향한다.[51] 2019년에도 시 주석은 키르기스스탄을 방문하고, 19차 SCO 정상회의에 참석했다. 키르기스스탄 외교부는 양국 경제협력 덕분에 중국 소비자들은 우수한 품질의 키르기스스탄 친환경 농산물을 편리하게 살 수 있고, 키르기스스탄인도 중국의 투자로 국내에서 취업할 수 있다고 지적했다.[52]

2022년 9월 16일, 시진핑 주석은 우즈베키스탄 사마르칸트에서 열린 SCO 22차 정상회의 소규모 회담에 참석했다. 이번 회의에는 블라디미르 푸틴 러시아 대통령, 카심 조마르트 토카예프 카자흐스탄 대통령, 사디르 자파로프 키르기스스탄 대통령, 에모말리 라흐몬 타지키스탄 대통령, 나렌드라 모디 인도 총리, 셰바즈 샤리프 파키스탄 총리 등도 함께 참석해 지역 정치·경제 정세와 관련된 문제에 대해 의견을 교환했다.[53]

2023년 5월 18일부터 19일까지 섬서성 시안에서 중국-중앙아시아 정상회의가 열렸으며, 시진핑 국가주석 주재로 카자흐스탄, 키르기스스탄, 타지키스탄, 우즈베키스탄, 투르크메니스탄 등 6개국 정상회의가 개최됐다. 특히 사디르 자파로프 키르기스

50 인민망(2013.9.16.).

51 강봉구(2012), 「중앙아시아 지역:키르기스스탄」, e-Eurasia, Vol.2012, No.38, 한양대학교 아태지역연구센타, pp.39-42.

52 신화망(2019.6.16.).

53 신화망(2022.9.16.).

스탄 대통령은 시 주석과 '新시대 포괄적 전략적 동반자 관계 구축에 관한 키-중 공동 선언'에 서명했다.[54]

○ 중국-카자흐스탄-키르기스스탄-우즈베키스탄-타지키스탄 철도망 구상

키르기스스탄은 러시아, 카자흐스탄, 벨라루스, 아르메니아와 함께 유라시아경제연합(EEU)에 속해 있다. EEU 가입 후 러시아·카자흐스탄·벨라루스·EU 등과 철도가 아닌 트럭으로 수출입 물류를 진행했다. 키르기스스탄 철로는 424km가 깔려있으나 구 소련시절인 1924년 인프라이다. 따라서 철도 운송 분담률은 5%도 되지 않는다. 비슈케크와 오쉬(Osh)는 산으로 막혀 있어서 철로를 깔 수 없다. 비슈케크는 카자흐스탄 철로와, 오쉬는 우즈베키스탄 철로와 연결된다. 모스크바에서 보았을 때, 카자흐스탄 방향의 종점역이 비슈케크역이고 우즈베키스탄 방향의 종점역이 오쉬가 된다. 오쉬는 실크로드 시절의 중요 교통로였다. 오쉬에서 동쪽으로 260km를 가면 중국 국경이 나오고, 국경에서 160km를 가면 중국 남서부 지역 관문도시인 카스(喀什)가 나온다. 중국 정부는 오쉬~카스 간 400km에 왕복 4차선 산악도로를 만들었으며, 키르기스스탄 구간에 왕복 4차선을 건설을 위해 차관을 제공하였다.

그림 2-16 중국-키르기스스탄-우즈베키스탄 간 물류망 및 오쉬-카스 간 철도망(구상)

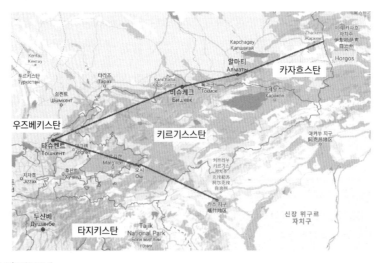

자료: 구글 지도(2024).

---

54 주키르기즈공화국 대한민국대사관(2023.5.24.).

중국은 오쉬~카스에 철로를 깔려고 한다. 이 구간에 철로가 연결된다면 중국 기준으로 카자흐스탄을 거치지 않는 철로가 생긴다. 키르기스스탄과 우즈베키스탄은 이 구간 철로가 절실한 반면 카자흐스탄과 러시아는 중국 주도의 경쟁 루트가 반갑지 않다. 이 철도가 개설되면, 키르기스스탄은 산악 내륙국이라는 고립에서 벗어날 수 있다.[55]

실제 이 철도망을 실현할 수 있는 키르기스스탄-중국-우즈베키스탄 간 물류 신노선이 개통되었다. 2020년 6월 5일, 중국 간쑤성 란저우에서 출발해 우즈베키스탄 수도 타슈켄트로 이어지는 물류 노선 운행이 시작된 것이다. 신노선은 철도와 도로 복합운송이며 총연장 4,380km이다. 철도로 출발한 화물은 중국과 키르기스스탄 국경도시인 이르케슈탐에서 하역하여, 트럭으로 오쉬(키르기스스탄)까지 이동, 다시 열차로 타슈켄트(우즈베키스탄)까지 이동한다. 기존 노선(중국-카자흐스탄 호르고스-우즈베키스탄.12~15일)보다 신노선은 300km 짧으며 5일 더 빠르게 중국-우즈베키스탄을 연결한다. 물류 전문가들은 신노선이 중국과 중동, 터키, 남유럽을 잇는 주요 노선이 될 것으로 평가했다.[56]

14 타지키스탄, 塔吉克斯坦共和国(The Republic of Tajikistan)

타지키스탄 1인당 GDP는 1,180달러(2023년)로 세계 168위 수준이며, 인구는 1,033만 명이다. UN에 의해 최빈국으로 지정되지는 않았지만, 경제 수준은 최빈국에 속한다. 타지키스탄은 중국의 신강위구르자치구와 국경을 마주하고 있다. 타지키스탄 역시, 소련으로부터 독립한 CIS 일원이다. 중국과는 1992년 1월 4일자로 외교 관계를 수립했다. 인구는 타지크인 84%, 우즈베크인 14%, 키르기스인 0.5%, 러시아인 0.5% 으로 구성돼 있다. 국민 상당수가 일자리를 찾아 러시아 등으로 떠난다.

GDP는 농업(23.3%), 제조업(22.8%), 서비스업(53.9%) 순이다. 견과류를 비롯한 농산품, 섬유, 전력을 카자흐스탄, 우즈베키스탄, 터키로 수출한다. 타지키스탄은 경제성장에 불리한 지리적 요건과 원유·가스 등 천연자원이 없어 주변 국가에 비해 경제가 성장하지 못했다. 하지만 최근 7년간 평균 경제성장률이 6.5%에 달하고 유럽부흥개발

---

55 정성희의 유라시아 물류이야기 28(물류신문. 2019.11.19.).

56 KIEP EMERiCs(2020.6.18.).

은행(EBRD), 아시아개발은행(ADB) 주관의 인프라 건설 사업이 활기를 띠면서 2019년에는 7.2% 성장을 기록했다.

중국과 타지키스탄과의 협력은 양국 수교(1992.1.4.) 직후 시작되었다. 중국은 타지키스탄의 도로와 전기 전송망의 개량을 위하여 사회 기반시설 개발 차관을 공여했다. 2001년에 창설된 SCO 시절부터 지원이 체계화·본격화되었다. 발전소(Khingob강 수력 350MW '누라바드-1' 5.6억 달러, 200MW 두산베 열병합 4억 달러), 전력망(Lolazor-Khatlon 및 남북 송전선 6,100만 달러)과 도로(고속도로 Dushanbe-Dangara 구간 5,100만 달러)가 있다. 2009~2010년간 중국 정부 및 기업들의 전력부문 총 투자액은 10억 달러로 예상된다.[57]

2013년 양국이 전략적 파트너 관계를 맺은 이후, 여러 분야에서 협력이 이루어지고 있다. 양측은 '중국-타지키스탄 2015~2020년 전략적 파트너 관계 협력강요'를 제정하여 중국과 중앙아시아를 잇는 천연가스관 건설사업과 타지키스탄의 수송전선로 개조, 교통 및 국경 연안의 인프라 건설, 공업단지·농업기술시범지역 등 협력프로젝트를 추진하기로 했다.[58]

카자흐스탄, 우즈베키스탄, 키르기스스탄, 투르크메니스탄은 석유와 가스 및 광물자원이 풍부하다. 그러나 타지키스탄은 상대적으로 빈약하다. 타지키스탄은 독립 직후 1992년부터 1997년까지 이슬람 반군과 내전을 겪으면서 산업시설 대부분이 파괴되었다. 타지키스탄은 아프가니스탄과 1,000km 이상 국경을 맞대고 있어 미국에는 대테러 작전 수행에 의미가 있다. 현재 타지키스탄에 대사관을 설치한 나라는 미국과 러시아, 영국·독일·프랑스 등 EU 주요국, 인근 아랍국들이며 아시아는 중국과 일본, 인도와 파키스탄 그리고 한국이 있다. 중국은 중앙아시아 국가와의 통로로 타지키스탄을 중시하고 있으며, 이들 나라들을 잇는 도로 건설에 지원을 아끼지 않고 있다.[59]

시진핑 국가주석은 2014년 9월 11일부터 14일까지 타지키스탄을 방문했다. 시 주석은 9월 12일 상하이협력기구 14차 정상회의 참석 후, 에모말리 라흐몬 타지키스탄

---

57   Prime-Tass News Agency(2009.06.05.), http://blog.daum.net/kazakhstan2030에서 재인용.

58   人民网(2014.5.23.).

59   서울신문, '중앙아 전략요충 타지키스탄을 다시 보자'(2008.8.11.).

대통령과의 회담을 갖고 '중국-타지키스탄 전략적 동반자 협력 관계 발전, 심화에 대한 연합선언'에 서명하였다. 여기에서 두 나라가 경제 무역과 에너지, 농업 분야, 아프가니스탄 문제와 반테러 분야에서 상호 협력할 것을 명시하였다. 또한 두 정상은 9월 13일 화력발전소 기공식과 중국-중앙아시아 가스관 타지키스탄 구간(D선) 착공 행사에도 참석하였다. 중국의 2013년 타지키스탄에 대한 외국인직접투자는 1억 6,600만 달러(타지키스탄 전체의 48.7%)로 러시아의 7,850만 달러의 2배 이상을 기록하였다.[60]

중국과 타지키스탄은 '전면적인 전략 동반자 관계'이다. 양국 지도자들은 일대일로 구상과 타지키스탄의 '2030년 국가발전전략'을 동반 발전시키고자 한다. 에모말리 라흐몬 대통령은 2019년 4월, 타지키스탄은 중국과의 협력이 전략적 의미를 가진다며, 타지키스탄은 인력, 농업, 광산과 수력발전 등 자원을 보유하고 있다고 강조했다. 2018년 중국-타지키스탄 교역액은 15억 400만 달러로 전년비 11.6% 증가했다. 중국은 타지키스탄의 최대 직접 투자국이자 세 번째 무역 파트너이며, 타지키스탄에 투자한 중국기업은 300여 개에 달한다.

중국기업이 타지키스탄 남부 하틀론 주에 투자한 방직산업단지는 현지 면화재배 방식을 바꾸었고, 중국기업이 건설한 시멘트 공장은 타지키스탄을 시멘트 수입국에서 수출국으로 변모시켰다. 양국은 30억 위안 규모의 통화 스와프 협정도 체결했다. 아시아인프라투자은행(AIIB)는 타지키스탄 프로젝트에 융자를 제공하고 있다. 타지키스탄에는 공자학원 두 곳과 공자학당 한 곳이 있는데, 러시아 다음으로 중국으로 향하는 타지키스탄 유학생이 많다.[61]

60　조정원(2014.9.28.), AIF, 시진핑의 타지키스탄 방문과 중국-타지키스탄 경제협력.

61　新华网(2019.6.13.).

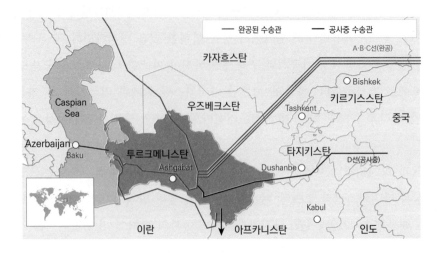

그림 2-17 중국-중앙아시아 간 천연가스 수송망 현황

주: A·B·C선은 개통되어 가스 수송이 되고 있으며, D선(투르크메니스탄-우즈베키스탄-타지키스탄-키르기스
    스탄-중국)은 공사 중이다.
자료: Geopolitical Intelligence Services. POLITICS(2019.3.25), Turkmenistan comes into focus(www.
    gisreportsonline.com/r/turkmenistan-international-politics)(검색일자: 2024.5.15.).

○ 중국-중앙아시아 가스 파이프라인 D선의 중심지는 타지키스탄

2009년 12월 14일, 중앙아시아-중국 가스관이 개통되어, 서기동수 프로젝트를 통해 상하이와 광저우에 공급이 시작되었다. 이 가스관은 투르크메니스탄 사만데폐 가스전에서 우즈베키스탄과 카자흐스탄을 경유하여 중국 서부와 남부 연안까지 연결되는 세계 최장(10,533km), 최대 용량(400억㎥), 최대 투자(730억 달러) 가스관이다. 투르크메니스탄 가스 생산전에서 우즈베키스탄까지는 188km, 우즈베키스탄 경유 노선은 530km, 카자흐스탄 경유 노선은 1,115km이며, 중국 서부지역에서 최종 소비지인 중국 남부까지는 지선과 간선을 포함해 8,700km로 생산지에서 최종 소비지까지 가스관 총 길이는 10,533km이다.

2014년 9월부터 공사에 들어간 중국-중앙아시아 가스관의 타지키스탄 구간은 중국에서는 중국-중앙아시아 가스관 D선이라고 부른다. 이 구간은 기존의 A·B·C선과 마찬가지로 투르크메니스탄을 기점으로 하지만 타지키스탄과 키르기스스탄, 파미르 고원을 지나 중국 서부의 신장으로 천연가스를 운송한다. 파미르 고원을 관통하고 76

개의 터널을 건설해야 하기 때문에 기술적으로 가장 어려운 구간이다. 1,000km에 달하는 타지키스탄 구간이 완공되면 매년 300억m³의 천연가스 운송이 가능하다.

중국은 2019년 상반기 중국-중앙아시아 가스관을 통해 230억㎥ 규모의 천연가스를 수입했다. 매년 중앙아시아 국가로부터 중국에 수송되는 천연가스는 총소비량의 15%를 차지하고 있으며 중국 내 5억이 넘는 인구가 사용하고 있다. 2009년 12월 상업 운영 개시 이래 2019년 6월 말까지 세 라인을 통해 누적 2,774억m³의 천연가스를 수입했다. 중국-중앙아시아 가스관은 투르크메니스탄에서 출발해 우즈베키스탄 중부와 카자흐스탄 남부지역을 통과하고 중국 신장 휘얼궈쓰에 도착한 후, 서기동수 2라인 및 3라인과 연결된다. 중국 국영석유가스기업 CNPC가 추진한 이 사업 중 3개 라인은 각각 2009년, 2010년, 2014년에 완공됐다. 투르크메니스탄-우즈베키스탄-타지키스탄-키르기스스탄-중국으로 연결되는 D라인의 총 투자비는 67억 달러, 수송능력은 연간 300억m³이다.[62] 2024년 2월, 타지키스탄 에너지부 장관에 따르면 D라인의 타지키스탄 내 구간 공사는 가격 문제로 건설이 지체되고 있는 것으로 알려졌다.[63] D라인이 완공되면 중국-중앙아시아 가스관의 수송능력은 연간 850억m³로 늘어나 2020년 중국 천연가스 소비 전망치(4,200억m³)의 20%를 확보할 전망이다.

○ 평화적으로 해결한 양국 간 국경 문제

2011년 1월 13일, 타지키스탄이 중국에 영토 일부를 할양함으로써 19세기부터 이어져 온 영토 분쟁을 마무리했다. 타지크 국회는 동부 파미르 고원 영토 1천100km²를 중국에 넘겨주는 '타지크-중국 국경 획정 협약'을 비준했다.[64] 2010년 4월 27일, 타지키스탄 에모말리 라흐몬 대통령이 중국을 공식 방문했을 때 체결한 이 협약(中国和塔吉克斯坦共和国政府关于中塔国界线的勘界议定书)이 비준됨에 따라 양국은 130년 동안 이어져 온 영토분쟁을 끝내고 새로 획정된 국경에 101개의 국경 표지를 세우게 되었다. 이번에 할양된 영토에 대한 분쟁은 19세기 말 제정 러시아 시절까지 올라간다.

---

62 에너지 데일리(2019.8.13.).

63 https://news.goalfore.cn/topstories/detail/60215.html(검색일자: 2024.5.14.)

64 연합뉴스, 靑島新聞網(2011.1.13.).

그림 2-18　타지키스탄의 영토 할양 현황

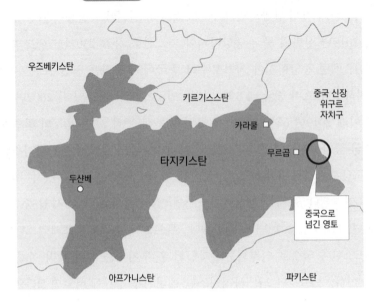

자료: 매일경제(2011.1.13.).

Ⅲ

중국 지역별 환경

중국 인문·경제지리

중국 지역별 환경

1. 화북권

1 북경시

2022년 기준 북경의 3차 산업 비중은 83.8%로 중국 내에서도 3차 산업 비중이 가장 높은 곳이다. 주요 공업으로는 7대 주력산업인 통신설비 및 컴퓨터, 자동차, 화학, 석유가공, 코크스·핵연료 제조, 철강업 등이 있다. 최근 베이징은 IT와 서비스산업 위주로 산업구조를 개편하고 있다. 베이징을 중심으로 전통적인 경공업 중심의 산업구조에서 탈피해 자동차, IT, 전자, 의약, 기계 등 첨단산업 및 친환경 고효율 그린산업으로 구조조정 추진하고 있다.

베이징의 3차 산업 비중이 이렇게 높은 데에는 두 가지 이유(배경)가 있다. 첫째는 2008년 베이징 올림픽을 준비하며 공해유발 제조업체들을 모두 허베이성으로 이전시켰으며, 아울러 당시 중국 전체에 존재하던 모든 호텔 수보다 더 많은 호텔을 신·증축했다. 이후 베이징 산업구조는 빠르게 3차 산업 위주로 재편되었다.

둘째는 베이징이 31개 성·직할시·자치구를 관장하는 중앙정부 역할을 동시에 수행하고 있어서 이들로부터 '접대받는 위치'에 놓여 있기 때문이다. 북경시는 경제개발계획 및 산업정책 입안지이다. 또한 중앙정부 주요 부처 및 산하기관이 밀집된 지역이다. 북경의 특이점 중 하나는 30개 중국 내 성·자치구·직할시가 베이징 판사처(사무소)를 두고 있다는 점이다. 즉 우리나라 경상북도가 서울사무소를 두고 있는 상황과 유사하다. 이는 주요 프로젝트의 인허가권을 가진 베이징의 위상을 보여준다.

중국의 실리콘밸리라 불리는 중관춘을 중심으로 IT와 전자산업이 발달했고, 서비스 산업과 결합하여 고부가가치 산업으로의 이전이 가속화되는 상황이다. 중관춘 6대 중점 첨단기술영역(전자 정보화 영역, 신소재 및 응용기술, 선진제조, 신에너지와 고효율 에너지절약 기술, 바이오의약품, 환경보호기술)의 실현 총수익은 중관춘의 과반수 이상을 차지하고 있다.

2023년 베이징에는 49개 국가에서 1,187개 외자기업이 투자하고 있으며, 이중 글로벌 500대 기업 중 100개 기업이 베이징에 진출해 있다. 2023년 기준으로 베이징은 글로벌 500대 기업 중 53개 기업의 '헤드쿼터(본사)'가 소재한 도시이다. 베이징은 '비즈니스와 중관춘, 비즈니스와 문화의 융합발전 계획'을 통해 8개의 본부경제집중구, 4개의 본부경제발전신구, 6개의 비즈니스서비스집중구를 지정하였다. 베이징에 소재한 외국계 글로벌 기업본부 및 R&D센터 역시 704개사에 육박한다. 베이징 시정부는, 베이징이 세계 제1의 글로벌 헤드쿼터 소재지로 자리매김할 수 있도록 다양한 외투기업 지원정책을 추진하고 있다.

베이징시 정부는 '베이징시 전국 문화중심 건설추진 중장기 계획(2019~2035년)'을 발표했다. 이를 통해 개성과 특색이 있는 관광상품을 개발하여 관광객의 체험감을 개선하고 만족감을 높이겠다고 밝혔다. 2035년 관광 소비가 베이징시 총소비에서 차지하는 비중이 30%를 넘도록 하고, 베이징 인바운드(외국인의 국내관광) 관광객 수가 연간 1천만 명에 이르도록 한다는 목표를 제시했다. 베이징은 스마트·시티·관광지·호텔·농촌관광을 육성하는 데 주력할 계획이며, 2019년 베이징시를 방문한 관광객은 3억 2,200만 명, 관광 총수입은 6,224억 6,000만 위안이었고, 그중 인바운드 관광객은 376만 9,000명(연간)에 달했다.

표 3-1 북경시 경제지표(2022년)

GRDP*	산업구조			1인당 GRDP	
	1차 산업	2차 산업	3차 산업	위안	US$
3.48	0.27	15.97	83.76	189,988	28,246
인구(만 명)	중국 내 인구비*	도시화율(%)	부동산 개발투자*	수출*	수입*
2,184	1.55	87.59	3.8	0.96	4.10
수출입*	외상기업 투자액*	공업생산액*	소비품 판매액*	중국 평균 1인당 GDP 대비	
2.32	3.76	2.21	3.14	227.7% (85,310元. U$12,683)	

주: * 표기는 중국 내 비중(%)을 나타낸다.
자료: 국가통계국 国家数据(2024.4.).

○ 북쪽의 수도, 베이징

북경시(北京. 베이징)는 하북성에 둘러싸여, 화베이(華北) 평원 서북 쪽에 위치한다. 동남 쪽은 발해만으로부터 150km 떨어져 있다. 북경은 여러 왕조의 수도였으며, 엔징(燕京), 징두(京都), 다두(大都) 등으로 불리다가 명조 때 베이핑(北平)에서 북경(北京)으로 개칭됐으며, 징(京)으로 약칭한다. 춘추전국시대 연(燕)나라의 수도, 진(秦)나라 때 광양·어양·상곡 등과 함께 군이 되었다. 한(漢)나라 때 유주의 착사부에 속했고, 당(唐)나라 때에는 유주에 속했다. 요(遼)나라 때는 제2의 수도가 되어 연경(燕京)이라 불렸으며, 금(金)나라 때 정식으로 수도가 되면서 중도(中都)라고 했다. 명 성조(영락제)가 황제가 된 후, 수도를 옮기기를 결심, 1420년에 자금성(紫禁城)을 완공하여 1421년에 수도를 북경으로 옮겼다. 베이징은 한자 그대로 '북쪽의 수도'라는 뜻이다. 시안(西安), 난징(南京), 뤄양(洛陽)과 함께 중국 4대 고도(古都)이다.

중국을 통일한 몽골 쿠빌라이 칸(원세조)은 베이징을 새 수도로 삼고 '대도(大都)'라 불렀다. 마르코 폴로가 쓴 동방견문록 속의 중국도 원나라 때 당시 베이징의 모습을 소개한 것이다. 이후 명 나라를 세운 주원장(명 태조)은 수도를 지금의 난징으로 옮겼으며, 원나라를 함락시킨 후 북쪽을 평정했다는 뜻으로 베이징을 북평(北平)이라 부르며 폄하했다. 하지만 명 영락제가 다시 수도를 난징에서 북평으로 옮긴 후 북쪽의 수도라는 뜻으로 베이징(北京)이라 지었다. 이후 베이징은 명·청 왕조 수도로 명맥을 이어왔다. 베이징 중심에 위치한 자금성도 영락제가 수도를 옮기며 건설한 것이다. 자금성에는 1911년 청나라의 마지막 황제 선통제가 물러나기까지 모두 24명의 명·청 황제가 머물렀다.

1860년 제2차 아편전쟁 때 영국과 프랑스의 군대에 의해 여름황궁인 원명원이 방화되는 등 수도 베이징은 열강에 유린당했다. 이어 1912년 신해혁명으로 쑨원이 중화민국 임시정부를 난징에 설립했으며, 이어 1928년 장제스는 난징을 수도로 국민당 정부를 세웠다. 이 당시 베이징은 구경(舊京, 옛 수도), 라오(老) 베이징으로 불렸다. 베이징은 1949년 10월 1일 중화인민공화국 수립 때 다시 수도의 지위를 되찾았다.

■ 시진핑 시대 '경제특구'인 자유무역시험구

중국 최초 '경제특구'는 덩샤오핑이 1979년에 개혁개방 정책을 시작하면서 광동성(선전, 주하이, 산터우), 복건성(샤먼)에 설치한 실험실이다. 러시아(구 소련)에서 도입한 계획경제 시스템 아래에서 외국기업을 유치하기 위해 위 도시 4곳을 경제특구로 지정하여 파격적인 개혁·개방 실험을 하였다. 그 결과, 맥도날드와 KFC가 중국에 들어왔고 실험이 성공으로 끝나자 개혁·개방 정책은 중국 전역으로 확산되어 지금의 중국경제 체계를 만들었다.

시진핑 정부는 2013년부터 집정하면서 '자유무역시험구'를 전국 각지에 설치했는데 2024년 5월 말 현재 중국 내 22개 지역에 개설되어 있다. 이곳에서는 지역별로 특화된 산업 분야에 대한 외국기업의 투자가 허용된다. 예를 들면 중국 최초의 자유무역시험구인 상하이 자유무역시험구 중점 산업은 무역, 해운 물류, 첨단제조, 문화 콘텐츠, 금융 리스, 첨단연구개발, 빅데이터, 5G 통신, 자동차 등인데 이곳에서만 외국 엔터테이먼트사의 합작사 설립을 허용하는 것이다. 실제 우리나라 SM엔터테인먼트는 2015년 말 상하이에 중국법인을 설립했다.

원래 자유무역지대 FTZ(Free Trade Zone, FTZ)란, 해당 구역에 들어가는 모든 물품에 대해 관세 면제 또는 보세혜택을 부과한다. 중국의 자유무역시험구(FTZ)는 우대세와 세관 특별감독정책을 주요 수단으로 삼아 무역자유화와 편리화를 주요 목적으로 하는 다기능 경제특구이다. 핵심은 국내 및 해외 투자를 위한 국제적으로 경쟁력 있는 비즈니스 환경을 조성하는 것이다. 여기에는 위안화 국제화도 포함된다.

표 3-2 중국 자유무역시험구 개설 현황(2023년 11월 기준)

연번	설립 시기	자유무역 시험구명	분포 지역
1	2013.9.	상하이	상하이와이까오차오보세구, 상하이 와이까오차오 보세물류 센터, 양산보세항구, 상하이 푸동공항 종합 보세구
	2015.4.	상하이	루자주이금용구, 진차오개발구, 장쟝고과학기술구
	2019.7.	상하이	린강신구
2	2015.4.	광둥	광저우난샤신구, 선전첸하이샤커우구, 주하이헝친신구
3	2015.4.	톈진	톈진항 지역, 톈진 공항지역, 빈하이신구센터 비즈니스 지역
4	2015.4.	푸젠	핑탄지역, 샤먼지역, 푸저우지역
5	2017.3.	랴오닝	다롄 지역, 선양 지역, 잉커우 지역
6	2017.3.	저장	주산 리도구, 주산도 북부 지역, 주산도 남부 지역
	2020.9.	저장	닝보 지역, 항저우 지역, 진의 지역
7	2017.3.	허난	정저우 지역, 카이펑 지역, 루양 지역
8	2017.3.	후베이	우한 지역, 샹양 지역, 이창 지역
9	2017.3.	충칭	량쟝 지역, 시용 지역, 과수원항
10	2017.3.	쓰촨	청두톈푸 신구, 청두 청바이장 철도항, 촨난임항
11	2017.3.	샨시(섬서)	중심지역, 시안국제항무지역, 양링시범구
12	2018.10.	하이난	하이난섬 전체
13	2019.8.	산둥	지난 지역, 칭다오 지역, 옌타이 지역
14	2019.8.	장쑤	난징 지역, 쑤저우 지역, 롄윈강 지역
15	2019.8.	광시	난닝 지역, 친저우항, 충쭤 지역
16	2019.8.	허베이	슝안지역, 정딩지역, 차오페이지역, 따싱공항구
17	2019.8.	윈난	쿤밍 지역, 훙허 지역, 떠훙 지역
18	2019.8.	헤이룽장	하얼빈 지역, 헤이허 지역, 쑤이펀허 지역
19	2020.9.	베이징	과학기술혁신 신구, 국제비즈니스 서비스구, 첨단산업구
20	2020.9.	후난	창사 지역, 위양 지역, 천저우 지역
21	2020.9.	안후이	허페이 지역, 우후 지역, 벙붕 지역
22	2023.11.	신장위구르자치구	우루무치, 카스, 훠얼궈쓰

자료: 중국 내 공개자료 참조(2024.5.).

1) 베이징 자유무역시험구(北京自由貿易試験区)

2020년 9월 21일, 국무원은 베이징 자유무역시험구를 설치하여 디지털 경제·무역 분야의 개혁을 중점 추진하고 있다. 동 시험구가 밝힌 중점 육성 산업은 차세대 정보 기술, 생물 건강, 과학 기술 서비스, 디지털 무역, 문화 무역, 상무 전시회, 국제 물류, 경외 금융, 문화 콘텐츠 등이다. 베이징시는 시험구 내 국경 간 데이터 이동·데이터 거래 규범화, 디지털 무역시험구 건설, 디지털 무역 편리화 조치, 디지털 화폐 시험구 조성을 통해 디지털 경제·무역의 경쟁력을 강화해 나가려 한다. 이를 위해 정보기술 보안, 데이터 개인정보 보호, 데이터 거래, 국경 간 데이터 이동 등의 규범을 제정하고, 국제협력을 강화해 나갈 방침이다.

시험구 다싱국제공항[1] 구역을 디지털 무역시험구로 지정하고, 국경 간 데이터의 이동·관리감독·거래 등 디지털 무역의 종합서비스 플랫폼을 조성할 예정이다. 시험구 구역뿐만 아니라, 중관춘 소프트웨어 파크 내 국가 디지털 서비스 수출기지(디지털 무역항 및 디지털 경제 신흥산업 클러스터 조성)와 차오양진잔 국제협력서비스 지구(디지털 경제·무역의 국제교류기능구)도 디지털 무역 시험구로 지정했다. 시험구는 중국의 디지털 화폐 시범지역으로 추가 지정되었는데, 인민은행은 2019년 8월 선전을 시작으로 쑤저우, 슝안, 청두를 디지털 화폐 시범지역으로 선정한 후 시범운영 중이다.

---

1 베이징 도심에서 북동쪽 30km에 위치한 북경수도공항은 1958년에 개항한 국제공항이다. 2019년 9월에 새로 개항한 다싱국제공항은 하북성 랑팡시와 북경시 경계(도심에서 남쪽 60km)에 위치한다. 활주로 4면, 면적은 78만m²로 만든 신공항은 원래 군용공항(난위안) 자리였다. 현재 두 공항 모두 가동 중이며, 북경수도공항은 김포공항(베이징·상해 - 김포)과, 다싱국제공항은 인천공항과 정기편 운행 중이다.

베이징 자유무역시험구 현황

지역	위치	규모	주요 산업
과학기술 창업단지	하이뎬취 (海淀区)	중관촌 과학성 21.59km², 베이징생명과학원 주변 10.26km²	인터넷, 빅데이터, 인공지능 등
첨단산업단지	다싱취 (大兴区)	다싱국제공항 서편 10.36km², 북경경제기술개발구 27.83km²	줄기세포, 인공지능 의료기기 등
국제상무서비스 단지	수도공항 및 시 중심 지역	수도국제공항 주변 28.5km², 베이징CBD구역 4.96km², 진짠국제합작서비스구 2.96km², 윈허상무구 10.87km²	건강·의료전문 서비스, 교육 서비스, 문화관광, 항공 서비스

자료: 베이징 자유무역시험구 홈페이지(https://open.beijing.gov.cn).

현재 베이징 디지털 인프라가 정비되고 있으며 국가 산업인터넷 빅데이터 센터(国家工业互联网大数据中心)도 운영되고 있다. 5G 상용화, 차세대 스마트 커넥티드카로 대표되는 기술 응용이 전통산업과 디지털 기술의 융합을 가속화해, 새로운 기업과 주체의 탄생을 촉진하고 있다. 2020년 말 기준, 베이징 전체 규모 이상(연매출 2,000만 위안 이상) 기업의 생산설비 디지털화 비율은 65%에 달하고, 핵심공정 디지털 제어율은 70%에 달한다.

베이징시는 2022년까지 디지털경제 규모를 GRDP의 55% 수준까지 끌어올리겠다는 목표인데, 관건은 디지털무역이다. 디지털무역은 인터넷 정보통신기술 등 디지털 기술을 활용한 국가 간 교역활동을 의미하는데, 전자상거래, 디지털자산, 국경 간 정보이전 등이 포함된다. 중국의 실리콘밸리로 불리는 중관춘 소프트웨어파크(中關村軟件園), 차오양진잔(朝陽金盞) 국제합작서비스구, 따싱국제공항 서편 등이 중심이다.

베이징시는 중국의 디지털경제·무역 핵심 거점으로 도약하는 경제, 산업기반을 갖추고 있다. 베이징은 서비스산업 비중이 83.7%에 달할 정도로 서비스업 주도형 경제구도가 뚜렷하다. 금융, 정보서비스업, 과학기술 서비스의 지역경제성장 기여도는 50%를 웃돈다. 베이징의 서비스업 개방 6대 분야는 과학기술, 인터넷정보, 문화교육, 금융, 비즈니스 및 관광, 건강의료이다. 중관춘을 중심으로 IT와 전자산업이 발달했으며 클라우드 컴퓨팅, 인공지능(AI), 빅데이터, 블록체인 등 4차 산업 기술 수준도 전국 평균을 앞서고 있다. 2019년 베이징 GRDP 중 디지털 경제비중이 50%를 상회하며 중국 전체 1위를 기록했다.[2]

그림 3-1   중국 수도 베이징의 천안문

자료: © 2015. 김동하.

2023년 시험구 수출입 총액은 4624.3억 위안을 기록하여 전년비 2.7% 성장했으며, 이는 베이징 무역 성장률 0.3%보다 2.4%p 높은 수준이다. 또한 2023년 베이징 총 무역액의 12.7%를 점유하고 있다. 시험구 내 수출입 실적이 있는 기업은 1902개사로 2021년 대비 409곳이 늘어난 결과이다.[3]

○ 후통과 문의 도시 베이징

'위대한 칸(제왕)의 거주지'라는 뜻으로 원나라 때 수도인 지금의 베이징(대도)을 칸발릭으로 불렀다. 남쪽으로 약간 치우친 칸발릭(Canbalik)성은 지금 베이징 도시 건설의 토대가 되었다.[4] 이 시기 베이징(칸발릭성)은 기원전에 만들어진 가장 오랜 공예기술

2   KOTRA 베이징무역관(2020.10.12.). 베이징, 디지털경제 1+3 정책 패키지 발표.

3   北京日报(2024.1.18.).

4   뤼차오(2018. 이승희 역), 『동방제국의 수도』, 글항아리, p.31.

서인 주례 고공기의 규정에 따라 건설되었다. 앞에는 관아를, 뒤에는 시장을 두고 동쪽에는 종묘를 서쪽에는 사직단을 두었다. 마르코폴로도 칸발릭성에 대해 소재(흙담)와 형식(바둑판형 대칭), 규모에 대해 서술했다. 이 시기에 등장한 후통(胡同)은 동서방향으로 배열됐고, 길이는 평균 77m, 넓이는 약 6m였다. 베이징 고루 동쪽 후통은 원대 생긴 것이다.

후통은 베이징 골목의 이름이다. 그 유래 중 하나는 몽고어 훗톡(hottog)인데 우물을 의미한다. 물이 있는 곳에 마을이 생기기 마련이니 타당해 보인다. 다른 하나는 화재 진압용 도로를 뜻하는 훠농(火弄), 훠샹(火巷)에서 유래되었다는 설이다.[5] 북경시는 후통 20여 곳을 관광자원으로 보존하고 있다. 청말 외국 영사관이 몰려있던 동자오민샹(东交民巷), 우리 인사동에 해당하는 고문화 거리인 리우리창(琉璃厂)도 북경의 유명한 후통 중 하나이다.

북경은 문의 도시이다. 전문대가, 부흥문외대가, 건국문외대가, 부성문외대가, 서직문외대가 등 수 많은 북경 지명에 문이 등장한다.[6] 물론 가장 유명한 문은 천안문이다. 금나라 시기부터 황제의 도시였던 베이징 성을 둘러싼 여러 개의 문이 만들어지고 없어졌다. 명대에는 원나라 때 있던 건덕, 안정, 숙청, 광희문이 없어졌고, 덕승문, 안정문을 새로 열었다. 또 기존 성문 명칭을 동직문, 서직문 등으로 바꾸었다.

명대 북경은 궁성, 황성, 경성(내성과 외성 포함)으로 구성되었는데 이 중 궁성을 자금성(紫禁城)이라고 불렀다. 이 시기 하늘을 태미, 자미, 천시로 구분했는데, 자미(紫微)는 하늘의 중심이자 천제가 사는 곳으로 자금성이 여기에서 유래된 것이다. 또 황제의 색깔인 자주색과 황제 외에 누구도 출입을 금한다는 의미도 내포되어 있다.

---

5   조관휘(2008), 『세계의 수도 베이징』, 창비, p.95.
6   이중텐(2010. 심규호 · 유소영 역), 『독성기』, 에버리치홀딩스, p.69.

그림 3-2 금·원·명나라 시기 베이징 성곽 규획 구분도

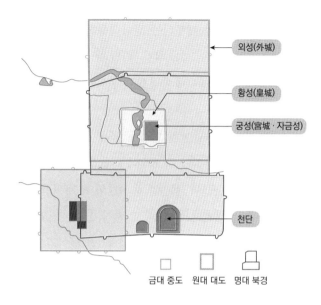

외성(外城)

황성(皇城)

궁성(宮城·자금성)

천단

금대 중도   원대 대도   명대 북경

자료: https://zhuanlan.zhihu.com/p/55504098(검색일자: 2024.5.21.)

2 천진시

천진시(天津. 톈진)의 옛 명칭은 직고(直沽)이며, 지리적으로 해하·위하·자아하 등 3개 강의 교착점에 위치, 삼차구(三岔口)라고도 한다. 원대(수도: 북경)에는 직고성이 강남에서 오는 곡물을 운반하는 중심이 되었고, 이로 인해 직고 해운미창이 설치되었다. 1316년에는 '해빈진도'의 칭호를 얻어 해진(海津鎭)이 설치되었다.

일설에는 명태조 주원장의 넷째 아들 주체(朱棣·영락제)가 조카에게서 황위를 찬탈할 당시, 군사를 이끌고 이곳 나루터를 건너게 됐는데 나중에 황제가 된 후 천자(天子)가 지났던 나루터라고 해서 천진(天津)이라고 했다. 천진항(天津港)은 강과 바다를 겸비한 항구로, 중국 최대의 인공항구이다. 남북길이는 10km이고, 동서길이는 67km이며, 면적은 200km²이다.

'천자의 나루터'답게 톈진은 물의 도시이다. 화이허(淮河)강 하구와 보하이(渤海)만 연안에 자리잡고 있어 강과 바다에 동시에 맞닿아 있다. '중국의 젖줄'이라 불리는 황

허(黃河)도 한때 톈진을 통해 바다로 흘러나가기도 했다. 수 나라 때 경항대운하[7]가 완공된 이후 톈진은 남방의 식량과 물자의 운송을 위한 항구로서의 기능을 하기 시작했다. 특히 베이징이 수도가 된 원나라 때부터는 경항대운하를 통한 조운과 해운의 급속한 발전으로 톈진은 강남 지역의 소금·차·식량·비단 등을 베이징으로 운송하는 물류의 중심으로 떠올랐다. 동시에 톈진은 베이징으로 통하는 해상관문으로 군사적 요충지로 여겨졌다.

하지만 톈진은 근대화 시기 파란만장한 역사 굴곡을 겪었다. 톈진은 1858년 영·불 연합군에 이어 1900년 러시아·이탈리아 등 8개국 연합군에 침략당해 서구 열강의 손아귀에 들어갔다. 톈진에는 영·프·미·독·일 등 9개국 조계지가 들어섰다. 당시 총 조계면적은 1,541ha로 중국 최대였으며, 여의도 면적 2배가 넘었다. 하이허 강변과 마창다오(馬場道) 등지로 조계지 흔적이 남아있다. 1860년 베이징조약에 따른 개항 후 톈진은 중국 북방 최대 개방도시가 됐다. 톈진은 당시 서구 문물을 수용해 부국강병하자는 양무(洋務) 운동의 중심지였다. 군사·철로·전보·우편 등 방면에서 근대화가 진행되며 중국 제2대 상공업도시 및 북방 최대 금융 및 무역 중심도시가 됐다. 하지만 톈진은 중국 최초의 근대화 선봉도시였음에도 불구하고 개혁개방 후 베이징·상하이·선전 등 경쟁도시가 빠르게 성장할 때에도 톈진은 여전히 직할시에 걸맞은 경제력을 갖추지 못했다.

톈진시가 성장가도를 달리기 시작한 것은 후진타오·원자바오 4세대 지도부 출범 이후다. 특히 2006년 톈진 빈하이신구가 11차 5개년 규획(2006~2010) 국가발전전략에 포함되며 중국경제 발전의 새로운 성장 축으로 부상했다. 첨단제조업·첨단기술산업·화공·항만물류·우주항공·레저휴양·비즈니스센터지구 등 8개 지구로 나뉘어 개발되고 있는 빈하이신구는 복합신도시 형태를 띠고 있다. 총면적 2,270km², 인구 263만 명의 빈하이신구 GRDP는 2013년 8,020억 위안에 달해 2009년보다 두 배 이상 늘었다.

삼성전자, 도요타, 모토로라, 에어버스 등 글로벌 500대 기업 중 150여 곳이 소재하고 있다. 이는 세금우대, 행정 간소화, 투자유치 등과 같은 적극적인 정책이 뒷받침됐기 때문이다. 2014년 초 베이징·톈진·허베이성을 하나로 묶는 수도권 개발계획 '징진

---

7   경항대운하(京杭大运河)에 대한 자세한 내용은 본고 절강성 부분을 참고한다.

지(京津翼) 협동발전 규획'이 발표되면서 톈진은 또 한 차례 도약하게 된다.

표 3-4 천진시 경제지표(2022년)

GRDP*	산업구조			1인당 GRDP	
	1차 산업	2차 산업	3차 산업	위안	US$
1.35	1.69	37.08	61.22	117,925	17,532
인구(만 명)	중국 내 인구비*	도시화율(%)	부동산 개발투자*	수출*	수입*
1,363	0.97	85.11	1.73%	1.57%	3.99%
수출입*	외상기업 투자액*	공업생산액*	소비품 판매액*	중국 평균 1인당 GDP 대비	
2.61%	1.53%	1.59%	0.81%	138.2% (85,310元. U$12,683)	

주: * 표기는 중국 내 비중을 나타낸다.
자료: 국가통계국 国家数据(2024.4.).

2022년 기준 천진시 1인당 GRDP는 17,532달러에 달한다. 이는 중국 6위 수준이며, 높은 2차 산업 및 3차 산업 비중에서 견인되는 경제발전의 결과이다. 천진시 주요 공업으로는 우주항공, 석유화공, 장비제조, 전자정보, 생물제약, 에너지신소재, 방직과 국방 등 8대 중점 산업이 있다. 1994년에 설치된 빈하이신구가 2006년에 국가급 신구로 승격되고, 다시 2014년에 승인된 톈진자유무역시험구 안에 포함되면서, 천진시는 금융, 물류, 서비스, 항운, 항공우주 등 산업을 중심으로 발전을 도모할 수 있게 되어 제2의 도약기를 맞이하고 있다.

천진시는 중국 북방의 물류 허브로 세계 180개국 400여 개 항만과 연결(북경 대외무역 화물의 90% 이상을 처리)하고 있다. 북경, 하북성 및 중서부 14개 성시가 배후 경제권이며, 환발해만 경제권 중심축이다. 천진은 중국 북방 물류허브의 단계를 뛰어넘어 유라시아 대륙횡단철도의 동쪽 출발점이란 장점을 이용하여 국제물류허브 도약을 추진 중이다.

표 3-5   천진시 빈하이 신구 개황

설립 시기	1994년
종합개혁시범구 비준시기	2006년
위치	톈진시 동부 연해지역(도심에서 40km, 베이징에서 170km)
면적	2,270km²(톈진시 20%)
상주인구	202.8만 명(톈진시 17%)
주요 산업	전자·정보, 자동차, 제약, 석유화학
주요 입주기업	모토로라, 도요타 등 세계 500대 기업 중 208개사 입주
GRDP(성장률)	3,810.76억 위안(23.5%↑)
누적 FDI(도착 기준)	300억 달러

자료: KIEP(2010), 천진시 빈하이 신구의 개발 및 개방을 중심으로, 중국 성별동향 브리핑 10-10호, p.5

1) 빈하이 신구(滨海新区)

빈하이 신구는 국가급 종합개혁 시범구이다. 빈하이 신구는 1994년에 출범하였으나, 2006년 국가급 발전 전략으로 승격하면서부터 본격적인 개발 및 개방 궤도에 올라서게 된다. 중국 정부는 기존 경제개발이 동남부 연해지역에 치중되면서 상대적으로 다른 지역의 발전이 뒤처졌다고 보고 북경시와 천진시 및 하북성 탕산시(唐山)로 대표되는 환발해 경제권을 주목했다. 그 결과, 빈하이 신구를 국가급 종합 개혁시범구로 지정하게 된다.

2009년 9월에는 국무원의 비준 하에 탕구(塘沽), 한구(漢沽), 다강(大港)의 세 개 행정구역을 하나의 '빈하이 신구' 행정구로 재편성하여, 행정관리 체제를 개혁하였다. 이를 통해 행정효율을 높였으며, 지역 자원을 통합하였다. 금융기업, 금융업무, 금융시장, 금융개방과 관련된 20대 중점 금융개혁이 완성되었다. 금융 개혁의 추진으로 천진 증권거래소와 보하이 증권거래소가 운영되고 장외시장(OTC)이 설립되었으며, 펀드사·펀드관리사·창업투자사가 잇따라 들어섰다.

그림 3-3　텐진 빈하이 신구 위치 및 행정구역도

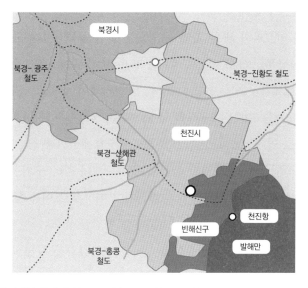

자료: 빈하이신구 인민정부 홈페이지(www.tjbh.gov.cn)(2021.7.).

또한 중국과 싱가포르가 공동으로 추진하고 있는 중신(中新)생태신도시 건설이 한 창이며, 동장(東疆)보세항구 1기 공사가 준공되고, 2기 공사가 착공되었다. 동장보세항구는 중국에서 규모가 제일 크고 개방도도 가장 높다. 위자푸(于家堡)금융구와 샹뤄완(响螺湾)상업구, 국가 애니메이션 종합시범구, 하이테크산업구, 항구물류구, 항공산업구, 임해산업구, 관광구 등의 건설도 가속화되고 있다. 2015년에는 이어 소개할 텐진 자유무역시험구 출범에 따라 빈하이신구 주요 지역이 텐진 자유무역시험구에 포함되었다.

2) 텐진 자유무역시험구(天津自由贸易试验区)

2014년 12월 12일 국무원 상무위원회에서 텐진 빈하이신구를 자유무역시험구로 정식 승인한 후, 2015년 4월 21일 중국 북방지역 유일의 자유무역시험구인 '텐진 자유무역시험구'가 출범했다. 텐진은 북방 최대의 항구로, 세계 180여 개국과 400여 개 항만과 연결되는 해운 허브이다. 베이징 대외 무역액의 90% 이상을 텐진항에서 처리하고 있으며, 톈진항 처리 수출입 화물의 50% 이상이 톈진 이외의 지역에서 발생한다. 톈진은 징진지 발전규획 해당 지역이다. 아울러 중국 대외교역의 북방 중심지로서 뛰어난 제조업 생산 인프라와 해운·항만 등 발달된 물류 설비를 갖추고 있다.

시험구는 중심상무구(CBD), 톈진항보세구(동강보세항구 포함), 톈진공항경제구로 구성되어 있다. 동장보세항구는 톈진항보세구의 핵심지역이며 외교 관련 체제와 금융체제 개혁의 요충지이다. 2011년 5월부터 동장(东疆)은 국무원으로부터 북방 국제항운중심의 핵심기능구로 인정받았다. 공항경제구는 공항보세구의 핵심으로, 자유무역시험구에서 항공우주산업, 선진제조업과 물류업에 치중하여 기타 구역 산업과 상호 보조할 예정이다. 실제 베이징과 허베이의 물류산업이 이곳으로 이동하는 추세이기도 하다. 중심 상무구(CBD)는 금융 혁신의 시험무대로 발전할 계획이다. 베이징-톈진의 제2의 금융가로 조성하여, 베이징 금융산업 전이를 시도하고 동시에 리스, 팩토링 등의 신금융 중심지로 발전시킨다는 구상이다.

표 3-6 톈진 자유무역시험구 개황

지역	설립 시기	면적(km^2)	기능
빈하이신구 중심상무구	2010년 12월	46.9	금융혁신 중심 현대 서비스업
톈진항보세구 (동강보세항구)	1991년 5월 12일	30	국제항운 및 물류 핵심기능구
톈진공항경제구	2010년 2월 8일	43.1	항공우주산업, 선진제조업과 물류업

자료: KOTRA(2015.3.17), 글로벌 윈도우 KOTRA 해외정보, 톈진 자유무역구 추진 현황과 시사점.

톈진공항은 중국 북부에서 가장 큰 항공화물운송센터로, 30여 개의 운항 노선 보유하고 있다. 베이징-톈진 빈하이 도시 간 철도(전장 171.74km 최고속도 350km/h)도 2022년에 개통되었다. 현재 코카콜라, 에어버스 등 글로벌 500대 기업 중 절반 이상의 외국기업과 삼성, 현대모비스, 금호타이어 등 한국 주요 기업 100여 곳이 톈진자유무역시험구에 위치해 있다.

시험구가 출범된 지 10년이 지난 2024년 3월 말 현재, 모두 8,800개 기업이 입주했으며, 그동안 연평균 실제 이용외자액은 20억 달러를 넘어섰다. 연평균 무역액은 2천

억 위안 이상을 기록했는데, 이는 톈진시 1%의 면적에서 시전체 무역액의 30%를 창출한 수준이다.[8]

그림 3-4 톈진 동강(동장)보세항 국제 크루즈 터미널

자료: © 2014. 김동하.

3 하북성

하북성(河北. 허베이)은 화베이(華北) 평원 북부에 위치하며 내몽고 고원에 걸쳐있다. 북경과 천진을 둘러싸고 북쪽은 요녕성과 내몽고자치구, 서쪽은 산서성(山西), 남쪽은 하남성 및 산동성과 인접하고 동으로는 발해만과 마주하고 있다. 기원전 중국을 9개 주(州)로 나뉘던 시기에 하북성은 기주(冀州)였는데, 이를 연유로 하북성의 약칭을 지(冀. ji)로 쓴다.

하북성은 동부 연해지역에 위치하였음에도 불구하고 장기간 중부지역과 비슷한 경제발전수준에 머물러 있었다. 최근 친황다오(秦皇島), 탕산(唐山), 창저우(滄州) 등 연해지역의 개발에 주력하고 있으며, 새로운 경제성장축이 형성되고 있다. 또한 중앙정부의 보하이만 육성정책의 일환으로 북경(京), 천진(津) 및 하북(冀)를 하나로 묶는 징진지(京津冀)경제권의 배후기지 역할을 담당하고 있다.

---

8 第一财经(2024.4.21.).

2022년 인구 7,420만 명의 하북성은 베이징시와 톈진시에 인접해 있음에도 도시화율이 61.7%로 중국 평균치(65.2%)보다 3.5%p 나 낮은 수준이다. 특히 허베이성의 1인당 GRDP 수준은 중국 평균치의 66.2%에 불과하다.

하북성의 주요 산업은 장비, 철강, 석유가공, 식품, 방직, 하이테크, 에너지 등이다. 하북성은 중국 최대 철강, 선철(쇳물), 강재 생산기지로서 중국 생산의 1/5을 차지하고 있다. 성 내에 국가급 역사문화 유명 도시로 한단(邯鄲), 바오딩(保定), 청더(承德), 정딩(正定), 산하이관(山海關) 등이 있다.

표 3-7 하북성 경제지표(2022년)

GRDP*	산업구조			1인당 GRDP	
	1차 산업	2차 산업	3차 산업	위안	US$
3.52	10.5	38.41	51.09	56,481	8,397
인구(만 명)	중국 내 인구비*	도시화율(%)	부동산 개발투자*	수출*	수입*
7,420	5.26	61.66	3.18	2.07	2.48
수출입*	외상기업 투자액*	공업생산액*	소비품 판매액*	중국 평균 1인당 GDP 대비	
2.24	1.33	3.47	3.12	66.2% (85,310元. U$12,683)	
석가장 GRDP**		석가장 인구(만 명)			
17.9%		1,123			

주: * 표기는 중국 내 비중을, ** 표기는 성 내 비중을 나타낸다.
자료: 국가통계국 国家数据(2024.4.).

하북성은 명대와 청대 직례성(直隸省)이었다. 중화민국이 성립되고 1928년에 이르러서야 황하의 북쪽이라는 의미인 하북성으로 명칭을 바꾸었다. 직례성 시기 성의 수도는 지금의 석가장(石家庄)이 아닌 바오딩시였다. 1930년 하북성의 수도는 톈진시로 옮겼고 다시 장가구시, 승덕시가 성의 수도가 되었다가 1968년에서야 석가장시가 하북성의 수도로 지정되었다. 석가장시의 옛 이름은 석문시(石门市)로 1947년에 석가장시로 이름을 바꾸었다.

하북성 지도를 보면 북경과 천진을 둘러싸고 있는 모양이다. 하지만 하북성 입장에서 바라보면 북경과 천진은 하북성 각 도시의 통합 발전에 장애물이다. 베이징시, 톈진시와 비교하여 허베이성의 낮은 도시화율은 지역 내 발전이 불균형한데 기인한다. 실제 허베이성 11개 도시의 발전수준은 매우 불균형하다. 도시화발전종합순위는 탕산, 친황다오, 스자좡, 랑팡(廊坊), 한단, 창저우, 바오딩, 청더, 싱타이(邢台), 장자커우(张家口), 헝수이(衡水) 순이다.

그림 3-5) 하북성 위치도 및 주요 도시

자료: 두피디아(2021.6.).

1) 하북성 슝안신구

베이징에서 남서쪽으로 105km 떨어진 슝안신구(雄安新区)는 선전경제특구와 상하이 푸둥신구(浦东新区)의 뒤를 잇는 국가급 경제특구로서, 과밀화된 수도 베이징의 기능을 분산하기 위해 시진핑 지도부가 2017년 4월부터 추진해 온 프로젝트이다. 2017년 4월 1일, 국무원은 허베이 슝안신구 설치를 결정했다. 2018년 12월에는 '허베이 슝안신구 총체계획(2018~2035년)'을 발표하고, 2035년까지 1,770km²에 걸쳐 녹색·혁신·스마트 3대 기능을 갖춘 특구를 완공할 계획이다.

'총체계획'이 발표된 후, 슝안신구에는 시정(市政) 인프라, 생태 공정, 공공서비스 등을 포함한 중대 프로젝트가 추진 중이다. 슝안신구의 비(非) 수도 기능 이전도 진행 중이다. 슝안신구는 인프라 건설을 우선 진행하고, 도시 건설 단계에서 '디지털 도시'를 함께 구축할 예정이며, 2,035억 위안을 투입해 125개의 중대 프로젝트를 가동할 계획이다. 2023년 완공된 아파트가 총 830여 개 동에 달하고, 외곽선과 주요 도로망이 점차 모습을 갖춰가고 있다. 2023년 6월 말 현재 슝안신구에는 중앙기업(중앙정부 관할 국유기업) 64개, 첨단기업 573개가 입주하여 등록자본금 1,174억 위안을 기록했다.

2020년에는 징슝(京雄, 베이징-슝안) 도시 간 철도가 개통돼 베이징서(北京西)역에서 슝안역까지 50분이면 도착할 수 있다. 또한 징슝상(京雄商, 베이징-슝안신구-하남 상추시) 고속철도, 징슝고속도로, 룽우고속도로(荣乌高速新线, 산동 용성-내몽고 우해) 신노선, 징더고속도로(京德高速, 북경-산동 덕주) 1기 등이 완공되었다. 4개 시장화 지역의 종합개발이 빠르게 추진 중이며 시정 인프라, 공공서비스, 공원녹화, 비즈니스 사무실 등 시설 프로젝트의 추진이 가속화되고 있다.

슝안신구의 생태환경 관리도 가시적 성과를 거두고 있다. 바이양뎬(白洋淀, 허베이 최대 담수호) 생태환경 관리 및 보호를 강화하기 위해 '바이양뎬 관리 14·5규획 실시방안'을 제정했다. 2021년 4월부터는 슝안신구 첫 번째 지방법규인 '바이양뎬 생태환경 관리 및 보호조례'가 시행되었다. 현재 슝안신구에 5G가 개통되어 드론이나 무인 배로 5G/VR 모니터링으로 실시간 수질환경을 분석하고 있다.

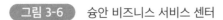 그림 3-6   슝안 비즈니스 서비스 센터

자료: ⓒ 2024. 김동하.

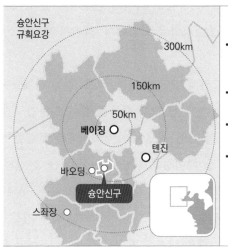

그림 3-7 슝안신구 위치도 및 현황

슝안신구 규획요강

300km
150km
50km
베이징 ○
텐진 ○
바오딩 ○ ○
슝안신구
스좌장 ○

• 위치: 하북성 슝현, 안신현, 룽청현 3곳으로 베이징과 텐진에서 각 105km 떨어짐
• 면적: 1770m²(서울의 약 3배), 건설용지 30%, 녹지확보 70%
• 인구: 500만 명 이하로 통제할 계획, 1m²당 1만 명 거주 목표
• 기능: 베이징 비(非)수도기능 담당. 교육·의료·금융·연구 기관 유치

자료: 중앙일보(2019.5.27.), '허베이 슝안신구 규획요강'(2018.4.14.), '슝안신구 총체규획'(2019.1.6.).

2) 징진지 발전 전략

징진지(京津冀) 발전 전략은 직할시인 북경(京), 천진시(津) 전역과 하북성(冀) 내 주요 도시들인 스좌쫭, 탕산, 친황다오, 바오딩, 장쟈커우, 청더, 창저우, 랑팡 등 8개 지급시로 구성된 권역을 발전시키려는 발전전략이다. 또한 징진지 도시군 내 퉁저우 신도시(通州新城), 순이 신도시(順義新城), 빈하이신구, 차오페이뎬구(曹妃甸) 등 주축 신도시도 육성 중이다. 이들 지역 면적은 21.6만km²로 중국 전체 면적 중 2.3%를 점유하고 있으며, 총 인구는 1억 860.5만 명(중국 전체 중 7.9%)이 거주하고 있다. 징진지 GRDP는 약 6조 위안으로 중국 전체의 10.9%에 해당하며, 무역총액은 6,125.3억 달러로 중국 전체 무역규모의 14.7% 수준이다.[9]

징진지를 하나의 권역으로 묶어 발전시키려는 시도는 1986년부터 있었으나, 정부 차원에서 추진된 계기는 2004년 2월, 중앙부처인 국가발전개혁위원회가 허베이 랑팡에서 개최한 '징진지 지역 경제발전 전략회의'가 기점이다. 2010년 8월에는 「징진지 도시권 지역 규획」을 통해 징진지 일체화에 대한 지역편성 방안이 제시되기도 했다.

---

9   KIEP 북경사무소(2014.11.27.), 징진지 공동발전 추진 동향.

이처럼 징진지 통합 계획은 30년 가까이 추진해 왔음에도 불구하고, 지역 간의 경쟁, 통합 원동력 부족, 비효율적 산업구조 등 문제로 더디게 진행되어 왔다. 2015년 4월 30일, 시진핑 국가주석 주재로 열린 중앙정치국 회의에서 '징진지 협동발전규획강요(京津冀協同發展規劃綱要)'가 통과됐다.

징진지 프로젝트를 통해 중국 수도권의 다양한 산업, 교통, 환경 문제들을 통합적으로 해결한다는 구상이다. 그 핵심은 지역 간 경제 격차를 줄이고 산업 기능을 재배치하는 것인데, 베이징, 톈진, 허베이의 산업 재배치와 지역일체화를 실현해 '중국의 수도권'으로 키울 방침이다. 동 '규획'은 베이징에 집중된 인구 분산, 징진지 교통 일체화, 생태환경 보호, 산업 이전 등 부분에 초점을 맞춰 추진되고 있다. 구체적으로는 2020년까지 베이징에 거주하는 인구를 2,300만 명으로 통제하고 일부 전통 제조업과 도매업, 대형 국유기업 및 일부 행정기관을 베이징 밖으로 이전한다. 이외 수도권 내 9,000km 고속도로 건설, 9,500km 역내 철도 건설, 수도권 대기오염 방지를 공동협력 등도 포함돼 있다.

이에 따라 베이징은 정치·문화·국제교류·과학기술 도시로, 톈진은 국제 항구도시 및 북방 금융 중심으로, 허베이는 북방 첨단 제조업 기지·물류기지·전략자원 비축 중심지로 특화되고 있다. 현재 베이징에 집중돼 있는 교통허브로서의 역할을 광역 교통망 구축을 통해 톈진, 허베이로 분산시킬 계획이다. 허베이 역내 교통망 구축 가속화를 통해 공항, 항구와 허베이의 도시들의 연결을 강화하려 한다. 2020년까지 2,154개 제조기업이 베이징 밖으로 이전되었다. 수도강철(首钢), 진위(金隅) 등 시 산하 12개 주요 기업이 차오페이뎬(曹妃甸. 하북성 당산시)에 자리를 잡았다.[10]

2023년 징진지 지역 수출입은 5조 300억 위안을 기록하여 전년비 0.4% 증가했으며, 중국 전체 수출입의 12%를 점유했다. 이중 수입은 3조 7200억 위안으로 중국 전체 수입의 20.7%를 점유했고, 중국 전체 곡물, 원유, 천연가스, 항공기의 50% 이상과, 자동차 수입량의 2/3는 징진지를 통해 수입됐다. 같은 해 징진지 지역의 수출은 1조 3100억 위안으로 전년비 2.5% 성장했으며, 중국 전체의 5.5%를 점유했다. 완성유, 완성차 및 부품, 전기자동차, 리튬배터리, 태양전지 제품 등이 주요 수출품으로 자리 잡았다.[11]

---

10 글로벌 윈도우 KOTRA 해외정보(2015.5.11.), 42조 위안이 투입될 징진지 프로젝트.

11 中国青年网(2024.1.21.).

3) 허베이 자유무역시험구(河北自由貿易試驗区)

허베이 자유무역시범구(河北自由貿易試驗区)는 2019년 8월에 설치되었다. 전체 면적은 119.97km²이며, 슝안지구(33.23km²), 정딩지구(正定 33.29km², 석가장 종합보세구 2.68km² 포함), 차오페이뎬 지구(33.48km², 조비전 종합보세구 4.59km² 포함), 다싱공항 지구(19.97km²)로 구성되어 있다.

주요 지역별 발전 계획을 보면, 슝안신구 지구는 차세대 정보기술, 현대 생명과학 및 생명공학, 첨단 현대서비스 산업 발전에 중점을 두고, 고급 및 첨단산업의 개방·개발 선도구, 디지털 비즈니스 개발시범구 및 금융혁신 선행구를 건설하고 있다.

정딩지구는 항공 산업, 생물 의학, 국제물류, 고급 장비제조업 발전에 중점을 두고 항공업 개방·개발 클러스터, 바이오 산업의 개방혁신 및 선도구, 종합물류 허브를 건설할 계획이다. 차오페이뎬구는 국제 벌크상품 무역, 항만항공 서비스, 에너지 저장 및 유통, 고급 장비제조업 발전에 중점을 두고, 동북아경제 협력 선도구 및 항구 인접 경제 혁신 시범구를 건설하고 있다. 다싱공항 구역은 항공물류, 항공과학기술, 금융 리스업 발전에 중점을 두고, 국제교류센터기능 구역, 국가항공 과학기술 혁신선도구, 베이징-톈진-허베이(징진지) 공동개발 시범구를 조성하고 있다.

2020년 9월 기준, 동 시험구에는 차오페이뎬에 중요 프로젝트 225건이 계약되었으며, 새로 입주한 기업이 1344개에 달했다. 다싱공항 지구에도 153사가 새로 입주했으며, 바이오, 항공물류, 항공유지보수, 국제전람, 디지털 경제 관련 산업체가 들어왔다. 슝안신구는 자체 발전 계획(5G+ 금융 시스템 구축, 재정자금관리망 구축, 다국적 프로젝트 파이낸싱 및 리스 등)에 따라 성장을 지속하고 있다.

시험구는 하북성 총면적의 1만분의 1에 불과하나 2022년 말 기준 하북성 전체 신설 외자기업의 26.4%, 실제이용 외자액 12.6%, 무역액의 11.8%가 시험구에서 창출되었다. 2022년 말 기준으로 시험구 내 신설된 신규기업은 15,333개로 이는 시험구 초기와 비교하여 11.4배 증가한 수치이다. 2023년 6월 말 기준, 시험구 내 실제이용 외자액은 1.6억 달러를 기록하여 전년동기비 28.2% 증가했다.[12]

---

12   纵览新闻(2023.9.3.).

그림 3-8　징진지 및 하북 자유무역시험구 위치도

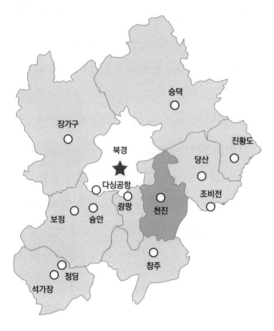

자료: 하북 자유무역시험구 홈페이지(http://ftz.hebei.gov.cn/).

○ 경기의 중심, 바오딩시

우리나라에도 있는 행정구역 명칭인 경기(京畿)는 한나라 때부터 문헌에 등장했다. 경기(京畿)는 왕도 주위로 오백 리 이내의 땅을 의미하며, 기(畿)는 국도(國都. 나라의 수도) 주변의 땅을 의미한다. 당나라에 경기도(京畿道)라는 행정구역이 있었고, 송나라에도 경기로(京畿路)가 있었는데, 모두 수도를 둘러싼 주변지역에 위치했다. 주나라(周代. B.C. 1046~256) 때 이미 왕의 성곽 주위 1천 리 지역을 왕기(王畿)라고도 칭했다. 명대 이후 바오딩은 '경기' 지역의 중심이 되었다.

청대 1669년 바오딩에 중앙정부 직할로 즈리성(直隸省)을 설치했다. 당시 즈리성은 베이징, 톈진, 허베이성 대부분을 포함했고, 허난, 산둥 일부까지 포함하는 거대한 광역이었다. 건륭제(1711~1799) 이후 내몽고 남부, 요녕성 일부까지 권역이 늘어나 면적은 39.8만km²로 한국의 4배에 달했다. 1928년 6월, 중화민국 국민당 정부는 즈리성 명칭을 하북성(河北省)으로 변경하였고, 약칭을 기(冀. 지)로 정했다. 신중국은 1949년 8월 허베이성 수도를 바오딩시로 정했고, 1968년 2월 지금의 석가장으로 옮겨지기 전까지 바오딩은 300년간 베이징을 둘러싼 경기(京畿) 지역인 허베이 중심이었다. 바오딩(保定) 명칭의 유래는 '수도를 보위하고, 천하를 안정시킨다(保卫大都, 安定天下)'라는 문구에서 나왔다. 바오딩 별칭은 경기의 중심지(京畿重地) 혹 수도의 남대문(首都南大门)이다. 즉 왕조의 수도를 굳건히 지키는 수문장 역할이 부여된 셈이다.

그림 3-9 바오딩시에 있는 직례총독부원

주: 현판은 청나라 5대 황제인 옹정제(雍正帝. 1722~1735) 글씨이다.
자료: ⓒ 2016. 김동하.

바오딩의 관청인 직이총독부원(直隸总督部院) 건물은 아직도 남아 있다. 이곳의 주인은 직례총독(直隸总督), 우리로 치면 경기도지사인 셈이다. 1724년 리웨이쿤이 첫 번째로 임명된 이후, 59명의 직례총독이 등장했다. 이들은 군사, 행정, 세금(주로 소금), 수로(강, 하천) 관리뿐만 아니라, 지금의 외교·국방장관에 해당하는 북양대신(北洋大臣) 직무까지 주어졌다. 증국번(曾国藩. 1811~1872), 이홍장(李鸿章. 1823~1901), 원세개(袁世凯. 1859~1916) 등 청나라 정치가들이 직례총독을 역임했다. 직례총독부원은 동서로 130m, 남북으로 220m 규모로, 총 점유면적은 3만m²이다. 105칸의 건물(방)이 있으며, 청나라 때의 가장 완벽한 관공서 건축물을 볼 수 있는 장소이다. 역대 직례총독의 집무 공간은 물론, 사택을 볼 수 있으며, 1988년에 중국 정부는 중요 문화재로 지정하여 보호하고 있다.

4 산서성

춘추전국시대(B.C. 770~221)에 산서성 대부분 지역이 진(晉)나라의 관할이었으며, 이러한 배경으로 지금도 산서성의 약칭은 진(晉)이다. 전국시대 초기 한(韓)·조(趙)·위(魏)씨 집안이 진나라를 분할하여 삼진(三晉)이라고도 불린다. 산서성은 진(秦)·한(漢)·위(魏)·진(晉)시대에 정치, 군사, 경제, 문화 등 각 방면에 중요한 역할을 수행했던 고도(古都)이다.[13]

수나라 말 이세민(당태종)이 산서성의 수도인 타이위안(太原)에서 군사를 일으켜 당나라를 건국했으며, 원대에는 산서, 산동, 하북을 '복지(腹地- 중심지역)'로 지정하고, 다퉁(大同), 펑양(平陽, 현재 臨汾), 타이위안이 황허(黃河) 유역의 수도가 되었다. 명대에 이르러서는 진상(晉商)이라 불리는 산서상인이 중심이 되어, 상업이 흥성하였다. 대동시 운강석굴(雲崗石窟), 평요고성(平遙古城), 오대산(五台山) 등은 UNESCO 세계유산으로 지정되어 있다.

동으로 하북성, 서로 섬서성, 남으로 하남성, 북으로 내몽고자치구와 인접, 북경에서 500여km 떨어져 있다. 산서성의 지명은 타이항산(太行山)의 서쪽에 위치하여 기원된 지명이다.

2022년 산서성의 1·2·3차 산업 비중을 보면, 5.22:54.13:40.65로 중국 31개 지역 중 2차 산업 비중이 첫 번째로 높다. 이는 석탄 및 관련 산업 비중이 높은 것에 기인한다. 실제 2022년 중국 전체 1·2·3차 산업 비중은 7.3:39.3:53.4로, 산서성의 2차 산업 비중은 14.83%p나 높은 것을 알 수 있다. 2022년 산서성 GRDP 중 광업이 31.7%에 달했고, 제조업은 15.3%를 점유했다.

이외에도 산서성은 밀, 쌀, 조, 수수, 감자, 고구마, 포도, 면화, 사탕무, 황기, 상당 인삼 등을 생산하며, 다퉁, 타이위안, 신저우, 린펀, 윈청 등 분지지역이 주요 농산물 생산지이다. 중국 최대의 석탄 생산지(중국 전체의 29.2%. 2023년)로, 석탄, 철강, 기계, 전력, 화학을 근간으로 제강, 시멘트, 전력, 합금 등 에너지 소모가 높고 오염이 많이 발생하는 낙후산업이 중심에 있다. 4대 전통공업인 석탄공업, 야금공업, 코크스 공업, 전력공업이 발달해 있다.

---

13 陝西省(섬서성)과 山西省(산서성)의 중국어 발음(한어병음)은 동일하게 'ShanXi'이다. 그러나 혼동을 피하기 위해 본고에서 陝西省은 '샨시성'으로, 山西省은 '산시성'으로 표기했다. 「중국통계연감」 영문판 역시, 산서성은 'ShanXi'로, 섬서성은 'ShaanXi'로 달리 표기하고 있다.

표 3-8 산서성 경제지표(2022년)

GRDP*	산업구조			1인당 GRDP	
	1차 산업	2차 산업	3차 산업	위안	US$
3.14	5.22	54.13	40.65	73,506	10,928
인구(만 명)	중국 내 인구비*	도시화율(%)	부동산 개발투자*	수출*	수입*
3,481	2.47	63.95	1.37	0.66	0.31
수출입*	외상기업 투자액*	공업생산액*	소비품 판매액*	중국 평균 1인당 GDP 대비	
0.51	0.31	2.22	1.72	86.2% (85,310元. U$12,683)	
태원시 GRDP**		태원시 인구(만 명)			
21.8%		543.5			

주: * 표기는 중국 내 비중을, ** 표기는 성 내 비중을 나타낸다.
자료: 국가통계국 国家数据(2024.4.).

1) 타이위안

산시성의 수도인 타이위안은 중원의 군사 요충지로 중요한 역할을 담당했다. 산시성은 춘추전국 시대 진(晉) 나라의 발원지이다. 당시 타이위안은 진양(晉陽)이라 불리며 진 왕조에 속해 있었다. 춘추전국시대 이후 진은 한(漢) 위(魏) 조(趙) 삼국으로 분열됐으며, 당시 조 나라는 타이위안을 수도로 삼았다. 수 나라 때 타이위안은 수도 장안(현재 시안)과 함께 양대 도시로 불렸다. 훗날 당나라를 세운 이양(당 고조)-이세민(당 태종) 부자가 봉기한 곳도 타이위안이다. 당나라 때 타이위안은 수도 장안과 동쪽의 뤄양(洛陽)과 함께 당나라 삼도(三都)로 불렸을 정도로 번성했다. 당나라는 타이위안을 발상지로 삼고 있는 나라였으므로 여러 차례 진양성을 확장하였다.

1125년, 금나라가 송나라를 공격하면서 타이위안 역시 금나라의 공격을 받았다. 250여 일만에 타이위안이 함락되었으며, 전쟁으로 인해 도시가 쇠퇴하게 되었다. 이후 원나라 시기에 이르면, 타이위안은 변경 도시로 전락하여 도시의 규모 역시 축소되었다. 타이위안을 비롯한 산시성 지역 경제가 본격적으로 발전하기 시작한 것은 명·청나라 때 이르러서다. 당시 '산시상인'이라 불리던 진상(晉商)의 역할이 크다. 진상은 후이상(徽商 안후이성 상인)과 함께 당시 중국경제를 장악했다. 진상은 소금, 차, 상품 및 화물 운송 등에서 두각을 나타냈으며 전국 및 해외에까지 지점을 둔 사영 금융 기관인 표호(票号)를 운영했기 때문이다.

풍부한 광물 자원에 힘입어 타이위안은 신중국 초기부터 주요 공업생산 기지 역할을 하며 안정적인 경제성장을 이어갔다. 하지만 그동안 석탄에 의존해 경제 발전을 이어온 타이위안도 최근 들어 경제 발전모델 구조조정에 따른 과도기적 어려움을 면하지 못하고 있다.

그림 3-10 산서성(산시성) 위치 및 주요 도시

자료: 두피디아(2021.6.).

○ 석탄의 바다, 산서성

산서성은 광물자원의 보고이다. 산서성은 '매해(煤海, 석탄의 바다)'로 지칭되며, 석탄 매장량은 전국 1위이다. 반면, 환경정비 및 산업고도화를 위해 탄광산업 구조조정을 추진하고 있다. 전체 면적의 40% 이상이 석탄 산지인 산서성은 중국 최대의 석탄 생산 및 공급기지로 석탄산업에 대한 의존도가 매우 높다. 중국 건국 이래 60여 년간 120억 톤(중국 누적 총생산량의 1/4) 이상의 석탄이 산서성에서 생산되었으며, 이 중 68%에 달하는 80여억 톤이 중국 내 타지역으로 운송되었다.

중국 1차 에너지 소비량 중에서 석탄의 비중은 76%로 중요한 에너지 자원이며, 이에 대한 산서성의 기여는 매우 크다. 내몽고자치구도 석탄 생산 대성(大省)이다. 2020년에는 산서성이 생산 1위(10.6억 톤)였지만, 2019년에는 내몽고자치구 생산량(10.8억 톤)이 1위였다. 두 지역 간의 격차는 크지 않다. 2023년에는 산서성 13.78억 톤, 내몽고 12.33억 톤을 기록했다. 이는 같은 해 중국 전체 생산량(47.1억 톤)의 각각 29.3%, 26.2%에 해당하는 비중이다.

표 3-9 산서성의 주요 광물자원

광물	매장량	광물	매장량
석탄	1,055.5억 톤	철광	5.8억 톤
망간광	12.9만 톤	동광	272.5만 톤
유철광	1,996.8만 톤	보크사이트광	11,472.4만 톤
카올린광	160.2만 톤	납	1.5만 톤

자료: 『산서성 통계연감(2009)』.

○ 산서상인과 표호

현대 중국어로 표호(票号. 파오하오)는 '티켓 넘버'지만, 1823년 산서성에서 표호는 산서상인들이 만든 은행을 의미했다. 청나라 수도 베이징에 있는 상인이 남쪽으로 1,122km나 떨어진 항저우에서 고급 실크(비단)를 대량으로 사려면 당시 화폐인 엽전(동전)을 수레에 싣고 와야 했다. 당연히 도난 위험이 따랐으며, 이를 호위하는 무장병력을 유지하거나 이런 서비스(표국. 镖局)를 이용하는 것도 비용이 들었다. 상업규모가 커질수록 화폐 유통의 어려움은 큰 제약요인이 되었다. 이를 해결하려 한 것이 바로 산서상인들이 만든 표호이다.

표호는 표장(票庄), 회호(汇号) 혹은 회태장(汇兑庄)으로도 칭해졌다. 표호는 송금인의 위탁으로 발행된 어음(票据.汇票)을 지정된 수취인에게 현금(엽전)으로 지불하는 금융기구이다. 즉, 베이징 상인은 산서표호 베이징지점에 1,000냥을 지불한 후, 종이로 만든 개인수표격인 어음과 교환하고, 이를 1,122km나 떨어진 산서표호 항저우지점에 제시한 후에 1,000냥의 현금을 교환하는 것이다. 물론 교환과정에서 산서표호는 수수

료를 받게 되며, 어음에는 금액과 수취인이 명기되었고 각 지점들은 약속한 암호를 써서 어음의 위조와 변조를 막았다. 이는 지금 기준으로 보면 '시간이 좀 걸리는' 오프라인 뱅킹인 셈이다. 즉 산서상인들은 그들의 막대한 자금과 신용을 담보로 중국 상인들에게 편리한 송금 서비스를 제공했다.

중국 최초의 표호인 르성창(日升昌)은 1823년 산서성 핑야오에 만들어졌다. 자금을 댄 사람은 산서부호 리다취안(李大全)이었고, 중국최초 표호 경영자는 레이뤼타이(雷履泰)였다. 그들의 경영목표는 휘통천하(汇通天下), 즉 그들이 발행한 어음을 전 세계에 유통시키고자 했으며, 실제 산서표호는 조선, 일본은 물론 러시아에까지 지점을 두고 있었다. 핑야오 외에 치현(祁县), 타이구현(太谷县)에 기반을 둔 산서상인들이 표호를 계속 확장하였다. 표호는 단순한 어음-현금 교환에서 신용대출까지 업무영역을 확장하게 된다. 200년 전에 만들어진 르성창 건물은 1995년에 중국표호박물관으로 개관하게 된다.

산서성 최초 표호 르성창과 표호가 발행한 어음

주: 발행 날짜, 수취인과 금액이 기록되어 있고, 찍힌 여러 개의 도장과 찍힌 위치, 글자의 크기 등은 표호 지점 간 약속에 따른 것으로, 어음 진위를 검증하는 암호 역할을 하게 된다.
자료: ⓒ 2013. 김동하.

르성창 표호는 성립 후, 급성장하여 30년 만에 베이징, 쑤저우, 양저우, 충칭, 카이펑, 광저우, 한커우, 창더, 난창, 시안, 창사, 청두, 지난, 장자커우, 톈진 등 중국 내 18개 지역에 지점(分号)을 설치하였다. 이후 울태후(蔚泰厚), 천성형(天成亨), 울풍후(蔚丰厚), 울성장(蔚盛长), 신태후(新泰厚), 일신중(日新中), 광태흥(广泰兴), 합성원(合盛元), 지성신(志成信) 등 다른 산서표호가 늘어나게 되어, 1861년 14개, 1862~1874년 26개, 1875~1882년 28개, 1883년에는 30개에 이르렀다. 이들은 중국을 넘어 신의주 및 인천, 오사카, 고베, 요코하마, 도쿄 등에 300개가 넘는 지점을 설치했다.

20세기 초에 이르러 표호의 몰락과 함께 이를 경영하던 산서상인도 역사의 뒤안길로 사라지게 된다. 표호의 경영방식은 무담보 신용대출이라는 약점을 지녔다. 또한 전쟁, 민란 등으로 악성채권이 발생하였고, 현대 경영기법을 배워온 외국은행과 막대한 자금력을 가진 국유은행과의 경쟁에서 뒤처지게 된다. 신해혁명(1911년)을 기점으로 많은 표호들은 파산에 직면했다.

5 내몽고자치구

내몽고자치구(內蒙古自治區. 네이멍구)는 당대 돌궐족(突厥)이 거주했고, 송대에 몽고 부락이 등장하였으며, 원대에는 중서성(中書省) 영북행성(嶺北行省)에 직속되었다. 명대에 단달(韃靼)족 혹 와랄(瓦剌)족으로 나뉘었다. 청대에 내몽고지역이 통일되고, 막남(漠南) 몽고 거주구역을 내몽고, 막북(漠北) 몽고 거주구역을 외몽고라 칭하고, 이번원(理藩院: 淸대 몽고·티베트 관장하던 관서) 관할에 속하였다. 중화민국 초기 열하(熱河), 차하얼(察哈爾), 수원(綏遠) 등 특별구역으로 분할되고 나중에 모두 성(省)으로 바뀌었다. 신중국 건국 전 중국 공산당은 현 내몽고 동부에 내몽고자치구를 설립하였고, 1947년 5월 내몽고 인민대표회의가 왕야묘(王爺廟)에서 개최되어, 5월 1일을 내몽고자치구 성립 기념일로 지정하고 있다.

내몽고자치구는 중국 북부 내륙지역 지역에 위치, 북으로 몽골, 동북으로 러시아, 동으로 흑룡강·길림·요녕성, 남·서남으로 하북·섭서·산서성·영하자치구 등 4개성, 서로 감숙성과 인접해 있다. 중국 내에서 외몽고(外蒙古)라고 부른 지역은 몽골공화국을 의미한다. 내몽고자치구의 약칭은 蒙(몽)이다.

- 면적: 118.3만km²(중국 전체 면적의 12.3%, 중국 내 3번째 크기, 한반도의 5배) 동서 길이 1,700km, 남북 길이 400km, 국경선 길이 4,221km
- 인구: 2,401만 명. 49개 민족으로 구성, 그중 몽골족 인구 17.7%(424.7만 명)
- 지형: 고원 및 초원지역. 동남지역을 제외한 나머지가 고원으로 전 면적의 50%를 차지(평균해발 1,000m 고원이 동북에서 서남까지 3,000km 이어짐). 고원지대는 대부분 초원, 목장, 사막. 수자원 총량은 515.5억㎥, 면적 300km² 이상의 강 258개, 큰 호수 295개, 담수면적 85.7만ha, 이용가능한 수원 면적은 51.1만ha
- 광산 자원: 금속광 32종, 비금속광 49종, 그중 41종 매장량이 국내 5위 이내, 석탄 매장량 6,583억 톤. 희토 세계 1위, 질석·크롬광·석고 국내 2위, 운모·형석·건축용 모래 국내 3위

2022년 내몽고자치구의 1인당 GRDP는 14,486달러로 서부대개발 12개 지역 중 1위를 점유하고 있다. 심지어 직할시인 중경시(13,225달러)를 앞섰다. 다만 2020년 GDP 성장률은 0.2%로 수년 전부터 성장이 둔화되고 있다. 이는 석탄을 포함한 광물자원 의존도가 너무 높은 결과이다. 에너지·야금·화공·설비제조·농축산품가공·첨단산업이 6대 주력산업이다.

2015년 1월 8일, 네몽고에 고속철이 개통되었다. 후허하오터 동역에서 바오터우(包頭)로 출발하여 고속철 시대 개막을 알렸다. 이 고속철은 지바오선(集包線: 지닝남/集宁南 - 바오터우) 총연장 323km로, 후허하오터와 바오터우, 우란차푸(烏蘭察布)를 연결한다. 시속 200km로 후허하오터에서 바오터우까지의 소요시간이 50분으로 단축되었다. 지바오선이 위치한 후허하오터는 '베이징-후허하오터-바오터우-인촨' 도시 발전축의 중간지점으로 800만여 명의 인구가 거주하는 잠재력 있는 도시경제권이다. 이번 고속철 개통으로 네이멍구 중서부지역과 징진지(京津冀) 등 주변 경제권과의 무역·관광·문화 교류가 늘어나고 있다.

| 표 3-10 | 내몽고자치구 경제지표(2022년) |

GRDP*	산업구조			1인당 GRDP	
	1차 산업	2차 산업	3차 산업	위안	US$
1.96	11.35	48.54	40.11	97,433	14,486
인구(만 명)	중국 내 인구비*	도시화율(%)	부동산 개발투자*	수출*	수입*
2,401	1.7	68.6	0.71	0.34	0.77
수출입*	외상기업 투자액*	공업생산액*	소비품 판매액*	중국 평균 1인당 GDP 대비	
0.52	0.25	1.64	1.13	114.2% (85,310元. U$12,683)	
후허하오터 GRDP**		후허하호터 인구(만 명)			
14.8		360			

주: * 표기는 중국 내 비중을, ** 표기는 성 내 비중을 나타낸다.
자료: 국가통계국 国家数据(2024.4.).

| 그림 3-12 | 내몽고자치구 위치 및 주요 도시 |

자료: 두피디아(2021.6.).

■ 에너지, 광물 자원의 보고

내몽고 최대의 석탄생산지는 어얼둬쓰(鄂爾多斯·오르도스)로 내몽고 전체 석탄의 약 55.4%가 이 지역에 집중되어 있으며, 8년 연속 중국 전체 석탄생산지역 중 1위를 차지했다. 내몽고는 중국 제1의 전력 공급지이기도 하다.[14] 내몽고 경제의 지나친 자원 의존도를 줄이기 위해 신산업을 균형 있게 발전시키려 하나, 이 역시 석탄과 무관하지 않다. 신산업에는 신에너지(풍력, 태양광 등)도 있으나, 석탄제조유, 석탄제조탄화수소, 석탄제조디메틸에테르, 석탄제조메탄 및 석탄제조에틸렌글리콜 등을 포함하고 있기 때문이다. 이 밖에 바이오, 의약, 희토류, 신소재, 환경보호, 신에너지 자동차 등 신산업 발전을 가속화한다.

교통 인프라 확충은 내몽고 중점사업으로 추진 중인데 주변지역(러시아, 몽골, 동북 3성)과 수송로 및 에너지 운송을 위한 수송 인프라 건설에 주력하고 있다. 특히 에너지 수송 인프라 건설은 내몽고 물류에서 가장 중요한 부분으로, 내몽고는 남는 에너지를 동북, 화북, 화동 및 화중 등 전국으로 운송하는 에너지수송 인프라 건설에 박차를 가하고 있다.

내몽고의 에너지 수송 프로젝트는 서전동송(西電東送), 서매동운(西煤東運) 및 서기동수(西氣東輸)이며, 각각 서부지역의 풍부한 전력과 석탄, 천연가스를 수요가 많은 동부지역으로 조달하는 것이다. 이는 지역 내 전력망 배치 효율화, 멍시(蒙西. 내몽고 서부) 지역의 전력망 건설 및 멍둥(蒙東. 내몽고 동부) 지역과의 전력시스템 일체화, 천연가스와 석탄가스 수송을 위한 도로·철로 건설을 포함한다. 내몽고는 중국에서 최초로 서전동송 프로젝트를 실시한 지역으로, 현재 북경에 공급되는 전력의 1/5을 조달하고 있다.

내몽고 서부지역에는 중국 에너지자원이 집중적으로 분포되어 있는데 그중 석탄(전국 1위)을 비롯해 풍력(전국 1위), 태양에너지(전국 2위), 천연 오일가스 등 친환경 에너지 자원의 비중이 높다. 특히 풍력발전은 2015년 현재 네이멍구가 중국 1위의 풍력발전 저장량을 보유하고 있다. 네이멍구는 풍부한 풍력자원, 광활한 대지, 우수한 전력 계통시스템 등 풍력발전에 유리한 환경을 갖추고 있어 중국의 주요 풍력발전 생

---

14 KIEP(2011), 주요 성별 12차 5개년 규획의 주요 내용과 평가(6): 네이멍구자치구, 중국 성별동향 브리핑 11-07호, pp.4-8.

산지로 꼽힌다. 네이멍구는 개발 가능한 자원량이 중국 전체의 50%에 달하는 약 1억 5,000만kW이다. 현재까지 누적된 계통연계(grid-tied, 서로 다른 전력계통을 연결) 설치용량은 2,070만kW로, 중국 내 부동의 1위를 지키고 있다.

내몽고에는 전 세계에서 발견된 150여 가지 종류의 광산자원 가운데 135종이 분포돼 있으며, 이미 매장량이 확인된 광물자원만 83종에 달해 광물자원의 보고(寶庫)라 불린다.

2009년 내몽고의 석탄 기본 매장량은 산서성(山西省)에 이어 중국에서 두 번째로 많지만, 2011년 4월 현재 확인된 매장량(2,857억 톤)은 중국 1위이다.[15] 생산량을 보면 2019년에는 산서성 9.82억 톤, 내몽고 10.8억 톤으로 내몽고가 1위를 차지했다.

전 세계 희토류 매장량의 절반을 차지하는 중국의 희토류는 대부분 내몽고에 분포되어 있다. 중국의 희토류는 내몽고, 산동, 강서, 광동, 광서, 사천을 비롯한 20여 개 지역에 분포되어 있으며, 85% 가량이 내몽고에 있다. 내몽고의 희토류는 바오터우의 바이윈어보(白雲鄂博)광산에 집중되어 있는데, 바오터우시 정부에 따르면 바오터우 내 확인된 희토류 매장량은 7,900만 톤으로 중국 총매장량의 85%이상, 전 세계 총매장량의 40%를 차지한다.[16]

희토류 종류를 보면 내몽고 등 북부지역에는 경(輕)희토류가, 남부지역에는 중(中)/중(重)희토류가 분포되어 있다. 중국의 희토류 생산량 또한 내몽고가 60% 정도로 압도적이며, 주로 바오터우의 바이윈어보 광산에서 생산되고 있다. 2005년 이래 중국의 희토류 생산량은 5년 연속 10만 톤을 초과하였으며, 2010년 생산량은 10만 톤을 넘어섰다.[17]

---

15 기본 매장량이란 확인된 매장량 중 현행 채굴기술과 생산이 요구하는 각종 기준을 만족시켜 바로 이용가능한 매장량을 가리킨다. 중국에서는 광산자원 매장량을 기본매장량(basic reserve), 확인 매장량(extractable reserve), 자원량(resource), 예측자원량(predicted resources) 네 가지로 구분한다.

16 희토류(Rare earth resources, 稀土類)는 란탄(lanthanum), 세륨(cerium), 디스프로슘 (dysprosium) 등 원소로 희귀 광물을 의미한다. 희토류는 안정적이며 열을 잘 전달하는 성질로 인해 삼파장 전구, LCD 연마광택제, 가전제품 모터자석, 광학렌즈, 전기차 배터리 합금 등을 생산할 때 쓰인다.

17 KIEP(2011), 네이멍구자치구의 광물자원 개발현황과 전망, 중국 성별동향 브리핑 Vol.2 No.18, pp.7-8.

표 3-11 내몽고 주요 광물자원 현황(2009년)

항목	기본 매장량	중국 내 순위
천연가스(억m³)	6,721.3	2
석탄(억 톤)	772.7	2
철광석(억 톤)	15.8	4
크롬 광석(만 톤)	126.7	2
동(만 톤)	290.0	2
납(만 톤)	385.8	1
아연(만 톤)	1,005.8	1
유황석(만 톤)	17,485.5	3
희토류 산화물(만 톤)	7,646.6	1

자료: 『내몽고통계연감(2010)』.

1) 푸른 도시, 후허하오터

내몽고자치구 수도인 후허하오터(呼和浩特)는 몽고어를 음역한 것인데, 푸른 도시(靑色的城)라는 뜻이다. 또한 우유의 수도(中國乳都)라고 불린다. 이는 중국 내 최대 우유 브랜드인 이리(伊利. 중국시장 점유율 22%)와 멍니우(蒙牛. 21.8%)를 가지고 있기 때문이다. 현재 후허하오터에는 낙농기업 13곳이 있으며, 관련 업종 종사자는 60만 명에 달한다. 2009년 기준 젖소 사육규모는 70만 마리이며, 신선우유 생산량은 305.4만 톤(연간)이다.

내몽고 지역 역시 몽골제국(1206~1368)의 영향권에 있었다. 1162년에 출생한 칭기즈칸(Chinggis Khan, 成吉思汗)은 1206년에 몽골을 통일하고, 1215년에 베이징을 점령했으며, 1234년에 금나라를 멸망시켰다. 이후 칭기즈칸의 손자인 쿠빌라이칸(Khubilai.世祖. 1215~1294)은 수도를 몽골 고원의 카라코룸에서 지금의 베이징인 대도(大都)로 옮겨 원(元. 1271~1368) 나라를 건국하였다. 원나라가 멸망하고, 명대에 이르러 내몽고는 단달족 혹 와랄족으로 나뉘었다. 청대에 이르러 내몽고지역이 통일되고, 막남(漠南.몽골고원 사막남부) 몽고 거주구역을 내몽고, 막북(漠北) 몽고 거주구역을 외몽고라 칭하고, 이번원(理藩院: 청대 몽고·티베트 관장 관서) 관할에 속하였다.

1921년에 이르러 몽골 혁명의 아버지라 불리는 수흐바타르(D.Sukhebaatar)는 몽골인민(혁명)당을 창당, 소비에트 적군(赤軍)과 연합하여 중국군(당시 중화민국)을 몰아내고 독립을 선포(1921.7.11.)한다. 이후 1924년 11월 26일에는 새로이 제정된 헌법에 따라 '몽골인민공화국'을 선포하여, 세계 두 번째의 사회주의 국가가 된다. 이 지역 대부분이 청대 외몽고 지역이다.

1939년 할힝골(Khalkhin Gol) 전쟁에서는 일본이 몽골지역에 침입하자 러시아와 연합하여 격퇴하기도 하였다. 중국(당시 중화민국)은 1946년 2월에 몽골인민공화국을 인정하였으나, 내몽골은 중국의 자치구로 편입(1947년 5월)하여 지금에 이르고 있다.

2015년 1월, 네이멍구에도 고속철이 개통되었다. 네이멍구의 첫 고속철은 후허하오터-바오터우(包頭) 구간으로 총길이 323km이며, 후허하오터와 바오터우, 우란차푸(烏蘭察布)를 연결한다. 하지만 내몽고 외부로 연결되는 고속철은 2019년 12월에서야 개통되었는데, 하북성 장자커우와 후호하오터를 연결하는 장후 노선(张呼高铁. 286.8km)이다. 이 노선은 2시간 만에 베이징까지 연결된다. 거의 같은 시기에 후허하오터 지하철도 개통되어 중국 내 38번째 지하철 개통 도시가 되었다. 후허하오터 지하철(Hohhot Metro) 1호선은 21.71km 구간으로 모두 20개 역을 지난다. 2020년 10월에는 2호선(27.3km. 24개 역)이 개통되었다.

그림 3-13 후허하오터시 칭기즈칸 광장에 있는 칭기즈칸 동상

자료: © 2013. 김동하.

 2. 동북권

1 요녕성

요녕성(遼寧. 랴오닝)은 기원전 3세기에는 연(燕)에 속했으며, 당나라 때 안동도호부
가 설치되었다. 요(遼), 금(金), 원(元)대 때는 행정 중심지였고, 명대 초기에 봉천부(奉天
府)로 개명되었다. 1898년, 뤼순·다롄이 러시아에 의해 점령되었으나, 러·일전쟁 후
일본이 요녕 전 지역을 점령하였고, 1929년 요녕성으로 개명되었다. 요녕성 구석기시
대의 유적에서 드러나듯이, 24만 년 전부터 사람이 거주하였다. 한나라 초기에는 랴
오둥(遼東)·랴오시(遼西)·현도(玄菟) 등 3개 군의 인구가 70여만 명에 이르렀다. 청대 초
기에 랴오둥 지역을 개간하여 화북(華北)지역에서 많은 사람들이 이주해오면서, 인구
가 급속히 늘어났다.

요녕성은 동북으로는 길림성에, 서북으로는 내몽고자치구와 서남으로는 하북성과
인접, 동남으로는 북한과 압록강을 사이에 두고 마주하고 있으며, 남으로는 황해와 발

해에 연해있다. 중국 동부에 흐르는 강인 랴오허(辽河)유역이 영원히 평안(安宁)하라는 뜻에서 요녕이라는 명칭을 얻게 됐으며, 이로 인해 약칭은 랴오(辽)이다.

요녕성은 1990년대 이후 1차 산업 비중은 축소되고 2차 산업과 3차 산업의 비중이 지속적인 상승세를 유지하여 산업구조 고도화가 급속히 진행되고 있다. 그 결과, 2022년 요녕성 1·2·3차 산업 비중을 보면, 9.01:39.42:51.57로 같은 해 중국의 1·2·3차 산업 비중(7.3 : 39.3 : 53.4)과 유사하다. 요녕성의 주력 산업은 철강, 섬유, 석유가공, 화공, 장비제조, 식품 등으로 공업생산의 과반수를 차지한다.

2022년 랴오닝성의 도시화율은 73%로 중국 전체 성(省) 가운데 7위를 차지했다. 특히 베이징·톈진·상하이 등 직할시를 제외하면 중국 내 4번째로 높은 수준을 보이고 있다. 이는 요녕성 내 도시 인구의 지속적인 증가에 기인한다. 이에 따른 랴오닝성 내 도시들의 종합수용능력(도시 인프라, 공공서비스 시설 등)도 향상되고 있다. 랴오닝 성정부는 '랴오닝성 전략적 신흥산업 육성 실시방안(2015)'을 발표했다. 동 방안이 제시한 7대 중점 분야를 보면, 첨단장비제조, 차세대 정보 기술, 바이오, 신소재, 신에너지, 에너지 절약 및 환경보호, 신에너지 자동차 등이다.

그림 3-14   요녕성 및 주요 도시 위치도

자료: 두피디아(2021.6.).

표 3-12 요녕성 경제지표(2022년)

GRDP*	산업구조			1인당 GRDP	
	1차 산업	2차 산업	3차 산업	위안	US$
2.41	9.01	39.42	51.57	68,422	10,173
인구(만 명)	중국 내 인구비*	도시화율(%)	부동산 개발투자*	수출*	수입*
4,197	2.98	73	1.56	1.81	3.45
수출입*	외상기업 투자액*	공업생산액*	소비품 판매액*	중국 평균 1인당 GDP 대비	
2.52	2.58	2.82	2.17	80.2% (85,310元. U$12,683)	
선양 GRDP** 및 인구(만 명)		다롄 GRDP** 및 인구(만 명)			
26.6%/920.4		29.2%/753.9			

주: * 표기는 중국 내 비중을, ** 표기는 성 내 비중을 나타낸다.
자료: 국가통계국 国家数据(2024.4.).

요녕성 지역발전은 요녕연해경제벨트(遼寧沿海經濟帶)를 중심으로 추진되고 있다. 국무원은 2009년 7월, 요녕연해경제벨트 발전규획을 승인하였는데, 이는 다롄, 단동, 진저우, 잉커우, 판진, 후루다오 등 요녕성 연해 6개 도시 중심의 발전 전략이다. 다롄을 중심으로 한 연해경제벨트는 동북 3성 중 유일하게 해안선을 따라 형성되었다는 지리적 장점을 살려 항구건설과 선박제조를 발전시켜오고 있다. 연해경제벨트는 대외개방 측면에서도 전략적 중요성이 커지고 있는데, 2010년 6월 본 벨트 남단에 위치한 창싱다오(長興島) 임항공업구(臨港工業區)가 국가급 사업으로 격상된 것은 이 같은 추세를 반영한 것이다.

요녕성은 중국 최대 원유 가공능력을 가지고 있다. 푸순(撫順), 진저우(錦州), 다롄 등지에 원유가공 기지가 있다. 중국에서 9번째 규모인 랴오허(辽河) 유전(매장량 5천만 톤)이 있고, 이와 관련된 화학공업(랴오양-석유화학, 안산-코크스)이 발달되어 있다. 또한 요녕성은 철강생산량 전국 2위인데, 이는 안산(鞍山)강철, 번시(本溪)강철 같은 중점철강사가 성내에 있기 때문이다. 비철금속 주요 기지도 선양, 푸순, 후루다오(동·납·알루미늄 가공)에 소재해 있다. 광물·해양자원의 보고이기도 한데, 철광은 전국 매장량의 22%, 다이아몬드 50%, 마그네사이트 80% 차지하며, 다롄이 전국 전복생산량의 70% 점유

하고 있다.[18]

COVID-19 시기 랴오닝성의 경제 성장 둔화 원인으로, 공업생산시설의 노후화, 국유기업 개혁 지체, 자원 의존형 경제구조, 낮은 대외개방 수준 등이 지목되어 왔다. 또한 부동산 및 조선업 경기 침체도 성장률 둔화의 원인이다. 해외 선박수주량 급감, 선박제조업체 연쇄 도산 등 조선업의 지속된 불황으로 랴오닝성 경기 침체가 심화되었다.

1) 다롄시

2014년 6월, 중국의 열 번째 국가급 신구가 랴오닝성 항구도시 다롄(大連)에서 탄생했다. 다롄 진푸신구(金普新区)이다. 총면적 2,299㎢인 다롄 진푸신구는 동북지역 개방협력의 전략적 중심지로 동북 노후공업단지의 발전모델을 전환하는 역할을 하고 있다. 랴오닝성 랴오둥반도 남단에 위치한 해변의 어촌 마을이었던 다롄은 제국주의 열강들에게는 전략적 요충지였다. 청·일전쟁과 러·일전쟁에서 다롄은 주요 전장(戰場)이었고, 러시아와 일본의 점령지로 약 50년의 세월을 보냈다. 이후 1945년 다롄은 일제에서 해방된 후 다시 소련군에 의해 점령됐다가 1951년 중국에 반환됐다. 러시아와 일본은 다롄의 함대 기지화와 무역 거점항구로 발전시키기 위해 도시 건설에 나섰다. 러시아는 다롄을 프랑스 파리를 본뜬 계획도시로 만들었고, 일본은 관동도독부와 남만주 철도와 같은 인프라를 구축했다. 현재 다롄 거리 곳곳에 러시아와 일본의 근대 건축물이 아직도 남아 있다.

다롄은 1978년 개혁개방 이후 대외개방도시로 지정돼 발전을 이어왔다. 현재 랴오닝성에서 다롄의 경제규모는 성수도인 선양시보다 크다. 다롄은 북쪽으로는 선양과 하얼빈으로, 서쪽으로는 베이징과 톈진, 남쪽으로는 칭다오로 이어지고, 바다 건너로 우리나라 인천이나 북한의 남포와 마주하고 있어 천혜의 지리적 조건을 갖추고 있다. 다롄이 '북방의 홍콩'으로 불리는 이유이다. 다롄은 이 같은 지리적 이점을 활용해 물류뿐만 아니라 조선업, IT, 석유화학, 금융업을 발전시키고 있다. 다롄시 GRDP는 동북 3성 도시 중 1위를 고수하고 있으며, 소비규모도 최대이다. 2023년 다롄시 1인당 GRDP는 116,102위안으로 랴오닝성의 1.7배에 달했다. 또한 성의 수도인 선양시보다 31.6%나 높은 수준(1인당 GRDP)이다.

---

18 KOTRA(2010), KOTRA가 바라본 중국 성시별 비즈니스 기회와 진출전략, p.70.

다렌의 해안선 길이는 2,211km에 달한다. 아름다운 해안풍광을 가진 다롄은 휴양 관광도시로도 유명하다. 매년 동북 3성의 부자들이 소비를 위해 다롄을 자주 찾는다. 이곳엔 안중근, 신채호 등 많은 애국선열들이 순국한 뤼순(旅順) 감옥도 남아 있다.

다렌시는 동북아 물류 중심지이다. 중국의 선박제조기지가 위치해 있고, 조선기자재 수요가 크다. 단일규모로는 중국 최대인 다롄조선소(연간 150만 톤 건조, 중국 전체 25%)가 있다. 한국 STX 역시 다롄(장흥도)에 투자(550만m² 면적)했다. 다롄에는 일본 수출용 임가공품 생산기업이 많다. 다야오만 보세항은 상해 양산항 다음으로 중국 내 2위 보세항으로 면적 6.9km² 규모이다. 우리나라는 2012년 8월에 주선양총영사관 다롄영사사무소를 개관하였다.

○ 트램 운행 중인 다롄

다롄에는 아직도 노면전차인 트램(tram)을 볼 수 있다. 중국어로는 궤도전차(有轨电车)라고 하는 다롄의 트램은 일본 제국주의 산물이다. 일본은 1905년 러일전쟁 승리 후, 다롄에 대한 식민지배권을 러시아로부터 인수한다. 이후 만주지역에 대한 영향력을 확대하였으며, 특히 동북지역 최대 항구도시인 다롄을 개발하여 중국대륙 진출의 게이트로 삼고자 하였다. 일본은 1909년 9월에 이미 식민통치를 하고 있던 다롄에 트램 2개 노선(2.45km)을 설치하였고, 다롄은 중국 최초로 트램이 설치된 도시가 되었다. 당시 미국과 영국에서 제조된 30량의 전차(1량 정원 72명)가 운행되었다. 일본 패망전인 1945년에 이르러서 11개 노선까지로 늘어났으나, 신중국 성립 후 도심 개발로 대부분이 철거되었다. 현재 다롄시는 201번, 202번 두 개 노선을 남겨 놓아, 관광 목적으로 운행을 하고 있다.

이런 연유로 다롄은 일본어 전공자, 학습자, 일본유학 경험자 등 일본어로 의사소통이 가능한 사람이 전체 인구에서 차지하는 비중이 중국 가운데 가장 높다. 대련외국어대, 대련이공대, 대련해사대, 동북재경대, 요녕사범대에 모두 일본어과가 있다. 2014년 중국 내 일본어능력시험 응시자가 99,198명이었는데, 이 중 10.9%가 상해로 가장 많았고, 그다음이 9.7%로 다롄 지역이었다.[19]

---

19 권경선 · 구지영(2016), 『다롄 환황해권 해항도시 100여 년의 궤적』, 도서출판선인, p.494.

그림 3-15 다롄시에서 운행 중인 트램

주: 2024년에도 운행 중이다.
자료: © 2011. 김동하.

2) 선양시

면적 12,948km²에 서울시 면적의 21배 크기로 인구 920만 명을 보유한 선양(沈阳. 심양)은 요녕성의 수도이다. 동북 3성 진흥책이 적극 추진되며 선양은 동북아 물류거점으로 떠오르고 있다.

선양이라는 이름은 선수이(瀋水) 북쪽에 위치한 데에서 유래했다. '볕 양(陽)'이 들어간 지명은 강의 북쪽을 의미한다. 북한·러시아·몽골과 국경을 맞대고 있는 동북 3성의 방위를 책임지는 선양군구 중추도시 선양은 동북지역의 군사·전략적 요충지였다. 선양이 버드나무 울타리를 둘렀다는 뜻의 '묵던(Mukden)'이라 불린 것도 만주족의 청나라가 이민족을 막기 위해 조성한 유조변(柳條邊 버드나무 울타리)이 선양에서 시작됐기 때문이다.

선양은 청나라가 19년간 수도로 삼은 곳이다. 청태조 누르하치는 선양을 점령한 후 1625년 랴오양에서 천도해서 도읍으로 삼고 '번성한 수도'라는 뜻으로 성경(盛京)이라 불렀다. 1644년 베이징으로 천도한 이후에도 선양은 '하늘(천자)을 받들다'는 뜻의 봉천(奉天)이라 불리며 '제2 수도'로 대접받았다. 일본군은 1931년 9월 18일 선양 근교의 남만주 철도를 폭파한 것을 계기로 동북지역에 대한 본격적인 침략에 나섰다. 일제 패망 후 국공내전 때에도 선양을 놓고 국민당과 공산당은 치열한 전투(遼瀋전투)를 벌였다.

신중국 설립 후 선양을 비롯해 창춘·하얼빈 등 동북 3성 주요 도시들은 중공업 도시로 육성됐다. 소련과 가까워 경제·기술적 원조를 받기 수월했고 풍부한 지하자원과 일제 강점기 건설된 공업기반이 있었기 때문이다. 선양 제일공작기계공장, 창춘 제일자동차, 안산철강 등이 당시 육성된 기업들이다. 하지만 동북 3성 지역은 개혁개방의 혜택을 받지 못한 채 상하이·선전 등 주장·창장 삼각주 지역에 밀리며 경제도 급격히 기울었다.

선양이 다시금 빛을 보기 시작한 것은 2003년에 들어서면서 원자바오 전 총리가 제창한 동북진흥(동북지역 노후공업기지 진흥)정책 때문이었다. 2009년부터는 다롄을 국제물류 기지로 육성하는 것을 축으로 한 랴오닝연해경제벨트와 창춘(長春)-지린(吉林)-투먼(圖們)을 연결한 '창지투' 개발 프로젝트가 가동되면서 하얼빈·창춘·선양·다롄 등 동북 3성 주요도시를 잇는 고속철이 개통되는 등 교통 인프라도 확충됐다. 덕분에 선양은 동북 3성 물류기지로 비약적으로 발전하며 두 자릿수 성장세를 이어갔다.

요녕성의 성도인 선양은 동북 3성 소비재 집결지이다. 고급재보다는 중저가 위주로 시장규모는 동북 최대이다. 선양은 동북 3성 최대 유동인구 지역이다. 자체 소비보다는 선양에서 타 지역으로 팔려나가는 소비재가 많다. 즉 동북지역 유통거점으로 활용성이 크다. 잡화 도매시장(24개)이 발달해 있고, 우아이(五愛)시장은 중국 2위의 의류 도매시장이다. 선양시 역시 동북의 물류거점이다. 국가급 간선철도 5개, 4개 고속도로가 선양을 통과하며, 북경-선양 간 600여km 고속도로가 구축되어 있다. 2021년에는 북경 선양간(811km) 고속철도가 개통되어 2시간 45분 만에 도달이 가능하다.

'요녕연해경제벨트'에서 선양시는 주축 도시이다. 선양시 반경 150km 이내 소재한 안산(鞍山), 푸순(撫順), 번시(本溪), 푸신(阜新), 판진(盤錦) 등 공업도시와 연계해 인구 2,400만 명 규모의 경제권 형성을 추진하고 있다. 안산강철, 본계강철 등 철강생산기지를 배후에 두어, 철강 물류 유통중심지로 부상하고 있으며, 중국 전체 철광석 매장량의 1/4인 100억 톤이 선양 인근 안산에 매장되어 있다. 우리나라는 1999년 7월에 선양총영사관을 개설하였다.

3) 요녕 자유무역시험구(辽宁自由贸易试验区)

요녕 자유무역시험구(辽宁自由贸易试验区)는 2017년 3월에 설치되었다. 전체 면적은 119.89km²이고, 다롄 지역(59.96km². 대련보세구 1.25km², 대련수출가공구 2.95km², 다롄다야오완 보세항구 6.88km² 포함), 선양 지역(29.97km²), 잉커우 지역(29.96km²)으로 구성된다.

주요 지역별 발전 전략을 보면, 다롄 지구는 항만항공물류, 금융·상업, 선진장비 제조, 첨단기술, 순환경제, 해운서비스업 발전에 중점을 두고, 동북아 국제해운 센터 및 국제물류 센터 건설을 촉진한다. 선양 지구는 장비제조, 자동차 및 부품, 항공장비, 선진 제조업 및 금융, 과학기술 및 물류, 현대서비스업 발전에 중점을 둔다. 이를 통해 국가 신형산업화 시범도시와 동북지역 과학기술 혁신센터의 발전 수준을 향상시키고 국제 경쟁력을 갖춘 선진장비 제조 기반을 구축하고 있다. 잉커우 지역은 상업 및 무역 물류, 국경 간 전자상거래, 금융 및 현대 서비스업, 차세대 정보기술 및 고급장비 제조와 같은 전략적 신흥산업 발전에 중점을 둔다. 이를 통해 권역 국제물류센터, 고급장비 제조 및 첨단산업 기반을 구축하고 국제 해상 철도연결 운송(Sea to Rail)의 중요 허브로 구축할 계획이다.

2024년 4월 현재, 동 시험구에 등록한 기업은 10만 개이며, 등록자본금은 2조 위안을 기록했다. 또 실제 도착기준 외자는 49.9억 달러였다. 연평균 매출 성장률 10.5%, 고정자산 투자 연평균 증가율 12.9%로 매년 꾸준한 성장세를 시현한 것으로 나타났다.[20]

4) 단둥시와 북한

단둥시(丹東)는 북한과 국경을 마주하고 있는 요녕성 내 국경도시이다. 인구는 243만 명이며 이 중 32%가 만족(滿族)이고, 면적은 1.52km² 규모이다. 단둥의 옛 이름은 안둥(安東)이었는데, 1965년에 단둥으로 개명했다. 1992년에 국가급 경제합작구인 단둥 변경경제합작구가 설치되었다. 이후 북한과의 교역이 확대되어 오고 있다. 북한은 선양총영사관 산하 단둥영사판공실을 2009년 8월에 개설하여 운영하고 있으며, 이는 단둥시 최초의 외국기관이기도 하다. 최근 단둥-북한 간 교류 현황을 보면 다음과 같다.

---

20   中国发展网(2023.4.14.).

2015년 10월, 단둥시에 북-중 호시무역구(互市貿易區)가 설립되었다. 제4회 북-중 경제무역문화관광박람회(2015.10.15.~18.)를 계기로 북·중 단둥시 호시무역이 재개된 것이다. 2015년 6월, 랴오닝성 정부는 북한의 접경지인 단둥시 궈먼(國門)항에 호시무역구를 설립했었고, 동 박람회에서 단둥시 궈먼항 북·중 호시무역 개장을 선언한 것이다. 양국 국경지역에서는 600여 개 무역 업체가 활동 중이다.

북·중 호시무역은 압록강을 사이에 두고 접경지역에 거주하는 중국과 북한주민들이 신분증을 소지하고 자유롭게 국경을 드나들며 상품교환 등의 경제 활동을 하도록 허용하는 무관세 민간교역을 의미한다. 호시무역구는 단둥신구(新區) 궈먼완과학기술오금성에 위치해 있으며, 면적 4만m² 규모이다. 랴오닝성 정부의 지원으로 총 10억 위안을 들여 건물 내에는 전시·교역, 공간과 창고, 주차장, 검역소, 관리서비스 등 5개 구역으로 설계되었다. 이번 조치로 단둥으로부터 20km 이내에 거주하는 북한과 중국 주민 1인당 하루 8천 위안 이하 내에 수입관세와 과징금 면제로 민간 교역을 허용할 예정이다.[21]

단동 호시무역의 교역품목 및 특징을 보면, 중국의 대(對)북 수출품으로는 과학기술, 장비 및 의류, 장식품, 민속문화 관련 상품, 가전제품, 건축재료, 농업물자, 금속화학공업 등이 있다. 또한 북한 대(對)중 수출품으로는 꿀, 인삼, 담배, 화장품, 약품 등 경공업 위주이다.

---

21 변민호시무역관리방법(邊民互市貿易管理辦法)에 따르면 호시무역은 국경 20km 이내에 거주하는 중국 주민으로 제한하며, 면세 범위는 생활용품에만 해당한다. 교역액은 1인당 하루 8천 위안을 초과할 수 없다. 중국은 2010년 길림성 투먼시에 첫 번째 호시무역구를 설립했고, 시짱, 광시, 윈난, 헤이룽장, 신장, 지린, 네이멍구 등 국경 지역에 70여 개 호시무역구가 분포되어 있다.

그림 3-16 단동-신의주-평양 간 국제열차

자료: 베이징 관광국(visitbeijing.or.kr)(검색 일자: 2015.12.).

랴오닝성 단둥시는 중국과 한반도를 연결하는 주요 '내륙교역' 통로로, 대북 무역량 중에서 중국 전역의 80%를 차지한다. 중국의 '11.5규획'(2006~2010년)기간 당시 북·중 변경무역 총액은 80억 달러를 기록했으며 2011년 대북무역수출입 무역총액은 18.6억 달러에 달했다. 북한과 교역하는 중국기업은 600여 개에 달했으며, 대북 무역액은 단둥시 전체 무역량의 40%를 차지하고 있었다. 북한의 대중국 무역 의존도 대외 무역 전체의 80% 이상을 차지하며, 그중 단동 교역 점유율은 70%에 육박한다. 2014년 북한의 대(對)중 무역 수입은 35억 2천만 달러, 수출 28억 4천만 달러를 기록했었다. 2011년에 착공된 신압록강대교는 2014년 중국 측 구간이 완공되었으나 개통이 연기되었다. 그간 지체되던 북한 측 구간도 완공되어 2021년 4월 15일 개통된 것으로 알려졌다.[22]

현재 북경-평양 간에는 국제열차(K27, K28)가 운행되고 있으며, 북경에서 오후 5시 30분에 출발하는 열차는 선양, 단동을 거쳐 신의주, 평양에 다음 날 저녁 7시 30분에 도착한다(거리 1,364km, 소요시간 13시간 38분).

---

22 신의주와 단둥을 잇는 압록강 제1철교는 6·25전쟁 당시 붕괴되어 북·중은 압록강 제2철교(현재 명칭은 조중우의교)를 통해 육상무역을 진행한다. 하지만 비좁은 교차로로 화물운송에 어려움을 겪는 반면 중국 지원으로 신축된 신압록강대교는 왕복 4차로로 원활한 육상운송에 도움이 되고 있다(자료: SPN(2021.03.14.)).

그림 3-17 주단동 북한영사관 사무소

자료: www.zgcpxxw.com.cn/hzqy4.asp(검색 일자: 2021.7.23.)

2 길림성

길림성(吉林. 지린)은 중국 동북지역의 내륙 중심부에 위치하며 중국에서 동해 및 태평양으로 통하는 유일한 통로인, 투먼장(圖們江. 도문강), 야뤼장(鴨綠江. 압록강)을 두고 북한과 접경하고 있다. 길림성의 국경선은 1,430km인데, 이 중 1,100km는 북한과 연해에 있으며, 330km는 러시아와 연해에 있다. 동서지역은 산지, 중부지역은 평원이다. 동부는 장백산지, 서부는 다싱안링(大興安嶺)으로 모두 해발 1,000m를 넘는다. 동부는 산지와 구릉이 36%로 고산 지형이며, 서부는 평원이 30%에 달하는 평원지형으로 곡창 지역이다. 길림성은 자동차, 석유화공, 식품, 정보, 제약, 야금과 건자재, 장비제조 등이 6대 중점산업이다.

연변조선족자치주(延邊朝鮮族自治州)가 길림성에 있다. 1952년 9월 3일, 중국 정부는 옌볜조선민족자치구를 설치했고, 1955년에 옌볜조선족자치주로 승격했다. 연변조선족자치주 역시 러시아·북한과 국경(768.5km)을 맞대고 있다. 이중 북한과 국경선이 522.5km, 러시아와 국경선이 246km이다. 인구는 189만 명인데 조선족은 80여만 명으로 약 40%를 차지하고 있다. 하부에 현급시(縣級市) 6개(연길·도문·용정·훈춘시 등)가 있으며, 2개 현이 있다.

표 3-13 길림성 경제지표(2022년)

GRDP*	산업구조			1인당 GRDP	
	1차 산업	2차 산업	3차 산업	위안	US$
1.07	13.18	34.09	52.73	54,279	8,070
인구(만 명)	중국 내 인구비*	도시화율(%)	부동산 개발투자*	수출*	수입*
2,348	1.67	63.71	0.65	0.22	0.56
수출입*	외상기업 투자액*	공업생산액*	소비품 판매액*	중국 평균 1인당 GDP 대비	
0.37	0.63	0.95	0.87	63.6% (85,310元. U$12,683)	
장춘시 GRDP**		장춘시 인구(만 명)			
51.2		910			

주: * 표기는 중국 내 비중을, ** 표기는 성 내 비중을 나타낸다.
자료: 국가통계국 国家数据(2024.4.).

그림 3-18 길림성 주요 도시 및 연변조선족자치주 위치도

자료: 두피디아(2021.6.).

길림성은 농업 비중이 높은 식량생산 기지(장춘평원)이다. 길림성 역시, '동북진흥정

책'이 본격 착수됨에 따라 경제발전을 도모하게 된다. 그러나 요녕성, 흑룡강성보다 더딘 산업화로 인해, 동북 3성 중 GRDP는 중간 수준을 나타내고 있다. 2010년부터 본격 추진되고 있는 두만강 유역(창춘·지린·투먼) 개발계획으로, 경제성장 계기가 마련되고 있다. 길림성은 이 지역에 생산 및 교역 인프라를 집중 건설하여, 인접국(러시아·북한)과의 교역확대 거점으로 활용할 계획이다. 또한 북한 나진-선봉지역 통로를 통한 동북아 해운물류망 구축을 추진하려 한다.

길림성의 수도는 창춘(長春)이며, 중국 최대 자동차메이커인 중국일기(中國一汽)가 창춘에 있는 연유로, '자동차 도시(車城)'라는 별칭을 가지고 있다. 2023년 일기그룹의 자동차 판매량은 337.3만 대를 기록했는데, 이는 중국 자동차 판매량(3,009.4만 대)의 11.2% 수준이다. 이는 상해기차 그룹(502만 대)에 이은 중국 내 2위 수준이다. 자동차 클러스트가 창춘을 중심으로 조성되어, 자동차 R&D 기지, 자동차 부품단지 등이 조성되어 있다. 창춘은 중국 내 기차(객차 및 기관차)생산 본거지이기도 하다. 중국 객차의 50%, 궤도열차 70%가 창춘에서 생산된다. 창춘객차공장은 중국 최대 철도(전동)객차 생산기지이다.

그림 3-19 창춘에 있는 중국일기 (구사옥 정문)

주: 중국일기 구사옥 표지석 글자 '제일기차제조창착공기념(第一汽车制造厂奠基纪念)'은 마오쩌둥 필체이다.
   동사 착공일은 1953년 7월 15일이었다.
자료: © 2013. 김동하.

길림성은 2015년에 한국과 체결된 한중 FTA를 적극 활용하여 경제발전을 도모하는 전략을 펼치고 있다. 옌벤자치주는 옌벤 한중산업단지(中韓産業園)를 조성했다. 옌벤자치주는 훈춘 포스코를 중심으로 한 국제물류산업단지와 옌지 한정인삼(韓正人參)을 중심으로 한 헬스과학기술산업단지(健康科技産業園)를 조성할 계획이다. 2014년 6월 기준, 길림성에 투자한 한국기업은 이미 700개가 넘어 길림성의 해외투자국 가운데 1위 수준이다. 한국의 대길림성 투자가 급증한 주된 요인은 포스코와 현대그룹이 공동 건설하는 투자 규모 12억 위안의 훈춘 현대국제물류사업의 일부 투자금과 농심의 백두산 광천수 사업자금 유입에 따른 것으로 분석된다.[23]

1) 장춘시

지린성 성도 창춘(長春)은 과거 일본 침탈 역사의 현장이다. 창춘 시가지를 거닐다 보면 일본식 건물이 눈에 띈다. 1932년 일본에 의해 만주국(1932~1945)이 성립되고 청나라 마지막 황제 푸이가 만주국 황제로 머물었던 곳이 창춘이다. 오사카성을 본뜬 옛 관동군 사령부 건물(현 지린성 공산당위원회), 지금은 웨이만황궁박물원이 된 옛 만주국 궁전, 위만 중앙은행 건물 등이 대표적이다. 이제 창춘은 중국 자동차·영화의 중심지로, 동북아 물류 허브 중심지로 떠오르고 있다.

창춘은 과거에 흉노·말갈·거란·여진·몽골·만주족 등이 번갈아 다스렸다. 1800년 청나라 때부터 비로소 '긴 봄'이란 뜻의 창춘이라 불렸다. 1904년 러·일 전쟁 결과로 맺어진 포츠머스 조약으로 창춘은 러시아·일본 두 제국주의 세력의 국경이 됐다. 일본의 중국 대륙 침략 신호탄이었던 1931년 9·18 만주사변으로 창춘은 일본군의 지배를 받게 됐다. 일본은 만주를 중국 침략을 위한 전쟁의 병참 기지로 만들고 식민지화하기 위해 만주국을 세우고 창춘을 수도로 세웠다. 그리고 창춘을 '새로운 수도'라는 뜻의 신경(新京)이라 명명했다.

일본은 창춘을 현대화된 계획도시로 건설하기 위한 '대신경 도시계획'을 구상했다. 19세기 파리 계획도시를 본떠 설계된 창춘은 당시 대동광장(지금의 인민광장)을 중심으로 방사형 도로가 건설됐다. 도시는 상업·군사·주거·문화오락지구 등 기능별로 구획을 나눴다. 대규모 녹지가 조성되고 상·하수도 시스템이 완비됐으며, 전신주와 통신선을

23　吉林省商務廳, 吉林省縣域網(2015.4.30.).

지하에 매설하는 등 창춘은 현대화된 도시로 면모를 갖췄다. 이에 따라 인구도 팽창했다. 1932년 12만 명이었던 창춘 인구는 1945년 71만 명까지 늘었다. 특히 유동인구까지 더하면 120만 명에 달해 한때 일본 도쿄 인구를 초월하기도 했다. 그러나 1949년 신중국 설립 후 국유기업 위주로 발전했던 이곳은 개혁개방의 물결과 함께 떠오른 상하이·선전 등 주장·창장 삼각주 지역에 밀려 낙후 지역으로 밀려났다.

창춘에 경제발전이 시작된 것은 2003년 동북진흥전략이 추진되면서이다. 2009년부터 두만강 유역 경제 벨트인 '창지투(長吉圖·창춘-지린-두만강) 개방 선도구' 개발사업이 추진되자 창춘은 동북아 물류 허브로 각광받으며 지역경제도 빠르게 성장하고 있다. 창춘시는 '동북의 디트로이트'로 불릴 만큼 자동차가 지역경제를 뒷받침하고 있다. 대표 자동차 기업은 바로 중국일기(一汽) 자동차다. 1956년 중국의 첫 번째 자동차를 생산한 이래 중국의 3대 자동차 그룹 중 하나로 급성장한 중국일기 자동차는 현재 창춘시 산업의 50%를 담당하고 있을 만큼 지역경제에 이바지하고 있다. 특히 홍치(紅旗)는 중국일기 자동차가 1958년부터 생산하기 시작한 세단으로 마오쩌둥, 덩샤오핑, 장쩌민, 후진타오, 시진핑 등 중국 역대 수뇌부가 천안문 광장에서 군대사열을 할 때 탔던 차종으로 중국의 국력을 상징해 왔다.

창춘은 중국 최초 영화촬영소인 창춘영화제작소(長春电影制片厂)로 유명하다. 과거 일본인이 일제 중국 대륙침탈을 정당화하는 선전용 영화를 제작하기 위해 1937년 설립한 만주영화주식회사가 전신이다. 일본 패망 후인 1945년에 동북영화제작소로 전환되었으며, 1955년에 지금의 명칭인 창춘영화제작소로 바뀌었다. 2000년에는 현대 기업형태인 창잉그룹 유한책임공사(長影集团有限责任公司)로 전환하였다. 2011년 이후에는 연간 53편의 영화를 제작하는 거대 필름 메이커(자산 20억 위안)로 발전하였다. 창춘에서는 1992년부터 2년에 한 번씩 창춘국제영화제(Changchun Film Festival)도 열린다.

2) 창·지·투 개발 계획(길림성 국경지역 개발 전략)

길림성은 동북 3성 중 유일하게 러시아·북한과 접경하고 있다. 2009년 8월, 중앙정부가 승인한 창지투(長吉圖) 개발계획은 길림성 내륙에 위치한 창춘시, 길림시(吉林)와 북한으로 이어지는 통로 도시인 투먼시(圖們)를 연결해 역내 지역개방을 촉진하려는 정책이다. 창춘시와 길림시에는 길림성 인구의 45%가 거주하고 있으며, 성 전체

GRDP의 60% 이상을 점유하고 있다. 이는 길림성이 러시아, 북한, 남한, 일본 등 동북아 주요 국가의 중심지로서 포지셔닝 하고, 특히 중국의 대북한 경제협력 거점 기능을 보유하려 하기 때문이다. 2010년 1월 제정된 '창지투 개발계획 실시방안'에 따르면, 길림성은 국가 간 경제협력단지, 종합보세구 및 수출가공단지 건설과 항구 확보를 통한 동해 진출방안 등을 주요 프로젝트로 제시하고 있다.

창지투 개발사업은 산업구조 업그레이드와 교통 인프라 개선을 통해 자동차, 석유화학, 농산물가공, 전자정보, 합금 및 건자재, 장비제조, 바이오, 신소재 등 8대 산업단지 건설을 계획하고 있다. 2012년 4월에는 중국 국무원이 훈춘에 '중국 두만강지역(훈춘) 국제협력 시범구' 설립을 비준했다. 훈춘 시범구는 총면적 90km²로 국제산업협력구, 국경무역협력구, 중·북한경제협력구, 중·러경제협력구 등 4개 구역으로 구성될 계획이다.

그림 3-20　창지투 개발 계획의 주요 지역

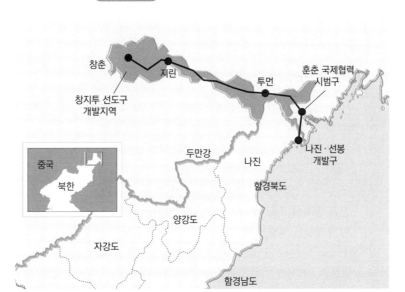

자료: 아주경제(2012.6.18), 「창지투의 거점 지린성, 새로운 경제 중심지로 부상하는 지린성」

1992년부터 유엔개발계획(UNDP)은 두만강 일대의 개발을 동북아 지역의 최우선 사업으로 분류했다. 이 사업에 중국이 참여하면서 가시적인 성과들이 나타나긴 했지만 각국 간 교통로가 원활하지 못하다는 난관에 봉착하면서 애초에 계획했던 목표에는 미치지 못했다. 이러한 상태에서 등장한 것이 중국의 창지투 개발 전략인 것이다.

2011년 설립된 훈춘 포스코현대국제물류유한회사(포스코 80%, 현대 20%)는 대표적인 창지투 개발계획에 따른 한국의 투자 사례이다. 훈춘에 물류센터와 야적장, 배송시설 등을 건설한 뒤 중국 국내외 물류기업에 임대하는 것을 골자로 하고 있다. 2015년부터 2064년까지이며 훈춘국제물류개발구(12km²) 내 150만m² 규모의 부지를 활용하게 된다.

다만 2006년부터 시작된 북한의 핵실험으로 2009년부터 14차에 걸쳐 UN의 대북 제재가 실행되었다. 2017년 6차 핵실험에 따라 무기, 금융, 운송, 대외교역, 외화, 에너지 수출입(원유·석탄), 해외파견 노동자 등의 제재로 창·지·투 개발 계획 파트너 중 하나인 북한의 역할이 거의 소실되었다. 또한 러시아-우크라이나 전쟁(2022년 2월) 발발로 미국, EU 등 서방국가의 對러시아 제재가 확대되면서 러시아의 창·지·투 사업 참여도 어려운 상태이다.

표 3-14 창지투 개발사업의 주요 내용

대상지역	• 창춘시: 창춘시 도시지역, 더후이(德惠)시, 지우타이(九臺)시, 눙안(農安)현 • 지린시: 지린시 도시지역, 자오허(蛟河)시, 융지(永吉)현 • 두만강 일대: 연변조선족자치주(면적은 3만km², 인구는 770만 명, 각각 지린성의 1/3을 차지. GRDP는 길림성의 절반 가량)

개발구도	• 중심도시인 창춘시와 지린시를 지역발전의 배후지로 함.
	  - 창지 일체화 추진, 중국 내에서 경쟁력 있는 선진 제조업기지로 육성, 대외 개방의 플랫폼 역할 수행
	• 연변조선족자치주에 속한 옌지(延吉), 룽징(龍井), 투먼(圖們)을 개방의 전초지로 함
	  - 옌룽투 일체화 추진, 가공, 물류, 관광 및 첨단기술을 중심으로 하는 산업시스템 구축
	  - 국가급 개발구 건설
	• 국경도시 훈춘(琿春)을 대외개방의 창구로 함
	  - 러시아, 일본, 한국 및 홍콩 산업단지 건설, 주변국과 연결하는 인프라 건설
	  - 투자, 무역 및 인원 왕래 절차 간편화

중점임무	국제운송통로 구축, 산업협력단지 건설, 국제협력과 교류 플랫폼 구축, 종합보세구와 수출가공구 건설, 초국경 경제협력구 건설, 현대적인 산업체계 구축, 과학기술 혁신, 체제와 메커니즘 혁신, 정책시스템 완비, 길림성 발전 견인

자료: KIEP(2012), 창지투 개발의 현황과 시사점, 중국 성별동향 브리핑 Vol.3 No.17, p.5.

○ 우다청과 출해권

두만강은 줄곧 북한과 중국 사이의 국경선 역할을 하다 동해로 흘러들기 15km 전부터 북한과 러시아와의 국경선으로 바뀐다. 이 때문에 중국 땅에서 동해로 나아가는 건 러시아나 북한 땅을 거치지 않고선 불가능하다. 중국이 말하는 출해권(出海權)은 두만강 하구를 통해 동해로 나가는 권리를 말한다. 출해권의 주인공은 청대 도찰원 좌부어사(지금 감사원 부원장) 우다청(吳大澂. 1835~1902)이다. 길림성 훈춘시 남단에 있는 북·중·러 국경 지대 팡촨(防川) 사구공원 북쪽에 그의 석상이 있다.

1858년 러시아는 청나라와 아이훈조약을 체결해 흑룡강성 북쪽 60만km²를 차지했고, 우수리강 동쪽에서 동해 연안에 이르는 연해주 지역도 청과 공동관리하게 된다. 러시아는 1860년 청과 베이징조약을 맺어 연해주 40만km²를 독차지했다. 이후 국경 표시를 위해 연해주 일대 8곳에 러시아어 자모로 경계비를 세웠는데, 가장 동쪽에 세운 것이 토자비(土字牌. 러시아어 T)이다. 이로써 청은 동해로 나가는 출구를 상실하고 말았다. 당시 경계비는 나무로 만들었고 토자비는 심지어 오래지 않아 소실되어 버렸다.

이에 청 정부는 우다청을 러시아와 협상 대표로 임명하여, 훈춘시를 관할하던 러시아 점령 장군과 국경 협상을 하게 한다. 1886년 10월, 우다청은 훈춘동계약(琿春東界約)을 러시아와 체결하고, 토자비를 화강암으로 만들어 다시 세웠다. 당시 종이 호랑이로 전락한 청나라를 나타내는 전설이 있는데, 청나라 병사들이 술에 취해 무거운 경계비를 옮기다 말고 방치한 것이 지금 토자비 위치라는 것이다.

아울러 우다청은 중국 선박이 두만강을 통해 동해까지 드나들 수 있게 해야 한다고 주장해 협상에서 이를 관철시켰다. 1929년 기록을 보면 훈춘 두만강 부두를 통해 연간 1500척의 배가 동해로 나갔고, 일본 나가사키를 거쳐 상하이까지 기선이 왕래했다. 그러나 중국의 동해 출해권은 러시아와 일본 간의 국경분쟁으로 50년 만에 차단된다.

그림 3-21　훈춘시 팡촨에 있는 우다청 석상과 토자비

자료: 훈춘시 인민정부 홈페이지(www.hunchun.gov.cn)(검색일자: 2024.4.30.).

　팡촨에 있는 장고봉은 해발 155m에 불과했지만, 러시아 하산과 포시예트만 해군 기지를 관측할 수 있는 요지였다. 중국을 침략하여 만주국(1932~1945)을 세우고 연해주를 노리던 일본은 1938년 7월 장고봉을 점령한다. 하지만 전투기와 탱크를 동원한 러시아의 반격으로 퇴각했고, 러시아는 안보를 이유로 중국 선박의 통항을 금지시켰다. 이런 상황이 북한과 러시아가 두만강 하구를 차지하고 있는 지금까지도 계속되고 있는 것이다.[24]

24　예영준(2014.7), 북·중·러 국경지대 훈춘에서 본 중국의 나진항 진출 계획, 「월간중앙」 2014년 7월호.

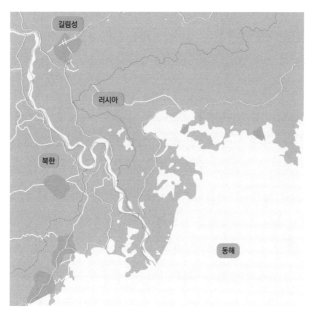

그림 3-22 길림성 국경(북한·러시아) 분할 구조

주: 두만강(도문강)을 기준으로 남쪽은 북한, 북쪽은 러시아, 가운데는 길림성이다. 중국 영토(길림성)는 두만
　강 중류에서 끝나 동해로 못 나간다. 동해와 만나는 두만강 하류는 북한과 러시아 국경이며, 중심도시는 연
　변조선족자치주 훈춘시이다.

③ 흑룡강성

　흑룡강성(黑龍江. 헤이룽장)은 기원전 2세기경 부여(夫餘)에 소속된 지역이었으며, 당
나라 시대에는 흑수도독부(黑水都督府)를 설치하였다. 7세기경 발해가 국가를 건립하
였으며, 이후 요(遼)나라를 거쳐 금(金)이 건립되었다. 원나라 시대에는 요양행성(遼陽行
省)에 속했으며, 명(明)나라 시대에는 요동지휘사사(遼東指揮使司)에 속했다. 19세기 말
부터 20세기 초 흑룡강성 이북지역이 러시아에 의해 점령되었으며, 1932년에는 일본
이 점령하여 7개성으로 분할됐다. 1945년 국민당 정부는 흑룡강성과 송강성(松江省)으
로 분리하였으나, 신중국 성립 후인 1954년에 흑룡강성으로 통합했다.

　흑룡강성은 중국 동북부 최북단에 위치한다. 북동쪽은 우수리(烏蘇裏)강을 경계로
러시아와 3,045km 접경하며 25개 대외 통상구가 있다. 서쪽은 내몽고자치구, 남쪽은
길림성과 인접하고 있다. 러시아와 접경하고 내륙에 위치하면서도 개방적이며 국경

중심으로 변경무역이 활발하다. 흑룡강(黑龙江)은 러시아와 국경을 가르는 강으로, 러시아에서는 아무르강(Amur), 몽골인과 퉁구스인은 하라무렌(검은 강)이라 부른다. 흑룡강성의 명칭은 바로 흑룡강에서 온 것이다. 흑룡강은 강물이 검다고(黑水) 해서 붙여진 이름인데, 흑색을 띤 부식토가 연안에서 침식되어 강물과 섞이면서 검은색으로 보이는 것이다.

흑룡강성은 농업대성(大省)이다. 중국 내 경지면적은 중국 전체에서 그 비중이 7.39%로 하남성(8.69%)에 이어 두 번째로 높다. 또한 2022년 기준 1차 산업 비중은 22.96으로 중국 최고 수준을 보이고 있다. 4대 곡물로는 벼, 옥수수, 밀, 콩 등이 있다. 주요 공업으로는 장비, 석유화학, 에너지, 식품가공산업이 있다. 2023년에는 양식 생산량 7788.2만 톤(전국 11.2% 점유)을 기록하여 하남성을 제치고 전국 1위로 올라섰다.

흑룡강성은 대러시아 국경무역이 전체 교역액의 60%를 점유하고 있다. 러시아와 철도, 도로, 수로로 연결되어 있어, 대러시아 무역이 성 교역액의 60%를 차지하게 된 것이다. 대러시아 주요 수출품으로는 식품, 의류 등이 있으며, 주요 수입품으로는 원유, 목재 등이다.

흑룡강성의 광물자원 역시 풍부하여, 석탄, 금, 은 매장량이 풍부하다. 흑룡강성은 중국 최대의 경지면적 보유한 곡창지대이다. 이곳을 중국어로 베이다황(北大荒·북대황)으로 칭하는데, 넌장(嫩江) 유역과 산장평원(三江平原) 5.53km² 면적의 개간된 농작지를 의미한다. 이런 배경으로 한국 기업들은 2008년부터 흑룡강성 농업 분야에 투자를 진행했다. 헤이룽장성 토지의 1/5을 차지하는 중국 최대 개간지 베이다황에서는 중국의 중·대두 30%, 옥수수 45%, 쌀 25%가 생산되고 있다.

풀무원은 길림성 돈화시 내의 화은 대산농장(550만 평)과 흑룡강성 흑하 지역(30만 평)에서 연간 2,000t, 500t의 유기농 콩을 계약 재배했다. CJ제일제당은 아시아 최대 곡물기업인 중국 북대황(北大荒)그룹과 곡물 가공사업 합자법인을 하얼빈 현지에 설립(2008년 8월)했다. 북대황CJ식품과기유한책임공사(투자액 322억 원) 지분은 북대황 51%, CJ제일제당 49%이다. 북대황CJ는 흑룡강성 지역에서 생산되는 곡물을 원료로 미강단백질, 현미유, 식이섬유 등을 연간 1만4,000톤 생산한다.[25]

---

25 아시아경제(2008.8.11.).

표 3-15 흑룡강성 경제지표(2022년)

GRDP*	산업구조			1인당 GRDP	
	1차 산업	2차 산업	3차 산업	위안	US$
1.33	22.96	28.91	48.13	50,873	7,564
인구(만 명)	중국 내 인구비*	도시화율(%)	부동산 개발투자*	수출*	수입*
3099	2.20	66.21	0.42	0.23	0.97
수출입*	외상기업 투자액*	공업생산액*	소비품 판매액*	중국 평균 1인당 GDP 대비	
0.55	0.9	0.96	1.19	59.6% (85,310元. U$12,683)	
하얼빈 GRDP**		하얼빈 인구(만 명)			
34.2		939.5			

주: * 표기는 중국 내 비중을, ** 표기는 성 내 비중을 나타낸다.
자료: 국가통계국 国家数据(2024.4.).

그림 3-23 흑룡강성 및 주요 도시 위치

흑룡강성(黑龍江省)

주: 흑룡강성 자유무역시험구 중 쑤이펀허 구역은 무단장 동쪽, 지시 남쪽에 위치한 러시아와의 국경도시이다.
자료: 두피디아(2021.6.).

1) 하얼빈, 동방의 모스크바

2024년 5월 17일, 전날 베이징에서 시진핑 주석과 정상 회담을 마친 푸틴 러시아 대통령은 하얼빈을 방문했다. 하얼빈공업대학에서는 교직원, 학생들과 대화를 가졌다. 푸틴의 이러한 행보는 러시아가 보는 하얼빈의 의미를 반영한다. 하얼빈의 어원은 만주어로 '그물을 말리는 곳', 몽골어로 '평지', 러시아어로 '커다란 공동묘지', 여진어로 '명예', 퉁구스어로 나루터, 하얼빈 원시어로는 백조라는 뜻으로 매우 다양하다.

하얼빈은 '동방의 모스크바'로 불리기도 한다. 러시아 정교회인 성소피아 성당을 비롯해 하얼빈에는 유난히 러시아풍 건물이 많기 때문이다. 하얼빈이 현대도시로 거듭날 수 있었던 것은 러시아의 영향력이 컸다. 하얼빈은 러시아가 만주를 지배하기 위한 거점도시였다. 1897년 청일전쟁 직후 중·러 밀약으로 러시아가 중동철도(中東鐵道) 부설권을 획득해 1903년 만주를 가로지르는 총 2,430km 길이의 중동철도를 부설했다. 중동철도는 내몽고 만저우리(몽골·러시아 국경도시)-하얼빈-쑤이펀허(러시아 국경도시) 본선과, 하얼빈-길림성 창춘-요녕성 다롄까지 남부선이 있었다. 중동철도 완공 후 하얼빈은 러시아인과 중국인들이 모여들며 국제도시로 탈바꿈했다. 20세기 초 하얼빈은 이미 국제적인 상업도시로 번성했다. 당시 미국·독일·프랑스 등 33개국 출신의 16만 명의 외국인이 이곳에 모여 살았다. 19개국의 영사관이 개설되고 수백 개 공장 기업 은행이 세워지며 만주 중심도시로 성장했다.

러·일전쟁(1904~1905) 당시 만주의 러시아 군사작전 기지였던 하얼빈은 전쟁이 끝날 무렵 일시적으로 중국과 일본이 공동 관리했다. 러시아 혁명(1917) 뒤에는 러시아에서 도망친 사람들의 피난처가 돼 러시아인 사회가 형성됐다. 러시아식 학교와 러시아어신문도 발행됐다. 1931년 일본이 만주사변을 일으키고 1932년 만주국을 설립하면서 일본인 수도 늘어났다. 하얼빈은 러시아와 일본의 야욕이 만나는 제국주의의 교차로였던 셈이다. 이후 1945년 일제에서 해방된 후 다시 소련군에 의해 점령됐다가 1년 후인 1946년 중국에 반환됐다.

마오쩌둥은 신중국 수도 후보지로 하얼빈을 염두에 뒀을 정도로 중요시 여겼다. 하얼빈이 러시아와 가까워 소비에트연방(소련)의 지원을 받기 편리한 위치라는 전략적 판단에서다. 하얼빈은 군수공업 중심지였는데, 인근에 다칭유전과 안산(요녕성) 철강

산지가 있어서이다. 이를 토대로 1970년대까지 석유화학·철강·기계·발전설비·자동차·조선 등이 발전했다. 그러나 이후 개혁개방 순서에서 뒤처져 노후 공업기지로 전락했다.

하얼빈은 1월 평균 기온이 영하 30℃까지 내려가는 혹한으로 유명하다. 2013년 9월에는 영하 38℃의 혹한에서도 견딜 수 있는 지하철이 중국 최초로 개통되기도 했다. 풍부한 강설량 덕분에 겨울철마다 화려한 얼음과 눈, 빛의 향연으로 불리는 '빙등제'도 열린다.

하얼빈은 한국인에게도 역사적 의미가 있다. 1909년 10월 26일 안중근 의사가 이토 히로부미를 저격한 곳이 하얼빈 기차역이다. 하얼빈은 중국인에게도 역사적 상처가 깊은 곳이다. 제2차 세계대전 당시 일본은 하얼빈에서 731부대를 만들고 생화학전에 대비해 전쟁 포로에게 바이러스, 독가스 등 잔혹한 생체 실험을 자행했다.

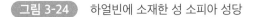

그림 3-24 하얼빈에 소재한 성 소피아 성당

주: 성 소피아성당(Saint Sophia Cathedral)은 하얼빈의 랜드마크이다. 중동철도를 건설하던 러시아 제4보병단이 1907년에 만든 군 교회당 건물이었다. 1932년에는 다시 중건하여 아시아 최대 동방정교회 건물이 되었다.

자료: ⓒ 2011. 김동하.

2) 흑룡강 자유무역시험구(黑龙江自由贸易试验区)

2019년 8월에 흑룡강성 자유무역시험구가 지정되었다. 흑룡강 자유무역시험구는 총면적이 119.85km²로, 하얼빈 구역(79.86km²), 헤이허 구역(黑河. 20km²), 쑤이펀허 구역(绥芬河, 19.99km²)으로 구성되어 있다. 중국 정부는 시험구를 러시아 및 동북아 지역과의 상호협력을 위한 국제무역센터로 육성할 계획이다. 하얼빈 구역은 차세대 정보기술, 신소재, 첨단장비, 생물 의학 및 기타 전략적 신흥산업, 과학기술, 금융, 문화관광 및 기타 현대서비스업, 한랭지 빙설 경제 발전에 중점을 둔다. 또한 유라시아 국가들을 겨냥하여 물류 허브를 건설한다.

헤이허 구역은 국경을 초월한 에너지 자원의 포괄적인 가공 및 활용, 녹색식품, 상업 및 무역 물류, 관광, 건강, 국경 금융 발전에 중점을 둔다. 국경 간 산업 클러스터와 국경도시 협력 시범구를 건설하고, 국경 간 물류 허브와 중러 교류 협력의 중요한 기반을 구축한다.

쑤이펀허 구역은 목재, 곡물, 청정에너지 및 기타 수입 가공산업과 상업 및 무역금융, 현대 물류 및 기타 서비스 산업의 발전에 중점을 둔다. 상품 수출입, 저장, 운송 및 가공 물류센터와 국제 육해 통로를 지향한 육상국경 물류 허브를 건설한다. 이를 통해 중러 및 동북아 개방 협력의 중요한 플랫폼을 구축한다.

2023년 1월부터 9월까지 시험구 무역액은 415.3억 위안으로 전년동기비 53.2% 증가했으며, 이는 성 무역의 19%를 차지한다. 시범구 내 신규기업은 5,846개로 전년동기비 37.4% 증가했으며, 이중 외자기업은 48개(166.7% 증가)로 성 내 신규 외자기업의 27.9%를 점유했다. 실제 외자 사용액은 3,336만 달러로 성 전체 외자 사용액의 19.3%를 점유했다.[26]

3) 시베리아 횡단열차(TSR)와 연결되는 물류망 구축

하얼빈과 독일 함부르크를 연결하는 국제화물철도(9820km.중국-EU열차.中欧班列)가 2015년 6월에 개통되었다. 하얼빈에는 송화강 수로와 창춘-하얼빈, 하얼빈-만저우리, 하얼빈-베이징, 하얼빈-쑤이펀허 및 무단장, 하얼빈-지린성 라파선 등 철도가 사통팔

---

26   黑龙江日报(2023. 11.15.).

달로 뻗어있다. 이번 국제화물열차의 개통은 쑤이펀허-하얼빈 구간이 기존의 블라디보스톡에서 시작되는 시베리아 횡단열차보다 구간이 짧기 때문에 유리하다.

이 열차는 내몽고자치구의 러시아 접경도시인 만저우리(滿洲里)와 러시아 측 접경도시인 자바이칼스크를 거쳐 동시베리아의 치타에서 시베리아 횡단철도(TSR)에 진입한 뒤 러시아의 예카테린부르크와 모스크바, 브레스트, 말라셰비치를 거쳐 15일 만에 종착역인 독일 함부르크에 도착한다. 새로 개통한 열차노선은 기존의 육로와 해상을 이용한 화물운송로보다 두 배나 이동시간을 단축시켜 물류비용은 낮출 수 있게 됐다.[27]

시베리아 횡단열차(Trans Siberian Railroad: TSR)는 1891년 시베리아 개발과 극동의 군사력 강화를 위해 시공되었다. 전 노선의 개통은 1904년에 블라디보스톡에서 모스크바 간을 매일 1편씩 '러시아'호가 운행되기 시작했고, 열차는 통상 17~18량이 식당차와 함께 편성된다. 완공은 1916년에야 되었고 전 구간이 전철이며 세계에서 가장 긴 철도로 9,297km에 달한다. 연간 이용객은 1억 5,424만 명이며, 화물 수송은 1억 톤이다.

종착역인 모스크바에 도착하기까지는 블라디보스톡에서 출발하여 밤낮으로 6박 7일을 60여 개의 역에 정차하며 달린다. 주요 정차역을 보면, 아시아 대륙의 동쪽 끝인 블라디보스톡-하바로브스크-울란우데-중국 북부 바이칼 호수를 남으로 끼고-이르쿠츠쿠-끄라스노야르스크-노보시비리스크-옴스크-예까쩨린부르크-페롬-야로슬라블-모스크바 등이다.

중국은 TSR과 연결되는 두 개의 국제열차 노선이 있는데, 먼저 북경-선양-창춘-하얼빈(흑룡강성)-만저우리(내몽고자치구)-Chita-모스크바 연결 노선(K19.토23시-금18시.7일소요)이 있고, 다음으로 북경-다퉁(산서성)-얼렌하오터(내몽고자치구)-울란바토르(몽고)-이르쿠츠쿠-모스크바 연결 노선(K03. 수 8시~월 14시. 6일 소요)이 있다.

---

27 투코리아(2015.7.10.).

그림 3-25   북경-울란바토르(몽골)-모스크바 국제열차

자료: 바이두 이미지 D/B(2013.3.).

그림 3-26   TSR 연결 노선도

자료: 두피디아(2021.7.).

3. 화동권

1 상해시

상해시(上海. 상하이)는 당(唐)대에 청룡진(靑龍鎭)이 설치되면서부터 무역항으로 발전했고, 1267년 남송(南宋) 시대에는 상해진(上海鎭)이 설치되면서 행정구역상 '上海'라는 지명이 처음으로 등장했다. 1842년 아편전쟁 후 체결된 남경조약으로 영국, 미국, 프랑스의 조계(租界)[28]가 설치되었으며, 그 결과 상해는 외국자본의 중국진출 교두보 역할을 시작하게 된다. 1927년, 현(縣)에서 특별시로, 1930년 직할시로 승격되었다. 상해는 1921년 중국공산당이 탄생한 지역이며, 문화대혁명의 진원지이자 사인방(四人幇)의 근거지, 중국 개혁·개방의 선도지로서 다수의 국가지도자를 배출하는 등 정치적 위상도 공고히 해왔다.

1980년대 개혁·개방 정책의 도입과 1990년 포동신구 개발 이후 상하이는 비약적인 경제적 발전을 거두어 왔다. 중국의 첫 번째 증권거래소가 같은 해(1990) 상하이에 개설되었고, 홍콩의 중국반환(1997) 이후 국제금융센터 역할을 이어받으며 금융 중심지로도 도약해 왔다. 이후 상하이는 국제적인 메트로폴리탄(대도시)으로 부상하며, 중국의 경제수도라는 별칭에 어울리는 자격을 갖게 되었다.

상하이는 중국 동남부의 장강삼각주(長江三角州)에 위치, 동으로는 동해, 남으로는 항주만(杭州灣), 서로는 강소성·절강성과 접하고 있으며, 북으로는 장강(長江)과 맞닿아 있다. 남북 거리는 120km, 동서 거리는 100km이다.

상하이에는 춘추전국시대(B.C. 8~3C) 초기에는 오나라 지역이었다가, 후기에는 월나라, 초나라에 속했다. 초나라(B.C. 223) 때 왕은 황헐(黃歇. B.C. 314~238)을 춘신군(春申君)이라는 제후로 책봉하고 봉읍지를 주었는데, 그곳이 지금의 상하이 지역이었다. 이런 연유로 상하이 별칭 중 하나는 신(申)이다. 진(晉. 266~420)나라 때에는 송강(松江)과 해변가 일대 주민들 대부분이 어민들이었다. 이들은 대나무로 고기를 낚는 통발을 만

---

28 조계(租界. concession)는 다른 나라 안에서 자치 행정권을 인정받는 외국인 거주구역을 의미하며, 치외법권 지역에 준하는 자치권을 가진다.

들었는데 이것을 호(扈)라고 했다. 옛 송강은 지금 쑤저우허(苏州河)인데, 상하이 중심을 흐르는 강으로 와이탄과 만나 바다로 이어진다. 이런 연유로 당시 상하이 중심 지역을 호라고 불렀고, 이후 호(扈)가 호(沪)로 바뀌어 지금 상하이 약칭인 호(중국어로는 후)가 되었다. 지금도 상하이 자동차 번호판 앞에는 상하이 약칭인 후(沪)가 남아 있다.

751년 당나라 때 상하이는 화정현(지금의 송강구)에 속했다. 991년 북송 시기에는 송강 상류가 계속 침적되고 해안선이 동쪽으로 이동되어 큰 배가 드나들 수 없었다. 따라서 큰 배들은 송강의 한 지류에 정박해야 했는데, 이곳을 상해포(上海浦)라고 불렀다. 이 시기에 처음으로 '상하이'가 지명에 등장하게 된 것이다. 1267년 남송 시기 상해포 서쪽에 도시를 건설하면서 이름을 상해진(上海镇)이라고 바꾸게 된다. 1292년 원나라 때 상해진을 화정현에서 분리하여, 상해현(上海县)을 따로 승격하여 설치하였는데, 이때부터 상하이라는 도시가 단독으로 조성되기 시작했다.

1900년 상하이는 이미 중국 내 최대 도시로 부상했다. 1936년 상하이 공업생산량은 전국의 51%에 달했으며, 1950년부터 1976년까지 26년간 중국 GDP의 1/6은 상하이에서 창출되었다. 철강재, 선반, 면사 생산량은 전국 1/4 수준이었고, 재봉틀의 2/3, 시계의 90%는 상하이에서 제조되었다. 1959~1978년간 지방재정수입의 15.4%는 상하이에서 창출되어 황금알을 낳는 거위 역할을 했다. 개혁개방이 시작되고 1980년대부터 경제발전 중심이 광동, 복건 등 화남지역과 기타 연해지역으로 고루 분산되기 시작한다.

신중국이 성립된 1949년, 베이징의 1인당 GRDP는 66위안, 상하이는 274위안으로 4배에 달했다. 이러한 우위는 2010년까지 61년간 이어졌다. 개혁개방 정책이 막 시작된 1979년 1인당 GRDP는 상하이 2,556위안, 베이징 1,358위안으로 여전히 2배 가까운 격차였다. 1992년 포동신구가 설치되고 포동개발이 시작된 해 상하이 1인당 GRDP는 8,208위안, 베이징은 6,458위안으로 격차가 줄어들기 시작한다. 2011년 베이징 1인당 GRDP는 86,365위안 상하이는 86,061위안으로 처음으로 1위 자리를 베이징에 내어준 후, 줄곧 2위를 유지하고 있다. 그럼에도 불구하고 상하이를 중국의 경제수도라 부르기에 손색이 없다. 2022년 상하이의 1인당 GRDP는 26,841달러로 베이징에 이어 2위를 점유하고 있다.

자동차, 발전설비, 철강, 정보통신, 석유화학, 생물제약 등이 6대 주력 산업이다. 2023년, 상해VW과 상해GM 등 자회사를 포함한 상해기차그룹은 502만 대의 자동차를 생산·판매하였는데, 이는 중국 전체 판매량(3,009.4만 대)의 16.7%로 중국 내 1위 수준이다. 첨단산업에 대한 외국인 투자유치와 적극적인 지원정책으로 컴퓨터, 반도체 등 IT산업의 제품 생산량이 중국 내 최고이다.

2022년 상해시 수출액은 중국 전체의 5.8%를 점유했으며, 수입액은 14.51%를 점유했다. 컴퓨터, 전자제품, 바이오기술, 방직, 철강재 등이 주요 수출품이며, 집적회로, 컴퓨터 및 부품, LCD, 항공기, 철광석 등 첨단 혹은 IT 제품 생산 위한 부품이 주요 수입품이다. 2022년 중국 전체 FDI기업 투자액 중 6.3%가 상해에 투자되었다. GE 코닥 바이엘 알카텔 유니레버 MS NEC 폭스바겐 등 글로벌 500대 기업 중 300개사가 상해에 지역본부를 설립하였다. 상하이가 유치한 다국적 기업 지역본사(아시아태평양 본사 144곳 포함)와 연구·개발(R&D)센터가 각각 710곳, 453곳에 달했다. 한국정부는 한중수교 다음 해인 1993년 5월에 상하이 총영사관을 개설하였다.

표 3-16 상해시 경제지표(2022년)

GRDP*	산업구조			1인당 GRDP	
	1차 산업	2차 산업	3차 산업	위안	US$
3.75	0.22	25.46	74.32	180,536	26,841
인구(만 명)	중국 내 인구비*	도시화율(%)	부동산 개발투자*	수출*	수입*
2475	1.76	89.33	4.01	5.8	14.51
수출입*	외상기업 투자액*	공업생산액*	소비품 판매액*	중국 평균 1인당 GDP 대비	
9.56	6.27	3.61	3.74	211.6% (85,310元. U$12,683)	

주: * 표기는 중국 내 비중을 나타낸다.
자료: 국가통계국 国家数据(2024.4.).

상해항은 물동량 세계 1위로 중국경제 유통망의 중심지역이다. 항주만대교 (35.7km)로 절강성 및 화남경제권 연결되어 있다. 2005년 이후 화물처리량 기준, 싱가포르를 제치고 세계 1위 항구로 부상했다. 2017년 컨테이너 물동량이 처음 4,000만 TEU를 넘어선 상하이항은 2020년 4,350만 TEU를 처리해 연속 11년째 세계 1위 컨테이너 항만 순위를 유지했다. 특히, 양산항은 2020년 1~11월 전년 동기 대비 0.6% 증가한 1,851만 TEU를 처리해 2020년 연간 처리실적이 처음으로 2,000만 TEU를 넘어섰다. 신항인 양산항(洋山港)은 둥하이대교(32.5km)로 연결된 수심 16m의 심수항이다.[29]

○ 엑스포로 도약한 상하이

상하이가 세계적인 도시로 부상한 계기는 무엇일까? 그중 하나는 2010년에 개최된 상하이 엑스포(上海世博覧会)이다. 2010년 5월부터 10월까지 상하이에서 열렸으며 주제는 'Better City, Better Life'였다. 240개 국가(지역)에서 참가했고, 투자액은 450억 위안, 전시장 면적은 $5.28km^2$, 관람객은 7,308만 명을 기록했다. 상하이 엑스포는 1851년에 열린 런던 엑스포 이후 최대 규모로, 189개국과 57개 국제기구가 참가했고, 18개 기업관과 50개 도시관이 들어섰다. 관람객 수도 역대 최다였던 1970년 오사카 엑스포의 6,400만 명을 추월했다. 엑스포와 관련한 예산은 엑스포 건축물 조성 등 직접투자비 180억 위안과 운영예산 106억 위안을 합해 모두 286억 위안(42억 달러)이다. 여기에 엑스포를 준비하기 위한 도로 건설과 공항 증·개축, 도시정비 사업, 환경사업 등 관련 간접비용을 모두 더하면 4천억 위안(586억 달러)에 달한다.

---

29 TEU(Twenty-foot equivalent units). 일반적으로 많이 사용되는 20ft의 컨테이너 박스 1개(가로 6m, 폭 2.4m 높이 2.6m)를 나타내는 단위이며, 컨테이너 전용선의 적재용량은 주로 TEU 단위로 나타낸다.

그림 3-27 　2010년 상해 엑스포, 중국관

주: 디자인은 기원전 춘추전국시대 청동기인 정(鼎. 솥)과 왕관에서 모티브를 가져왔다.
자료: © 2011. 김동하.

　세계경제 올림픽인 엑스포는 신기술과 미래에 대한 비전을 제시하는 장이며, 개최 기간이 길고 방문자 수가 많아 개최국가의 경제에 미치는 파급 효과가 직접적이고 크다. 2,205만 명의 방문객을 기록한 2005년 일본 나고야엑스포는 입장권 수입 670억 엔과 7조 7천억 엔의 경제적 효과를 거두었다. 상하이 엑스포 이후 경제효과를 분석한 논문들을 보면 약 1천억 위안(150억 달러)의 직접적이 수익(식음료·입장료·여행·숙박·관광 등)을 거둔 것으로 나타났다.

　포괄적 경제효과는 개최지역을 중심으로 도로, 항만, 교량 등 SOC 확충에 따른 것이다. 엑스포 관련 및 인프라 건설 투자액(4천억 위안)을 고려할 때, 상하이 GRDP의 3%p, 중국 GDP의 0.2%p를 상승시키는 효과를 유발했다. 또한 엑스포를 계기로 상하이 경제모델 전환이 가속화했다. 상하이는 1990년대 이후 서비스 중심지로 부상하기 위해 국제경제센터, 국제금융센터, 국제무역센터, 국제해운센터 등 4개 국제센터 기능을 육성했지만 주변 지역과의 기능적인 연계가 취약해 제조업을 두고 경쟁하는 공업도시형 모델에서 탈피하지 못했다. 그런데 엑스포를 개최함으로써 대규모 인프라 정비, 주변 지역과의 긴밀한 통신, 교류, 협력체제, 첨단기술들을 도입하게 되면서 일시에 미래 발전모델 도시로 전환된 것이다.

○ 동방의 파리, 상하이 조계

상하이의 개항은 청나라의 아편전쟁 패배에 따른 남경조약(1842년)의 산물이다. 18세기 인도 데칸고원에서 생산된 말와(Malwa) 지역 아편은 포르투갈인을 통해 마카오를 거쳐 중국 국내로 유입되었다. 이후 중국행 아편 수입이 증가한 배경에는 영국 동인도회사의 인도 식민지배가 본격화했기 때문이다. 18세기 말 동인도회사는 인도 캘커타를 중심으로 동부지역 아편을 전매했고, 서부 말와 아편과 경쟁관계에 놓이면서 가격이 하락했다. 결국 영국이 찾은 탈출구는 중국이었다.[30]

1839년, 임칙서는 도광제의 명을 받아 아편 2만 상자를 바다에 방류한다. 이에 윌리엄 자딘(William Jardine) 중심의 아편 상인들은 '정상적인 상품'에 대한 청나라 정부 침탈로 보고 전쟁을 영국 국회에 요구한다. 그는 동인도회사 무역선 선장이던 제임스 매디슨과 1832년 광저우에 자딘매디슨(중국명 怡和洋行)이라는 무역회사를 설립했고, 아편전쟁 후 상하이·홍콩에 진출했다. 지금도 홍콩에 본사를 둔 자딘매디슨 그룹으로 사업을 영위하고 있다.

1840년 4월, 영국 의회는 전쟁 여부를 표결에 부쳤고, 9표차로 원정군을 파견한다는 정부 주장이 통과되었다. 이것이 바로 아편 전쟁의 시작이었다. 1840년 6월, 아편 전쟁이 시작되자 광동성 근해에 집결한 영국 함대는 16척이었고, 이 중에는 동인도회사의 무장 기선 4척도 포함되어 있었다. 전쟁은 일방적인 영국의 승리로 끝났고, 그 결과 1842년 8월에 남경조약이 체결되어, 광저우, 샤먼, 닝보, 상하이 등 5개 항구가 개항된 것이다.

상하이가 정식으로 개항한 것은 1843년 11월 17일이었다. 1843년 11월에 인도에 주둔하던 포병대 장교 벨푸어가 영국 초대 주상하이 영사로 취임했다. 영국의 진출에 자극을 받은 미국도 1844년 청나라와 왕샤조약을 체결하여 5개 항구의 통상권을 획득하였으며, 영사재판권 등의 권리를 얻었다.

1845년 11월, 상하이 청나라 책임자 궁무지는 제1차 토지계약(토지장정)을 공포하고, 영국 조계를 설치한다. 100년 역사의 상하이 조계(租界)가 시작된 것이다. 조계란 임대한 땅이라는 의미의 영어 단어 Concession을 중국어로 옮긴 것이다. 이로써 영

---

30 김양수(2023), 『자유의 도시, 올드 상하이』, 동국대학교출판부, p.19.

국은 청나라 땅인 상하이 지역에 경찰권·행정권을 가지게 된다. 영국은 1846년에 임대인 회의라는 의결기구를 설립하고 조계를 통치한다. 1848년 11월에 1차 확장하고, 1863년 9월에는 미국 조계와 합병하여 영미 공동 조계를 만든다.

프랑스도 상하이 진출에 뛰어들었다. 1848년 1월, 몬티니가 프랑스 초대 주상하이 영사로 취임했고, 1849년 4월에 프랑스 조계가 설치되었다. 프랑스 조계에서는 아편을 허용하여 제비집(燕子窩)이라 불리던 아편흡연소가 8천 개가 있었다. 1852년 2월에는 페닌슐라 오리엔탈 기선(증기기관)이 상하이와 런던 사이의 정기 운항을 시작했고, 8월에는 상하이 최초의 영자신문 'The North China Herald'가 창간되었다. 1850년에는 상하이 최고의 도로인 난징루(南京路)가 만들어졌는데 이는 남경조약을 상기시키기 위한 작명이었다. 문화적 우월감을 가졌던 영국인들은 그들의 문화를 상하이에 적용했다. 대표적인 것이 난징루에 경마장을 만든 것이다.

조계가 생기자 상하이에는 외국 문물이 몰려들었다. 1864년 3월 영국상인은 상하이 가스회사를 세웠고, 1865년 난징루에는 가스 가로등이 등장했다. 같은 해 홍콩상하이은행 상하이지점이 업무를 시작했고, 이후 전신(1871년), 전화(1882년), 전기가로등(1882년), 상수도(1883년) 등 도시 인프라가 조계에 들어섰다. 1867년 10월에는 미국 퍼시픽 메일사가 샌프란시스코-상하이 간 항로를 개설했는데 이는 세계 최초 태평양 횡단 정기항로였다. 1868년 8월, 상하이 최초 공원인 퍼블릭 가든(황포공원)이 만들어졌는데, 여기에 '개와 중국인은 출입금지(狗与华人不准入内)'라는 치욕적인 팻말이 걸렸다.

설치 초기 조계 내에는 중국인들이 거의 없었으나 태평천국의 난(1850~1864)이 발생하자 수많은 난민들이 광동, 상하이, 강소 등에서 몰려들었다. 조계 인구는 1854년에는 2만 명에 불과했으나, 1860년에는 30만 명, 1862년에는 50만 명으로 급증했다. 1930년 상하이 인구가 314만 명이었는데 그중 유럽과 미국인이 3만 명, 일본인이 2만 명 수준이었다.

1854년 7월에 제2차 토지장정이 제정되었고, 참사회(Multicipal Council)가 만들어져 시정을 담당했다. 1855년이 되자 중국인의 조계 거주를 허용하였고, 이들은 세금을 내고 살 수 있었다. 빌딩들을 지어 조계를 확장하려는 외국인들은 중국인 노동자가 필요했다. 1856년 10월에 중국인 상인 윌스가 우송강(吳淞江)에 목재 교량을 세우고 중국인에게 통행료를 받았다. 1869년에 제3차 토지장정이 제정되고, 조계를 관리할 공부국(工部局)이 들어섰다. 즉 토지장정은 '헌법', 참사회는 '내각', 납세자회의는 '의회'의 역할을 담당했고 행정실무 관청이 공부국인 셈이었다. 1920년대 후반 상하이 세금 수입의 55%가 중국인으로부터 징수되었지만 정원 9명의 참사회에 중국인은 없었다. 이에 불복하여 참정권 운동을 벌이게 되자 1928년에 이르러서야 중국인 참사를 3명 이내로 두기로 한다.

1873년 7월, 공부국에서는 목조교였던 윌스교를 철거하고, 쑤저우강을 가로지르는 중국 최초 철골 다리인 가든 브리지(外白渡桥)를 건설했다. 다리는 황포구와 홍커우구를 경계 지었으며, 동시에 영국 조계와 일본 조계의 경계점이었다. 인력거도 일본에서 수입되어 상하이 주요 교통수단으로 자리 잡았다. 1876년에는 조계에서 우송을 잇는 중국 최초 철도가 영업을 시작했다. 1883년 5월에는 양수푸 정수장이 완성되어 영국 자본의 상하이수도회사가 급수를 시작했다. 1897년 7월, 프랑스 조계 내 발전소가 들어서면서 가스등이 전기등으로 바뀌었다.

계속된 조계의 확장으로 1900년 상하이 인구는 100만 명을 넘어섰다. 당시 상하이는 런던, 뉴욕, 도쿄, 베를린, 파리에 이어 세계 6위 대도시가 된 것이다. 상하이 거주 외국인 국적은 58개에 달했다. 1905년 12월에 영국 자본으로 상하이전차공사가 설립되었고, 1906년에는 상하이-남경 간 철도 구간 중 상하이-무석 구간이 개통되었다. 1909년 9월, 상하이-항저우 철도가 개통되었다.

1912년이 되자 중국의 마지막 왕조였던 청나라는 멸망하고 중국 최초의 공화정 국가인 중화민국이 성립됐다. 하지만 여전히 상하이는 조계가 유지되었다. 1919년 3.1 운동 이후에 대한민국 임시정부가 생긴 것도 프랑스 조계 안이었다.

20세기 초가 되자 상하이에는 더욱 소비 문화가 확대되었는데 상하이 4대 백화점이 들어선 것도 이 시기였다. 1917년 센스백화점을 광동출신 호주 화교가 개점하였고, 1년 후에 용안백화점, 1926년에는 신신백화점이 1936년에는 다신백화점이 들어섰다. 1932년 4월 29일, 상하이의 홍커우 공원(현 루쉰공원)에서 윤봉길 의사는 상하이 점령 승전행사를 위해 일본 조계에서 모인 군중들 틈에서 나와 군 수뇌부가 모인 단상에 폭탄을 던졌다.

1941년 12월 8일, 태평양 전쟁이 발발하면서 일본군은 조계를 점령했고, 수년간 영국·미국·네덜란드는 적국인으로, 백러시아인은 중립국인으로, 독일·이탈리아인은 중심국인으로 분류하여 관리했다. 이때 상하이는 2007년 영화(이안 감독. 양조위·탕웨이 주연. 베니스영화제 수상)로도 만들어진 장아이링의 소설 색계의 배경이었다. 1943년 프랑스 조계는 상하이8구, 공동조계는 상하이1구로 명칭을 바꾸게 된다. 1945년 8월 15일, 일본의 항복으로 100년 역사의 상하이 조계가 막을 내리게 된다.[31]

그림 3-28   19세기 상하이 조계 현황

자료: 星球硏究所(www.iloveplanet.cn)(검색일자: 2024.5.).

1) 상하이 자유무역시험구(上海自由貿易试验区)

2013년 9월 29일에 중국의 첫 번째 자유무역시험구가 상하이에 등장했다. 상하이 자유무역시험구(China [Shanghai] Pilot Free Trade Zone)는 상하이외고교보세구, 외고교 보세물류원구, 양산보세항구, 푸동공항종합보세구 등 4개의 세관 특수 감독구역을 포함하며, 총면적은 28.78km²에 달한다.

상하이 FTZ 도입배경을 살펴보면 다음과 같다. 첫째, 제도의 혁신이다. 외자기업

---

31   신경진(2013), 『고찰명, 중국 도시 이야기』, 문학동네, p.201.

투자에 대해 원칙적으로 자유화하되 예외적으로 금지, 제한하는 내용을 열거하는 '네거티브 리스트' 제도를 시행했다. 둘째는 높은 편리성이다. 통관수속 간소화와 무역편리화 등을 실시하고 있다. 이제는 통관 일체화로 발전해 중국 전역으로 확대되고 있다. 셋째는 혁신 및 개방 확대이다. 금융 분야 등에서 혁신 제도 도입과 함께 외자를 허용하지 않던 서비스 시장을 자유무역구를 통해 열고 있다.

상하이시 발전전략으로 2006년부터 자유무역구 논의가 됐으며, 미개발 지역이던 푸둥 지역은 1990년대부터 경제특구로 지정돼 외자를 유치하기 시작했다. 푸둥신구 개발계획의 일환으로 와이까오차오(옛 상하이항 배후), 푸둥공항, 양산항 등을 단계적으로 보세구역으로 앞서 지정했다. 이를 토대로 2013년 9월 29일, 상하이 푸둥신구 내 기존 보세구역을 그대로 승계해 상하이 FTZ가 출범한 것이다. 상하이 FTZ 면적은 28km^{2}로 상하이시 면적 6,340km^{2}의 0.45%에 해당된다. 이에 따라 자유무역시험구는 보세구[32]의 성격을 유지하고 있다. 실제 철조망으로 보세구를 구분하고, 다수 출입문을 두고 있다. 사람, 차량의 보세구 출입은 자유로우나 물품 반출은 통제된다. 근로자들은 보세구역 밖에 거주하며 보세구역 내에는 호텔만 있다.

상하이 보세구역에 등록된 업체는 1.4만 개로 무역업체, 물류업체가 중심이다. 이 중 1만여 개는 무역업체로서, 보세구역에 '등록'만 하고, 실제 업무는 상하이 도심에서 수행한다. 상하이시 당국은 제조업을 상하이 밖으로 이주하도록 유도하고 있다. 업무 시간 상하이 FTZ 상주인구는 20만 명이며, 푸둥신구 거주인구는 100만 명에 달한다.

표 3-17 상하이 자유무역시험구 현황

구분	신/구	면적(km^2)	기능
와이가오차오(外高橋) 보세구	2013년 9월 설립	1.03	물류창고, 수출가공, 전시판매
와이가오차오 물류원구		10.00	물류창고, 국제배송, 재수출
양산보세항구		14.15	물류창고, 보세가공, 국제배송
푸둥공항보세구		3.59	보세물류(항공),수출가공

---

32 보세구역은 외국물품을 보관하거나 물품의 수출에 따른 통관절차를 이행하기 위하여 수출물품을 일정기간 보관하거나 또는 외국물품을 가공, 제조, 전시 등을 하기 위한 장소로서 세관장이 지정하거나 특허한 구역을 말한다.

루자쭈이 금융구	2014년 12월 추가	34.26	금융 중심
진차오 개발구		20.48	선진제조업, 생산서비스업
장장가오 과학기술구		37.2	벤처산업
린강신구	2019년 7월 추가	119.5	반도체, AI, 바이오

자료: 상하이 자유무역시험구(www.china-shftz.gov.cn).

상하이 FTZ 내 외국기업의 투자에 대한 '네거티브 리스트'를 시행하고 있다. 기존에는 외국인투자자를 장려, 허용, 제한, 금지 등으로 구분하되 모두 중국 정부의 심사를 거쳤다. 네거티브 리스트 도입 후, 18개 업종에서의 190개 제한, 금지조치 이외에는 외국인투자 사전심사를 없애고 전면 허용한 것이다. 다만, 정보통신·방송·영화·TV에 대한 외국인투자 제한, 온라인 뉴스포털·온라인게임에 대한 외국인투자 금지, 은행·보험에 대한 외국인투자 제한적 허용 등이 아직 남아 있다.

그림 3-29 상하이 자유무역시험구 위치도

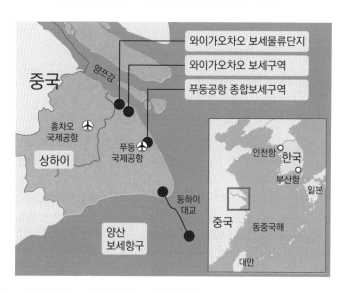

주: 2014년 말에 루자주이금융구, 진차오개발구, 장장하이테크 단지 등 3개 지역이 확대되었다.
자료: 연합뉴스(2014.9.25.).

한편, 2014년 12월자로 상하이 FTZ 확대가 결정되었는데, 기존 지역에서 루자쭈이(陸家嘴)금융구, 진차오(金橋)개발구, 장장(張江)첨단과학기술구를 포함하게 되어, 총면적이 기존 28.78km²에서 120.72km²로 확대되었다. 2018년에는 중국 최초로 외국인 투자 100%를 허용한 미국 테슬라(전기차)가 이곳에 입주했다. 장장첨단과학기술단지에는 마이크로소프트, 인텔 등이 단지 내에 혁신센터를 설립했다. 동 단지 내에 현재 158개 외국자본 R&D기관과 50개 다국적기업의 지역본부가 입주해 있다. 상하이 FTZ의 면적은 상하이 전체의 2% 불과하지만, GRDP의 25%와 무역 총액의 40%를 창출하고 있다.

2019년 7월에는 상하이자유무역구에 린강신구(臨港新區) 119.5km² 구역이 추가됐다. 린강신구는 상하이 동남쪽에 위치해 있고, 미국 전기차 업체 테슬라가 20억 달러를 투자해 첫 해외공장을 지은 지역이다. 린강 남부 76.5km², 사오양다오 18.3km², 푸둥공항 남쪽 24.7km² 지역이 새로 포함됐다. 이곳에 반도체, 인공지능, 바이오 분야를 집중 육성하려 한다. TESLA 외에도 독일의 최대 전기·전자기기 제조회사인 지멘스(SIEMENS), 미국 중장비 제조사 캐터필러(Caterpillar), 독일 화학회사 바스프(BASF)도 린강신구에 입주했다.

표 3-18 상하이 자유무역시험구 제도 개혁 계획

투자관리	개방역량 강화를 위해 두 차례에 걸쳐 네거티브 리스트를 발표하여, 제한금지 이외 업종에 대한 투자를 사전승인 없이 전면 허용
무역관리감독	통관시스템 간소화로 수출입 증가와 함께 통관시간을 단축
금융혁신	51개 금융지원정책 및 자유무역 계좌, 위안화 국제화, 투융자 외환 업무 간소화, 금리 시장화, 외환관리제도 5개 분야 금융제도 및 관리감독 방식을 구축하여 기업 활성화를 적극 도모 * 투융자가 원활하게 이루어지도록 어떤 성격의 자본이든 자유롭게 필요한 국가의 통화로 환전할 수 있는 자본항목 환전을 허용. 위안화 자본계정 및 금융개방 가속화
관리감독	사중사후(事中事後) 관리감독제도를 강화하고, 사회 신용시스템 건설을 가속화
외국인 투자 장려	• 금융: 은행업, 의료보험, 리스 • 전문직업: 법률 서비스, 신용 조사, 여행사, 투자 관리, 건설업 • 운송: 해운 및 관리(연안항 환적 서비스 등) • 상업: 부가가치 전신서비스, 게임기계의 제조, 판매, 서비스 • 문화: 공연기획, 공연장 설치, 운영 • 사회: 교육훈련 및 직업훈련, 의료 서비스

자료: 상하이 자유무역시험구(www.china-shftz.gov.cn)(검색일자: 2015.12.).

2023년 9월, 상하이 자유무역시험구가 창설 10주년을 맞았다. 그간 성과를 보면, 먼저 세계적인 항만으로 부상한 양산항 종합보세구 입주 서비스기업은 60만 곳이 넘었으며, 중국 전체 화물량의 25% 이상이 이곳에서 처리되고 있다. 또한 시험구 무역용 계좌가 14만 개가 개설되었으며, 누적 거래액(국내외)은 142조 위안을 기록했다. 현재 푸둥신구 유입인재는 170여만 명으로 이들 중 첨단산업 분야에서 근무하는 글로벌 인재는 4% 수준이다.

2022년 기준 시험구 실제이용 외자액 누계는 587억 달러로 상하이 전체 외자액의 30%를 점유하고 있다. 2022년 시험구 무역액은 중국 내 21개 자유무역시험구 총액의 30%를 점유하고 있다. 같은 해 푸둥신구 GRDP는 1조 6013.4억 위안, 공업생산액 1조 3390.2억 위안으로 2012년 대비 각각 2.5배, 1.5배 늘어났다. 다국적 기업본부 432곳이 입주했으며, 외국기업의 R&D 센터는 250곳이다. 2019년부터 2022년까지 린강신구가 체결한 R&D 프로젝트 투자액은 5600억 위안으로 4년간 연평균 21.2%의 GRDP 성장률을 보였다.[33]

2 산동성

산동성(山東. 산둥)의 명칭은 태행산(太行山)의 동쪽에 있다는 의미이다. 춘추전국시대(B.C.770~B.C.221)에 이곳에 제(齊)나라, 노(魯)나라 2개 제후국이 소재하였기에 지금도 이 지역을 제노(齊魯)지역이라 부르며, 산동성 약칭을 노(魯)로 표기하고 있다. 서주(西周)시대(B.C.11~B.C.771) 약 40여 개 제후국이 있었으며, 그중 제나라와 노나라는 정치, 경제, 문화적으로 중국 고대역사에 커다란 영향을 미쳤다. 춘추전국시대 제나라와 노나라를 중심으로 여러 제후국이 공존하다가 전국시대 말기 노나라가 초나라에 의해 멸망되고 제나라의 세력이 강화되었으며, 진(秦)시대(B.C.221~B.C.207) 제나라도 진시황에 의해 멸망되고 중국이 통일되었다. 한(漢)시대부터 북송 이전(B.C.206~1127)까지만 해도 산동성은 독립적인 행정구역으로 인정받지 못했다.

금(金)시대(1115~1234) 전국이 19개로(路)로 분할되어 산동동로(山東東路)와 산동서

---

33 光明网(2023.9.15.).

로(山東西路)가 설치되면서 산동성이 최초로 행정구역으로서 인정받았다. 청나라 말기 산동성은 10개 부(府), 3개 직속 주(州), 8개 주(州)의 96개 현(縣)을 관장했다. 1945년, 산동성 정부가 수립되었다.

표 3-19 산동성 경제지표(2022년)

GRDP*	산업구조			1인당 GRDP	
	1차 산업	2차 산업	3차 산업	위안	US$
7.33	7.19	39.47	53.35	86,143	12,807
인구	중국 내 인구비*	도시화율(%)	부동산 개발투자*	수출*	수입*
1억 163만 명	7.21	64.54	6.71	8.75	9.97
수출입*	외상기업 투자액*	공업생산액*	소비품 판매액*	중국 평균 1인당 GDP 대비	
9.28	12.73	8.68	7.56	101% (85,310元. U$12,683)	
제남시 GRDP**/인구(만 명)		청도시 GRDP**/인구(만 명)			
13.7% / 943.7		17% / 1037.15			

주: * 표기는 중국 내 비중을, ** 표기는 성 내 비중을 나타낸다.
자료: 국가통계국 国家数据(2024.4.).

2022년 기준, 산동성의 1차 산업 비중은 7.19%로 같은 해 중국 평균치인 7.3%보다 오히려 낮은 편이다. 그럼에도 불구하고 산동성이 농업대성(大省) 중 하나로 불리는 것은 넓은 경작지에 있다. 중국 전체 경작지 중 6.67%가 산동성에 있으며, 이는 흑룡강성·하남성에 이어 3위 수준이다.

산동성은 밀, 면화, 땅콩의 중국 최대 산지이다. 사과(전국 1위), 배, 포도(전국 2위), 복숭아 등 과수 재배농업 발달했다. 산동성 소우광시(壽光市·웨이팡시 현급시)는 유명한 채소 재배단지로, 미국 캘리포니아와 함께 세계 3대 채소 생산기지이다. 3,000km의 해안선과 근해의 양식가능 해수 면적이 넓어 수산업 생산량도 전국 1위 수준이다. 산동성의 주요 산업은 석유화학업·IT·자동차·기계전자 등이 있다.

그림 3-30 산동성 위치 및 주요 도시

자료: 두피디아(2021.6.).

산동성의 발전전략은 기존 가공무역기지를 내수시장 중심으로 전환하는 것이다. 인구 1억 명을 보유한 산동성은 2022년 GRDP 전국 순위 3위의 경제대성이다. 석유, 농산물이 풍부하다. 전국 2위 규모의 승리(勝利)유전이 동영시(東營)에 소재하고 있다. 피혁, 섬유, 금속가공 등 전통산업 이외에도 태양광, IT 등 신성장동력 산업 빠르게 성장하고 있다. 메가시티 조성을 위해 해양대교를 건설하고 있다. 2020년에는 청도 교주만(膠州灣)의 동쪽, 서쪽, 북쪽을 연결하는 총 길이 35km의 해양대교와 함께 길이 9.47km 해저터널도 동시에 완공되어 칭다오 지역 간 유기적 통합이 가속화되었다. 최근엔 지난과 칭다오를 잇는 고속철도가 개통돼 두 도시 간 거리가 한 시간 이내로 단축되었다.

산둥성 주요산업 중 전통 산업으로는 방직의류, 석유화학, 타이어, 비철금속, 농기계, 제지, 가전, 가구, 건축자재 등 9개 분야가 있다. 新성장동력 산업으로는 첨단장비 제조, 첨단화학공업, 정보산업, 신에너지재로, 해양경제, 현대농업, 문화산업, 의료바이오보건, 관광, 현대금융 등 10개 분야가 있다. 산둥성 소재 주요 항구로는 칭다오항, 르자오항, 옌타이항, 웨이팡항, 빈저우항, 둥잉항 등이 있다. 중국 항구 화물 물동량 기준으로 칭다오항 5위, 르자오항 9위, 옌타이항 10위를 점유하고 있다.

III 중국 지역별 환경 **199**

1) 샘물의 도시, 지난

지난은 옛 지(濟)강의 남쪽에 위치한다 하여 붙여진 이름이다. 지강은 황허·창강과 함께 4대 강 중 하나로 꼽힌다. 이후 본래 허난(河南)성 지위안(濟源)에서 발원해 산둥성을 지나 발해만으로 흘러 들어갔지만 훗날 황하가 강줄기를 북쪽으로 틀면서 황하와 합쳐졌다. 4대 강이 흐르던 지역인만큼 지난에는 유난히 물이 많아 예로부터 '샘의 도시(泉城)'로 불렸다.

지난은 삼국지의 조조가 한때 다스렸던 땅이다. 황건적의 난을 진압한 공로를 인정받은 조조는 황제로부터 제남의 승상 직을 하사받았다. 이후 위진남북조 시기 지난은 한때 전란의 소용돌이에 휘말리기도 했으나 수당시대에는 불교의 중심지로 번성했다. 금나라 때 지난 북쪽에 바다까지 이어지는 소청하(小青河)를 뚫으면서 지난은 중국의 소금 집산지로 번성하며 지역 경제는 활황을 띠었다. 청나라 말기엔 본격적으로 자본주의가 싹트기 시작했다. 1904년 위안스카이(군인·정치가·중화민국 임시총통. 1859~1916)의 제안으로 지난은 중국 근대 역사상 최초로 외세 개입 없이 자주적으로 외국과 제일 먼저 통상한 항구가 됐기 때문이다. 서구 열강에 의해 지난-칭다오를 잇는 자오지(膠濟) 철도에 이어 톈진에서 장쑤성 푸커우(浦口)에 이르는 진푸(津浦) 철도가 개통되고 황하대교까지 완공되며 지난은 중국 남·북을 잇는 교통 허브로 자리 잡았다. 이곳에선 방직·의복·제분·시멘트·성냥 등 산업이 발달하기 시작했다.

지난 일대에는 원나라 때부터 72개 유명한 샘이 있는 지역으로 유명했다. 박돌천(趵突泉), 흑호천(黑虎泉), 진주천(珍珠泉), 오룡담(五龙潭), 백맥천(百脉泉) 등이 지난의 5대 샘으로 유명하다. 그중에서도 지난의 박돌천(趵突泉)은 '천하제일천'이라 불린다. 청나라 건륭제가 이곳의 샘물로 차를 끓여 마신 후 붙여진 이름이다.

박돌천(趵突泉. 바오투취안)이란 이름은 남북조 시대인 북위(386~534)의 문헌에 처음 등장할 정도로 역사가 오래되었다. 지난의 지하는 석회암 지대로 거대한 지하 수맥이 도시 전체를 관통하고 있다. 땅만 파면 물이 나오는 이유가 여기에 있다. 박돌천은 1931년에 관광지로 처음 조성되었으며, 이후 길이 30m, 폭 18m, 깊이 2.2m의 지금의 규모를 갖추게 되었다. 박돌천 밑 석회암에서 용출된 지하수가 쏟아지는데, 매일 7만 m^3의 물이 분출된다. 3개의 분출구가 있으며, 1년 사계절 지하수 온도는 18℃를 유지하고 있다. 2013년에 중국 정부는 최상급인 국가 5A급 관광지로 지정하여, 박돌천을 보호하고 있다.

필자가 지난을 방문했던 2014년 제남대학의 한 전문가는 거대한 수로 위에 놓인 도시인 지난시에 지하철을 뚫는다는 것은 불가능할 것이라고 단언했었다. 이랬던 지난에서 드디어 2019년 4월에 지하철이 개통되었다. 물론 노선 전체가 지하구간은 아니며, 지상구간이 더 많은 도시철도망이기는 하지만 지하구간도 존재하는 지하철이 등장한 것이다. 현재 2개 노선을 운영하고 있으며, 1호선과 3호선(1기)을 운영 중이다. 총연장 운영구간은 47.7km이며, 모두 23개의 지하철역이 있다. 또한 2019년 12월에는 2호선 1기(36.4km) 공사를 착공하였으며, 거대한 지하 수맥을 관통해야 하는 중국 도시 지하철 구간 중 최대 난공사라고 한다.

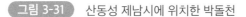

그림 3-31 산동성 제남시에 위치한 박돌천

주: 박돌천 중심 분출구에 있는 정자인 관란정(观澜亭)은 명대인 1461년에 축조되었다.
자료: © 2014. 김동하.

2) 산둥자유무역시험구(山东自由贸易试验区)

2019년 8월, 지난, 칭다오, 옌타이 등 3개 지역을 통합하여 산둥자유무역시험구가 출범했다. 총면적은 119.98km²이다. 먼저 지난시 지역(37.99km²)에는 인공지능, 산업금융, 의료건강, 문화산업, IT 등 산업을 중점 발전시킬 계획이다. 칭다오 지역(52km²)에는 현대해양, 국제무역, 항운물류, 현대금융, 선진제조 산업을 발전시켜 해양경제 중심지, 동북아 국제항운 허브로 육성시킬 계획이다. 옌타이(29.99km²) 지역에는 첨단 장비제조, 신소재, 신세대 IT, 환경보호 에너지절감, 바이오, 생산성 서비스업 등 산업을 육성할 계획이다. 아울러 중한무역투자합작선행구를 조성하여 한국과 경제협력 방안을 확대하려 한다. 또한 해양 스마트 제조기지 구축을 계획하고 있다.

출범 이후 2개월 만에 산둥자유무역시험구에는 2700개의 신규 기업이 설립되었으며, 무역투자 편리화, 금융서비스 최적화, 첨단기술산업 집결지 조성을 설치 목표로 하고 있다. 이와 관련하여 산둥성은 14·5 규획(2021~2025) 기간에 ① 과학기술 인재 양성을 통한 혁신 발전, ② 10대 육성산업 중심의 성장동력 전환 전략 추진, ③ 쌍순환 원활화에 발전 전략의 중점을 두고 있다. 차세대 정보기술·첨단장비 제조·신에너지·신소재·의료헬스·첨단 해양산업을 비롯한 신산업을 육성하기로 했다.

2023년 말 시험구 지난지역 신설기업은 모두 1.8만 개로 제남시 전체 신설기업의 17.5%를 점유했다. 시험구 지난지역 무역 총액은 787.3억 위안으로 전년비 7.6% 증가했으며(시 전체 36.4%), 실제 이용외자 총액은 10.5억 달러로 전년비 9% 성장(시 전체 42.5%)했다.[34]

3) 칭다오와 칭다오맥주

인구 1037만 명의 칭다오시(青岛)는 우리에게 잘 알려진 칭다오 맥주(TsingTao Beer) 본사가 있는 곳이다. 중국인들이 은퇴 후 살고 싶은 도시 Top 3 안에 매년 선정될 정도로 주거 환경, 기후, 먹거리 등이 훌륭한 곳이다. 인천과는 직선거리가 550km로 한국인들에게는 심리적으로 가까운 중국 도시 중의 하나이다. 인천공항에서 1시간 30분이면 칭다오 류팅국제공항에 도착할 수 있고, 인천에서 출발하는 페리(위동항운)를 저녁

---

34 大众网(2024.4.25.).

8시 30분에 타면 다음 날 아침 9시면 칭다오에 도착한다. 칭다오는 산동성 성도인 제남시보다 경제규모가 크다. 이는 칭다오맥주, 세계 최대 가전업체인 하이얼(海尔), 또 다른 대형 가전업체인 하이센스(海信), 금호타이어를 인수한 더블스타(双星集团) 등 대기업이 모두 칭다오에 있기 때문이다.

칭다오 맥주는 칭다오의 역사와 무관하지 않다. 1897년 11월 14일(청 광서제 23년) 독일은 선교사 살해 사건을 빌미로 칭다오를 침략하여, 1898년 3월 칭다오를 99년간 조차하는 '교오조차조약(胶澳租借条约)'을 청 정부와 체결하였다. 이로써 칭다오는 독일 식민지가 된 것이다. 1914년 세계1차 대전이 발발하자, 일본이 독일 대신하여 칭다오를 점령하였고, 1919년에 이르러 5·4운동 영향으로 칭다오 주권을 찾아올 수 있었다. 칭다오 맥주가 탄생한 시기가 바로 독일 식민지 시기이다.

1903년 8월 15일, 홍콩에 있던 앵글로게르만 맥주회사의 독일 및 영국상인이 합작으로 칭다오에 게르만맥주 칭다오주식회사를 설립하였다. 물론 칭다오 지역의 수질이 맥주 생산에 적합했기 때문에 결정한 것이었다. 이후 이 회사는 연산 2천만 톤의 맥주를 생산·판매했다. 1906년에는 뮌헨박람회에 출품하여 금메달을 수상함으로써 칭다오산 맥주 품질을 인정받기도 하였다. 다시 칭다오가 일본 식민시대에 접어들자 1916년 9월, 일본의 '대일본맥주주식회사'가 게르만맥주 칭다오공장을 인수하였고, 우리에게도 잘 알려진 삿포로, 기린 등 브랜드를 붙여 맥주를 생산했다. 1936년에 이르러 이 공장의 연산 능력은 4,663만 톤까지 늘어났다. 1945년 8월, 일본이 항복하자 이 공장을 접수한 중국 정부는 회사명을 칭다오맥주(青岛啤酒公司)로 바꾸게 된다. 1949년 신중국이 성립되자 칭다오맥주는 국유화되었으며 발전을 거듭하여 1993년에는 상하이, 홍콩증시에도 상장되었다. 2018년에는 생산량 803만 리터, 매출액 265억 위안을 달성하여, 세계 맥주시장 점유율 4%로 세계 6대 맥주회사로까지 발전하여 지금에 이르렀다. 우리에게도 널리 알려진 칭다오 국제맥주축제는 1991년에 시작되었으며, 매년 8월 둘째 주에 개막하여 16일 동안 열리게 된다.

4) 한국과의 교류

산동성은 지리적 근접성과 문화적 유사성으로 인해 한국과의 교류 역사가 오래되었다. 1882년 7월, 청나라 수군 3천 명과 군무원 40명이 배를 타고 인천에 도착하였는

데, 이들이 출발한 곳이 바로 산동성 옌타이였다. 이들은 그해 8월에 조선과 '조청상
민수륙무역장정(조선-청나라 무역조약)'을 체결하고 상행위를 시작하였다. 이들은 한국에
정착한 1세대 화교이기도 하다. 한·중 수교(1992년) 이전, 대만 국적 화교들 90%의 고
향이 산동성인 이유가 이런 배경이다. 이들은 한국전쟁(1950~1953)으로 남북이 분단되
자 북한 지역에 있던 화교들은 중국 국적을, 남한 지역에 있던 화교는 대만 국적을 취
득해야 했다.

1992년 한중수교 이후 한국기업의 최다 및 최대 투자지역으로 부상하였으며, 한국
은 2002년 이후 산동성 최대 교역 상대국이 되었다. 경제적 교류 외에 인적 교류도 활
발히 이뤄져 2010년 산동성을 방문한 한국인 수가 129만여 명에 달했으며, 산동성 거
주 한국인은 중국 전체 체류 한국인의 24.1%(8만 8,800명)에 달했다. 한국정부는 1994
년 9월 주칭다오총영사관을 개관하였다. 2022년 기준으로 우리나라 경기·경남(산동),
대구(칭다오), 수원(지난), 안양(웨이팡) 등이 산동성 각 지역과 체결한 자매(우호)도시는 23
개에 달한다.

2000년대 들어 중국의 산업구조 고도화가 진행되고 노동임금이 빠르게 상승하면
서 저임금을 활용한 품목의 비중이 감소하고 전자기기, 기계, 석유화학, 철강 등의 품
목으로 대체되었다. 2005년 한국의 對산동성 수출의 62.6%가 가공무역 형태로 이뤄
졌으나 그 비중이 점차 낮아져 2011년에는 수출의 49.9%가 가공무역 형태로 이뤄졌다.

한국의 對산동성 투자는 제조업 편중, 중소기업 중심, 산동성 연해지역 중심, 저임
금 활용목적이라는 특징을 가지고 있다. 2010년 말 기준으로 산동성에 총 6,226개의
한국기업이 진출해 있으며, 칭다오시에 3,319개사, 웨이하이시에 1,300개사, 옌타이
시에 998개사가 등록되어 있다. 對산동성 투자 중 제조업이 89.1%의 비중을 차지하
고 있으며 우리나라의 전체 대중국 투자보다 중소기업의 투자비중(51.3%)이 높고 저임
금 활용을 목적(37.8%)으로 한 투자비중이 높다.[35]

최근 통계를 보면 2018년 기준, 산둥성 진출 한국기업수는 4,363개로 다소 줄어들
었다. 산둥성의 주요 투자 제조업종은 여전히 섬유, 봉제, 식품, 피혁, 완구, 주얼리,
경공업품, 기계, 화공, 전자 등 다업종군에 고루 분포해 있다. 도시별로는 칭다오 지역

---

35 KIEP(2012), 한·중경제협력 20년 회고와 전망: 산동성, 「중국 성별동향 브리핑(Vol.3 No.13)」, p.2.

에 총 투자법인이 50% 이상 집중되어 있으며, 옌타이, 웨이하이 지역을 포함한 3개 도시에 한국기업의 90%가 진출해 있었다. 최근 한국기업 진출 트렌드를 보면, 제조업 신규 투자는 감소 추세이며, 투자패턴이 기존의 제조업 위주에서 기술 집약 및 서비스, 유통 분야 등으로 전환되고 있다.

2015년 한중 FTA 체결 이후, 인천경제자유구역(IFEZ)과 산둥성 웨이하이시(威海市)를 한중FTA 시범협력지역으로 지정했다. 이후 한중 FTA의 무역·투자·서비스·산업 협력 사항이 두 지역에서 추진되고 있다. 산둥성의 최동단에 위치한 웨이하이시는 삼면이 황해에 둘러싸여 있는 해양도시로 한반도와 마주하고 있다. 해안선은 985.9km이며, 웨이하이항, 스다오항(石岛港), 롱옌항(龙眼港), 리다오항(俚岛港)등이 있다. 웨이하이시 인구는 290만 명, GRDP는 산둥성 전체의 4.1% 수준이다.

웨이하이 세관에 따르면 2019년 말 기준 한중FTA 시행 4년 동안 웨이하이시의 대(對) 한국 무역액은 2015년 373억 위안에서 427억 위안으로 14.5% 증가했다. 2016년 웨이하이시는 국가 서비스·무역 혁신발전시범도시, 웨이하이 종합보세지구, 산둥성(웨이하이) 크로스보더 전자상거래 종합시험지구 등을 중앙정부로부터 승인받았다. 또한 한중 미술국제교류전, 한중 혁신대회, 한중 로봇산업 협력대회 등 행사를 주최하기도 했다. 2019년 1월, 두 도시(웨이하이, 인천)는 웨이하이항 그룹, 웨이하이 공항그룹 및 인천항만공사, 인천공항공사와 함께 '웨이하이-인천 동북아 물류 중심 조성 MOU'를 체결하기도 했다.

2019년 웨이하이의 對한국 무역총액은 산둥성 1위, 전국에서는 상하이와 선전 뒤를 이어 3위를 기록했다. 2019년까지 웨이하이에 823개 한국기업이 설립됐고, 이는 위해시 외자기업의 57.1%를 차지하고 있다.[36]

---

36 노컷뉴스(2020.8.16.), M이코노미뉴스(2019.5.23.).

그림 3-32 산동성 청도시 5·4광장

자료: © 2011. 김동하.

○ 공자의 고향 곡부

인구 65만 명의 산동성 작은 도시인 곡부(曲阜. 취푸)는 지금으로부터 3천 년 전인 춘추전국시대 존재했던 노나라(魯国. B.C.1032~249)의 수도였다. 사상가이자 교육자인 공자(孔子. B.C.551~479)의 고향이 이곳이다. 곡부는 산동성의 성도인 제남시에서 남쪽으로 120km에 위치하고 있다.

취푸에는 공자를 기리는 사당과 묘지, 후손들의 저택이 남아 있다. 묘지에는 공자의 무덤을 비롯하여 10만 명이 넘는 후손들의 묘가 있다. 지금도 공씨 일가의 152채 건물이 남아 있다. 중국에서는 이곳을 곡부삼공(曲阜三孔)이라고 부르는데, 공자의 사당인 공묘(孔庙), 공자 자손 일가의 주택지인 공부(孔府), 그리고 공자 가족묘지인 공림(孔林)이 바로 3공(三孔)이다. 취푸동역(曲阜东站)은 2011년 6월에 고속철 전용역사로 개통되었으며, 베이징-상하이 고속철 구간의 간선역이기도 하다. 곡부삼공은 1994년에 '취푸의 공자유적(Temple and Cemetery of Confucius and the Kong Family Mansion in Qufu)'으로 유네스코 세계 문화유산에 등재되었다.

공자의 사당(공묘)은 그가 죽은 이듬해(B.C. 478)에 노나라 애공이 취푸에 있는 그의 옛집을 사당으로 개축하여 조성했다. 이후 청나라 시대에 이르기까지 30여 회에 걸쳐 증축, 개축되었다. 한나라를 건국한 유방(劉邦)은 공자를 기리는 제물을 바치기 위해 취푸를 찾았고, 이후 여러 황제들이 공자에게 경의를 표하기 위해 이곳을 방문했다. 공자의 무덤(공림)은 중국 사람들이 숭상하고 순례하는 장소이다. 이는 한무제(漢武帝) 가 '온갖 사상과 학파를 없애고 오직 유교만을 존경하라'는 명을 내린 뒤부터였다. 지금도 많은 학부모와 수험생들이 입시 철이면 공묘에 와서 향을 피우고 합격을 기원한다.

공자는 '수천 년에 걸쳐온 스승의 표본(萬世師表)'으로 모셔졌다. 공묘 입구에는 측백나무와 소나무가 양옆으로 있다. 주요 건물은 중앙을 축으로 세로로 배열되어 있고, 9개의 정원이 각각의 건물을 감싸고 있다. 공묘 안에 있는 1,000개가 넘는 비석에는 한나라(B.C.206~A.D.220) 때부터 황제가 바친 제물이 기록되어 있다.

그림 3-33   산동성 곡부, 공묘 대성전 내 공자상과 위패

주: 공자상 위에 걸린 현판의 만세사표(萬世師表)는 '영원한 스승의 표본'이라는 뜻으로 공자를 의미한다. 만세사표는 290년에 쓰인 역사서 삼국지(三国志. 저자 陳寿)에 등장하며, 청나라 4번째 황제인 강희제 (1661~1722)의 글씨이다.

자료: © 2014. 김동하.

공자의 묘는 취푸에서 북쪽으로 1km 떨어진 쓰수이강(泗水) 제방에 자리한다. 공자의 묘 인근에는 공자의 아들 공리(孔鯉. BC. 532~482)와 손자 공급(孔伋. B.C. 483~402)의 분묘도 같이 있다. '공급'은 공자의 제자인 증자(증삼)의 가르침을 받았는데, 유교의 중요 사상인 '중용(中庸)'을 저술했다. 산동성은 공자 마케팅에 적극적으로 나서고 있는데, 공부가주(孔府家酒)와 삼공맥주(三孔)는 취푸 특산 술이다.

3 강소성

강소성(江苏省. 장쑤)은 동쪽으로 바다를 접하고 있고, 서쪽과 남쪽으로는 호수를 끼고 있으며, 장강(長江)이 중부를 관통한다. 경항대운하가 남에서 북으로 가로지르고, 기후가 따뜻하고 토양이 비옥하여 예로부터 어미지향(魚米之鄕· 물고기와 벼가 풍성한 곳)이라고 불리기도 했다. 1년 내내 수산물과 육류, 야채 등 음식재료가 풍부해 요리법들이 발전하였다. 강소성 지방의 요리인 화이양차이(淮揚菜)는 난징, 양저우, 쑤저우 지역 요리를 위주로 한다. 이러한 경제적 풍요 덕분에 명대 과거에서 장원(수석)을 차지한 92명 중 강소성 출신이 18명(19.6%), 절강성이 20명(21.7%)이었고, 청대에는 장원 117명 중 강소성 50명(42.7%), 절강성 20명(17%)을 기록했다.[37] 명대 책 한 권의 가격이 당시 쌀 400kg(800근) 가치였다고 하니, 지금 가치로 환산해도 과거 준비에 필요한 책 한 권 값이 백만 원이 넘는 셈이다.

중국 동부연해의 중심에 위치, 동쪽으로 황해(黃海), 서쪽으로 안휘성, 북쪽으로 산동성, 동남쪽은 절강성·상해와 인접해 있다. 현재의 난징(南京) 옛 이름인 장닝(江寧)과 쑤저우(蘇州) 두 도시 이름의 첫 글자를 따서 강소성(江蘇省)으로 불리게 되었다. 약칭은 쑤(蘇)이다.

수나라 양제(陽帝) 시대에 강소성을 통과하여 항저우-화북지역을 연결하는 경항대운하가 완성된 이후 강소성은 장강과 대운하의 교차점으로써 경제적으로 번영을 구가하였다. 주원장(洪武帝. 1368~1398)이 난징을 수도로 명나라를 건국한 이후 강소성은 농업 생산력이 증진되고 도자기, 차, 비단 등을 중심으로 한 상공업이 급속히 발전했다.

---

37 후자오량(2005. 김태성 역), 『중국 문화지리를 읽는다』, 휴머니스트, p.249.

중일전쟁 시기 난징은 중화민국 국민당 정부의 수도였으며, 1937년 일본군이 난징을 함락시킨 후 30만 명의 중국인을 대상으로 비극적인 난징대학살을 자행한 곳이다. 1949년 수난(蘇南), 수베이(蘇北) 두 개의 행정구가 설치되었고, 난징은 직할시가 되었다. 중국 정부는 1953년 두 행정구를 다시 합쳐 강소성을 설치하고 난징을 성도로 하였다.

강소성은 2022년 기준으로 중국 내 경제 규모(GRDP) 2위의 경제대성(大省)이다. 강소성의 2차 산업 비중은 44.96% 수준이며, 특히 2001년 중국의 WTO 가입 후 한국기업을 비롯한 외국기업의 투자가 확대되고 있다. 2020년 외자기업의 투자 비중은 광동성에 이어 중국 내 2위 수준이었다. 이러한 외자기업 투자에 힘입어 2022년 강소성 수출입은 중국 전체에서 2위 수준(14,19%)을 유지했다.

강소성은 장강삼각주를 구성하는 핵심지역으로 WTO 가입 후 급속한 경제발전을 이룩했다. 성 전체 도시화 수준은 74.4%이나, 소북(蘇北), 소중(蘇中), 소남(蘇南)으로 분리되어, 소남 위주로 발전해와 지역 내 경제수준 격차가 크다. 전자산업은 기업 수 및 매출액 모두 중국 2위 수준이며, 화공원료 생산량은 중국 내 1위이다. 주요 공산품으로는 컴퓨터, 반도체, 가전제품, 석유화학, 철강 등이 있으며, 특히 첨단산업에 외국인 투자를 적극유치하고 있다. 곤산(昆山), 소주(蘇州), 무석(無錫) 등이 중국의 첨단 IT기지로 떠오르면서 반도체, 컴퓨터 등 생산이 중국 전체 30% 수준이다.

표 3-20 강소성 경제지표(2022년)

GRDP*	산업구조			1인당 GRDP	
	1차 산업	2차 산업	3차 산업	위안	US$
10.23	4.07	44.96	50.98	143,466	21,330
인구(만 명)	중국 내 인구비*	도시화율(%)	부동산 개발투자*	수출*	수입*
8,515	6.04	74.42	11.3	15.22	12.83
수출입*	외상기업 투자액*	공업생산액*	소비품 판매액*	중국 평균 1인당 GDP 대비	
14.19	7.44	14.8	9.72	168.2% (85,310元. U$12,683)	
남경 GRDP**/인구(만 명)		소주 GRDP**/인구(만 명)			
13.8%/954		19.6%/1,295			

주: * 표기는 중국 내 비중을, ** 표기는 성 내 비중을 나타낸다.
자료: 국가통계국 国家数据(2024.4.).

1) 황제의 도시, 난징

2022년 기준, 난징의 GRDP는 강소성 전체의 13.8% 수준이며, 인구는 954만이다. '남쪽의 수도'라는 뜻의 난징은 육조고도(六朝古都)로 불린다. 삼국시대 오나라 손권(孫權)이 도읍을 정한 이후 동오(東吳), 동진(東晉), 송(宋), 제(齊), 양(梁), 진(陳) 등 6대 왕조의 수도였기 때문이다. 여기에 남당(南唐), 주원장(朱元璋)의 명, 태평천국, 중화민국까지 합치면 난징은 모두 10개 정권의 수도였을 정도로 중국 역사의 중심이었다. 아편전쟁 참패가 낳은 불평등조약인 난징조약, 태평천국운동, 신해혁명 후 쑨원을 임시총통으로 하는 중화민국 건국, 일본의 난징대학살까지 모두 이곳에서 벌어졌다. 수천 년 역사 속에서 난징은 베이징의 라이벌 도시였지만, 근·현대 들어서 정치수도 베이징, 경제수도 상하이에 눌려 빛을 발하지 못했다. 최근 난징은 경제 중심도시로 도약하고 있다.

그림 3-34　강소성 위치 및 주요 도시

자료: 두피디아(2021.6.).

난징시 산업경제가 본격적으로 발전하기 시작한 것은 1991년 국무원이 난징 첨단기술산업개발구(南京高新技术产业开发区. 1988년 조성 착수, 면적 160km²)를 국가급 개발구로 지정하면서부터이다. 특히 이곳엔 주로 소프트웨어·시스템통합·바이오의약·신에너지·신재료 등 주요 하이테크 기업 190곳이 입주돼 있다. 난징시 경제발전의 중심에는 글로벌 기업들이 자리 잡고 있다. 주요 투자기업으로는 BASF, GE, 모토로라, 월마트, 미쓰비시, 혼다, 샤프 등이다. 금호타이어, LG, 삼성 등의 한국 기업도 자리 잡고 있다. LG그룹은 LG전자와 LG필립스 LCD, LG 화학공장이 밀집해있는 복합단지를 'LG 산업단지'로 이름 짓고 투자를 집중하고 있다. 난징은 자동차 생산 중국 3위 도시로 난징서공자동차, 창안마즈다, 창안포드, 이베코 등 자동차 생산기업 및 200여 개 자동차 부품기업 소재하고 있다. 또한 전자제품, 화공제품 생산능력은 중국 2위 수준이다.

난징은 중국의 '항일 국가 교육장'이기도 하다. 그 중심에 난징학살추모관이 있다. 난징대학살이 발생한 12월 13일을 중국 국가기념일로 지정했고, 2015년 유네스코는 난징대학살 기록물을 세계기록유산으로 등재했다.

2) 경제 중심지, 쑤저우

인구 1,295만 명의 쑤저우(蘇州)는 강소성 성도인 남경시보다 경제규모가 크다. 2022년 쑤저우의 GRDP는 강소성 전체의 19.6%를 점유했다. 1994년 중국과 싱가포르가 공동개발한 쑤저우 공업단지는 중국이 중앙정부 차원에서 시도한 첫 외국과의 합작 프로젝트다. 중국은 토지를, 싱가포르는 자본과 기술력을 제공해 외자기업을 유치함으로써 지역경제발전을 이끈다는 이른바 '쑤저우 모델'[38]의 시작이다.

자국 기업의 중국 진출 거점 확보를 원했던 싱가포르와 외국인 투자유치 과정에서 싱가포르의 선진 노하우 확보가 필요했던 중국의 이해관계가 맞아떨어졌던 것이다. 도시계획, 기반시설, 물류시스템부터 채용과 급여, 사회보험제도까지 싱가포르의 방식을 그대로 도입해 건설됐다. 쑤저우공업원구는 279km² 규모로 서울시 절반 정도 면적을 차지하고 있다. 이곳에는 현재 삼성과 히타치, 지멘스, 파나소닉, 노키아 등 다국적기업 500여 개가 입주해 있다. 인구는 30만여 명에 달한다. 쑤저우공업원구는 쑤저우시 면적의 3.4%, 인구 7.4%를 차지하고 있지만 쑤저우 전체 GRDP의 20%를 차지

---

38 강소성은 외자유치를 통해 GRDP를 끌어올리는 '쑤저우 모델'로 성공을 거두고 있다. 이는 절강성 원저우 상인들이 국내자본으로 경제성장을 이끈 '원저우 모델'과 비교된다. 쑤저우 모델은 세계의 공장만 육성할 뿐 현지경제와 일체화되기 어렵고 주민소득을 제고하지 못한다는 비판도 있다.

할 정도로 쑤저우 경제의 중심이다.

쑤저우가 중국 대표적 공업도시로 발돋움한 지는 30여 년에 불과하다. 쑤저우는 2500년 전 춘추전국시대 오(吳) 나라 수도로 유서 깊은 역사고도(古都)다. 수(隋) 나라 때 베이징에서 항저우를 잇는 1,442km의 경항(京杭)대운하가 완공되면서 쑤저우는 창장(長江) 지역 수상교통 중심지로 발달했다. 덕분에 쑤저우는 물자교류가 활발하고 문물이 크게 번성했다. 경항대운하로 둘러싸인 쑤저우 곳곳에는 인공하천들이 마치 실핏줄처럼 뻗어있다. 원 나라 때 이곳을 방문한 마르코폴로가 '동양의 베니스'라 극찬한 이유다. 옛 관리들은 물길을 따라 곳곳에 아기자기한 정원도 지었다. 중국 4대 정원으로 꼽히는 졸정원(拙政園)은 고전 「홍루몽」의 배경이 된 곳으로 1997년에 유네스코 문화유산으로 지정됐다.

3) 장쑤 자유무역시험구(江苏自由贸易试验区)

장쑤 자유무역시험구는 2019년 8월에 난징지구(南京片区. 39.55km²), 쑤저우지구(苏州片区. 60.15km²), 롄윈강지구(連云港片区. 20.27km²) 등 119.97km² 면적으로 출범했다. 주요 발전 목표로는 정부기능 전환, 투자영역개혁 추진, 무역 업그레이드 추진, 금융시장 개방 확대, 혁신 발전 추진 등을 목표로 하고 있다. 특히 2030 정책(2일 내에 기업 설립, 3일 내에 부동산 등록증 취득, 30일 내에 공업 시공허가증 취득)을 시행하고 있다. 아울러 '하나의 창구 수리, 데이터 공유, 병합 처리, 대리 신청 위주'의 심사 제도를 시행하고 있다.

특화 산업을 보면, 먼저 난징지역은 국제영향력이 있는 독자혁신 선도구, 현대산업시범구, 대외합작플랫폼 건설이 위주이다. 쑤저우지역은 세계일류 첨단기술산업구 건설이 위주이다. 롄윈강지역은 국제교통허브, 일대일로 연선국가의 합작교류 플랫폼 건설이 위주이다.

장쑤성 정부는 14·5 규획(2021~2025) 기간에 이들 지역에 ① 신형 전기발전(신형에너지) 장비, ② IoT, ③ 공정장비, ④ 소프트웨어 및 정보 서비스, ⑤ 나노 신소재 등 성(省)급 첨단 제조업 클러스터의 생산액을 6조 위안 이상까지 확대할 계획이다. 반도체, 인공지능 등 중점 기술개발을 통해 주요 첨단산업단지의 경쟁력을 높이고, 장쑤성은 2025년까지 13개 첨단 제조업 클러스터를 조성할 계획이다.

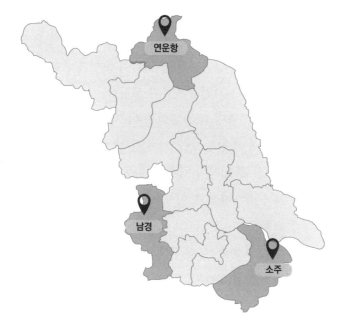

장쑤 자유무역시험구 현황

연운항

남경

소주

자료: 장쑤성 인민정부 상무청 장쑤 자유무역시험구 홈페이지(http://swt.jiangsu.gov.cn).

장쑤 자유무역시험구는 2022년 한 해 5630억 위안의 무역 실적을 기록했으며, 2019년부터 4년간 총 7,794개 외자기업이 입주했다. 또한 2023년 1~8월 말 기준, 시험구 실제 사용 외자 총액은 16.6억 달러를 기록했으며, 이는 전년동기비 8% 증가한 수준이다. 같은 기간 무역액은 2,871억 위안을 기록했다.[39]

4) 한국과의 교류

강소성은 한국기업이 2006년에서 2017년까지 가장 많이 투자한 지역(성, 직할시, 자치구)이다. 강소성 내 한국기업은 모두 2,610개사로 이는 중국 전체의 9.7%에 해당하는 비중이다. 또한 같은 기간 총 132억 달러(누적)가 강소성에 투자되었으며, 이는 한국의 대중국 전체 투자의 22.1%에 해당하는 비중이다. 이는 강소성에 삼성전자(쑤저우), 포스코(장자강), 유니온스틸(장인), LG전자 및 LG화학(난징), 현대중공업(창저우), 기아자동차

---

39   我苏客户端(2023.10.9.).

(옌청), SK하이닉스(우시), 금호석유화학(난징) 등이 대규모 투자를 집중했기 때문이다.

한국의 對강소성 최대 수출품목은 전기기기 및 TV·VTR, 광학·의료·측정·검사·정밀기기, 유기화합물이다. 한국은 1998~2002년간 강소성에 유기화합물을 가장 많이 수출하였으나, 2003년부터 전기전자 제품을 더 많이 수출하고 있다. 반면, 한국의 對강소성 최대 수입 품목은 전기전자 제품과 보일러·기계류, 철강이다.

한국의 對화동지역 주요 수출입 품목 변화는 이 지역에 대한 한국의 투자추이와도 관련이 있다. 즉 2000년대 들어 삼성, LG, 기아 등 대기업을 중심으로 화동지역 진출이 활발해지면서 전자·음향·통신장비 제조업, 자동차 및 트레일러 제조업, 화학제품 제조업을 중심으로 투자가 이루어졌고, 이에 따라 관련 품목의 무역이 주를 이루게 되었기 때문이다.[40]

장쑤성은 일본·싱가포르·한국·유럽 등과의 산업협력을 강화하기 위한 플랫폼인 국제협력 산업단지 정책 지원을 확대할 계획이다. 장쑤성은 14·5규획 기간 '중·일 쑤저우 지방발전 협력 시범단지', '한·중 옌청 산업단지(韩中盐城产业园)' 등을 통해 더 높은 수준의 대외개방을 추진하고 있다.

국무원은 2020년에 옌청 한·중 산업단지를 중심으로 한 '해외 전자상거래 종합 시험구(跨境电子商务综合试验区)' 건설을 허가하였으며, 옌청시 정부는 2021년까지 해외 전자상거래 기업 100개를 유치하고, 해외 전자상거래 성장률 20% 이상을 목표로 제시했다. 옌청시 정부는 한·중 산업단지를 양국의 전자상거래 중심지로 조성하는 것을 목표로 하고 있으며, ① 항공 산업단지, ② 순펑(顺丰)그룹 스마트 전자상거래 물류단지, ③ 다펑구(大丰区) 전자상거래 산업 인큐베이터 센터, ④ 옌청 빅데이터 산업단지 등 4개의 디지털 산업단지를 조성하고 있다.

---

40 KIEP(2012), 한·중경제협력 20년 회고와 전망: 화동지역, 「중국 성별동향 브리핑(Vol.3 No.14)」, pp.9-10.

그림 3-36 강소성 남경시, 남경학살추모관

주: 1937년 12월 13일, 당시 중국의 수도였던 난징(南京)을 장악한 일본군은 6주에 걸쳐 난징 시민들을 무차별
　　학살하였다. 일본군 촬영사진, 미국인 선교사 존 매기 영상, 중국인 청루이팡 일기 등이 난징 대학살 기록
　　물로 2015년 유네스코 세계기록유산에 등재되었다.

자료: ⓒ 2011. 김동하.

4 절강성

춘추시대에 절강성(浙江. 저장)은 주로 월(越)나라에 속하였으며(일부는 吳나라 영토), 전국시대에는 초(楚)나라, 삼국시대에는 손권(孫權)의 오(吳)나라에 속했다. 월나라 왕 구천(勾踐)이 와신상담(臥薪嘗膽) 끝에 미인 서시(西施)를 이용하여 오나라(현재 강소성) 왕 부차(夫差)를 멸망시킨 고사에서 나타나듯, 절강성은 서시로 대표되는 미인의 고장으로도 유명하다. 송나라 때는 몽고의 중국정복에 끝까지 저항한 남송의 중심지이며, 당시의 충신열사인 악비(嶽飛)의 묘가 항주 서호(西湖)에 위치하고 있다. 명나라 때 절강포정사사(浙江布政使司)가 설치되었고, 청나라 때 절강성이 성립되었다.

절강성은 동남 연해안에 위치하며, 장강삼각주 남쪽지역으로, 동북쪽으로는 중국 최대 도시인 상해와 인접하고 있다. 해안선 6,486km로 중국에서 가장 긴 해안선을 가진 지역이다. 면적 500m² 이상인 섬이 3,061개로, 저우산군도(舟山群島)가 있어서 중국에서 섬이 가장 많다. 성 내에 흐르는 첸탕쟝(錢唐江)의 옛 이름인 저장(浙江)에서 절강성의 이름이 유래되었다. 절강성의 약칭도 저(浙)이다.

절강성은 항저우(杭州), 쟈싱(嘉興), 닝보(寧波), 원저우(溫州), 이우(義烏) 등 해안지역 도시들을 중심으로 공업과 상업이 발달했다. 전통적으로 섬유, 방직, 의류(신발, 피혁, 넥타이)산업 위주이며, 닝보(의류), 이우(소상품), 원저우(피혁, 라이터), 성저우(嵊州·넥타이) 등 지역별로 경공업 제품 생산지가 군집을 이루어 발전하고 있으며, 대부분 세계 최고의 가격경쟁력을 보유하고 있다. 절강성은 '시장의 성(市場大省)'이라 불릴 정도로 많은 전문시장, 도소매 시장이 있으며, 특히 이우의 경공업 시장과 사오싱(紹興)의 경공업 방직시장이 유명하다. 절강성은 중국 최대 녹차(綠茶)생산지로, 2023년 한해 20.2만 톤(287억 위안)을 생산해 중국 전체 녹차 생산량(190만 톤)의 10.6%를 점유했다.[41]

절강성은 방직업 비중이 높다. 2021년 절강성 GRDP에서 방직업 비중은 12.8%로 중국 최대이며, 같은 해 의류·방직품 수출액도 822억 달러로 역시 중국 최고 수준이다. 또한 산업연관성 높은 도시가 인접해 경제시너지 효과가 창출되고 있다. 진화(金華)시는 소상품 시장인 이우(義烏)시가 속해 있으며, 항저우(杭州)시는 고급품 소비시장이다. 닝보(寧波)시는 OEM 수출용 방직품 생산에 중점을 두고 있으며, 원저우(溫州)시는 의류부자재 생산, 고가 내수용 의류시장이 발달해 있다. 샤오싱(紹興)시는 중저가 원단시장이 유명하다. 지리적 인접성을 기반으로 제품공급 기지 역할을 하고 있는데, 이는 최대 소비도시인 상해와 시장이 연결되어 있기 때문이다.

절강성은 중국 내 가장 높은 민영기업 비중을 보이고 있다. 2023년 절강성 민영기업 수는 322만 개로 절강성 전체 기업의 92.05%를 점유하고 있다.[42] '시장이 있으면 절강상인이 있고, 시장이 없으면 절강상인이 만든다'라는 말처럼 절강상인은 뛰어난 상술로 유명하다. 해운·물류분야는 닝보·이우상인, 부동산은 원저우상인이 강세를 보이고 있다. 절강성 내에는 4천여 개 도매시장이 소재하고 있다.

절강성의 수도 항저우(杭州)시는 명품 소비 왕국이다. 중국 내 명품 매출 1위 백화점이 항저우에 소재하고 있다. 절강성 최대 항구도시인 닝보(寧波)시 역시 경제규모가 크다. 닝보시는 화동지역 물류 허브로 거듭나고 있다. 닝보 저우산항(舟山港)의 물동량은 중국 내 2위 수준이며, 전세계로 3위 수준으로 물류서비스업이 동반 성장하고 있다. 닝

---

41 杭州日報(2024.5.17.).

42 中国证券网(2023.8.15.).

보시는 어업기지 역할도 하고 있다. 화동지역의 패션 및 학용품 생산 거점이다. 화교 상인 자본은 닝보 의류업에 투자를 집중하고 있어서, 총 4천여 개 의류기업이 소재하고 있다.

표 3-21 절강성 경제지표(2022년)

GRDP*	산업구조			1인당 GRDP	
	1차 산업	2차 산업	3차 산업	위안	US$
6.54	2.8	42.24	54.96	119,022	17,696
인구(만 명)	중국 내 인구비*	도시화율(%)	부동산 개발투자*	수출*	수입*
6,577	4.67	73.38	11.24	13.98	6.84
수출입*	외상기업 투자액*	공업생산액*	소비품 판매액*	중국 평균 1인당 GDP 대비	
10.9	3.53	9.77	6.93	139.5% (85,310元. U$12,683)	
항저우 GRDP**/인구(만 명)		닝보 GRDP**/인구(만 명)			
24%/1,252		20.1%/969			

주: * 표기는 중국 내 비중을, ** 표기는 성 내 비중을 나타낸다.
자료: 국가통계국 国家数据(2024.4.).

그림 3-37 절강성 위치 및 주요 도시

자료: 두피디아(2021.6.).

이우(義烏)는 세계 최대 소상품 시장(제품 수 40만 개) 메카이다. 물류센터 건설로 지역 소상품 판매량이 확대되고 있다. 이우의 중국 내 소상품판매 시장점유율은 30~70% 수준이다. 이우 액세서리 생산기업은 3,800개로 생산량과 생산액은 중국 내 액세서리 산업의 70% 이상을 점유하고 있다.[43]

저장성의 주요 교역국은 유럽, 미국, 아세안, 일본, 한국, 러시아이다. 그중 저장성의 대한국 수출액은 723억 위안으로 전년비 18.8% 증가, 대한국 수입액은 694억 위안으로 3.9% 성장하였다. 저장성은 광둥성과 장쑤성 다음으로 한국과 가장 많이 교역하는 지역이다. 저장성이 한국으로 주로 수출하는 제품은 의류, 방직물, 해산물이다. 저장성이 한국으로부터 수입하는 제품은 기초 및 색조 화장품, 자일렌(Xylene)·에틸렌(Ethylene) 등 중화학 공업용 화학 제품이 큰 비중을 차지하고 있다.[44]

1) 경항대운하의 시발점, 항저우

'하늘에 천당이 있다면 지상에는 쑤저우와 항저우가 있다(上有天堂,下有蘇杭)'이라는 말은 항저우의 아름다운 절경을 지상낙원으로 묘사한 말이다. 위 속설은 송대 오군지(吳郡志)에 수록될 정도로 이곳의 수려함이 민간에 널리 알렸다.

항저우는 중국 7대 옛 도읍 중 하나로 2,200년의 유구한 역사를 가지고 있는데, 오, 월, 남송 등이 이곳을 도읍으로 정했다. 항저우가 한때 베니스에 버금가는 상업도시가 될 수 있었던 이유 중 하나는 베이징에서 항저우를 잇는 경항대운하(京杭大运河) 덕분이다.

위·촉·오 삼국시대부터 건설돼 수·당나라 때 확충된 경항대운하는 2,500여 년의 역사를 가진 세계에서 가장 오래된 운하이다. 총 길이가 1,442km에 달해 세계 최장 길이의 운하로 2014년에 유네스코 세계문화유산에 등재되었다. 대운하는 중국의 북동부와 중동부 평야를 관통하는 방대한 규모의 수로 체계이다. 기원전 5세기 이래로 각 구간별로 건설되었는데, 애초에는 서기 7세기경 수(隋) 왕조 시대에 제국의 통일된 통신 수단으로서 고안되었다. 대운하는 중국의 내륙 통신 체계, 곡물과 전략 물자의

---

43   KOTRA(2010), KOTRA가 바라본 중국 성시별 비즈니스 기회와 진출전략, p.27
44   KOTRA 해외시장 뉴스(2021.4.23. 항저우무역관).

운송, 백성을 먹여 살릴 쌀의 운송에 꼭 필요한 중요한 기간 시설이었다. 13세기에 이르러는 2,000km가 넘는 인공 수로를 완성하여 대운하와 중국의 주요 하천 5개를 이었다.

그림 3-38 경항대운하 개황도

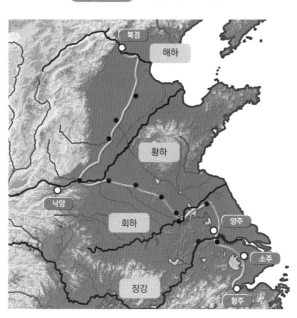

자료: 중국지리출판사(1985), 『中国史稿地图集』.

경항대운하 건설로 항저우 문물은 크게 번성해 예로부터 중국 남·북부 지역의 경제 발전과 문화 교류를 촉진하는 데 큰 공헌을 했다. 13세기 무렵 이탈리아 탐험가 마르코폴로는 항저우를 세계에서 가장 아름답고 호화로운 도시라고 불렀다.[45]

이후 경항대운하는 아편전쟁(1842), 태평천국의 난(1853) 등 전란을 맞아 기산 시설이 파괴되고, 황하유역의 수자원 부족으로 1904년 이후 물길이 끊기게 된다. 처음 복원이 시작된 기점은 서부대개발 중요 프로젝트 중 하나인 남수북조(장강 수자원을 황하로 이동) 3선(동선) 공사가 시작된 2002년 이후였다. 이후 2020년 통주-향허-무정 구간이 복원되었으며, 이후 각 구간별 수로 연결, 갑문 건설 등이 완성되어, 2022년 4월 28일, 대운하 모든 수로에 다시 물길이 연결되었다.

---

45 김호동 역주(2000), 『마르코 폴로의 동방견문록』, 사계절출판사. pp.374-383.

새로 개통된 경항대운하는 총 1,794km 길이로 북경 통주-천진 무정-하북 창주-형수-산동 덕주-태안-료성-제녕-조장-강소 서주-숙천-회안-양주-진강-상주-무석-소주-절강 가흥-호주-항저우 등 18개 도시를 연결한다.[46]

그림 3-39   절강성 항주시 서호(西湖)

자료: © 2010. 김동하.

2) 절강성 2대 도시, 닝보

닝보(宁波)지역은 7세기 당대(唐)부터 도시가 형성되었다. 북송 때는 도시명이 명주(明州)였으며, 남송 때 명칭은 경원부(庆元府)였다. 명대에 원래 명주부(明州府)였으나, 국호와 겹친다는 이유로 1381년부터 영파부(宁波府)로 호칭하기 시작한 것이다. 항구로서 닝보는 당대(唐)인 752년에 개항했다. 닝보항은 당시 신라-일본큐슈를 잇는 동북아 중심항이었다.

닝보항이 예부터 무역항으로 이름을 떨치게 된 것은 천혜적인 지리 조건에 기인한다. 서북쪽에서 흘러든 여요강, 서남쪽에서 흘러든 봉화강이 용강과 만나 삼강구(三江口. 세줄기 강어귀)를 만들어 내륙으로의 물류가 용이했으며, 모래와 진흙이 쌓여 항해가

---

46   北京市通州区-天津市武清区-河北省沧州市-衡水市-山东省德州市-泰安市-聊城市-济宁市-枣庄市-江苏省徐州市-宿迁市-淮安市-扬州市-镇江市-常州市-无锡市-苏州市-浙江省嘉兴-湖州市-杭州市.

어려운 장장삼각주 하류(전당강·항주만)와 달리, 영파는 수심(5~8m)이 깊은 심수항이었다. 이곳에서 경항대운하 기점인 항저우까지 내수면으로 연결되었다. 이런 연유로 송대 고려와 교류했던 유적인 고려사관(고려 사신 및 상인 접대소) 유적지가 닝보에 남아 있다.

중국의 개혁개방 정책이 시작되면서 닝보시는 1984년에 14대 연해개방도시 중 하나로 지정되어 경제적으로 발전할 계기를 맞이하게 된다. 국무원은 닝보시 경제가 현저한 실적을 거두자 1987년에 닝보시를 계획단열시로 지정했다. 1986년 말 기준, 중국 내 8대 계획단열시(중경·무한·심양·대련·광주·하얼빈·서안·장춘)가 있었고, 1987년에 영파시가 지정되었다. 이후 성의 수도(省会)는 계획단열시에서 제외되고, 다롄, 칭다오, 샤먼, 선전, 닝보 등 5개만 잔존하게 된다. 중국 정부는 1994년에 이전의 계획단열시 제도를 취소하고, 부성급 도시(副省级城市)를 지정하였는데, 닝보시 역시 부성급 도시로 지정되었다. 2023년 닝보시 인구는 969만 명에 달한다.

닝보 약칭은 甬(용. Yong)인데, 고대 큰 종을 걸어 놓은 상형문자를 의미한다. 또한 닝보 지역 산과 강 이름이 용산, 용강이었던 데서 유래되었다. 닝보 면적은 9,714km²로 서울(605.2km²)의 16배 수준이다. 해안선 총 길이는 1,594.4km에 달한다. 절강성 전체 해안선 중 24%를 닝보가 점유하고 있다. 닝보시 관할 총 614개 섬이 있으며 그 면적은 262.9km²이고, 총 해역면적은 8,232.9km² 수준이다.

그림 3-40 상하이-항저우-닝보 간 물류망 구조도

자료: 닝보시정부 홈페이지(www.ningbo.gov.cn)(2015.2.).

닝보 항만 특징은 내수면과 연결된 항만에 있다. 주요 항만은 베이룬항, 전하이항, 닝보항, 다시에항, 촨산항 등이다. 베이룬항과 전하이항은 도심을 관통하는 용장(甬江)과 연결되어 있다. 닝보는 화물처리량 세계 4위, 컨테이너 세계 6위 항만으로 성장했다. 상하이 및 화동지방 연안 근교의 모든 고속도로가 닝보를 관통하며 화동 및 남부 지역의 이동에도 편리한 조건이다. 상하이와 닝보 사이의 항저우만에 항저우만 대교(杭州湾跨海大桥)가 건설되어 닝보-상하이 간 차량이동 시 2시간 내외로 이동 가능하다. 해상운송 분야에서는, 닝보개발구의 북쪽에는 항저우만이, 동북쪽에는 중국 내 물동량 2위 규모의 닝보베이룬항(宁波北仑港)이 위치하여 해상운송이 편리하다. 닝보베이룬항은 중국 4대항구 중 하나로 세계 1~20위 해운회사가 입주해 있다.

상하이-항저우-닝보 고속철이 2013년 6월 개통되어 상하이에서 2시간, 항저우에서 1시간이면 이동이 가능하다. 유니레버, 도요타, 루이 드레퓌스(Louis Dreyfus), JP모건체이스앤드컴퍼니, P&G 등이 닝보에 진출했다.

표 3-22 절강 자유무역시험구 현황

명칭	면적(km²)	기능
저우산 리다오 구역 (舟山离岛片区)	78.98	• 국제 친환경 석유화학 중심지 • 대종상품 저장, 환승, 무역산업 요충지 • 보세연료 공급 서비스 제공
저우산 섬 북부 구역 (舟山岛北部片区)	15.62	• 대종상품 교역 및 보세연료 공급 서비스 제공 • 항공산업, 석유화학업 장비 보세 물류, 창고, 제조업 중점 발전
저우산 섬 남부 구역 (舟山岛南部片区)	25.35	• 대종상품교역, 항공기 제조, 부품 물류, 연국개발 디자인 및 관련 부대산업 등 중점 발전 • 저우산 항공산업단지 건설 • 수산품무역, 해양관광, 해수활용, 현대적인 비즈니스 건물, 금융서비스, 항운, 정보자문, 첨단기술 산업 중점 발전

자료: 절강성 자유무역시험구 홈페이지(http://china-zsftz.zhoushan.gov.cn).

3) 절강 자유무역시험구(浙江自由贸易试验区)

절강 자유무역시험구는 2017년 4월 출범하였으며, 저우산의 3개 지역(저우산 리다오, 저우산다오 북부, 저우산다오 남부)으로 구성되어 있다. 총면적은 119.95km²이며, 각 지역 현황을 보면, 저우산리다오(舟山离岛片区 78.98km². 저우산항 종합보세구 3.02km² 포함), 저우산다오 북부(舟山岛北部片区 15.62km². 저우산항 종합보세구 2.83km² 포함), 저우산다오 남부(舟山岛南部片区 25.35km²)로 이루어져 있다.

출범 후, 2018년 기준 신규설립기업은 11,580개, 실제 외자이용액은 2.9억 달러 수준이다. 중국 최대 석유제품 무역 중심지를 목표로 하고 있으며 석유 관련, 다양한 정책조치 및 관리감독제도를 도입하고 있다. 이외에도 석유산업을 핵심으로 한 무역자유화 조치 및 유류 관련 조치를 시행하고 있다.

2017년 6월 말까지 동 시험구에 803개 기업이 새로 등록했으며, 등록자본은 642억 위안에 달한다. 그중 석유제품 기업은 202개이며, 등록자본은 319억 위안이다. 같은 해 1월부터 6월까지 저우산 항구에 공급된 석유량은 78만 톤에 달한다.

자유무역시험구가 저우산 시에 배치되면서, 저우산 시는 국가적으로 해양경제의 신구역이 됐으며, '일대일로' 정책의 중요한 거점이 됐다. 동 시험구는 현재 친환경 석유화학산업 거점(연 4천만 톤 석유정제 프로젝트) 건설을 빠르게 추진하고 있으며, 위산다오(渔山岛) 국제 친환경 석유화학 산업의 투자액은 730억 위안에 달한다. 5,500만m²의 석유제품 보관장소과 6개 30만 톤급 이상의 정박 구역, 그리고 151km가량의 송유관을 건설 예정이다. 또한 동 시험구는 저우산 항공산업단지 건설에 박차를 가하고 있다.

미국 보잉사는 2018년에 중국상용비행기 유한책임회사(中国商用飞机有限责任公司)와 합작으로 저우산에 저우산 보잉 완공센터 유한공사(舟山波音完工中心有限公司)를 설립했다. 주로 보잉 737기 완공 교부를 하는 저우산센터는 737여객기상의 엔터테인먼트 시스템, 좌석 등의 내부장식 장착 및 본체 페인팅, 여객기 유지보수 및 AS서비스 업무를 진행하고 있다. 여기에서 완성된 737여객기는 주로 중국 내 항공사에게 교부된다. 연간 100대 교부 능력을 가진 737 완공 및 교부센터는 저우산 항공산업단지에 7.88km² 면적으로 설립되었으며, 투자액은 100억 위안으로 알려졌다.[47]

---

47 저우산 보잉사 홈페이지(http://boeingzhoushan.com)(검색일자: 2024.5.).

2020년 8월 30일, 국무원은 절강 자유무역시험구를 확대 지정하였다. 기존 저우산 지역에 더해, 영파 지역(宁波), 항저우 지역(杭州), 진이(金义 · 이우시) 지역 등 3개 지역을 추가 지정한 것이다.

시험구 면적은 성 전체의 1/400에 불과하나, 2023년 절강성 한 해 신설 등록기업의 5.9%, 세금수입 8.5%, 무역액 20.3%, 실제 이용 외자액의 19.8%를 차지했다. 2023년 저우산항의 원유 및 천연가스 하역량은 1.57억 톤, 철광석 1.84억 톤으로 중국 1위를 기록했다. 2023년 저우산항의 내수면(장강 30개 항구)과 해운 연결 물류 총량은 3.2억 톤인데, 운송 화물의 65%는 식량이었다.[48]

4) 소상인들의 천국, 원저우

저장성 동남부 연해안에 위치한 원저우(溫州. 인구 976만 명)는 '온화한 지역'이라는 뜻으로 여름은 무덥지 않고 겨울은 혹한이 없다 하여 붙여졌다. 이곳에는 신석기 시대부터 도자기가 많이 났기 때문에 작은 사발이라는 뜻의 '어우(甌. 구)'라는 약칭도 있다. 원저우를 가로지르는 강 이름도 어우강이다. 송나라 때 해상무역으로 번성했던 원저우에는 외세 침입이 빈번했다. 농사 이외 마땅한 벌이가 없었던 원저우 사람들은 먼 곳으로 장사를 하러 떠나는가 하면 가내수공업으로 돈을 벌며 비즈니스 감각을 익혔다. '동방의 유태인' 원저우 상인이 탄생하게 된 계기다.

원저우 상인들이 실력을 발휘하게 된 것은 개혁개방 이후이다. 대부분은 안경 · 구두 · 가죽 · 벨트 · 라이터 등을 만드는 가내 수공업으로 시작했다. 차츰 규모의 경제의 필요성을 인식하며 지역 주민끼리 자금을 모아 공장의 규모를 확대하고 투자를 증대하는 오늘날 주식합작제 경영방식의 모델인, '원저우 모델'을 만들어냈다. 1990년대 원저우는 최고 번성기를 맞이했다. 원저우 4대 명품인 구두 · 복장 · 장식등(조명) · 라이터는 전 세계에로 수출 되었다. '메이드 인 원저우' 라이터는 한때 연간 생산량 5.5억 개로 세계시장의 80% 이상을 점유했다. 발모제 101 발명자 자오장광(趙章光), 구두수선공에서 원저우 거상이 된 난춘후이(南存輝) 정타이(正泰)그룹 회장이 모두 원저우 출신이다.

---

48 浙江新闻频道(2024.4.2.).

1997년 원저우엔 민영기업이 5,616곳, 자영업자가 19만 호에 달해 민영경제가 전체 원저우 경제의 80% 이상을 차지했다. 수출로 번 돈으로 원저우 상인들은 부동산·석탄·광산·황금 등에 투자하며 부를 늘려나갔다. 2023년 기준, 원저우 민영기업은 60만 개에 달하며, 이 중 75개사는 주식시장에 상장되어 있는 상태이다.

○ 절강 상인, 알리바바닷컴의 마윈

마윈(馬云. Jack Ma)은 1964년 10월, 절강성 항주시에서 태어났다. 1988년 항주 사범대학 영어과를 졸업하고 36년이 지난 지금 그는 세계 최대 B2B 기업 총재가 되었다. 그는 대학 시절 컴맹이었다. 항주사범대 졸업 후, 어학강사 · 관광가이드를 했고 통번역 회사를 운영하기도 했다. 절강성 정부와 미국 업체 간 통역으로 나섰다가 인터넷을 처음 접한 후, 리스크 테이킹을 마다 않는 절강상인 마윈은 곧바로 인터넷 업계에 발을 들여놓았다.

마윈의 인터넷 사업은 1995년 항주에서 2000달러를 들여 '차이나페이지닷컴(中國黃页)'이란 회사를 만든 게 출발이다. 홈페이지 구축 사업을 시작한 그는 만들어준 홈페이지가 인터넷 인프라 미비로 열리지 않아 한때 사기꾼으로 몰리기도 했다. 1997년 북경에서 대외경제무역부 사이트 개설과 정부·무역업체 간 네트워크 구축을 맡으면서 도약의 계기를 맞았다.

1999년 마윈이 10여 명 젊은이와 항주에 내려온 뒤 사정은 180도 바뀌었다. 창업자금 50만 위안으로 알리바바닷컴을 세운 그는 원가를 줄인 기업 간 거래 중개란 아이디어로 새로운 시장을 열었다. 당시 기업 간(B2B) 전자상거래는 거의 미미했다. 기업·소비자 간(B2C) 시장에선 아마존, 소비자 간(C2C) 시장에선 이베이가 강자로 군림했었다.

알리바바닷컴은 세계 193개국에서 4200만 업체가 이용하는 세계 최대 기업 간(B2B) 전자상거래업체가 된 지 오래다. 한국 광고에서도 등장하는 알리익스프레스가 알리바바 그룹의 B2C 사이트이다. 알리바바는 2003년 타오바오닷컴을 만들어 C2C 거래 시장에서도 최강자로 부상했다. 그 배경에는 남들이 가지 않는 길을 개척하는 마윈의 혁신 경영이 있었다.

마윈은 '90%의 사람들이 찬성하는 방안이라면 나는 그것을 쓰레기통에 버린다. 많은 사람들이 좋다고 하는 계획은 분명 많은 사람들이 시도했을 것이고 그 기회는 우리 것이 아니기 때문'이라고 자신의 경영철학을 밝혔다. 타오바오의 성공 요인은 최대한 중국 C2C 고객들의 거래습관과 스타일에 맞춰 서비스를 제공한 데 있다. 마 회장이 점유한 타오바오 지분은 5%가 채 안 되며 65%는 직원들이 보유하고 있다.

알리바바가 10년 만에 세계 최대 전자상거래업체로 부상한 비결은 뭘까. 마윈 회장의 시대 흐름을 파악한 선견지명, 인재유치, 넓은 시장이자 공장인 중국을 적절히 활용한 전략 등이 자리 잡고 있다. 주요 국가에서 강한 시장 영향력을 가진 현지 파트너와 전략적 협력관계를 구축한 것도 주효했다. 알리바바는 야후와 대주주 지분관계이고 각국 무역조직과 다양한 협력관계를 맺고 있다.

2013년 5월, 마윈은 중대한 결정을 내리게 된다. 알리바바의 창업자로 회장 겸 CEO인 마윈이 CEO직을 내놓은 것이다. '창업자가 회사를 떠나지 못하면 그 회사는 건강하지 않게 된다'면서 자신은 젊은 사람들이 뛰어나다는 것을 알았기 때문에 애초 45세가 되면 회사를 떠나려 했다고 말했다. 2013년 그의 나이는 48세였다. 마 회장은 70년대와 80년대 출생자들이 주요 보직을 맡게 될 것이라고 밝혔다. 차기 CEO로 지명된 루자오시(陸兆禧·43) 수석부사장은 2000년부터 알리바바에서 근무하면서 온라인 결제시스템인 알리페이를 만들었다.[49] 2023년부터 알리바바 그룹 CEO를 맡고 있는 우융밍(吳泳銘)은 1975년생이다.

아이디어를 자유분방하게 내놓는 기업문화도 장점이다. 알리바바닷컴 본사 5개 건물 중심부에는 야외 카페, 체육시설 등이 설치되어 있어 직원들이 자유롭게 이야기를 나누는 것은 물론 수첩에 아이디어를 적으며 사색을 할 수 있게 했다. 언제든 직원들의 신선한 생각을 사업 아이디어로 끌어들이는 게 알리바바의 생존·발전 전략이다. 총명함의 대명사 절강 상인 마윈이 이끄는 알리바바는 '마윈 웨이'를 걸어가고 있다.

---

49   연합뉴스(2013.5.11.).

그림 3-41 알리바바 그룹 창업자, 마윈

자료: 위키백과(https://ko.wikipedia.org/wiki/마윈).

4. 화남권

1 광동성

광동성(廣東. 광둥)은 춘추(春秋)시대에는 백월(百越)이라고 칭하고, 명나라 때부터 현재의 광동으로 칭했다. 광저우항의 대외무역은 서한(西漢. B.C. 202~8) 초기에 이미 형성되었다고 역사서(漢書·地理志)에 해상 실크로드 노선과 함께 구체적으로 기록되어 있다. 당·송시대부터 급속히 발전하여 페르시아 및 아라비아와 교역이 이루어졌다. 명대 말기에 중국 최대의 무역항으로 발전했다. 청나라 때 총독제를 신설하여, 광동성과 광서장족자치구에 양광(兩廣)총독을 두었으며, 1746년에 총독부를 광저우에 설치했다.

근현대에는 아편전쟁, 태평천국운동, 신해혁명, 북벌전쟁, 광저우 봉기 등 중대한 역사적 사건이 광동성에서 발생하였다. 1911년 신해혁명으로 중화민국이 건국되고, 중화민국 국민정부를 광저우에 설립했다. 1938년에는 일본의 중국침략으로 광저우가 일본에 점령되었다.

아편전쟁(1840~1842) 패배로 체결된 난징조약(1842년 8월)에 따라 상하이, 샤먼, 푸저우, 닝보와 함께 개항된 광저우는 서구문물을 가장 먼저 받아들였다. 1842년에 홍콩섬, 1860년에 구룡시(九龍)를, 1898년에는 구룡반도가 영국에 할양되었다가 1997년에 중국에 반환되었다. 1988년에는 광동성에서 관할하던 해남도를 분리시켜 해남성으로 승격시켰다.

광동성은 중국 최남단에 위치하며, 복건, 강서, 호남, 광서, 홍콩, 마카오와 인접해 있고 바다는 남해와 인접해 있으며, 북회귀선이 광동성 중부를 지난다. 송나라때 이곳에 광남동로(廣南東路)를 설치했고, 줄여서 광동로라고 부르기도 했는데 이 연유로 '광동'이라 부르게 됐다. 광동성의 현재 약칭은 웨(粤. 나라이름 월)인데, 그 배경은 기원전 204~111년간 이 지역에 남월국(南越国)이 있었기 때문이다. 남월국은 한무제에게 멸망되었다. 따라서 한동안 광동성의 약칭은 웨(越. 넘을 월, 나라이름 월)로 불리었다. 그런데 춘추전국시대(B.C. 770~222)에 지금의 절강성 지역에 월(越)나라가 들어선다. 결국 월(越)은 절강성 혹은 광동성의 약칭으로 한동안 혼용되었다.

23년에 완성된 역사책인 한서(汉书)에 처음으로 광동 지역을 남월(南粤)으로 부르면서 웨(粤)가 별칭으로 등장했다. 이때 남월 지역을 영남(岭南) 일대로 지칭했는데, 광동성에 위치한 산맥인 남령산맥의 남쪽 즉 광동 남부 지역을 가르킨다. 청 말에 이르러 이러한 혼용을 바로 잡기 위해 광동성은 영남을 가르키는 웨(粤)로 절강성은 웨(越) 혹은 저(浙)로 구분하기 시작한다.

광동성 위치 및 주요 도시

자료: 두피디아(2021.6.).

광동성 경제지표(2022년)

GRDP*	산업구조			1인당 GRDP	
	1차 산업	2차 산업	3차 산업	위안	US$
10.85	4.13	40.63	55.24	102,217	15,197
인구	중국 내 인구비*	도시화율(%)	부동산 개발투자*	수출*	수입*
1억 2,657 만 명	8.98	74.78	12.67	24.81	19.89
수출입*	외상기업 투자액*	공업생산액*	소비품 판매액*	중국 평균 1인당 GDP 대비	
22.68	12.05	13.96	10.21	119.8% (85,310元. U$12,683)	
광저우 GRDP**/인구(만 명)		선전 GRDP**/인구(만 명)			
22.3%/1,882		25%/1,779			

주: * 표기는 중국 내 비중을, ** 표기는 성 내 비중을 나타낸다.
자료: 국가통계국 国家数据(2024.4.).

1) 무역·소비 중국 1위, 광동성

광동성은 '세계의 공장' 중국에서 '중국의 공장'으로 불리울 만큼 제조업이 밀집되어 있다. 광동성의 산업별 비중을 보면, 1차 산업 4.13%, 2차 산업 40.63%, 3차 산업 55.24% 수준이며, IT·기계·석유화공·방직·식품·건재·제지·제약·자동차 등이 9대 주력산업이다. 이러한 산업 구조를 배경으로 광동성은 2022년 기준, 31개 성·직할시·자치구 중 GRDP, 수출, 수입, 무역, 인구 1위를 점유하고 있다. 공업 생산은 근소한 차이로 강소성에 이어서 2위이나, 늘어난 구매력으로 인해 소비품 판매액은 강소성을 제치고 1위를 점유하고 있다.

2023년에도 광동성 수출액은 7,731억 달러로 중국 전체 수출 중 22.9%를 점유하여 1위를 차지하고 있고, 수입액은 4,071.6억 달러이며 15.9%로 역시 중국 1위이다. 중국 전체 GRDP의 10.85%를 점유하고 있는 광동성은 중국 전체 교역(수출입)의 22.7%를 책임지고 있다. COVID-19 이전에는 자본집약적 해외기업의 투자 급증으로 광동성의 공업생산액(2019)이 중국 내 1위를 차지했다. 화남 지역 소비·유통의 중심인 광동성의 소비품 소매판매액은 중국 전체 중 10.21%로 여전히 중국 내 1위를 유지하고 있다. 한국 정부는 2001년 8월에 주광저우 총영사관을 개설했다.

광동성이 14·5규획 기간(2021~2025) 설정한 지주산업과 신산업은 다음과 같다.

• 10대 전략 지주산업: 차세대 전자정보, 친환경 석유화학, 스마트가전, 자동차, 첨단소재, 경공업 및 고급방직, 소프트웨어와 정보서비스, 초고화질 영상서비스, 바이오의약품 및 헬스, 현대농업 및 식품

• 10대 전략 신산업: 반도체 집적회로, 첨단설비제조, 스마트로봇, 블록체인과 양자정보, 첨단신소재, 신에너지, 레이저와 3D 제조, 디지털 콘텐츠, 안전보안 및 환경보호, 정밀기기

2) 양의 도시, 광저우

아시아 최대 규모의 종합박람회인 '캔톤페어'가 매년 열리는 곳이 광저우(廣州)이다. '세계 경제 바로미터'로 불리는 캔톤페어는 1957년 1회를 시작으로 67년의 역사를 자랑하며, 문화대혁명 시기에도 빠지지 않고 열렸다. '넓은 고을'이라는 뜻의 광저우는 양의 도시(洋城), 이삭의 도시(穗城)라고도 불린다. 따뜻한 기후 덕분에 꽃이 많아 꽃

의 도시(花城)로도 불린다. 광저우는 중국 남부 베이장·둥장·주장 등 세 강이 합류하는 주장삼각주 하구에 위치해 예로부터 항구도시로 널리 이름을 떨쳤다.

광저우는 진시황이 점령한 후 남해군(南海郡)을 설치했었고, 당나라 때 페르시아 지역까지 교역했던 해상실크로드 발상지였다. 당나라 말기 광저우 연간 입항 선박이 40,000여 척에 달했으며, 광저우 거주 외국인 상인 수가 12만 명에 달했다. 해금령(海禁令)을 실시했던 명나라 때도 광저우는 동남아시아 각국의 조공선이 입항하는 중국의 유일한 통상항구의 관문 역할을 담당했다.[50] 청나라 때 광저우는 중국 도시 최초로 유럽과 교역을 시작하며 항구도시로서의 명성은 절정에 달했다. 강희제는 1685년 중국 4개 세관, 월해관(광저우), 민해관(푸저우), 절해관(닝보), 강해관(상하이)을 대외 개방해 외국 상선이 입항하도록 했다. 이후 1757년 건륭제가 다른 3곳 세관 폐쇄할 때에도 월해관은 그대로 남아 대외무역을 독점하며 청나라 황실에 진귀한 서양 문물과 비자금을 공급하는 역할을 수행했다. 청나라는 광저우에 '광저우 13행(13行)'을 만들고 외국상인들과 거래할 수 있도록 독점허가를 주었다.

광저우 13행은 서양인과 무역할 수 있는 공식적인 허가권을 받은 광저우의 상인조합이었다. 가장 많을 때는 26곳에 달했다. 이들은 외국 상인들에게 관세를 부과하였고, 중국 내륙의 화주들은 이들을 통해 수속비를 내고 세관에 보고 후, 수출할 수 있었다. 수출입 독점 대리상이었던 셈이다. 동문행의 번계관, 동부행의 반유도, 이화행의 오병감 등이 유명했다. 그들의 가장 큰 고객은 영국·네덜란드 동인도회사였다. 이곳에서 수출된 차와 비단, 도자기가 유럽으로 흘러 들어갔다. 그러나 아편전쟁 패배 후 상하이가 개항하며 광저우의 대외무역 독점 메리트도 사라지면서 광저우 13행도 몰락했다. 1856년 2차 아편전쟁 발발로 영국군이 광저우에 진입하자 성난 시민들은 13행을 불태워버렸다.[51]

---

50 명나라 해금정책은 국가가 허용하는 것 외 일체 무역을 금지하는 정책이다. 명대 초에는 무역이 장려되었다. 하지만 홍무제 7년(1374)에 '조각배도 바다에 띄울 수 없다'는 엄격한 정책이 시행되었다. 그 이유는 ① 국가의 독점적 무역관리, ② 해상군사 세력 및 왜구활동 방지, ③ 조공시스템 형성이었다(이준태, 2010, pp.241-253).

51 한국해양대학교 국제해양문제연구소(2014), 『세계의 해양도시Ⅰ아시아편』, 도서출판선인, pp.64-70.

아편전쟁 이후 침체된 광저우 경제가 다시 번성한 것은 개혁개방 이후다. 그 결과, 광저우는 오늘날 베이징·상하이와 경제력을 견주는 중국 3대 도시로 떠올랐다. 광저우는 이러한 경제력을 바탕으로 2010년 광저우 아시안게임도 성공적으로 치렀다. 당시 광저우는 아시안게임을 위해 70여 개 경기장과 각종 도로 인프라를 건설했다.

광저우시의 별칭인 양청(羊城), 즉 '양의 도시' 유래 중 하나를 보면, 기원전 887년 주나라 때 광저우 지역에 흉년이 들어 백성들이 아사 직전에 있을 때, 5명의 신선이 5마리의 양을 데리고 나타나, 양들이 물고 있던 곡식을 광저우시 백성에게 주었다고 한다. 그 후로 광저우 지역에 기근이 멈추었다는 전설이 있다. 이를 계기로 지금까지도 광저우시의 별칭은 '양청' 혹은 우양청(五羊城. 5마리 양의 도시) 또는 수이청(穗城. 이삭의 도시)이라고 불리고 있다. 광저우시에서 발행되는 유력 일간지의 명칭은 양청완바오(羊城晚报)이다. 따라서 3천 년이 지난 지금에도 그 별칭이 광저우시 사회 곳곳에 살아있음을 알 수 있다.

그림 3-43　광동성 광저우 월수공원 오양상(越秀五羊雕像)

자료: © 2023. 김동하.

3) 중국에서 첫 번째 맥도날드 탄생지, 선전

선전(심천)은 1970년대까지만 해도 광둥성 보안(寶安)현에 속한 인구 2만의 작은 농어촌 마을이었다. 선전이라는 지명도 '깊은 논두렁(深圳)'에서 유래됐다. 선전이 오늘날 1인당 GRDP가 2만 8,920달러로 베이징·상하이를 제치고 중국 대륙 1위의 '부자도시'로 성장할 수 있었던 것은 개혁개방 덕분이다. 선전은 1980년 8월 중국 '개혁개방의 총설계사' 덩샤오핑에 의해 주하이(珠海), 산터우(汕頭), 샤먼(廈門)과 함께 중국 4대 경제특구로 지정돼 외자유치 첨병 역할을 담당했다. 덩샤오핑은 자본주의든 공산주의든 상관없이 중국 인민을 잘 살게 하면 그것이 제일이라는 '흑묘백묘론'을 외쳤다. 선전특구는 중국식 사회주의 시장경제의 실험장이었다. 덩샤오핑은 직접 선전을 찾아 개혁개방을 지지했다. 그 유명한 '남순강화'다. 선전 중심부가 한눈에 내려다보이는 롄화산(蓮花山) 꼭대기에는 전국 최초의 덩샤오핑 동상도 세워져 있다. 2022년 현재, 인구 1,779만 명의 선전은 광둥성 GRDP의 25%를 점유하고 있고, 광저우보다 경제규모가 크다.

선전은 홍콩과 강 하나를 사이에 두고 붙어있다. 홍콩 주룽역에서 지하철을 타면 45분 만에 닿는다. 홍콩과 마카오, 글로벌 자본, 그리고 선전의 저렴한 노동력이 결합돼 선전은 현대 공업도시로 급속히 변모했다. 경제특구 지정과 함께 선전시는 빠르게 경제력을 불려 나갔다. 1980년부터 1992년까지 선전시 GDP는 평균 47%씩 성장했다. 23만 명에 불과했던 선전시 인구도 10년 만의 250만 명에 육박하는 거대한 도시로 탈바꿈했다.

선전은 노동집약산업을 고부가가치를 창출하는 하이테크 산업으로 전환하는 제2의 개혁개방 도약 꿈꾸고 있다. 2010년엔 기존의 327.5km²에 불과했던 선전특구 면적도 1,948km²까지 늘리며 도시 전체를 특구로 지정했다. 금융·물류 서비스 부문을 특화한 첸하이(前海)특구도 만들었다. 선전의 튼튼한 인프라와 홍콩의 글로벌 경쟁력을 바탕으로 첸하이에서는 금융서비스 부문에서 개혁조치를 시행했다. KOTRA 선전무역관도 2014년 12월, 선전시에 문을 열었다.[52]

선전항은 6년 연속 세계 4위 컨테이너 항으로, '선전항 총체적 발전계획'에 따라 홍

---

52 아주경제, [중국도시를 읽다(29)] 홍콩과의 '화학적 결합' 모색하는 선전(2014.12.10.).

콩항만과 공동으로 국제항운 센터 및 물류센터 구축계획을 수립했다. 또한 첨단산업을 육성하고 있는데, 레노보, TCL, 필립스 등이 입주했다. 문화산업도 전략적으로 육성하고 있다. 2008년 12월 유네스코 지정 '디자인의 도시'로 선정되었고, 평면디자인과 산업디자인 분야 경쟁력 인정받았다. 선전시 정부는 2005년 문화산업을 4대 지주산업의 하나로 선정하여, 디자인, 게임, 디지털컨텐츠, 뉴멀티미디어, 인쇄, 문화관광, 공연예술에 대한 지원을 확대해오고 있다. 세계 500대 기업 중 181개사가 선전에 투자했으며, 선전은 중국 내 발전 잠재력이 가장 큰 도시로 꼽히고 있다.

필자는 이를 확인할 수 있는 현장으로 아직도 원래 자리에 남아있는 중국 제1호 맥도날드 지점으로 향했다. 맥도날드는 미국 자본주의의 상징이다. 1954년 미국에서 탄생한 맥도날드는 1975년에 홍콩에 첫 지점을 냈고, 드디어 중국 선전에도 등장하게 된다. 비록 개혁개방을 시작했지만 아직도 정부주도의 계획경제에 놓여있던 당시 중국 상황을 고려할 때 이는 중국 경제사에 획을 긋는 이정표였다.

1990년 10월 8일 오전, 선전시 해방로 광화루 서화궁에 500석 규모의 중국 최초 맥도날드 지점이 개업했다. 맥도날드(홍콩)유한공사가 4천만 홍콩달러를 전액 투자했으며, 카운터에서는 홍콩달러와 위안화를 동시에 받았다. 당시 개업식에서 맥도날드는 선전시에 15만 위안의 사회복리기금을 기부하기도 했다. 필자는 27년이 지난 2017년에 아직도 그 자리에 위치하고 있는 맥도날드 중국 1호점을 찾았다. 매장은 최첨단으로 바뀌어 카운터는 사라지고 무인주문시스템 키오스크(kiosk)에서 고객들은 스크린을 터치하며 위챗페이(Wechat Pay)로 모바일 결제를 하고 있었다. 이제는 중국 내 지점이 2,400개로 늘어난 맥도날드 1호점은 선전이 가지는 경제적 의미를 대변하고 있다.

1990년 개업 당시 선전 맥도날드 중국 1호점 전경

자료: 麥麥同學會(http://blog.sina.com.cn/s/blog_697fdebb0100jzmt.html).

그림 3-45　선전 맥도날드 중국 1호점의 현재 모습(2017년)

자료: ⓒ 2017. 김동하.

4) 웨강아오 대만구(粵港澳大湾区)

웨강아오 대만구(Guangdong-Hong Kong-Macao Greater Bay Area)는 광둥성 내 9개 도시와 홍콩특별행정구 및 마카오특별행정구를 범위로 하는 권역을 의미한다. 또한 웨강아오 대만구 발전규획(粤港澳大湾区规划)은 동 대만구의 발전계획이다. 9개 도시는 광저우, 선전, 주하이, 포산, 후이저우, 동관, 중산, 장먼, 자오칭 등인데 2022년 기준 8,642만 명이 거주하고 있다. 홍콩과 마카오를 포함하여 GRDP는 14조 위안 규모이다.

웨강아오 대만구와 연관되어 먼저 제시된 권역은 주강삼각주(珠江三角洲·Pearl River Delta)인데, 광동성을 흐르는 주강 주위 9개 도시와 삼각주 주변 권역을 의미한다. 광동성 정부는 2008년에 동 지역의 발전계획인 주강삼각주지구 개혁발전규획강요(2008-2020)를 공포하여, 광동성 정부 차원의 발전전략 내 권역으로 편입시키고 발전을 도모해 왔다. 또한 2003년 6월 29일 홍콩과 체결한 중국·홍콩 경제협력동반자 협정(CEPA: Closer Economic Partnership Arrangement) 내용도 동 '발전강요'에 포함한다고 명시하고 있다. 웨강아오 대만구와 웨강아오 대만구발전규획이 중앙정부 차원으로 승격된 것은 국무원이 2019년 2월, 웨강아오 대만구 발전규획강요(粤港澳大湾区发展规划纲要)를 제정하면서부터이다.

웨강아오 대만구 규획은 중국이 현재 실시하고 있는 권역 발전전략과는 전혀 다른 특성을 가지고 있는데, 권역 내 중국과 다른 자본주의 시스템을 허용한 일국양제(一國兩制)를 운영 중인 홍콩특별행정구와 마카오특별행정구가 포함되어 있는 점을 들 수 있다.

2019년 7월 5일, 광둥성 정부는 「광둥성 웨강아오 대만구 건설추진 3개년 행동계획」을 발표, 기존보다 구체적이고 체계적인 대만구 개발 건설 로드맵을 제시했다. 동 계획에는 광저우, 선전, 홍콩, 마카오, 포산, 등관 등 11개 도시에 관한 9개 중점 개발 방식과 100개 추진 세부조치가 포함되어 있다. 광둥성 전역은 전국개혁개방의 선행지역, 경제발전과 과학기술개발 견인지역, 제조업 혁신의 중심지로, 홍콩은 국제금융 및 물류와 무역의 중심지, 그리고 마카오는 국제적인 문화관광지역으로 발전시켜 나갈 것임을 공포했다.

웨강아오 대만구는 중국 내 가장 성장 속도가 빠른 지역이다. 2019년, 미국 Fortune이 발표한 글로벌 500대 기업에 속한 129개 중국 기업 중 텐센트를 비롯한 20개 기업은 대만구 경제권역 내에 소재(선전 및 홍콩 각 7개, 광저우 3개, 포산 2개, 주하이 1개 기업 소재 중)하고 있다. 웨강아오 대만구 지역을 주강을 중심으로 서쪽과 동쪽으로 구분하였을 때, 서쪽지역에는 전자 및 반도체 등 장비제조 클러스터가 있고 동쪽은 IT 등 전자정보산업 클러스터가 형성되어 있다. 홍콩은 대표적인 금융과 무역, 마카오는 관광업 중심지이다. 광동성 정부는 스마트화 및 디지털화를 표방하면서 대만구 지역 내 산업고도화를 추진하고 있다.

그림 3-46 웨강아오 대만구를 구성하는 광동성 9개 도시 위치도

자료: 광동성 정부 홈페이지(www.gd.gov.cn).

○ 강주아오 대교로 홍콩·마카오·주하이 일체화

홍콩-주하이(珠海)-아오먼(澳門·마카오)를 Y자 형태로 연결하는 세계최장 해상교량인 강주아오(港珠澳)대교 공사가 2009년 12월 15일 착공됐으며, 2018년 10월 24일자로 개통되었다. 이를 통해 주강(珠江)삼각주와 홍콩, 마카오를 하나로 묶는 거대한 교통인프라가 탄생, 세 지역 간 단일경제권 조성이 가속되고 있다.

강주아오대교 건설에는 720억 위안이 투입되어 해저터널 구간 6,648km를 포함해 홍콩 란타우섬 산섹만(灣)과 주하이 공베이(拱北)지역, 마카오 아페롤라(明珠台)지역을 Y자로 연결한다. 대교 전체 길이는 49.968km이며 이 중 바다 위를 지나는 해상교량의 길이는 35.578km로 현재 세계에서 제일 긴 항저우(杭州)대교를 넘어서게 된다. 강주아오대교의 가장 난공사는 해저터널로 공사비용만 211억 위안에 달한다. 해저터널의 최고 수심은 해수면으로부터 40m 아래에 있어 30만t급 유조선도 운항할 수 있도록 만들어진다. 대교의 사용수명은 일반 교량수명이 50~60년인 데 비해 120년에 달하며 8급 지진에도 견딜 수 있도록 설계됐다.

강주아오대교는 인구 5,100만 명에 달하는 주장삼각주 지역을 단일경제권으로 잇는 최대 교통인프라로 부상했다. 대교 완공으로 육로이동이 가능해져 홍콩에서 주하이 또는 마카오까지의 이동시간이 기존 1시간에서 15~20분 정도로 단축됐다. 또한 중국의 경쟁력 있는 노동력이 홍콩으로 보다 빠르게 유입되고 있다.

그림 3-47 강주아오대교 위치도

자료: 중앙일보(2008.3.1.).

5) 광동자유무역시험구(广东自由贸易试验区)

2015년 4월 21일, 광동자유무역시험구가 출범했다. 동 무역구의 전체 면적은 116.2km²로서, 난사신구(南沙新區, 60km²), 첸하이서커우(前海蛇口, 28.2km²), 주하이헝친신구(珠海横琴新區, 28km²) 등 3개 지역으로 구성된다. 동 무역구의 주요 기능은 마카오·홍콩과의 협력 강화로, 특히 두 지역에 대한 서비스산업의 개방과 연계 강화에 힘을 쏟고 있다. 무역구에는 외국인투자 네거티브리스트 제도가 도입되며, 외국인투자자의 진입 제한은 줄이거나 폐지되고 서비스업과 제조업에 대한 대외개방은 더욱 확대할 예정이다.

2018년 7월 기준, 광동자유무역시험구내 신규 설립기업은 25만 개이며 이중 외자기업은 1.33만 개이다. 글로벌 500대 기업 중 270개 기업이 입주했다. 특히 금융기업은 5.8만 개에 달해 중국 내 최대 금융기업 집결지로 부상했다. 2023년 시험구 실적을 보면, 무역액은 5,799.5억 위안으로 전년비 5.1% 증가했으며, 실제 이용외자액은 41.9억 달러로 광동성 전체 외자액의 18.3%에 해당한다. 또한 시험구에 신설된 기업은 모두 2.75만 개(전년비 21.3%)로 이 중 2217개가 외자기업(전년비 20.8%)인 것으로 나타났다.[53]

광동자유무역시험구와 홍콩·마카오는 서비스 무역의 자유화를 중심으로 협력이 전개되고 있다. 현재 광둥성과 홍콩, 마카오는 2003년에 체결된 포괄적 경제동반자협정(CEPA. 실질적 자유무역협정/FTA)을 통해 이미 기본적인 서비스무역의 자유화가 이루어진 상태로, 현재 광둥의 서비스무역 부문 160개 가운데 153개가 홍콩에 개방되어 있다. 현재 광둥성-홍콩 간 교역액이 전체 교역액에서 차지하는 비중, 광둥성 FDI 중 홍콩의 투자 비중, 광둥성-홍콩 기업의 공동 해외투자가 광둥성 해외투자에서 차지하는 비중이 모두 60% 이상에 달한다.

실제 광둥성 정부는 홍콩기업의 광동자유무역시험구 투자 편의 조치를 시행하고 있는데, 이로 인해 투자 진입규제가 완화되고 있다. 진입조건, 지분비율 제한, 경영범위 등에서 홍콩·마카오 기업의 무역구 진입장벽이 낮아졌다. 무역 간소화도 진행되어, 중국 내륙과 홍콩·마카오 간 서비스산업 표준규정을 연결해 무역 시장의 상호 연계, 사업자금의 상호 유통, 서비스제품의 상호 인증이 이루어지고 있다. 홍콩 취업률 증대를 위해서는 무역구의 3개 지역에 홍콩·마카오 청년창업단지를 설립하고, 청년 창업에 대해 인큐베이팅 지원을 제공할 예정이다.[54]

---

53 广东国际商会(2024.3.11.).

54 中國經濟網(2015.4.20.).

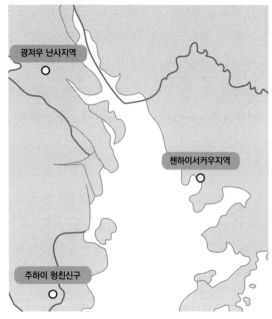

그림 3-48 광둥자유무역시험구 현황

자료: KOTRA(2016), 「중국 자유무역시범구 운영현황 및 시사점」.

- 첸하이: 금융혁신과 위안화 국제화에서 역할 담당
- 헝친·난사 신구: 7대 전략적 신흥산업과 가공제조·물류·무역·항구·교육·관광업 육성
- 바이윈(白雲)공항: 보세, 컨벤션 등 분야에서 '국경 내 관세 예외구역(境內關外)' 방식으로 세금 우대정책 시행
- 광저우 난사 신구: 해운 물류, 테마금융, 국제 무역거래, 첨단제조업 육성
- 선전 첸하이서커우: 금융·물류정보서비스, 과학기술서비스 육성. 금융업 대외개방 시범창구, 글로벌 서비스무역 기지, 국제적 허브항 육성
- 주하이 헝친신구: 관광·레저·헬스, 비즈니스 금융서비스, 문화·과학·교육, 첨단기술산업 육성, 문화교육의 개방선도지구, 국제 비즈니스 서비스 레저관광기지로 건설

2 복건성

복건성(福建. 푸젠)은 733년 당나라 시대에 복건경략사(福建經略使)를 설치하고, 복건(福建)으로 부르기 시작했으며, 남송(南宋) 때는 바민(八閩)이라고도 불렸다. 원나라 초기에는 강절행성(江浙行省)의 복건도(福建道)가 되었다가 나중에 다시 성(省)을 설치했다. 복건은 중국 해상 실크로드의 발원지이며, 상업무역 집산지이다. 푸저우(福州), 샤먼(廈門)은 일찍 중국의 5개 통상항구에 속하였으며, 마웨이(馬尾)항은 중국 근대 조선공업의 첫 항구이다.

복건은 역사적으로 일찍부터 경제 문화가 발달한 지역이다. 송·원나라 시대 항구의 대외개방, 해상 실크로드의 개통 및 해외무역 교류 전성기에 들어섰다. 명·청대에 견직물·제당·찻잎 생산·조선·제지 등 업종이 발전했다. 그러나 청대 말 해금정책(해상통행금지)이 시행되어, 복건의 경제는 심각한 영향을 받았다.

복건성은 1978년 덩샤오핑의 개혁개방 정책 추진 후 샤먼에 경제특구를 설치하면서 제일 먼저 개혁개방을 실시한 지역이다. 중국 동남부 해안에 위치, 타이완(臺灣)해협을 사이에 두고 타이완(Taiwan)과 마주하고 있다. 푸저우(福州)와 젠저우(建州)에서 각각 한자씩 따서 복건으로 불렸다. 진(秦)나라때 민중군(閩中郡)이라는 행정구역이었고, 오대(五代) 때 민(閩)나라 땅이었으므로 민(閩)으로 약칭한다.

2022년 기준 복건성의 산업별 비중을 보면, 1차 산업 5.95%, 2차 산업 44.67%, 3차 산업 49.38% 수준으로, 기계장비, 전자정보, 석유 화학가공 등이 전통적인 3대 주력산업이다. 복건성은 2010년 대만과 중국과 체결된 실질적인 FTA인 ECFA(Economic Cooperation Framework Agreement)를 계기로 제2의 도약을 이루고 있다.

복건성 경제지표(2022년)

GRDP*	산업구조			1인당 GRDP	
	1차 산업	2차 산업	3차 산업	위안	US$
4.34	5.95	44.67	49.38	123,618	18,379
인구(만 명)	중국 내 인구비*	도시화율(%)	부동산 개발투자*	수출*	수입*
4,188	2.97	70.13	4.02	4.87	3.42
수출입*	외상기업 투자액*	공업생산액*	소비품 판매액*	중국 평균 1인당 GDP 대비	
4.25	1.97	4.17	4.79	144.9% (85,310元, U$12,683)	
푸저우 GRDP**/인구(만 명)		샤먼 GRDP**/인구(만 명)		취안저우 GRDP**/인구(만 명)	
23.8/846		15.1/532		23.4/888.3	

주: * 표기는 중국 내 비중을, ** 표기는 성 내 비중을 나타낸다.

자료: 국가통계국 国家数据(2024.4.).

복건성 위치 및 주요 도시

자료: 두피디아(2021.6.).

1) 복건성 파워하우스, 취안저우

인구 888만 명의 취안저우시(泉州)는 현대화된 공업무역항이며, COVID-19 이전에는 복건성의 수도인 푸저우시보다 인구와 경제 규모(GRDP)가 더 컸다. 경공업과 중공업이 발달한 수출중심 항구도시로 복건성 동남부에 위치하며, 중형 규모 항구 4개를 보유하고 있다. 경공업-중공업 모두 발달해 있으며, 자동차제조, 조선업, 석재, 석유화공, 건축자재(도자기), 방직(신발, 의류) 산업 위주로 발전해왔다. 해외수출이 큰 비중을 차지한다. 수입 비중은 수출의 50% 미만이다.

천주(泉州)는 송·원시대 이미 국제적인 대항구 도시로 발전했다. 마르코 폴로는 동방견문록에서 이집트의 항구도시 알렉산드리아보다도 아름다운 국제 항구도시라고 평했다.[55] 천주가 대항구가 된 배경은 무엇보다 대형선을 만들 수 있는 조선업의 발달에 기인한다. 1973년 천주 부근 후저항에서 발견된 송·원시대 침몰선을 보면 길이 24m, 너비 9.15m 적재량이 200톤 이상이었다. 그 결과, 10세기부터 수만 명의 아랍 상인들이 천주를 드나들었고, 지금도 아랍인들 무덤이 남아 있다.[56]

취안저우시는 2012년 중국 내 3번째 '금융개혁 시범구'로 지정되면서, 금융업 발전을 위한 기틀을 마련했다. 취안저우시는 민영기업 발전을 지원하는 다양하고 역동적인 금융 시스템을 마련할 예정이다. 취안저우시는 앞서 금융개혁 시범구로 지정된 두 지역(절강성 원저우, 광동성 주강삼각주)과 마찬가지로 민영기업의 요람으로 알려져 있다. 중국의 개혁·개방 이후 지난 30년간 취안저우의 민영기업은 매년 30% 이상 증가해 지금은 13만 개에 달한다. 이들 중 77개사가 증시에 상장됐다. 취안저우시는 민간자본이 취안저우 경제에서 더 많은 역할을 할 수 있도록 금융 시스템을 개혁했다. 취안저우는 지리적으로 대만과 가까운 데다 이곳 출신 화교가 전 세계적으로 760만여 명에 달한다.

2020년 기준, 취안저우 세금수입의 80%, 지역내총생산의 80% 이상, R&D 혁신의 90% 이상, 도농 근로 고용의 90% 이상, 전체 기업의 90% 이상이 모두 민영경제에서 창출되고 있다. 취안저우는 22년 연속 푸젠성 GDP 1위 도시에 올랐으며, 푸저우(福州)와 함께 GRDP 1조 위안(약 172조 원) 클럽에 진입했다.

---

55 김호동 역주(2000), 『마르코 폴로의 동방견문록』, 사계절출판사, pp.405-407.

56 둥젠홍(2016. 이유진 역), 『고대 도시로 떠나는 여행』, 글항아리, pp.124-127.

취안저우 발전 원동력 중 하나는 전 세계에 분포한 이곳 출신 화교들이다. 시와 현에서부터 농촌에 이르기까지 각 지역은 해외 화교들과 손잡고 삼래일보(三来一补, 수탁가공·주문식 가공·부품수입조립 및 보상무역 방식)를 실행했다. 이에 따라 화교들이 자금·기술을 제공하고 현지인은 토지·공장·노동력을 제공하는 향진기업과 외자기업이 잇따라 생겨났다. 이후 화교의 투자를 유치해 토지를 개발하면서 취안저우의 경제는 빠른 성장의 길로 접어들었다. 2020년 기준 취안저우시는 중국 유명 상표 156개, 상장사 104개를 보유하고 있다.

2) 경제특구, 샤먼

샤먼은 진나라 때 진안(晉安)군 퉁안(同安)현, 송나라 이후엔 취안저우(泉州)에 속했다. 명나라 때 이곳에 성이 축조되면서 지리적으로 주룽(九龍)강 하구에 위치한 샤먼을 '낮은 문'이라는 뜻의 '下門'이라 명명했지만 이후 '廈門'으로 바뀌었다. 샤먼을 푸젠성 방언인 민난어로는 '아모이(Amoy)'라고 발음한다. 샤먼은 청조에 저항하여 명나라 부흥 운동을 꾀하던 정성공(鄭成功. 1624~1662)이 최후의 저항을 하던 곳이다. 청조 때 대외무역의 바람을 타고 샤먼은 동남아 무역 창구로 번창했다. 샤먼은 당시 우롱차 수출항으로 전 세계에 이름을 알렸다. 1842년 아편전쟁 후 난징조약으로 개항된 다섯 개 도시에 포함됐다. 1862년 영국 조계가 1902년엔 13개국의 공동조계가 샤먼 구량위(鼓浪嶼)에 설치돼 외국 상사와 기업들이 몰려왔다.

그림 3-50   샤먼(중국)과 소금문도(타이완)에 마주 보고 있는 통일 선전문

주: 일국양제는 홍콩특별행정구에 적용된 자치권 시스템으로 중국(1국) 내 사회주의와 자본주의(2체제)가 공
   존함을 의미한다. 이는 중국의 對대만 통일원칙이다. 반면, 삼민주의(민족·민권·민생)는 쑨원의 정치이념
   인데 대만의 對중국 통일 원칙이다.
자료: 샤먼시 및 금문현 정부 홈페이지(www.xm.gov.cn / www.kinmen.gov.tw).

　　신중국(1949) 성립 후, 샤먼이 다시 부흥한 계기는 1980년 경제특구로 지정되면서
부터다. 샤먼은 1980년 10월 선전·주하이·산터우와 함께 4대 경제특구로 지정돼 개
혁개방의 선도지역이 됐다. 초기 2.5km²에 불과했던 경제특구 면적은 4년 후 131km²
로 늘어났다. 2010년엔 샤먼 섬뿐만 아니라 섬 밖 북쪽 육지 지역도 경제특구로 편입
해 전체면적은 1,565km²로 확대됐다. 2010년 4월엔 샤먼 섬과 북쪽 육지를 잇는 길이
8,695m 해저터널이 개통됐다. 중국의 WTO 가입 전(2001)에 샤먼 경제특구에서는 외
자기업에 세금감면, 보조금 정책이 지원되었다. 이에 따라 샤먼시 입주 외자기업 수도
늘어나 지난 2013년 말 기준 총 5,674개에 달했다. 현재 샤먼에는 파나소닉, 델, LG디
스플레이 등 글로벌 기업이 입주해 있다.

　　샤먼은 섬과 북쪽 육지로 이뤄져 있다. 샤먼 섬 바로 코앞 바다 건너에는 대만 진
먼(金門)섬이 자리 잡고 있다. 샤먼섬 동쪽 순환로 옆에 세워진 '일국양제 통일중국(一
國兩制 統一中國)'이라는 대형글씨가 쓰여진 간판은 양안(중국-타이완) 관계를 보여준다.
진먼섬은 대만 영토로 과거 공산당과 국민당이 격전을 벌였던 곳이며, 이후에도 양안
관계가 악화될 때마다 포격을 주고받았던 곳이었다. 지금도 진먼섬은 중국-대만 관계
에 따라 '최전방'으로서 긴장 국면이 가장 먼저 조성되는 지역이다.

3) 푸젠자유무역시험구(福建自由貿易試験区)

2015년 4월, 푸젠 자유무역시험구가 설치되었다. 푸젠 자유무역시험구는 대만과 마주 보는 지리적 특성을 활용해 양안(중국-대만) 간 무역(서비스 및 금융 포함) 자유화와 협력 중점 시험구로 육성하고 있다. 푸젠 자유무역구는 핑탄(平潭. 43km²), 샤먼(廈門. 43.78km²), 푸저우(福州. 31.26km²)으로 구성되며 총면적은 118.04km²이다.

이 중 샤먼 구역은 푸젠 자유무역시험구 중 가장 크며, 동남 국제 항운중심 하이창(海沧) 핵심항구(24.41km²)와 양안(两岸)무역중심 핵심구(19.37km²)로 구성된다. 샤먼 포함 구역으로는 양안 무역센터 핵심구, 샹위(象屿) 보세구, 샹위 보세물류항구, 동남국제항운중심 하이창 항구, 하이창 보세항구가 있다. 핑탄 포함 구역으로는 항구 경제무역단지, 첨단기술 산업단지, 관광레저 단지가 있다. 푸저우 포함 구역으로는 경제기술 개발구, 푸저우 보세구, 푸저우 수출가공구, 푸저우 보세항구가 있다.

핑탄 구역은 중국 대륙에서 대만과 가장 가까워 대만과의 해상무역거래 플랫폼이었다. 위안화와 대만달러의 동시 유통을 허용하여 대만달러-위안화 자유태환을 실현할 전망이다. 샤먼 구역은 항운물류, 항구수출입, 보세물류, 아웃소싱 서비스, 대량상품거래 등 산업발전을 목표로 하고 있다. 샤먼 구역 양안 무역중심 핵심구는 첨단기술 연구개발, 정보소비, 임항산업, 국제무역서비스, 금융서비스, 전문화, 크루즈 경제 등 신흥산업과 고급서비스업 발전에 집중할 계획이다.[57]

푸젠 자유무역시험구 창설 후 제도 혁신을 핵심으로 339항의 혁신 조치를 잇달아 시행했으며, 사물인터넷, 금융리스, 전자상거래 등 새로운 업태·플랫폼이 발전하는 성과를 거뒀다. 창설 이후 2018년 12월까지 푸젠 FTZ의 신규 기업은 7만 5,370개에 달했으며, 총 등록자본은 1조 6,998억 위안으로 집계됐다. 2023년 실적을 보면 모두 7599개 외자기업이 입주하였으며, 등록자본금은 999.7억 위안을 기록했다. 2023년 한 해 늘어난 외자기업은 391개로 이들은 실제 이용 외자액 3.78억 달러, 계약기준액 60.1억 달러를 기록했다.[58]

---

57 KOTRA 글로벌 윈도우(2015.4.8.), 中 푸젠 자유무역구 운영방안 및 특징, 김진경(KOTRA 샤먼무역관).

58 복건자유무역시험구(https://ftz.fujian.gov.cn).

푸젠성은 천혜의 자연 조건에서 비롯된 농업, 연해 양식, 원양어업, 석재 가공 등 1차 산업이 주력이었다. 그러나 ① 기존 전통산업의 고도화, ② 첨단산업의 클러스터화, ③ 환경보호와 자연환경의 산업화로 변화하고 있다. 복건성 닝더의 대황어는 중국 생산량의 80%를, 푸저우에서는 중국 전복의 35%, 난핑(南坪)에서는 중국 차(茶)의 18%, 촨저우는 중국 석재의 60%를 생산한다.

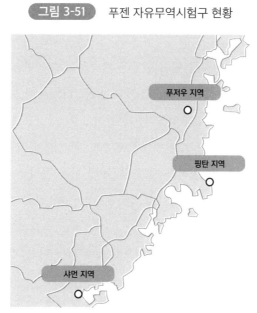

그림 3-51   푸젠 자유무역시험구 현황

자료: KOTRA(2016), 「중국자유무역시범구 운영현황 및 시사점」

푸톈은 나이키 신발을 위탁 생산하면서 얻은 노하우와 설비를 발전시켜 신발 제조기지로 탈바꿈했고, 인근 촨저우에서는 신발업체 3천여 개가 전 세계 신발의 8.5%를 만들고 있다. 스스(石獅)시는 방직의류, 가구, 운동복 등 특정 산업군이 자리 잡고 있다. 자동차 배터리 제조업체인 닝더스다이(CATL)는 2011년 설립 후 글로벌 배터리시장 점유율 3위에 올랐다. LED는 전 세계 판매량의 30% 이상이 메이드 인 샤먼(Made in Xiamen) 제품이다.

○ 객가인과 화교

객가인(客家人)은 '타향에 사는 사람들'이라는 뜻이다. 객가(客家)는 영어로 Hakka 로 표기한다. 객가인은 중국 민족의 92% 점유하고 있는 한족(漢族)의 한 분파이다. 이들이 별도의 민족으로 인정받는 이유는 '객가화'라는 자신들 만의 언어와 독특한 객가 문화를 1700여 년 넘게 유지하고 있기 때문이다. 중국에는 5,500만 명, 전 세계에 414만 명 정도가 살고 있다. 태평천국의 창시자인 홍수전을 비롯해 쑨원(孫文)·덩샤오핑, 타이완 前총통 리덩후이, 필리핀 정치가 아키노(Corazon Aquino), 싱가포르 前총리 리콴유 등도 객가인이다.

이들은 매년 세계객가대회를 열어 전통을 계승하고 그들만의 비즈니스 기회를 포착하고 있다. 1971년 홍콩에서 첫 대회를 개최한 후, 타이베이, 미국 L.A 및 샌프란시스코, 일본 도쿄, 태국 방콕, 말레이시아, 대만 까오슝, 싱가포르, 인도네시아 자카르타 등에서 개최하였다. 1994년 12월에는 처음으로 객가인의 고향 중 한 곳인 광동성 메이저우시(梅州)에서 제12회 대회가 개최되었는데 이를 계기로 중국 각지(복건 롱옌·하남 정저우·강서 간저우·사천 청두·섬서 시안·광동 하원·광서 북해·복건 삼명)에서 대회가 여러 차례 치루어졌다.

광동어, 복건어(민남어) 등 지역을 중심으로 규정되는 다른 방언들과는 달리 객가어는 집단에 의해 규정되는 방언이다. 그 이유는 객가인들이 중국 여러 곳에 흩어져 있기 때문이다. 강서성 남부와 광동 동부에서 객가어 통용 비율이 크며, 타이완 인구(2,300만 명) 중 12%인 276만 명이 객가인이다. 이런 연유로 타이베이 지하철 안내방송도 표준중국어, 민남어, 객가어, 영어로 하고 있다. 2003년 7월에는 세계 최초의 객가어 방송국인 객가TV도 타이완에서 개국했다.

객가인들은 중국 중원에 해당하는 하남성 지역에서 거주하고 있었다. 서기 300년 서진(西晋)이 멸망하자 지금의 호북, 안휘, 강소 지역으로 남하하게 된다. 당대인 755년 '안사의 난'으로 전란에 휩싸이게 되자 객가인들은 다시 남쪽으로 이주(강서 남쪽, 복건 서쪽, 광동 동북)했다. '정강의 난'이 발생한 1126년에는 북송이 멸망하고 남송이 들어서자 지금의 광동성 혜주와 메이저우 일대에 주거하게 된다. 한족의 지계였던 객가인들은 만주족에 대항했으나, 1644년 명조는 멸망하고 청대가 들어서자 객가인들은 대만으로 이주했다. 태평천국을 구성하던 민족은 객가인들이었는데, 이들은 태평천국의 난(1851~1864)이 진압된 후, 해남도와 광서 및 베트남 등으로 이주하게 된다. 이와 같은 여러 차례 이주로 객가인은 중국 전역에 분포하게 되었다.

전 세계에 분포한 객가인 화교는 414만 명으로 이는 전 세계 화교 총인구수의 10%를 점유하는 비중이다. 아시아 지역에 전체 객가인 화교의 85%가 거주하고 있으며, 그중에서도 인도네시아(120만 명)와 말레이시아(109만 명)에 거주하고 있는 객가인이 가장 많다.[59]

표 3-25 중국 내 객가인 거주 현황

지역	인구수 (만 명)	주요 분포 지역
광동성	2,000~2,200	광동성 인구의 1/4 규모
강서성	1,000~1,200	강서성 남부 및 서북 지역
복건성	350~400	복건성 서쪽 지역 (長汀)
광서자치구	500~560	광서자치구 남쪽 및 동남쪽 현에 거주
사천성	150~250	사천성 수도인 청두 동부지역
호남성	100~200	강서, 광동성과 교차 지역에 거주
절강성	50	절강성 서남쪽에 거주
해남성	30~40	주로 담주시(儋州)에 거주
귀주성	10	-
대만	460	대만 통계에서는 300만 명 수준임
홍콩	50~100	-
마카오	10	-
운남·강소·안휘·섬서·신강	6.8	-
합계	5,000~5,500	

자료: 羅英祥(1994), 『漂洋過海的客家人』, 河南大學出版社.

59　화교(華僑)는 해외 거주 중국인이며, 법률적 정의로는 중국 국적 보유 해외 거주 중국인이다. 화인(華人)은 화교보다 넓은 의미로 3대 이상 세월이 지나 현지 국적을 취득한 중국계 후손이다.

3 해남성

해남성(海南. 하이난)은 삼국시대 오나라 때부터 주애(珠崖)라고 불리기 시작했으며, 그때 주애군(珠崖郡)이 설립되었다. 송대 때는 광서장족자치구 관할에 속했었고, 명·청 때는 경주부(琼州府)가 설치되었다. 1858년, 주요 항구인 하이커우(海口)와 충산(琼山)의 대외무역이 개방되었다. 중화민국 초기에 경애도(琼崖道)로 바뀌었으며, 이후 광동성에 편입되었다. 1949년, 신중국이 성립될 때도 국민당 정권하에 있다가 1950년 해남 상륙작전을 통해 중국 영토로 편입되었다.

1988년 4월, 광동성에서 분리되어, 중국의 22번째 성(省)인 해남성으로 승격되면서 성 전역이 경제특구로 지정되어, 외국기업에게 투자문호가 개방되었다. 2010년 1월 4일에는 '해남 국제관광섬 건설발전에 대한 국무원 의견'이 발표되어, 국제관광섬(国际旅游岛) 건설에 착수했다. 동 '의견'에 따라 해남성에 부가가치세(VAT) 환급과 26개국 비자 면제, 대형 면세점 건설을 통한 쇼핑객 면세 등 다양한 정책이 도입되었다. 중국 대륙 최남단에 있는 섬으로, 북으로 경주(琼州)해협을 사이에 두고 광동성의 뇌주(雷州)반도와 마주보고 있다. 성 명칭은 해남도(海南島)에서 유래되었으며, 당나라 정관 5년에 이곳에 충저우(琼州)를 설치했던 관계로 琼(충. Qiong·경)이라 약칭한다.

표 3-26 해남성 경제지표(2022년)

GRDP*	산업구조			1인당 GRDP	
	1차 산업	2차 산업	3차 산업	위안	US$
0.58	20.58	19	60.43	67,314	10,008
인구(만 명)	중국 내 인구비*	도시화율(%)	부동산 개발투자*	수출*	수입*
1,027	0.73	61.44	0.86	0.24	0.7
수출입*	외상기업 투자액*	공업생산액*	소비품 판매액*	중국 평균 1인당 GDP 대비	
0.44	28.29	0.17	0.52	78.9% (85,310元. U$12,683)	
하이커우 GRDP**		하이커우 인구(만 명)			
31%		300.16			

주: * 표기는 중국 내 비중을, ** 표기는 성 내 비중을 나타낸다.
자료: 국가통계국 国家数据(2024.4.).

2022년 해남성 산업구조를 보면, 1차 산업 20.58%, 2차 산업 19%, 3차 산업 60.43% 로 어업 및 농업 비중이 높으며, 관광업 등 서비스업 비중이 높다. 또한 2차 산업은 석유화학·기계전자·음료식품·방직 등이 주요 산업군으로 구성되어 있다. 2020년에는 COVID-19 영향으로 하이난 방문객은 전년비 감소한 6,455만 회차(전년비 –22.3%)였으며, 그중 외국인은 17.6만 회차(-83.7%)에 그쳤다. 이에 따라 관광업 수입은 872.86억 위안으로 전년비 17.5% 하락했다. COVID-19 이전 해남성의 총 GRDP 중 관광업 비중은 15% 수준을 보였다.

중국 최남단에 위치한 해남성은 일 년 내내 아열대 기후를 보이는 열대우림의 섬이다. '동방의 하와이'라고도 불리는 중국 최고의 휴양관광지로 중국 정부의 '국제관광 휴양섬 조성 계획'에 따라 해남성 수도인 하이커우와 쌴야(三亚)를 중심으로 많은 관광객이 찾고 있다. 쌴야는 하와이 남쪽 지역과 거의 같은 위도상에 위치하는데 1년 내내 따뜻하고 온화하다.

그림 3-52 해남성 주요 도시 및 소수민족자치현

자료: 두피디아(2021.6.).

1) 하이난은 섬 전체가 면세점

2011년 4월부터 해남성을 찾는 국내외 쇼핑객들에게 면세정책을 실시했다. 해남성은 2011년 초부터 외국 관광객이 구입한 화장품, 의류 등 21개 품목에 대해 세금 환급제도를 실시한 데 이어, 4월부터 국내 쇼핑객들에게도 도입했다. 2011년부터 하루에 한 쇼핑몰에서 800위안 이상을 쇼핑한 대만, 홍콩, 마카오를 포함한 해외 여행객들에게 소비액의 11% 세금을 출국 때 환급하도록 했다. 이러한 리다오 면세(离岛免税·내국인 면세) 정책을 발표한 이후 10년간 하이난 면세 산업은 비약적인 발전을 거두었다. 2011년 9월 8,600만 위안에 불과했던 하이난 리다오 면세 매출은 2019년 134억 9,000만 위안으로 급증했다. 쇼핑객 수 역시 2011년 48만 3,600명(연인원)에서 2019년 384만 명으로 증가했으며, 구매량은 2011년 153.7만 개에서 2019년 1,819.9만 개로 증가했다. 면세 구매 한도액은 5,000위안에서 10만 위안까지 늘어났고, 항공 승객은 물론 여객선, 기차 등을 이용한 승객으로까지 확대되었다. 면세점은 4곳으로 증가했다. 2014년 9월에는 12만㎡에 달하는 전 세계 최대 시내 면세점 '싼야국제면세성(三亚国际免税城)'이 오픈했다. 2020년 7월 이후 싼야국제면세성은 하루 평균 8,000만 위안의 매출을 올리고 있다.

2020년 6월, 하이난 자유무역항 출범으로 면세점 사업은 더욱 발전하고 있다. 2020년 7월부터 1인당 연간 면세 구매 한도가 10만 위안으로 상향되었고 면세 상품 종류도 45종으로 증가했다. 8,000위안 이상 상품에 대한 행우세(行邮税·개인배송품 징수 수입세)가 폐지됐고 1회 구매 한도 역시 제한을 두지 않았다. 2020년 1~6월 하이난 리다오 면세 매출액은 74억 9,000만 위안이었는데, 신정책 출범 후 7~9월 매출은 86억 1,000만 위안으로 늘었다.

면세점 개점 이후 COVID-19에도 불구하고 2020년 7, 8월 관광객 증가율은 -10.1%에서 -1.6%로 감소 폭을 줄여나갔다. 세계 면세업계 1위와 2위의 Dufry와 롯데면세점 매출이 모두 급감한 가운데, 중국 최대 면세점 기업으로 중국 시장의 80% 이상을 점유하고 있는 싼야국제면세성(중국면세품그룹유한책임공사. 中国中免)은 2020년 상반기 193.1억 위안의 매출을 올리며 세계 1위를 차지했다. 중국중면의 매출 중 47% 이상이 하이난에서 창출됐고, 싼야와 하이커우에서의 매출이 각각 12.2%, 136% 증가했다. 전 세계 4대 면세 지역(하이난, 제주도, 일본 오키나와, 대만 진먼·마주) 중 하이난은 경쟁력을 갖추고 있다.

하이난 동부와 서부 해안선을 따라 섬 전체를 잇는 시속 200km의 고속철도로 하이커우-쌴야 이동 시간은 이전 3시간에서 1시간 50분으로 단축되었다. 동 고속철은 2015년 12월 말에 개통(12개 시·현 통과)되어, 하이난다오는 전 세계 열대 섬 중 처음으로 해안선 고속철도 순환 노선이 생기게 되었다.

2) 하이난 자유무역시험구(海南自由贸易试验区)

2018년 4월, 해남도 전역(3.54만 km²)을 자유무역시험구로 지정했다. 이는 중국 내 최대 자유무역시험구이다. 발전 방향은 국제개방도 제고, 법치 환경 규범화, 금융 서비스 최적화, 관리감독 고효율화, 생태환경 일류화이다. 특화 산업으로는 여행업, 첨단기술업, 의료, 교육, 정보통신, 인터넷, 문화, 금융, 항공, 물류, 해양경제, 신에너지 자동차 제조 등을 둘 수 있다. 특히 야채 씨앗 생산, 인터넷, 생명보험, 선박 및 비행기 생산, 디자인, 수리, 국제해운, 국제선박대리 등 산업의 외자 투자 비중 제한을 취소하면서 외자 유치에 박차를 기울여 왔다.

최근 2년 동안 하이난성은 관광업, 현대서비스업, 첨단기술산업 발전을 토대로 하이난 산업 구도를 과학적으로 편성해왔다. 세관 특수 관리감독구역을 증설함은 물론 국제투자 무역, 보세 물류, 보세 유지보수 등 업무를 추진할 계획이며 쌴야에 부지를 선정해 세관 감독관리 격리 구역을 설치하고 세계 동식물 유전물질 도입 및 중개 등 업무를 펼칠 계획이다.

이를 통해 개혁개방시험구, 국가생태문명시험구, 국제관광소비센터, 국가중대전략서비스보장구 건설이라는 전략적 포지셔닝을 설정했다. 향후 일대일로 연선국가가 하이난에 영사기관 설립을 지지하고, 크루즈 기업이 크루즈 항로를 개설하는 데에 지원하며, 동 무역구와 일대일로 이니셔티브 및 범남해지역협력(范南海地区合作) 사업을 연계할 계획이다.

실제 동 무역구 출범으로 팡관푸 개혁(放管服改革, 행정 간소화·권한 이양), 투자 관리 체제, 무역 편리화, 금융 개방 혁신 등 여러 방면에서 진전을 거두었다. 이밖에도 하이난은 위안화의 국경 간 사용 확대, 외환 관리 개혁 심화, 금융업 개방 확대 등 금융 일괄

정책을 출범해 무역 투자 편리화에 양질의 금융서비스를 제공하고 있다.

3) 하이난 자유무역항 출범(2020.6.)

중국 정부는 하이난 자유무역시험구 지정 후 2년이 지난 2020년 6월에 '하이난 자유무역항건설 총체방안'을 공포하고 하이난섬 전체를 다시 자유무역항으로 지정했다. 하이난 자유무역시험구는 하이난 섬 전체를 포괄하는 반면, 자유무역항은 11개 주요 단지를 선정하여 이들을 중심으로 경제발전을 꾀한다는 차이가 있다.

자유무역항의 3가지 특징으로 ① 항만에 설치, ② 독립관세구역, ③ 상품·자본·인력의 자유로운 이동을 꼽을 수 있다. 대표적인 자유무역항으로 홍콩, 싱가포르가 있으며, 자유무역항의 발전 초기에는 그 기능이 무역, 물류에 국한되었으나 점차 금융, 관광, 전문 서비스 등 다방면으로 확대되고 있다.

중국 정부는 하이난을 홍콩·마카오와 같은 독립 관세 지역으로 운영하여 향후 제정될 리스트를 기반으로 상품 및 서비스 무역 자유화를 추진할 계획이다. 하이난에 적용되는 별도의 관세부과 수입상품 리스트를 제정하여 목록 이외의 상품에 대해서 관세 및 쿼터 제한과 같은 비관세 조치가 면제될 예정이다. 하이난을 거쳐 중국 본토로 상품을 수입할 때는 중국 국내법에 따른 통관의무와 관세가 부과되며, 반가공 상태로 수입되어 하이난에서 가공된 상품의 부가가치가 30% 이상일 때는 무관세로 수입 가능하다. 또한 서비스 무역 네거티브 리스트를 제정하여 리스트 이외의 영역에 대해 내국민 대우를 적용할 계획이다.

하이난에 단독적용되는 투자 관련 네거티브 리스트로 투자 자유화를 추진하는 한편, 조세제도를 간소화하고 세율을 인하할 계획이다. 이를 통해 시장진입 장벽을 더 완화할 계획이다. 이공(理工)·농업·의학 분야의 대학 및 직업학교 설립에 대하여 100% 외국인 지분 투자를 허용할 예정이다. 투자 장려에 속하는 법인의 법인세를 15%(현행 최대 25%)로 인하하고, 2025년부터는 등록 후 실질운영 법인에게 모두 15% 법인세율을 적용할 예정이다.[60] 2013년 출범한 '보아오러청 국제의료관광 선행구'를 중심으로 의료기관 설립과 운영 관련 규제를 완화하고 국내외 의료서비스 투자를 유치해 세

---

60 김홍원(2020), 중국 「하이난 자유무역항 조성방안」의 주요 내용과 전망, KIEP(2020.7.2.).

계적인 의료관광단지를 조성할 계획이다.

2023년 하이난 자유무역항 내 주요 단지의 실적을 보면 매출액은 2조 2,424.98억 위안을 기록하여 전년비 18.3% 증가했다. 이 중 양포경제개발구, 하이카우 강동신구, 샨야CBD, 하이커우 종합보세구 등의 성장세가 두드러졌다. 이들 단지의 고정자산 총 투자액은 1278.79억 위안(전년비 0.1% 증가)으로 이 중 9개 단지만 전년비 성장세를 시현했다. 이 중 린하오진파이강 산업원(临高金牌港产业园), 원창국제항천성, 하이난 생태소프트웨어단지의 성장세가 컸다. 이들 단지의 2023년 무역 총액은 1730.46억 위안으로 전년비 26.1% 증가했으며, 이 중 수입액은 1287억 위안(38.4% 증가), 수출액은 443.46억 위안(0.4% 증가)를 기록했다. 자유무역항의 영세율 수입액은 195.7억 위안을 기록했다.[61]

표 3-27 하이난 자유무역항 주요 산업단지 현황

산업단지명	주요 내용	중점 유치산업
양포경제개발구 (洋浦经济开发区)	하이난 공업, 무역 및 물류 중심지, 심수항 보유	• 선진제조업 • 물류무역 • 에너지·화공산업
보아오러청국제의료여행선행구(博鳌乐城国际医疗旅游先行区)	특허의료, 건강관리, 재활치료, 국제의료여행업 육성, 선진임상의학센터, 중의학센터, 국제의학교류센터 등 설립·운영	• 임상 치료 • 의학연구개발 • 재활치료
하이커우 장동신구 (海口江东新区)	핵심 산업단지. 하이커우시 동쪽 면적 298km² 규모 구성	• 본부: 무역, 투자 및 국제결산 • 공항: 항공운수, 금융리스, 창고물류, 국경 간 비즈니스 • 서비스: 전문서비스, 디지털경제, 국제교육
하이커우 국가첨단기술산업개발구(海口国家高新技术产业开发区)	관광업, 현대서비스업, 첨단기술 산업 등을 포괄	바이오의료, 고급 의료기계, 신소재, 저탄소제조업, 식품가공, 서비스 등
하이커우 종합보세구 (海口综合保税区)	크로스보더 전자상거래 종합시험구	면세, 물류, 보세가공, 선진제조업

---

61 南海网(2024.2.2.).

싼야 야저우완 과기성 (三亚崖州湾科技城)	난산(南山)항구, 난판(南繁)과기성, 선하이(深海)과기성, 과학교육성	해양과학, 디지털경제, 교육, 현대서비스업, 생물과학, 보세가공
싼야 중앙상무구 (三亚中央商务区)	본부경제, 금융서비스, 현대비즈니스, 크루즈, 현대서비스산업	본부경제, 금융서비스, 크루즈, 문화, 전문서비스
원창 국제항천성 (文昌国际航天城)	저위도 해안발사장 및 항천 슈퍼컴퓨터센터 보유	위성로켓 R&D, 위성데이터응용, 항천빅데이터산업, 대학, 국제협력
링수이 리안 국제 교육 혁신시험구(陵水黎安国际教育创新试验区)	교육의 대외개방을 목적으로 설립한 교육산업단지	국제고등교육, 도시문화생활 등
하이난 생태 S/W단지 (海南生态软件园)	국가 블록체인시험구, 디지털문학·헬스·금융 등 디지털 및 플랫폼 경제 육성	블록체인, 디지털 헬스, 디지털 금융
하이커우 푸싱청 인터넷 정보산업단지 (海口复兴城互联网信息产业园)	디지털무역, 스마트물류, 금융과기 등 디지털산업 육성 단지	스마트물류, 디지털무역, 금융

자료: KOTRA(2022.2.22.), 「하이난 자유무역항 정책과 비즈니스 기회」, 광저우무역관.

○ 광동-해남 열차페리

중국에서만 볼수 있는 것 중의 하나가 열차 페리(train ferry)이다. 즉 여객이나 화물(주로 차량)이 타고 있는 채로 운행 중인 열차를 나누어 페리에 실어 바다를 건너는 교통수단이다. 현재 중국에는 두 개 노선의 열차 페리가 운행되고 있는데 그중 한 곳을 필자가 직접 찾아가 보았다. 광동-해남 열차 페리(粤海铁路轮渡)가 그 주인공이다.

2003년 1월 7일에 중국의 첫 번째 열차 페리로 개통되었으며 정식 운행을 시작했다. 전체 구간은 26km로 광동성 뇌주반도(雷州半岛)의 뇌주시 하이안(海安)에서 경주해협(琼州海峡)을 건너 해남도 하이커우에 도착한다. 열차 페리는 2층 갑판으로 조성되어, 1층에 열차 궤도 4개가 있으며, 2층에는 승용차와 화물 트럭을 탑재한다. 열차 궤도 길이는 145m이고 14m 화물열차 40량을 탑재할 수 있다. 또한 26.5m 길이의 여객열차 18량도 탑재가 가능하다. 2층 갑판에는 차량 56량이 탑재 가능하며, 페리 뒤쪽에는 여객실이 조성되어 1,360명이 승선할 수 있다. 항해 시간은 50분이나, 승하선에 시간이 소요되어 실제 운행 시간은 2시간이 걸린다. 광동 뇌주시와 해남 하이커우 간 4개 항구(海安新港·徐闻港/新海港·秀英港)에서 68개 노선이 운행 중이며, 이용 요금은 40위안 수준이다.

2006년에 개통된 중국 내 두 번째 열차 페리는 요녕성 대련과 산동성 엔타이 구간 159.8km을 운행한다. 운행 시간은 7시간이며, 하루 8개 노선이 있고, 이용 요금은 200위안 수준이다. 운행 거리가 길어서 주로 화물차들이 이용하고 있으며, 화물열차는 요녕성 여순서역(旅順西站)과 산동성 연태북역(烟台北站)을 연결한다. 모두 6개의 레일을 가지고 있으며, 한 조의 레일에 10량의 화물열차 탑재가 가능하다.

그림 3-53 광동-해남 열차 페리와 하이커우 남항역(열차 페리 전용역)

자료: www.hnr.cn(검색일자: 2024.4.), © 2023. 김동하.

4 광서장족자치구

광서장족자치구(廣西壯族自治區. 광시좡주)는 기원전 214년 진시황제가 남령(南嶺)을 통일하면서 계림군(桂林郡)을 포함하여 3개의 행정구역을 설치하였는데, 계림군이 지금 광서의 대부분 지역을 포함하였다. 전국 시기에는 백월(白越), 진대(秦代)에는 남해군(南海郡), 한대(漢代)에는 교주(交州)가 설치되었다. 당나라 때 영남도(嶺南都)로, 송나라는 광남(廣南)으로 불리고, 광남서로(廣南西路) 및 광남동로(廣南東路)로 행정구역이 나뉘어 광서(廣西)라는 지명이 유래되었다. 원대에는 호광행서성(湖廣行書省), 명대에 광서포정사서(廣西布政使士)로 불렸으며, 청대 초기에 광서성(廣西省)이라고 지칭되다가, 1958년에 광서장족자치구로 지정되었다.

베트남(서남), 운남성(서), 귀주성(서북), 호남성(동북), 광동성(동)과 인접하고 있다. 약칭 구이(桂)는 진시황이 이곳을 통일하고 구이린쥔(桂林郡)이라고 명명한 데서 유래한다. 광서장족자치구 인구는 5,047만 명인데 이 중 장족(壯族.좡주)이 33%, 한족이 62%, 요족(瑤)이 3% 수준을 보이고 있다. 중국 내 55개 소수민족 중 가장 많은 인구를 보유한 민족이 바로 장족(壯族)이며 1,692만 명이 분포하고 있는데 이들 중 대부분이 광서장족자치구에 살고 있다. 광서장족자치구에는 이외에도 12개 소수민족이 대규모 거주하고 있는데, 야오족(瑤族)의 60%, 거라오족(仫佬族) 90%가 살고 있다. 또한 이곳에는 마오난족(毛南族)의 집단거주지인 환강모남족(环江毛南族)자치현이 있어서, 중국 내 마오난족의 70%인 7만 명이 거주하고 있다. 이외에도 먀오족, 동족, 수이족 등 기타 소수민족 자치현 12곳이 설치되어 있다.

2022년, 광서장족자치구 1차 산업 비중은 16.3%로 농·어업이 발달해 있다. 2차 산업 비중은 33.7%로 식품·유색금속·석유화학·금속제련·자동차·기계·전력 등이 7대 주력산업이다. 건축자재·제지·IT·조선·방직·목재가공·제약업 등은 7대 특색산업에 속한다.

광서장족자치구는 고온다습한 기후에 탄산칼슘 매장량이 많아 구이린(桂林)으로 대표되는 세계 최대 카르스트 지형 가운데 하나이다. 석회석이 녹아 탄산수소칼슘으로 변하면서 한 폭의 산수화와 같은 독특한 지형이 생겨났다. 여기에는 종유석과 석순으로 장관을 이룬 칭성동굴도 포함된다. 관광업은 광서장족자치구 GRDP의 10% 이내를 점유했으나, 2020년에는 COVID-19 영향으로 방문 외국인 관광객은 24.68만 회차(전년비 -96%), 외국인 관광객 소비액 0.79억 달러(-97.8%), 국내 관광객 6.61억 회차(-24%), 국내 관광객 소비액 7,262.08억 위안(-27.4%)를 기록했다.

광서장족자치구는 베트남으로 통하는 중국의 관문이다. 2010년 중국-아세안 FTA가 발효된 이후부터, 광서장족자치구의 무역량이 급증하고 있다. 중국-아세안 FTA는 태국, 말레이시아, 인도네시아, 필리핀, 싱가포르, 브루나이 등 6개국 우선 대상이며, 베트남, 미얀마, 캄보디아, 라오스는 2015년 발효되었다.

아세안과의 FTA 체결로 중국 내 가장 큰 수혜를 볼 지역으로 베트남과 국경을 마주하고 있는 광서장족자치구가 지목되었는데, 실제 2023년 광서장족자치구와 아세안 간 무역액은 전년동기비 22.8%나 증가하는 등 역대 최고치를 기록했다. 2023년 광시와 아세안 간의 양자 무역 규모는 3,394억 위안에 달했다. 광시에는 18개의 개방 항구가 있다. 2023년 광시는 2003년 대비 44.5배 증가한 1,653억 위안의 중간재를 아세안으로 수출입하고, 자동차 부품 및 섬유 원료 수출은 각각 30.8배 및 22.8배 증가했다. 2023년 광시는 아세안에 주로 전기 기계 제품을 수출했으며, 아세안에서 51.2만톤의 석탄을 수입했다. 아세안은 2003년부터 16년 동안 광시의 최대 석탄 수입원이었다.

광서장족자치구와 아세안 간의 무역증대 배경은 두 지역 간 산업 구조상 보완성이 강했기 때문이다. 두 지역 간에는 산업화수준, 산업구조, 자원보유 등에서 차별성이 있어 교역 시 보완적 특성을 보이고 있다. 아세안에는 석탄, 석유 등 자원이 풍부한데 이는 최근 급격한 경제발전 드라이브를 걸고 있는 광서장족자치구가 필요로 하는 부분이다. 광서장족자치구의 기계·전자제품들은 아세안에 비해 상대적으로 제품 및 가격 경쟁력이 있어서 수출로 이들 국가의 수요를 충족시키고 있다. 또한 중국과 아세안 간 관세율 인하가 무역 확대를 촉진했다.

표 3-28 광서장족자치구 주요 경제지표(2022년)

GRDP*	산업구조			1인당 GRDP	
	1차 산업	2차 산업	3차 산업	위안	US$
2.19	16.31	33.68	50.01	51,936	7,722
인구(만 명)	중국 내 인구비*	도시화율(%)	부동산 개발투자*	수출*	수입*
5,047	3.58	55.66	1.77	1.11	2.45
수출입*	외상기업 투자액*	공업생산액*	소비품 판매액*	중국 평균 1인당 GDP 대비	
1.69	4.84	1.9	1.94	60.9% (85,310元. U$12,683)	
남녕 GRDP**		남녕 인구(만 명)			
19.9%		894.08			

주: * 표기는 중국 내 비중을, ** 표기는 성 내 비중을 나타낸다.
자료: 국가통계국 国家数据(2024.4.).

자료: 두피디아(2021.6.).

아세안 중에서도 베트남이 광서자치구의 주요 무역 파트너이다. 2023년 광서자치구 교역액 중 47.9%가 베트남이 점유하고 있으며, 25년간 최대 파트너 지위를 유지하고 있다. 이는 對베트남 국경무역중점도시인 핑샹(凭祥)시가 소재하고, 위안화 국제화 정책의 심화로 인해, 아세안국가와 위안화 거래가 가능해졌기 때문이다. 아세안 10개국은 이미 2009년 7월부터 광서장족자치구, 운남성과의 무역거래 대금에 대해 위안화 결제를 허용받았다.

1) 난닝시와 광서북부만경제구

난닝시(南寧)는 광서장족자치구 수도로서 아세안으로 가는 길목 역할을 하고 있다. 환적항 기능이 위주이며, 공업기반은 취약한 편이다. 화남, 서남을 잇는 교차점이다. 샹구이(湘桂. 호남~광서)선, 치엔구이(黔桂. 귀주~광서)선, 리짠(黎湛. 광서~광동)선, 난쿤(南昆 광서~운남)선 같은 서남권 주요 간선철도가 난닝시를 통과한다. 이를 통해 호남성, 귀주성, 광동성, 운남성 등과 연결되고 있다.

난닝시는 '광서북부만경제구(广西北部湾经济区)'의 대표적 도시이다. 중국 정부가 2008년부터 남서지역 개발을 위해 추진중인 광서북부만경제구는 난닝과 베이하이(北海), 친저우(钦州), 팡청항(防城港) 3대 항구도시로 구성되어 있다. 광동성의 가공무역기능이 점진적으로 광서장족자치구로 이전되고 있는데, 그 주요 대상지가 광서북부만경제구이다.

11개국과 교류 관계를 맺고 있는 광서북부만경제구는 '일대일로' 건설에 적극 참여해 對아세안 개방 창구이자 경제협력의 허브로 거듭날 계획이다. 범북부만경제협력, 메콩강경제권(GMS) 협력을 지속 이행하고, 중국-말레이시아 공동산업단지, 중국-인도네시아 해외경제무역협력구, 난닝-싱가폴 경제회랑 건설을 가속화할 예정이다. 금융혁신을 통해 광시자치구의 서부와 변경지역 최대 국제위안화결제 지역으로서의 명성을 유지하고 있다.

광서장족자치구 주요 무역항 중 하나인 친저우에는 보세항이 건설되었다. 베이하이는 광서장족자치구의 또 다른 무역항이다. 무역업·물류업 발전에 유리하며, 지리적으로 우대정책 수혜를 받고 있다. 베이하이는 베트남 등 동남아를 잇는 교차점에 있으며, 수역 깊고 천혜의 항만이 다수 있어 무역업·물류업 발전에 유리하다. 도시 지역의 70% 이상이 평원지대로 공업 발전에 유리하다.

2) 아세안 게이트, 광시장족자치구

1차 북미 정상회담(싱가포르. 2018.6.12.)에 이어서, 2019년 2월 27일부터 28일까지 베트남 하노이에서 도널드 트럼프 미국 대통령과 김정은 북한 국무위원회 위원장 간의 두 번째 정상회담이 개최됐다. 정작 이 회담은 성공적인 결과를 내지는 못했지만, 화제가 된 것 중 하나는 김정은 위원장이 북한과 중국을 관통하는 철도를 이용하여 베트남 하노이까지 간 것이었다. 바로 중국-베트남 국경지역이 바로 광서장족자치구 내에 있는 핑샹(憑祥)시이며, 핑샹시는 베트남 동당역과 연결되어 있다.

그림 3-55 미국-북한 정상회담(2019) 시 활용된 북한-중국-베트남 간 철도 경로
(김정은 위원장 하노이 방문 경로)

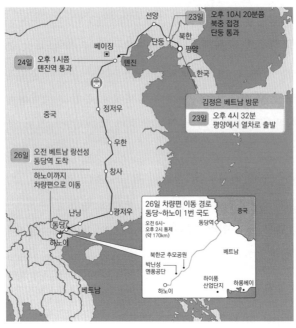

자료: 조선일보(2019.2.25.).

　광서장족자치구 수도인 난닝시(南宁)에서는 난닝-하노이 간 국제열차를 탈 수 있
다. 열차번호는 T8701이며, 총거리는 396km로 2009년 1월에 개통되었다. 오후 18
시 10분에 난닝역을 출발한 기차는 난닝-충줘(崇左)-핑샹(凭祥)-베트남 박장-박닌-하노
이 자럼역(Gia Lam. 河内嘉林)에 다음 날 새벽 5시 45분에 도착하는 노선을 운행한다. 여
행객들은 핑샹역에서 하차하여 출입국 수속(4시간 소요)을 하게 되며, 이를 포함하여 총
11시간 정도의 여정이다. 열차 요금은 215위안이며, 베트남에서 돌아오는 열차번호는
MR2이다.

　이러한 광시-베트남 간 지리적 특징을 배경으로 국경 무역, 국경 소액무역, 변경
호시(互市)무역[62]이 발전하고 있다. 광시자치구는 아세안 국가와의 호연호통(互聯互通,

62　호시(互市)무역은 국경지역에 거주하는 양국 주민들이 통행증만으로 자유롭게 무관세 교역을 하는
　　것을 말한다.

서로 연결되고 통합)을 가속화하고 있으며, 난닝과 하노이 간 고속도로가 2025년 전까지 전 구간 완공될 예정이다. 베트남 하노이와 핑샹 우의관을 잇는 고속도로가 이미 건설 (2025년 개통예정)되고 있으며, 중국은 이 사업에 3억 달러의 우대 차관을 지원했다.

난닝~핑샹(憑祥. 베트남과 국경도시) 구간을 시속 250km로 왕복하는 고속철도 건설이 2020년 9월에 착공되었으며, 4년 후에 개통될 예정이다. 아세안과의 호연호통을 강화하기 위해 광시자치구는 중국-베트남 국경 다리 건설을 적극 추진하고 있다. 중국-베트남 베이룬허 제2교(北仑河二桥)가 2019년 3월 완공되었다. 해상운수의 경우, 중국과 아세안 항구 도시와의 협력 네트워크 기지 건설이 속력을 내면서 광시 친저우(钦州)항도 아세안 직항인 '중국 친저우항-한국-인도네시아-태국-베트남' 컨테이너 정기선을 개통했다. 현재 광시는 브루나이, 인도네시아, 말레이시아 등 아세안 7개국과 해상운수 통로를 건설했다. 항공의 경우, 브루나이를 제외한 아세안 모든 국가와 항공 노선이 개통됐다.

3) 광시 자유무역시험구(广西自由贸易试验区)

2019년 8월, 난닝지구(南宁片区. 46.8km²), 친저우항지구(钦州港片区. 58.19km²), 충주어지구(崇左片区. 15km²) 등 3개 지역을 통합하여 광서자유무역시험구가 출범했다. 총면적은 119.99km² 규모이다. 발전 목표는 정부기능 전환, 투자영역개혁, 무역 업그레이드, 금융시장 개방 확대, 혁신발전, 동남아 국가를 대상으로 한 신규 무역통로 구축 등이다. 특히 출범 이후 산업발전, 세금 징수, 금융, 전자상거래, 인재유치, 산업도시 건설 등 분야의 지원정책인 '광시자유무역시험구의 고질량 발전을 촉진하기 위한 지원정책' 을 발표했다.

동 무역시험구의 특화 산업을 보면, 난닝지역은 현대금융, 스마트 물류, 디지털경제, 신흥제조업 등 산업 위주이다. 친저우지역은 국제무역, 친환경, 화공업, 신에너지 자동차, 바이오, 의약 등 산업 위주이며, 충저우지역은 국경 간 무역, 국경 간 물류, 국경 간 금융, 국경 간 여행 등 산업 위주이다. 특히 동남아 국가를 대상으로 한 지원정책이 많이 있다.

2023년 시험구 실적을 보면 GRDP는 5,300억 위안을 기록하여 전년비 9% 성장을 기록했다. 공업생산액은 1,430억 위안(11% 증가), 무역총액은 700억 위안(17% 증가), 도

소매 매출액은 1,850억 위안(27% 증가)을 기록했다. 실제 사용 외자액은 3.3억 달러였으며, 항구 물동량은 1.9억 톤(이중 컨테이너 600만TEU)을 기록하여 전년비 9.4% 증가했다.[63]

○ 천하제일 산수, 구이린(桂林. 계림)

'굽이굽이 흐르는 리강은 푸르른 비단 폭 같고, 우뚝 솟은 산봉우리는 초록빛 옥비파 같다(江衣青羅帶 山依碧玉琵).' 당나라 시인 한유가 구이린(桂林)의 산수(山水)를 노래한 시다. 이처럼 구이린 산수는 예부터 유명했다. 석회암지대가 융기 풍화작용을 받아서 형성된 풍광이 그림 같은 리장(漓江)과 어우러져 한 폭의 산수화 같은 천하절경을 자랑한다. 산수가 천하제일이라는 뜻으로 계림산수갑천하(桂林山水甲天下)는 남송 문인 왕정공이 남겼다.

구이린은 2000년이 넘는 역사를 자랑하는 고도(古都)이다. 구이린이란 이름은 이곳에 계수나무가 많아 9~10월 하얀 계수나무 꽃이 핀다 하여 붙여졌다. 구이린은 과거 월 나라 땅이었다. 이후 중국 대륙을 통일한 진나라 시황제가 정복을 하여 계림군에 편입시키고 도시를 세웠다. 당나라 때 구이린엔 거대한 성벽이 세워지고, 송나라때는 광시 지역과 지금의 하이난(海南)까지 아우르는 지역의 행정수도로 역할을 했다. 명나라가 세워진 후에는 명태조 주원장의 조카손자(질손) 정강왕(靖江王)이 다스렸다. 그가 세운 궁궐이 구이린의 자금성이라 불리는 정강왕성이다. 지금은 광시사범대의 캠퍼스로 활용되고 있다.

이처럼 구이린은 광시 지역의 역사, 경제, 정치, 문화의 중심지로 오랜 시간 동안 성도(城都)였지만 1949년부터는 난닝(南寧)에 자리를 내주었다. 구이린은 그동안 자연보호에 힘쓰느라 지역 산업발전에 많은 재원을 투자하지 못했다. 구이린은 리장을 보호하기 위해 각종 규제를 실시했다. 1970년대부터 인근 수십 개 환경오염기업을 폐쇄했다. 리장 주변 건축물은 7층 이상 높이 아파트나 12층 이상 호텔 빌딩은 엄격한 심사를 거쳤다.

이제 구이린은 산수보호와 경제개발 두 마리 토끼를 잡는 데 주력하고 있다. 구이

---

63   广西自由贸易试验区钦州港片区办公室(2024.1.30.).

린이 모델로 삼고 있는 것은 항저우이다. 항저우는 시후(西湖) 인근 지역을 보호하는 한편 첸장신청(錢江新城)과 같은 비즈니스 업무지역을 개발하였다. 구이린도 신도심 개발에 나서고 있다. 2014년 7월, 구이린시는 리장에서 11km 떨어진 린구이(臨桂)신구로 정부청사를 옮겼다. 이곳을 비즈니스 중심으로 육성하며, 현재 도심 면적도 2배로 확장한다는 계획이다.

구이린은 리장 유람 등 단순한 관광모델에서 벗어나 선진 수준의 리조트와 레저 설비를 갖춰 세계적인 관광도시로 거듭난다는 계획이다. 특히 중국 구이린을 거쳐 가는 고속철도 잇달아 개통되며 구이린 관광·경제 발전에 날개를 달아주고 있다. 2014년 12월 26일에는 구이양(구이저우)과 광저우(광둥성)를 잇는 857km 길이의 구이광(貴廣) 고속철이 개통되면서 후난(湖南)성 창사(長沙), 광둥성 광저우, 광시자치구 난닝, 구이저우성 구이양은 모두 3시간 내 생활권이 됐다. 2013년 12월에는 샹구이(湘桂·호남·광서) 고속철이 개통했다.

그림 3-56 남녕시 아세안 거리에 있는 미얀마 비즈니스센터

자료: © 2016. 김동하.

그림 3-57   계림시 리강 전경, 계림시 정강왕부

자료: ⓒ 2016. 김동하.

5 홍콩특별행정구

인구 750만 명의 홍콩특별행정구(香港特別行政區. Hong Kong Special Administrative Region)는 1997년 7월 1일 탄생하였다. 아편전쟁(1840~1842)이 영국의 승리로 종결되면서, 1842년 난징조약에 따라 홍콩섬이 영국에 영구 할양되었다. 당시 홍콩섬은 조그만 어촌이었다. 1858년 영국군이 구룡반도를 점령하였고, 1860년 베이징조약에 의해 구룡반도 남부지역도 할양되게 된다. 영국이 중일전쟁(1894) 이후 홍콩방위를 위한 토지 무상제공을 요구해 중국 정부는 99년간(1898~1997) 구룡 북부와 신계 지역에 대해 조차권을 제공함으로써 영국 식민지 홍콩이 탄생하게 된다.

이후 홍콩은 자유시장 경제체제가 장점으로 부각되어 무역, 금융 중심의 현대화된 도시로 발전하게 된다. 1941년부터 1945년까지 약 3년 8개월 동안 일본이 점령한 바 있으며, 1946년 영국 직할 통치시대가 재개되었다. 1982년, 당시 대처 수상의 중국 방문을 계기로 영·중간에 홍콩의 장래를 위한 협상이 시작되었으며, 1984년 영구 할양지를 포함하여 홍콩을 중국에 반환하는 협정이 체결된다. 중국 정부는 1997년부터 50년간 홍콩의 기존 체제를 유치하기로 결정하고, 홍콩인에 의한 통치를 보장했다. 이로써 세계 최초의 1국가(중국) 2가지 체제(사회주의, 자본주의)를 가진 홍콩특별행정구가 탄생한 것이다. 중국 정부는 홍콩특별행정구를 본토 내 31개 성·직할시·자치구와 동

266   중국 인문·경제지리

급으로 구분하고 있다.[64]

　1997년 7월 1일, 영국의 식민통치시대를 종결하면서 홍콩은 중국으로 정식 반환되었고, 1국 2체제가 시작되었으며, 홍콩특별행정구 초대 행정장관으로 둥젠화(董建華)가 취임했다. 1국가 2체제는 홍콩에게 사회주의를 유지하는 본토와 달리, 민주주의(입법의원 직·간선)에 의한 자치를 허용한 것을 의미한다. 홍콩 반환 이후 국방과 외교만을 중국 중앙정부가 관장하며, 홍콩 정부의 자치범위(사법·교육 등)가 넓다. 중국 정부는 1997년 7월 1일 이후에도 홍콩특별행정구정부가 이행하게 될 국제협약 214개를 추인하고 리스트를 UN에 통보했다(127개 조약은 중국과 홍콩 동시가입, 87개는 홍콩만 가입). 홍콩이 가입한 주요 국제기구는 WTO, UNCTAD, IMF, World Bank, IOC, APEC, ADB 등이다. 이에 따라 올림픽에도 Hong Kong, China 로 단일팀이 출전하고 있다.

　광동지역 방언인 광동어, 영어, 북경어(표준 중국어)가 홍콩에서 쓰이는 공용 언어이며, 이들 언어 사용 비중은 광동어 88.9%, 영어 4.3%, 보통화(표준 중국어) 1.9%, 기타 중국어 방언 3.1%, 기타 언어 1.9% 수준이다. 현재 홍콩특별행정구 수장인 행정장관(Chief Executive)은 존리(李家超, Lee Ka Chiu John)이다. 1957년에 홍콩에서 태어난 그는 조부가 광동성 번우 출신이며, 홍콩 경무처 부처장, 보안국장, 정무사장을 역임했다. 2022년 7월에 제6대 홍콩 행정장관으로 임명되었다.

64　중국은 1990년 4월에 '홍콩특별행정구 기본법'을 제정하여 '일국양제'를 위한 법률 근거를 마련했다. 동 '기본법' 제5조에 '일국양제'는 향후 50년간 변하지 않는다고 명시되어 있다. 동법에 따르면, 홍콩의 현행 자본주의 체제 및 생활양식은 주권 회복 후 50년간 불변하며, 그 기한은 2047년 6월 30일까지이다.

표 3-29 홍콩특별행정구의 주요 경제지표(2023년)

GDP	산업구조			1인당 GDP (US$)
	1차 산업	2차 산업	3차 산업	
3,855억 달러	1	6	93	51,168
인구(만 명)	수출액(백만$)	수입액(백만$)	외환보유(백만$)	중국 평균 1인당 GDP 대비
750.3	614,665	620,367	423,904	403.4% (85,310元. U$12,683)
주요 수출 대상 지역	중국 본토(56.7%), ASEAN(7.9%), EU(6.9%), 미국(6.5%), 인도(3.8%), 대만 (3.4%), 일본(2.3%)			
주요 수출 품목	전자제품(72.5%), 귀금속(1.6%), 의류(1.2%), 시계류(1.2%), 식품(1.2%) 등			

자료: 한국수출입은행(2023), 「2024 세계국가편람」, 주홍콩대한민국총영사관(https://overseas.mofa.go.kr/hk-ko/index.do).

○ 아편전쟁과 홍콩 탄생의 배경

홍콩의 면적은 서울의 1.8배이지만 인구밀도는 6,516명/km²으로 서울(16,492명/km²)보다 여유롭다. 하지만 거주지가 한정적이어서 체감적으로 복잡하다. Hong Kong은 향항(香港)의 광동어 발음을 영어로 표기한 것이다. 홍콩의 중국 표준어는 샹깡(Xiang Gang)이다. 한자처럼 향기로운 항구라는 이름을 얻게 된 것은 이곳이 향료의 수출 항구였기 때문이다.

지금의 홍콩 지역은 동진 시대(331년)부터 동완군 보안현(東莞郡 寶安縣)에 속해 있었다. 명조에 이르러 신안현으로 분리되었고, 영국 식민지 직전 청대 홍콩의 행정구역은 광주부 신안현(廣州府 新安縣) 관할이었다. 지금은 중국 IT산업의 메카가 된 동관시(東莞市), 즉 옛 동완군이 홍콩의 명칭과 관계가 있다. 동관시는 홍콩과 90km 거리이다.

동관시에는 완향수(莞香樹)라는 나무가 있었는데, 목질에서 나오는 유기물이 수년간 침적되면 독특한 향기가 났다. 이를 침향(沉香)이라 하며, 향료 혹은 약재로 쓰였다. 침향은 홍콩 반도 끝자락인 침사추이(尖沙咀) 부두로 옮겨져, 광저우, 베이징으로 운반되었다. 이런 연유로 향료는 운반하는 항구로 심사추이 주변 지역이 홍콩촌(香港村)으로 불렸고, 이것이 지금 홍콩 지명의 유래이다.

명대 중국은 관영 조공무역만을 허용하는 해금정책(海禁政策)을 취해 왔다. 따라서 외국과의 무역이 원활하지 못했다. 1685년(강희제 24년), 청나라는 해금정책을 폐지하고 자국 상민(商民)과 외국 간 무역을 허용했고, 광저우, 닝보 등 4곳에 통상을 위한 세관을 설치했다. 문헌에 따르면 1689년에 영국 상선이 처음으로 광저우에 도착하였다. 점차 교역이 늘어나자 1715년 5월 영국은 동인도회사를 앞세워 광저우에 가장 먼저 상관(商館. 동인도회사 대리점)을 설치하고 중국과의 무역을 본격화한다. 당시 광저우 세관은 영국 상관과 8조에 달하는 무역협정을 체결했다. 1728년에는 프랑스도 광저우에 상관을 세웠고, 미국 뉴욕에서 출발한 첫 번째 상선이 광저우에 도달한 해는 1784년(건륭 49년)이었다. 이후 청나라는 서구 열강과 활발한 무역을 전개했다.

18세기부터 중국산 차(茶)와 비단이 영국으로 다량 수출되었다. 반면, 아직 농경사회에 머물러 있던 중국이 영국에서 수입할 제품은 그다지 많지 않았다. 아편전쟁(1차) 직후인 1842년 통계로는 청은 영국에서 면제품 등 상품 960만 달러어치를 수입했는데, 영국에 수출하는 상품은 차(1,500만 달러), 비단(920만 달러)을 비롯해서 2,570만 달러에 달했다.

이처럼 늘어나는 무역 적자를 영국은 아편으로 해소하려 했다. 영국 동인도회사는 인도 벵갈에서 양귀비를 재배해 만든 아편을 18세기 말부터 중국으로 수출했다. 당시 청나라 부유층은 아편을 담배 형태로 소비했으며, 사교 목적의 연관(煙館)을 두고 아편 흡연을 즐겼다. 1890년 아편 흡연자 수는 중국 총인구의 10%인 4천만 명에 달했다.[65] 도광제는 임칙서(林則徐)를 특사(흠차대신)로 파견하여 아편거래를 막게 했다. 광저우에 도착한 임칙서는 1839년 6월 3일부터 20일간 2만 상자(1175톤)의 아편을 호문(지금 동관 虎門鎭)에 모아 소금물에 넣고 석회를 부어 분해한 후, 주강에 내버렸다. 이러한 임칙서의 조치에 영국은 전쟁으로 대응했는데 이것이 '아편전쟁'이다.

1840년 6월, 4천 명의 원정군이 광저우에 도착했다. 대포와 증기터빈으로 무장한 영국 함선 앞에 청나라 군대는 종이호랑이였다. 영국군은 1841년 가을 닝보를, 1842년 6월에 상하이를 점령하고 난징으로 진격했다. 결국 1842년 8월 영국 함대의 갑판에서 '난징조약'이 체결되었다. 조약 제3조는 '중국은 광둥성 보안현 연안에 있는 홍콩섬을 영국에게 넘겨준다'였다. 이것이 홍콩 탄생 배경이다. 당시 홍콩섬은 인구 3,600

---

65   박강(2010), 『아편과 20세기 중국』, 선인.

명의 암석 많은 어촌이었다.

이후에도 영국과 프랑스의 외침은 계속되었다. 영국의 동의 없이 ARROW호를 수색한 사건과 프랑스 선교사 처형 사건을 빌미로 제2차 아편전쟁(1857~1860)이 일어났다. 이를 근거로 영국군은 홍콩 남단인 구룡반도를 점령했다. 1860년 10월, 영국과 체결한 '베이징조약'에 의해 구룡반도 남부지역도 할양되게 된다. 이에 따라 홍콩섬에서 시작했던 영국의 지배권이 선전강(深圳河) 경계까지 넓어지게 된다. 이에 영국은 지금의 홍콩 대부분을 포함하는 지역을 신계(新界. New Territories)라고 명명하고, 262개 섬을 포함한 홍콩 대부분을 99년간 조차(租借)하는 '전척향항계지조례(展拓香港界址專條)'를 1898년 6월 9일에 북양대신 이홍장과 체결하게 된다. 이후 100년간 홍콩은 영국식민지 역사를 시작하게 되었다.

그림 3-58 홍콩 반환 기념식(1997.7.1.)

자료: 中国共青团网(www.ccyl.org.cn) (2009.9.3.).

그림 3-59 홍콩특별행정구 깃발

주: 붉은 바탕에 홍콩 시화(市花)인 자형화(紫荊花, Bauhinia)가 새겨지고 그 안에 다섯 개의 별이 있다.
Bauhinia는 난초과 정원수로서 겨울에 꽃이 만발한다. 홍콩을 상징하는 문양이며, 'Hong Kong orchid
tree'라는 별명을 가지고 있다. 다섯 개의 노란색 별은 중국 오성홍기의 다섯 개 별에서 유래한 것으로 홍
콩이 중국 영토임을 상징한다.

1) 홍콩의 무역구조 특성

인구 750만 명의 홍콩은 자체 제조업 생산 인프라가 거의 전무한 상태이다. 따라
서 홍콩의 교역 구조는 전적으로 중국대륙에서 상품을 수입하여, 이를 다시 재수출(환
적수출. Re-Export)하는 구조를 띠고 있다.

2015년부터 2022년까지 홍콩의 전체 수출 중 재수출(환적수출) 비중은 98.6% 이상
을 유지하고 있으며, 이에 따라 홍콩 자체 생산 수출 비중은 1.4% 미만 수준이다. 그
결과, 홍콩의 상품무역 수지는 500억 달러(US$) 내외의 적자를 시현하고 있으나, 자유
무역 중계항의 기능을 수행하고 있는 홍콩은 무역수지보다는 재수출(환적수출)에 따른
중계 수익, 항만 인프라 이용료, 무역·통관 서비스 수수료 등으로 수익을 올리고 있
다. 따라서 홍콩 무역의 경우, 무역수지보다는 전체 교역액의 규모가 늘어날수록 무역
수익이 증대하고 있다.

표 3-30 홍콩의 상품무역 추이 및 구조

(단위: U$억, %)

구분	2020년		2021년		2022년	
	금액	증감률	금액	증감률	금액	증감률
총수출	5,035	-1.5	6,360	26.3	5,809	-8.7
자체수출	61	-0.6	96	57.1	80	-16.7
재수출	4,974	-1.5	6,264	25.9	5,729	-8.5
총수입	5,474	-3.3	6,805	24.3	6,317	-7.2
총교역	10,509	-2.5	13,165	25.3	12,127	-7.9

자료: 홍콩 정부통계처(www.censtatd.gov.hk)(2024.4.).

홍콩의 대외교역에서 중국이 차지하는 비율이 매년 50%를 상회했으며, 중국의 해외투자 중 홍콩 비중은 55.6%(2021년 누계) 수준이다.

표 3-31 중국이 홍콩의 대외무역에서 차지하는 비중 추이

연도	2016년	2017년	2018년	2019년	2020년	2021년	2022년
비율	50.8%	50.2%	50.4%	50.8%	51.8%	52.5%	49.1%

자료: HKSAR Census & Statistics Department(2024.4.).

2) 홍콩 경제 특징

첫 번째, 홍콩 경제의 특징은 철저한 자유시장 경제체제라는 점을 들 수 있다. 시장질서에 기초한 무역·금융 등 서비스산업이 고도로 발달해 있으며, 민간기업의 경제활동 자유 및 외환의 자유 이동이 보장되어 있다. 실제 미국 헤리티지재단이 매년 평가하는 '경제자유도 지표(Index of Economic Freedom)'에서 홍콩은 26년간(1994~2019) 연속 1위를 차지했다. 2020년에는 싱가포르에게 1위 자리를 내주었다.

두 번째, 단순하고 낮은 세율의 조세 체계를 들 수 있다. 홍콩에는 부가가치세, 관세가 없고, 금융소득(이자, 배당, 양도소득), 증여소득에 대해서도 비과세이다. 세관에서는 알콜농도 30% 이상의 주류, 담배, 연료유, 메틸알콜 등 4개 품목의 수입·생산에만 물품세(excise tax, 貨物稅)를 부과하며, 정책상 관리필요 품목 및 마약 등 수출입 금지품목

만 엄격관리하고 있다. 또한 홍콩은 내외국인 및 내외국기업 구별 없이 홍콩에서 발생한 소득에 대해서만 조세 부과한다. 따라서 홍콩에 상주하는 기업·개인이라 하더라도, 외국·외부에서 발생한 소득에 대해서는 과세하지 않는다. 이는 수많은 다국적기업의 아시아 본사, 해외투자은행 등이 홍콩을 찾는 이유 중 하나이다.

세 번째, 3차 산업 위주의 산업구조와 높은 대외의존도를 꼽을 수 있다. 1970년대 말 중국의 개혁개방으로 인해 홍콩의 제조기반이 중국 본토로 이전했고, 그에 따라 서비스산업 비중이 93.7%(2021년 기준)에 달하는 구조로 변모했다. 서비스업 항목별로는 금융·보험(21.3%), 공공행정·사회서비스(20.5%), 수출입·도소매(19.4%), 부동산·전문서비스업(9.1%), 운수·창고(7.3%) 수준이며, 건설업(4.0%), 제조업(1.0%) 등은 미미한 수준이다.

홍콩 정부는 2009년부터 6대 전략산업 지정하여 지원하고 있다. 6대 전략산업은 ① 문화·창의산업, ② 의료산업, ③ 교육산업, ④ 혁신기술산업, ⑤ 검·인증산업, ⑥ 환경보호산업이다. 홍콩 상품 교역량은 GDP의 333%(수출 160%, 수입 174%)로 대외의존도가 높다. 2019년 수출은 미화 5,114억 달러, 수입은 5,661억 달러였다. 수입총액 중 88.8%는 홍콩을 경유하여 제3국으로 수출하는 중계무역이었다. 중계무역 비중은 1970년대 30% → 1980년대 40% → 1990년대 85% → 2019년 88.8%로 높아져 왔다.

네 번째, 홍콩은 뉴욕, 런던에 이은 세계 3대 국제금융중심지 지위를 보유하고 있고, 對중국 투자를 위한 국제자금조달센터 역할도 담당하고 있다. 2022년 말 글로벌 100대 은행 중 70여 개가 홍콩에서 은행업을 영위하며, 이 중 29개 은행은 홍콩에 지역본부를 설치했다. 세계 100대 은행 중 70개 은행이 홍콩에 진출했다. 외환시장의 일평균거래량은 US$ 6,321억 달러(2019.4)로 세계 4위 수준이며, 주식시장 시가총액은 US$ 4.89조 달러(2019년 말)로 세계 6위 수준이다. 2004년부터는 역외 위안화 센터를 육성하여, 현재 세계 최대 규모의 위안화 풀을 보유하고 있다. 2022년 말 기준 위안화 예금규모 RMB 9,817억 위안 수준이다.

다섯 번째, 홍콩은 국제 비즈니스의 중심지이다. 2008년 글로벌 금융위기로 홍콩 내 외국기업의 활동이 다소 주춤했으나, 2010년 이후 외국기업의 홍콩지사 설립규모는 다시 증가하고 있다. 현재 홍콩 내 아시아지역본부(2022년 말)는 1,411개사이다.

여섯 번째, 홍콩은 중국 본토와 경제통합을 가속화하고 있다. 2003년 6월 중-홍콩 간 경제협력동반자협정(CEPA)을 체결하고, 매년 보충협정을 통해 경제 자유화의 범위와 폭을 확대해 왔다. 상품, 서비스 시장 개방에 초점이 맞춰진 FTA와 달리 CEPA는 투자 증진, 경제·산업 협력 등 경제적 유대관계를 포함하고 있다.

웨강아오 대만구(粤港澳大湾区) 발전계획은 기존 주강삼각주 개발계획이 2017년 3월 이후 중앙정부 차원의 발전계획으로 업그레이드된 것이다. '웨'는 광동성 9개 도시(광저우·선전·주하이·포산·후이저우·동관·중산·장먼·자오칭)[66], '강'은 홍콩, '아오'는 마카오를 의미한다. 웨강아오 대만구 개발계획에서 홍콩의 역할은 역외 위안화업무 허브, 국제자산관리센터 기능, 국제법률 및 분쟁해결(중재)서비스 기능과 관련한 서비스 제공 및 역량 강화이다. 이와 관련하여, 홍콩에는 최근 주요 교통 인프라가 개통되었는데, 2018년 10월 홍콩·마카오·광동성 주하이를 연결하는 총연장 55km의 강주아오대교(港珠澳大桥)가 개통되었다. 또한 2018년 9월에는 광저우-선전-홍콩을 연결하는 광선강(广深港) 고속철도도 개통되었다.

3) 중국-홍콩 간 CEPA 체결

2003년 6월, 중국은 홍콩과 경제협력동반자협정(CEPA, Closer Economic Partnership Arrangement)을 체결했다. 실질적인 FTA(자유무역협정)인데, 국가도 아닌 홍콩이 중국과 CEPA를 체결할 수 있게 된 것은 홍콩이 일국양제에 따라 독자적 관세영역(중국대륙과 다른 관세를 책정할 수 있는 권리)이 있어서, WTO(세계무역기구) 회원이기 때문이다.

FTA와 달리 CEPA는 큰 폭의 서비스 무역개방을 포함하고 있다. 중국이 홍콩과 CEPA를 체결한 이유는 경제적인 목적보다는 정치외교적 배경에 있다. 홍콩은 중국이 일국양제(一國兩制)를 적용하였음에도 불구하고 1997년 중국 반환 이후 홍콩 경제는 심각한 디플레이션에 시달리는 가운데 중국에 대한 의존도는 더욱 심해지고 있었다. 따라서 CEPA는 중국이 '일국양제'에 대한 의구심을 해소하기 위해 홍콩경제의 돌파구를 중국이 제공하려는 의도가 있다. 일국양제는 중국의 對대만 통일 이념이기도 하기 때문이다.

---

66 广州市, 深圳市, 珠海市, 佛山市, 惠州市, 东莞市, 中山市, 江门市, 肇庆市.

CEPA 1단계로 일반무역과 관련하여 2004년부터 홍콩의 對중국 대륙 수출품 273종에 대해 무관세를 적용하고 서비스무역과 관련하여 자본 통신, 법률, 회계 등 16개 영역을 개방했다. 2단계에서는 일반무역 분야에서 2005년부터 홍콩의 무관세 수출품을 713종으로 늘리고, 서비스무역에서 법률, 회계 등 11개 영역에 대한 홍콩기업의 중국시장 가입허가조건을 더욱 완화했다. 3단계에서는 2005년 10월 체결한 보충협의로 일반무역분야에서 홍콩의 무관세 수출품목을 1,369종으로 확대하고, 서비스무역과 관련하여 개방 영역을 23개로 확대했다. 이처럼 중국 정부는 CEPA를 통해 본토 시장을 홍콩에 대거 개방함으로써 일국양제 이후 홍콩의 경제 번영을 도모하고 있다.

6 마카오특별행정구

인구 70.9만 명의 마카오 특별행정구(澳门特别行政区. Macao Special Administrative Region)는 1999년 12월 20일에 탄생했다. 마카오의 영어 명칭은 Macao, 포르투갈어로는 Macau이며, 한 글자 약칭은 아오(澳. 오)이다. 아오(澳)는 물가나 산길이 휘어서 굽어진 곳이라는 의미이다. 마카오 전체 면적은 33.3km²이며, 마카오 반도(澳门半岛), 타이파 섬(氹仔岛 Taipa), 콜로안 섬(路环岛 Coloane), 코타이(路氹城 Cotai) 등 네 부분으로 이루어져 있다. 마카오는 홍콩에서 약 60km, 중국 광저우에서 약 145km 떨어져 있으며, 중국 광둥성 주강삼각주 지역의 서남부 남단에 위치한다.

1912년 기준 마카오 면적은 11.6km²이었으나 이후 해안선을 따라 지속적으로 간척사업을 진행한 결과 현재 33.3km²까지 그 면적이 확장됐다. 마카오 반도와 타이파 지역은 3개의 다리로 연결되어 있다. 마카오 인구는 2022년 말 기준 67.3만 명이며, 인구밀도는 1km²당 20,300명으로 세계에서 가장 높은 수준이다. 비거주자 인구는 15.5만 명이며, 국적별 비중은 중국(69.9%), 필리핀(15.7%), 베트남(4.9%), 인도네시아(2.9%) 순이다. 이들 대부분은 카지노, 호텔 근무자들이다. 현재 행정수반은 2019년 12월에 취임한 제5대 행정수반 Ho Iat Seng(賀一誠)이다. 마카오에서 출생한 Ho Iat Seng(1957년생)은 조부가 절강성 이우 출신이며, 마카오 입법의원을 역임했다.

표 3-32	마카오 특별행정구의 주요 경제지표(2023년)				

GDP	산업구조			1인당 GDP (US$)
	1차 산업	2차 산업	3차 산업	
385억 달러	2	7	91	54,296
인구(만 명)	수출액(백만$)	수입액(백만$)	외환보유(백만$)	중국 평균 1인당 GDP 대비
70.9만 명	6,545	16,997	25,971	428% (85,310元. U$12,683)

자료: 한국수출입은행(2023), 「2024 세계국가편람」, 주홍콩대한민국총영사관(https://overseas.mofa.go.kr/hk-ko/index.do).

그림 3-60	마카오특별행정구 깃발

주: 연꽃은 마카오 상징 꽃이며, 세 잎은 마카오를 구성하는 마카오반도, 타이파 섬, 콜로안 섬을, 라인은 마카오반도와 타이파 섬을 잇는 카르발류 총독대교와 바다를 상징한다. 노란색 5개별은 중국 오성홍기에서 유래한 것으로 마카오가 중국 영토임을 상징한다.

1) 마카오 유래

포르투갈 상인이 마카오를 발견하기 전에는 푸젠성의 어민과 광둥성의 농민이 이곳에 첫 번째로 정착한 사람들이었다. 포르투갈인인 조르쥬 알바레스(Jorge Alvares)가 1513년 마카오에 와서 무역을 시작한 최초의 유럽인으로 알려져 있다. 이후 포르투갈 상인이 정착하기 시작하면서 마카오는 동양과 서양의 문화가 접목된 지역으로 거듭나게 되었다. 포르투갈인들이 마카오에 본격적으로 정착하기 시작한 시기는 1557년이다. 당시 중국의 명나라는 세금을 확보할 수 있는 무역과 해적이나 적대세력으로부터의 해안방어를 위해서 포르투갈인의 정착을 허용했다. 명나라는 포르투갈로부터 일정 금액의 임대료를 받고 마카오를 임대의 형태로 내어주게 된다.

1557년부터 1640년 사이에는 마카오가 아시아 해상무역의 주요 항만이 되면서 포르투갈인, 일본인, 인도인, 유라시아인 등 다양한 집단이 유입되었다. 1640년부터 1750년까지는 네덜란드의 말라카 점령 등으로 마카오에 대한 포르투갈 영향력은 줄어들었다. 1887년 중국-포르투갈 우호 통상조약(Protocol of Lisbon)에 따라 청나라로부터 마카오의 통치권을 확보한 포르투갈은 도박을 마카오에서 합법화하여 경제부흥을 위한 새로운 전략으로 활용하였다. 1951년 포르투갈은 헌법을 개정하면서 마카오를 본국에 편입하여 해외령(Portuguese Overseas Province)이라는 위상을 부여하고 포르투갈 정부가 임명하는 총독이 마카오를 통치하도록 했다. 이 시기에는 도박뿐만 아니라 관광을 진흥하였으며, 난민의 유입에 따른 저렴한 노동력으로 인해 제조업도 조금씩 성장하였다.

1928년 국민당 정부는 포르투갈과 중국-포르투갈 통상조약(中葡友好通商条约)을 체결했는데, 이 조약에서는 마카오의 중국 반환 문제가 다루어지지 않았다. 1974년 포르투갈에서 독재정권에 저항한 카네이션 혁명이 발생한 이후 1975년 포르투갈은 해외 식민지에 대한 권리를 모두 포기하였다. 그러나 당시 중국은 문화대혁명(1966-1976) 기간으로 포르투갈과 마카오 반환문제를 교섭할 여유가 없었으며, 저우언라이 총리는 당분간 마카오는 현 체제로 유지하기로 결정하게 된다. 1979년 중국과 포르투갈은 외교 관계를 수립하고, 마카오에 대한 중국의 영토 주권을 확인했다. 중국은 개혁개방 정책을 시작하면서, 1983년에 주하이 경제특구를 설치하고 마카오와 연계하여 개발을 시작한다.

1984년이 되자 당시 중국 지도자 덩샤오핑은 공개적으로 일국양제 기준으로 마카오 문제를 해결해야 한다고 선언하였다. 1986년에 중국-포르투갈 양국은 마카오 반환에 대한 회담을 시작했고, 1987년까지 4차례 열렸다. 1987년 4월 13일, 양국은 베이징에서 '중국과 포르투갈 공화국이 마카오 문제에 대한 연합성명'을 체결하고, 1999년 12월 20일자로 마카오의 주권을 중국이 회복하기로 합의한다. 이로써 포르투갈에 통치권을 내어준 지 112년 만에 마카오가 중국에 반환된 것이다.

중국은 마카오가 일국양제 시스템에서 기존 경제사회 체제를 유지하도록 하고, 마카오의 자치권을 보장했다. 1999년 12월 20일에 마카오 특별행정구 초대 행정수반으로 Edmund Ho(何厚鏵)가 취임했다. 마카오에서 출생한 Edmund Ho(1955년생) 초대 행정장관은 조부가 광동성 번우 출신으로, 마카오은행 주석, 마카오 중화총상회 부회장을 역임했다. 이에 앞서 1993년 3월에는 전국인민대표대회가 「마카오특별행정구기본법」을 통과시켜, 마카오 특별행정구 설치에 따른 법률 근거를 확보했다.

2) 마카오 경제 현황 및 특징

마카오는 1999년 12월 20일, 포르투갈에서 중국으로 주권이 반환되면서 2049년까지 50년간 중국과 일국양제(一國兩制)에서 독자적인 사회경제체제 유지를 보장받은 자유무역항이다. 마카오 경제는 카지노 및 관광산업에 대한 의존도가 절대적이다. 마카오는 카지노 산업이 합법화된 지역으로서 COVID-19 발생 이전 기준 정부 세수(稅收)에서 카지노 산업 차지 비중이 80%를 상회하고 있다.

마카오 정부는 카지노 산업 위주의 경제구조의 한계를 보완하기 위해 2003년 10월에 체결한 경제협력동반자협정(CEPA)을 통해 중국 본토와의 경제협력을 확대하여 경제구조를 다원화하고 있다. 특히 2013년 이후 국제적 관광도시 조성을 위해 MICE 산업을 육성 중이다. 마카오 진출기업을 위한 세금감면, 고용보조금 지급, 마케팅 비용 지원 등 다양한 재정·금융 혜택을 제공하고 있으며, 마카오 무역투자촉진국을 통해 해외기업들의 지사 설립을 지원하기 위한 제도(사무실 무상임대, One-stop 행정서비스, 비즈니스매칭)를 시행하고 있다.

표 3-33　마카오 경제현황(2018~2022)

(단위: 억 MOP)

구분	2018년	2019년	2020년	2021년	2022년
GDP (억 USD 환산)	4,462.8 (552.8)	4,455.3 (552)	2,044.1 (254.6)	2,394.1 (301.2)	1,720.7 (219.8)
카지노 산업 매출액	3,038.8	2,933.1	610.5	875.6	428.4
마카오 정부 재정수입	1,413.1	1,407.3	1,016.7	948.1	1,091.4

자료: 마카오정부 통계처(DSEC).

1990년대부터 카지노 산업 관련 세수(稅收)가 마카오 정부 재정의 상당 부분을 충당하고 있다. COVID-19 이전(2019년) 카지노 산업 매출은 마카오 GDP의 29.8%, 카지노 관련 세수(稅收) 비중은 정부 총 세수의 82.4% 차지했다. 2022년 기준 카지노 관련 취업인구는 5.82만 명으로 전체 고용(36.0만 명)의 16.2%를 차지하고 있다. 2022년 기준으로 카지노 기업 수는 9개이며, 영업장은 30개, 게임 테이블 수는 5,605개이다.

2002년 4월, 카지노 영업권 독점화 종료 및 2003년 중국인의 개인관광객 방문 허용으로 카지노 산업은 급속한 성장기를 경험했다. 기존의 독점적 지위를 가진 Stanley Ho의 STDM 외, 미국 라스베가스 기반의 Wynn Resorts와 Galaxy Casino 등 미국의 Venetian과 홍콩·마카오 기업인들 간의 6개 카지노 기업이 추가로 라이선스를 획득했다. 2007년에는 대형 카지노인 Grand Lisboa(마카오계), Venetian Hotel Casino(미국계), Crown Macau(마카오-호주), MGM Grand Macau(마카오-미국)가 개장하며 마카오는 세계 최대 카지노 시장으로 부상했다.[67]

반면, 2013년 이후 중국 본토의 반부패 운동의 영향으로 2014~2016년 기간 마카오 카지노 매출은 44% 급감했다. 이후 COVID-19 발생으로 인한 인바운드 관광객 급감으로 마카오 카지노 산업은 다시 침체기에 진입했다. 1992년부터 관광업 및 관련 산업의 수입이 마카오 전체 수출액 규모를 초과하였으며, 2003년 체결된 CEPA에 따라 중국 본토 개인관광객이 허용되며 마카오 관광업은 급속히 성장했다.

2003년 10월 17일, 마카오는 홍콩에 이어 중국과 경제협력동반자협정(CEPA, Closer Economic Partnership Arrangement) 체결했으며, 2004년부터 발효됐다. 동 협정을 통해 총 273개 품목에 대해 무관세를 적용하며, 물류·금융 등 18개 서비스 시장 영역을 개방했다. 이후 2004년부터 2011년까지 8차례에 걸쳐 무관세 품목 확대 및 서비스 시장 추가 개방, 무역편리화 조치 등을 골자로 하는 CEPA 보충의정서를 체결 및 시행하고 있다.

2019년 기준 마카오 방문객 3,940만 명 중 중국 본토인은 2,792만 명으로 전체의 70.9%를 차지(2022 89.6%)했다. 2022년 말 기준 마카오 소재 숙박시설(호텔 및 게스트하우스)은 총 123개, 전체 객실 수 37,698실이나 연평균 객실 점유율은 38.4%에 불과하

---

67 주홍콩대한민국총영사관(https://overseas.mofa.go.kr/hk-ko/index.do).

다. 2022년 마카오 방문객 수는 570만 명으로 아직 COVID-19 회복 전임을 알 수 있다.

마카오의 제조업은 1970년대 및 1980년대 노동집약적인 섬유 및 의류 업종을 중심으로 황금기를 구가한 적이 있으나, 1990년대 이래 주요 제조기반의 중국 본토 이전으로 제조업 비중은 크게 축소됐다. GDP 대비 제조업 비중은 1999년 10%에서 2022년 1% 미만으로 감소했다. 마카오 정부는 주하이-마카오 산업협력지구(Zhuhai-Macao Cross Border Industrial Zone), 중의약 분야 연구개발(R&D) 등 항목을 중심으로 하는 '헝친신구(橫琴新区)'[68] 조성을 통해 중국 본토와 경제협력을 강화하는 추세이다.

 5. 화중권

1 하남성

하남성(河南省. 허난)은 세계 4대 문명 가운데 하나인 황허(黃河)문명이 탄생한 지역이다. 중국 최초의 왕조라고 할 수 있는 하(夏)나라 때부터 북송(北宋)에 이르는 장구한 세월 동안, 20여 개 왕조가 이 지역에 도읍을 정하였다. 중국 8대 고도(古都)중 네 곳이 하남성에 있다. 상(商) 도읍지 정저우(鄭州), 은(殷) 도읍지 안양(安陽), 7개 왕조의 도읍지 카이펑(開封), 9개 왕조의 도읍지 뤄양(洛陽)등이다. 중원문화의 발상지로서 멘츠현(澠池縣)에서 발굴된 양사오문화(仰韶文化)와 옌스시(偃師市)에서 발굴된 하(夏)·은(殷)·주(周)시대의 얼리터우문화(二裏頭文化) 유적이 있다. 한(漢)나라에서 수(隋)나라에 이르는 600여 년 동안 이곳의 인구가 중국 총인구의 5분의 1을 차지할 정도로 번성하였다.

하남성은 황허(黃河)의 남쪽 중하류 지역에 위치한다. 동으로 안휘성·산동성, 북으로 하북성·산서성, 서로 섬서성, 남으로 호북성과 접해 있다. 황허의 남쪽에 위치했기 때문에 하남이라 불렸다. 기원전 하, 상, 주나라 시절 중국을 9주로 나누었을 때 하남성 지역은 위저우(豫州)라고 불렸던 연유로 위(豫)로 약칭한다.

---

[68] 주하이시에 위치한 헝친신구 면적은 106.46km², 인구는 4.5만 명이다. 2009년에 신구가 처음 설치 되었으며, 2015년 광둥 자유무역시험구 출범으로 시험구에 포함되었다.

2022년 기준 하남성 산업구조를 보면, 1차 산업 9.84%, 2차 산업 38.03%, 3차 산업 52.13% 수준이다. 특히 하남성의 도시화율은 57%에 불과하여, 4,244만 명의 농민이 거주하고 있는 농업대성(大省)이기도 하다. 식품, 야금, 에너지, 자동차, 장비 제조, 제약 등이 중점 산업이다. 하남성은 곡물 생산 1위(최근 14년 연속), 식용유 2위, 면화 생산량 2위, 채소 재배면적 2위, 생산량 3위, 육류 생산량 3위를 차지하며 식량 생산 핵심 기지로서 중국의 '식량창고'로 불린다. 하남성은 중국 전체 경지의 1/6을 보유하고도 주요 양식의 1/10을 생산하고 있으며, 특히 밀(小麦)의 1/4을 생산하고 있다. 하남성은 2022년 6,624만 톤의 양식 생산량을 기록하여 중국 내 주요 곡물의 9.5%(전국 2위)를 생산했다.

하남성은 농업생산 규모는 크지만 수년 전까지만 해도 전통농업 경작방식 비중이 컸다. 2014년 기준 하남성 농업 기계화율은 63%로 전국 평균 52%보다 높은 수준이지만 다른 농업대성에 비해 상대적으로 낙후됐었다. 이후 하남성 정부는 대규모 지원을 통한 농업현대화에 박차를 가하여 기계화 비중을 제고하였다. 2018년 말 기준 하남성 농업 기계화 수준은 전국 1위로 올라섰으며, 파종-수확 종합기계화 수준은 80.8%로 전국 평균 수준보다 14%p 높다. 특히 밀 파종과 수확은 98% 이상 기계화가 이루어졌다. 옥수수 파종은 95% 수확은 83% 수준이며, 벼 수확은 83% 기계화를 이루었다.

표 3-34 하남성 경제지표(2022년)

GRDP*	산업구조			1인당 GRDP	
	1차 산업	2차 산업	3차 산업	위안	US$
4.88	9.84	38.03	52.13	58,942	8,763
인구(만 명)	중국 내 인구비*	도시화율(%)	부동산 개발투자*	수출*	수입*
9,872	7.0	57.06	4.01	2.53	1.88
수출입*	외상기업 투자액*	공업생산액*	소비품 판매액*	중국 평균 1인당 GDP 대비	
2.24	0.51	3.25	5.55	69.1% (85,310元. U$12,683)	
정저우 GRDP**		정저우 인구(만 명)			
22.2%		1,300.8			

주: * 표기는 중국 내 비중을, ** 표기는 성 내 비중을 나타낸다.
자료: 국가통계국 国家数据(2024.4.).

그림 3-61 하남성 위치 및 주요 도시

자료: 두피디아(2021.7.).

○ 폭스콘이 견인하는 하남성 경제구조

허난성 주요 수출입 상품은 허난성 경제에 큰 영향력을 가진 대만 IT 기업인 폭스콘 (Foxconn·鴻海精密工業. 2010년 진출)[69]의 주력제품인 핸드폰과 집적회로이다. 2020년 핸드 폰 수출총액이 2,314.8억 위안으로 허난성 총 수출액의 56.8%를 차지하였으며, 집적 회로 수입액은 42.4% 증가하여 989.9억 위안으로 수입액의 38.4%를 차지하였다. 이 를 기초로 허난성은 디지털 경제 발전을 다각도로 추진하고 있으며, '2021년 허난성

---

[69] 鴻海精密工業股份有限公司(Foxconn. 富士康)은 궈타이밍(郭台铭. 1950년생)이 1974년 대만 에서 설립한 세계 최대 EMS(Electronics Manufacturing Service) 기업으로 대만과 중국에 핵심 제조시설이 있다. EMS란 전자제품을 상표 없이 수탁생산하는 기업이다. 애플(iPhone)의 최대 부 품·공급사이며, MS Xbox, 소니 PlayStation, 닌텐도 Nintendo Switch도 생산한다. 2022년 매출 액은 1조 7천 억$를 기록했으며, 전 세계 70만 명의 직원이 있다. 2016년에 일본 샤프를 인수(58 억$)했다. 하남성 정저우에는 2010년 7월에 富士康郑州分公司(자본금 1,200만$)를 설립하여 3G 핸드폰부터 생산했다. 현재 정저우에는 3개의 공장(新郑航空港厂区, 出中加工区厂区, 中牟县 厂区)을 가지고 있다.

디지털경제발전계획'을 통해 디지털 기술과 농업 농촌의 융합 발전을 적극적으로 모색하고 있다.

허난성은 제조업 규모는 크나 전통산업 비중이 높으며, 첨단기술과 핵심부품의 외부 의존도가 높아 산업사슬이 구축되지 못한 점이 제조업 발전을 저해하고 있다. 2019년 기준 허난성의 공업부가가치는 2.1조 위안으로 중국 성급단위 중 5위 수준이다. 철강·유색금속·화공·건자재·경방직 등 전통산업이 전체 공업에서 차지하는 비중이 46.7%에 달하고, 첨단기술산업의 비중은 약 10% 수준으로 전국 평균보다 5% 포인트 낮다.

허난성은 중국 내 스마트폰 생산량이 전국 2위이나 허난성의 폭스콘 등 기업은 단순 조립가공을 하고 있으며, 허난성 대표 장비제조 회사인 중톄장비(中铁装备)는 실드 굴진기(shield machine·연약지반용 터널 굴착기) 핵심 부품인 베어링 생산기술이 없어 이탈리아·프랑스 등 해외기업에서 납품받고 있다.

허난성은 과학기술 인프라·인재 확대 중심의 과학기술 혁신, 제조업 첨단화 및 인프라 확대, 유통시스템 강화를 중심으로 하는 내수 확대, 농촌·농업 환경 개선에 주력할 계획이다. 장비제조·전자제조·식품 등 6대 지주산업 및 신형 디스플레이·스마트단말기·바이오의약 등 10대 신산업 분야 산업 클러스터를 조성하고 있다. 이를 통해 폭스콘으로 대표되는 단순 조립 가공 중심의 산업구조를 탈피하고, 5G·공업인터넷·빅데이터센터 및 고속철·공항 등 교통 인프라·수리시설 투자를 확대하고 있다.

전국 3위 규모의 인구수를 기반으로 온·오프 융합 소비 및 자동차·가전 소비 등 소비를 촉진하고, 전자상거래 플랫폼을 기반으로 전국을 커버하는 수입상품 구매·배송 시스템을 구축하는 등 교통·유통망을 확충하여 상품 유통 허브 기능을 강화하고자 한다. 현재 하남성에서는 정저우-정동신구(鄭東新區) 건설, 정저우-카이펑 신구(鄭汴新區) 개발, 도시별 특화산업육성이 이루어지고 있다.

| 그림 3-62 | 하남성 박물관(춘추전국시대 유물) |

자료: © 2012. 김동하.

1) 중국 교통의 허브, 정저우(郑州)

정저우시는 중국 내륙지역의 중요한 교통 허브 중 하나이다. 징광 철도(京广: 베이징과 광저우를 남북으로 잇는 철도), 룽란 철도(陇海兰新: 롄윈강과 우루무치를 동서로 잇는 철도)가 교차하는 곳이다. 징강아오 고속도로(京港澳: 베이징과 홍콩을 잇는 고속도로), 롄휘 고속도로(连霍: 롄윈강과 후허하오터를 잇는 고속도로)가 지나간다. 정저우는 1950년대 주요 철도 노선이 지나게 되면서 발전하기 시작해 1954년 허난성 성도로 지정됐다.

1940년대까지 허난성의 중심지는 카이펑(开封)으로, 정저우에는 제분공장만 있을 뿐 발전 기반이 약했다. 1950년대 징광철도, 룽하이철도(陇海: 롄윈강과 란저우를 잇는 철도) 등이 정저우시를 지나면서 철도 요충지로 자리 잡았다. 이에 1954년 허난성 성도가 카이펑에서 정저우로 변경된 것이다. 정저우에는 역사·문화유산이 풍부하다. 정저우 남단 신정(新郑)은 중화민족 시조의 고향이며, 시 중심에는 상(商)대 성벽이 남아 있다. 당대 문인 두보(杜甫)와 백거이(白居易)는 정저우 출신이다.

정저우 서쪽은 저산 구릉지대, 동쪽은 평원지대로, 동편에 시 중심이 형성되어 있다. 서편의 싱양시와 덩펑시는 석탄 산지이며, 덩펑시에는 중국 5악 중 하나인 숭산(嵩山)과 소림사가 위치해 관광산업도 발달해 있다. 상제(上街)구는 알루미늄 산지로 1950년대 중국 최대 알루미늄 회사인 허난알루미늄(河南铝业公司)이 설립된 곳이다.

2003년 신도시인 정둥신구(郑东新区)가 조성되었다. 정둥신구는 허난성 정부가 1,500억 위안을 투자하여 주거, 상업, R&D 기능을 갖춘 첨단 신도시로 조성하는 곳으로, 핵심 비즈니스지구 대부분 진수이구에 있다. 2010년 폭스콘이 정저우에 진출하면서 투자·수출이 급증했다. 무역액 증가는 애플 아이폰과 아이패드를 OEM(주문자 상표 부착 생산) 생산하는 폭스콘의 영향을 받은 것이다.

정저우는 버스, 승용차, 픽업트럭을 생산하는 자동차산업·방직기계, 교통설비 등 장비제조업이 발달해 있으며, 대표기업으로는 정저우위퉁(郑州宇通), 정저우닛산이 있다. 정저우위퉁은 1963년 설립된 민영사로 중대형 버스를 생산하고 있으며, 중국 내 버스 10대 중 4대는 위퉁의 제품일 정도로 시장점유율이 높다. 정저우닛산은 1993년 설립된 중일 합자사로 픽업트럭, SUV를 주로 생산하며, 아프리카와 중동에 수출하고 있다. IT는 2010년 폭스콘이 정저우에 공장을 세우면서 발전하기 시작하여 빠른 성장세를 보이고 있다.

정저우시에는 3개의 국가급 개발구가 있다. 정저우 항공경제종합시험구는 2010년 신정(新郑)공항 부근에 있으며, 폭스콘과 차이냐오(菜鸟) 등 IT, 항공소재, 항공물류 기업이 모여 있다. 정저우 경제기술개발구는 자동차 및 장비제조, 물류 산업을 중심으로 위퉁(宇通), 폭스콘, 하이얼(海尔), 필립스, 정저우닛산 등이 입주해 있다. 정저우 첨단기술산업개발구는 IT, 광전자, 문화창의 산업이 발전해 있으며, 주요 R&D 기관이 모여 있다. 코카콜라, 스다가오커(思达高科) 등의 기업이 입주하였으며, 한국의 CJ사료가 2004년 입주했다. 정저우시에는 600여 개의 외자기업이 진출해 있으며, 이 중 45개가 세계 500대 기업에 해당하는 글로벌 기업이다. 주요 투자국(지역)은 홍콩과 대만이며, 제조업과 서비스업, 전자정보산업 관련 투자가 많은 편이다.[70]

○ 갑골문의 도시, 안양

하남성 안양시(安阳市)는 성의 수도인 정주시로부터 165km 북쪽에 위치하고 있다. 정주시처럼 황하에 연해 있지는 않지만, 하남성 최북단에 위치한 관계로 4개 지역(산서·하북·하남·산동)이 만나는 물류 중심지이다. 7대 왕조의 도읍지였으며, 옛 이름은 업

---

70 KIEP(2014), 중국 도시 정보 시리즈, 허난성 정저우시, 「중국 권역별·성별 기초자료」, 2014.12.30.

(邺)이었다. 안양이라는 행정명칭이 등장한 것은 1913년 중화민국 시절이었으며, 안양현으로 지정되었다. 1949년 5월 6일 인민해방군은 안양시를 설립했다. 현재 안양시 면적은 7,413km²이며, 인구는 541만 명이다. 하남성 내 인구 100만 이상 17개 도시 중 경제규모 8위 도시이다. 한자음이 같은 경기도 안양시와는 2013년에 우호도시 협약을 체결하기도 하였다.

한자의 구조적 원리를 분석한 석학, 시라카와 시즈카에 따르면 문자는 신화와 역사의 접점이다. 가장 오래된 문자로 간주되는 이집트 상형문자가 만들어진 시기는 기원전 31세기경으로 5천 년 전 일이다. 하남성 은허(殷墟)에서는 3300년 전부터 또 다른 종류의 문자가 만들어지고 있었다. 은허는 상(商) 왕조 후기(B.C. 1300~1046) 수도이며, 중국 청동기 전성시대였다. 이 시기 지배층들은 거북이 껍데기나 짐승의 뼈를 불로 지져서 갈라진 흔적을 보고 길흉을 판단했다. 길흉을 해석한 결과는 점치는데 사용한 거북이 껍데기나 소 뼈 위에 칼로 새겨놓았다. 바로 이것이 중국에서 가장 오랜 문자인 갑골문(甲骨文)이다.

1899년 청나라 말기 금석학자 왕이룽이 갑골문을 발견하고, 상나라 시대에 사용한 문자임을 밝혀냈다. 이후 학자들의 연구결과, 갑골문이 발견된 안양의 샤오툰촌(小屯村)이 고대 문헌에 기록으로만 존재했던 상나라 수도 은허라는 것도 밝혀졌다. 고대 이집트의 히에로글리프(hieroglyph)나 설형문자는 상형문자였으나, 이른 시기에 왕조와 함께 사라졌다. 하지만 갑골문에서 시작된 한자는 3300여 년이 지난 지금도 우리 곁에 살아남아서 생생하게 쓰이고 있다. 심지어 우리나라와 일본에까지 영향을 끼쳐 한자문화권을 형성하고 있다.

갑골의 발견은 중국의 신화처럼 드라마틱하다. 왕이룽(王懿榮)은 당시 국자감 제주(国子監祭酒)였는데, 지금으로 치면 청나라 국립대학교 총장쯤 된다. 그는 고대 청동기나 비석에 새겨진 글자를 연구하던 학자였는데, 1899년, 말라리아 발작으로 고통을 겪자 그 특효약으로 팔리던 용골(龍骨)을 구하여 복용하게 된다. 용의 뼈라는 의미를 가진 용골은 당시 한약재로 쓰였는데, 주로 거북이 배딱지가 사용되었다. 그는 용골에 문자의 형태를 발견하고 단숨에 고문자인 것을 알게 된다. 당시 용골의 출토지는 안양 샤오툰촌이었는데 당시 농민들은 밭을 갈다가 출토된 용골 중 글자가 많은 것은 우물에 버리고, 글자가 적은 것은 글자를 갈아서 없앤 후, 약재상에 팔고 있었다. 왕이룽은 글자가 있는 용골을 고가에 매입하자 단숨에 수 천장의 용골, 아니 갑골이 모이게 된다.

왕의영이 모아두었던 갑골은 친구 유악(劉顎)에게 넘겨졌다. 유악은 수집한 수천개의 갑골에서 문자 자료로 유용하다고 생각한 1,058조각을 골라 묵탁을 만들어 『철운장구(鐵雲藏龜)』라는 이름의 여섯 권 책으로 펴냈다. 세계 최초의 갑골문 서적이다. 이후 1904년에 손이양이 갑골문을 해석하는 책(『계문거례』, 『명원』)을 펴냈고, 일본 하야시 다이스케가 정리를 시도했으며, 나진옥도 『은허정복문자고』를 집필했다. 이 모든 것이 갑골문이 발견된 지 10여 년도 안 된 1910년 무렵이었다. 3300년 전 문자가 발견된 지 불과 10년 만에 거의 모두 해석이 된 것이다. 이는 한자의 서체는 변했지만 기본구조는 변화하지 않았으며, 글자의 용법도 줄곧 달라지지 않았기 때문이다. 또한 한자는 청동기와 비석에 써진 금석문 등 문자로서 같은 계열을 유지해왔다. 1986년에 초판이 나온 『한어대자전(汉语大字典)』은 56,000자의 한자를 수록하고 있는 대사전이다. 현재까지 해석된 갑골문 4,500자 중 1,500자가 『한어대자전』에 수록되어 사용되고 있다. 이는 한자의 생명력을 보여주는 증거이다.

그림 3-63 유네스코 세계 문화유산, 하남성 안양시 은허 유적지 입구

자료: © 2018. 김동하.

사마천은 상왕조를 기원전 1600년에서 기원전 1046년까지 존재했다고 『사기』에 기록했다. 하지만 이 기록은 하남성 안양에서 갑골문이 발견되기 전까지 신화에 불과했다. 『사기』에서는 상나라 사람들의 시조인 '계'는 신화 속의 새인 현조(玄鳥)가 낳은 알을 그의 어머니가 삼켜서 태어났다고 기록되어 있었다. 역사책은 기원전 1554년에 하 왕조를 정복하고, 상 왕조를 건국하였다고 적었으며, 정치적 중심지를 다섯 번 옮겼는데 마지막이 기원전 1319년 20대 상왕 반경(盤庚)이며, 그 수도가 은(殷)이라고 기록하고 있다. 바로 은이 지금의 하남성 안양이다. 사마천이 기록한 상왕조 31명 왕들의 계보가 안양에서 쏟아진 갑골문의 제사 기물(器物) 목록에서 확인되었다. 신화가 역사로 바뀐 순간이었다.

은허는 상왕 반경 이후 255년 동안 8세대 12명의 왕들이 통치하며 청동기 시대의 전성기를 누렸다. 기원전 1046년경 상 왕조의 마지막 왕인 주왕(紂王)이 주(周)나라 무왕(武王)에 패하면서 은(殷)은 버려지고 도시는 폐허가 되었다. 이로써 역사 기록에 은의 이름이 은허(은의 폐허)가 된 것이다. 은허유적지는 2006년 7월, 24번째 중국의 유네스코 문화유산으로 지정되었다. 은허유적지의 정식 명칭은 은허궁전종묘유적지(殷墟宮殿宗庙遗址)이다.

2) 하남 자유무역시험구(河南自由贸易试验区)

허난 자유무역 시험구(河南自由贸易试验区)는 중앙정부가 2017년 4월에 설립했으며, 허난성 정저우시(73.17km²), 카이펑시(19.94km²), 뤄양시(26.66km²)에 위치하고 있다. 전체 면적은 119.77km² 규모이다. 허난 자유무역 시험구의 전략적 포지셔닝은 남북을 관통하고 동서를 연결하는 현대 3차원 교통 시스템과 현대 물류 시스템 건설을 가속화하고 허난 자유무역구를 '일대일로' 건설을 위한 현대 종합 교통 허브, 전면 개혁개방 실험지 및 내륙 개방형 경제 시험구로 건설하는 것이다.

먼저 정저우 지역에는 스마트 단말기, 고급 장비 및 자동차 제조, Bio 및 선진 제조업과 현대 물류, 국제 상업, 국경 간 전자상거래, 현대금융 서비스, 서비스 아웃소싱, 창의 디자인, 비즈니스 컨벤션 및 애니메이션 게임과 같은 현대 서비스 산업의 발전에 중점을 둔다. 이와 동시에 복합 운송 국제 물류 센터를 건설하고자 한다.

카이펑 지역에는 서비스 아웃소싱, 의료 관광, 창의 디자인, 문화 미디어, 문화 금융, 예술품 거래, 현대 물류 및 기타 서비스 산업의 발전에 중점을 둔다. 또한 장비제조, 농산물 및 부자재 가공의 국제 협력 및 무역 능력을 향상시킨다. 국제 문화 무역 및 인문 관광 협력 플랫폼을 구축하고 서비스 무역 혁신 개발 구역과 문화 창조산업의 대외개방 선행 구역을 건설하여 국제 문화 관광의 통합 발전을 촉진한다.

뤄양 지역에서는 장비제조, 로봇, 신소재 등과 연구개발설계, 전자상거래, 서비스 아웃소싱, 국제문화관광, 문화창의, 문화무역, 문화전시 등 현대서비스업 발전에 중점을 둔다. 국제스마트제조협력 시험구를 건설하고, 중국 역사문명 계승혁신구 건설을 추진한다.

2023년 하남성 종합보세구 무역총액은 4419.4억 위안으로 성 전체의 54.4%를 점유하고 있다. 이 중 신정종합보세구(新郑综保区)가 4072.8억 위안을 기록하여 중국 내 종합보세구 중 1위를 기록했다. 시험구 지역 중 카이펑지역 수출입은 61.9억 위안(전년비 94.4% 증가), 뤄양지역은 69.8억 위안(전년비 21.1% 증가)을 기록했다. 2023년 하남성 수출 중 핸드폰 수출액이 45.6%를 점유하고 있어 폭스콘의 위상을 방증한다.[71]

2 호북성

호북성(湖北. 후베이)은 춘추전국시대에는 초(楚)나라의 영토로 봉읍인 '악(鄂)'이 있던 곳이다. 한(漢)나라 때는 형주(荊州)에 속하였고, 송나라 때는 형호북로(荊湖北路)였으며, 청나라에 이르러 성(省)이 설치되었다. 호북성 윈시현(鄖西縣)과 윈현(鄖縣)에서 발견된 원인(猿人)과 창양(長陽)에서 발견된 초기 호모사피엔스가 증명하듯이 이미 수십만 년 전에 이곳에 인류가 살았다. 또 징산현(京山縣)에서 발굴된 4,600여 년 전의 취자링(屈家嶺) 유적지, 장링현(江陵縣)에서 발굴된 2,700년 전 초나라의 유적지 장링추묘(江陵楚墓)가 설명해 주듯이 오래전부터 이미 인류 문명이 발달한 지역이었다.

장강 중류 동정호(洞庭湖) 북쪽에 위치한다. 동정호의 북쪽에 있기 때문에 호북으로 불리며 삼국시기 초나라 악왕(鄂王)의 봉지였으므로 악(鄂. 어. e)로 약칭한다.

2022년 기준 호북성의 산업구조는 1차 산업이 9.45%, 2차 산업 37.53%, 3차 산업

---

71 央广网(2024.1.19.).

\

53.02% 수준이다. 철강·자동차·야금·기계류·발전소·식품가공·하이테크 등이 주요 산업군이다. 호북성은 중부권 경제를 이끌고 있는 대표적인 공업지대이며, 장장 중류에 위치하여 6개 성·직할시에 둘러싸인 중부내륙의 물류 요충지이기도 하다. 대외 거래보다는 내수 위주로 발달되어 왔다. 호북성 대외교역액은 중국 전체의 1.47%에 불과하여, 대외개방도가 낮음을 알 수 있다. 호북성의 중국 GRDP 비중은 4.42% 수준이다.

호북성은 6개 성·시에 둘러싸인 중부 내륙 물류요충지이다. 호남성, 강서성, 안휘성, 하남성, 섬서성, 중경시 등 6개 성·시의 중앙에 위치한다. 중부지역 중앙에 소재한다는 지리적 이점으로 소매유통시장 성장 가능성이 상대적으로 높다. 한국정부는 2010년에 주무한총영사관을 개관하여 우리기업의 중부권 진출을 지원하고 있다.

표 3-35 호북성 경제지표(2022년)

GRDP*	산업구조			1인당 GRDP	
	1차 산업	2차 산업	3차 산업	위안	US$
4.42	9.45	37.53	53.02	90,358	13,434
인구(만 명)	중국 내 인구비*	도시화율(%)	부동산 개발투자*	수출*	수입*
5,844	4.15	64.66	3.91	1.66	1.23
수출입*	외상기업 투자액*	공업생산액*	소비품 판매액*	중국 평균 1인당 GDP 대비	
1.47	1.26	3.3	5.04	105.9% (85,310元. U$12,683)	
우한 GRDP**		우한 인구(만 명)			
35.8%		1,377.4			

주: * 표기는 중국 내 비중을, ** 표기는 성 내 비중을 나타낸다.
자료: 국가통계국 国家数据(2024.4.).

호북성은 장강연안의 최대 내륙항구를 보유하고 있는데 바로 중국 최대의 내하항인 무한항(1.5만 톤급, 선석 45개)[72]이 소재한다. 연간 화물운송량은 3,000만 톤 규모(50

---

72 선석(berth, 船席)은 항내에서 선박을 계선시키는 시설을 갖춘 접안장소를 말한다. 표준선박 한 척을 직접 계선시키는 설비를 지닌 수역을 뜻한다. 통상 선박을 접안시킬 수 있는 부두 수에 따라 몇 선석이라고 부르기도 한다.

만TEU)로 러시아, 일본, 태국, 말레이시아, 싱가포르 등 14개 항로를 운항하고 있다. 2019년 무한항의 컨테이너 처리 실적은 169만TEU(전년비 8.1% 증가)를 기록했다. 장강 삼협댐 건설로 중경과 대형하운 화물운송이 연결되었다. 호북성은 수백 개의 호수를 보유하여, 수질오염 개선도 시급한 상황이다.

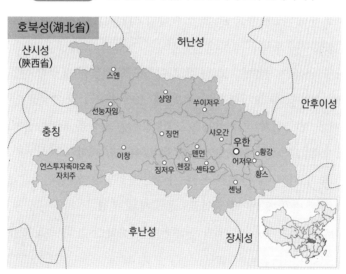

그림 3-64   호북성 위치 및 주요 도시와 소수민족자치주

자료: 두피디아(2021.7.).

1) 장장 중심 도시, 무한시

우한시는 후베이성의 성도(省會)로서 화중지역의 정치·경제·사회 중심 도시이다. 창장(长江)과 한장(汉江)의 교차점으로 창장평원의 동쪽에 자리 잡고 있다. '아홉 개 주의 통로'로 불리는 우한은 많은 철로와 도로, 고속도로가 통과하는 교통요지이다. 팬데믹 초기, 이러한 우한의 특징으로 COVID-19 바이러스가 짧은 시간 내에 중국 전역에 파급되었다는 평가도 있었다. 13개 시직할구로 구성되어 있는 우한시의 면적은 8,494km²이고, 인구는 1,377만 명에 달한다. 우한경제기술개발구, 둥후신기술개발구 (东湖), 우자산타이완투자구 (吳家山台商投资区) 등 산업단지를 운영하고 있다.

2009년 전까지 무한에는 무한역(武汉站)이라는 이름의 기차역이 없었다. 당시 무한시 기차역 이름은 우창역, 한커우역, 한양역 3곳이었다. 이는 무한시가 도심을 관통하는 장강과 한강으로 3개 구역으로 나뉘어졌기 때문이다. 2009년 말 무한-광저우 고속 철이 개통하면서 드디어 '무한역'이 생겼다. 장강과 한강 합류점에 입지한 우한은 강 줄기를 따라 각각 우창(武昌), 한커우(汉口), 한양(汉阳) 3개 지역으로 나뉜다. 예부터 무한삼진(武汉三镇)이라는 명칭이 있었는데, 우창·한커우·한양 세 고을을 의미한다. 이 세 고을을 합친 것이 지금의 무한시이다. 국민당 정부는 1927년에서야 처음으로 우창, 한커우, 한양을 통합하여 무한시를 설치하고, 중화민국 임시수도로 정했다. 이후 다시 세 도시로 분할되었다가, 1949년 신중국이 성립되면서 무한시가 등장했고 1954년에 비로소 호북성 수도로 지정된다.

우한은 창장 중상류 지역에 위치해 예로부터 수로 교통이 발달해 상업무역이 번성했다. '십 리에 걸쳐 돛이 늘어서 있고 수만 개 가게 등불로 불야성을 이룬다'는 말로 우한을 묘사했을 정도다. 특히 우한은 청조 말 양무운동 이래 공업중심지로 집중 육성됐다. 톈진조약에 따라 한커우항이 개방된 이후 외국 조계지가 들어서면서 더욱 번영을 구가했다. 중국 최고 철강기업과 군수기업인 한양철강, 한양군수기업이 세워졌으며, 우한은 상하이와 함께 제2의 상업금융중심지로 불렸다. 외국인들 사이에서는 '동방의 시카고'로 불렸다. 1911년 10월 신해혁명의 도화선이 된 우창봉기가 발발하며 우한은 한때 중국의 혁명중심지였다.

1949년 신중국 성립 후 상하이, 선전 등 연해의 고속경제 발전에서 소외됐다. 최근 중국 정부의 중부 굴기 전략과 함께 우한은 내수시장이자 거대 소비도시로 탈바꿈 중이다. 2023년 우한시 소매판매액은 7531.9억 위안으로 직할시인 톈진시는 물론, 내몽고자치고, 길림성, 흑룡강성, 해남성, 감숙성, 청해성, 영하회족자치구, 신강위구르자치구보다 크다. 현재 우한은 '중국의 디트로이트'를 꿈꾸며 자동차 산업을 적극 육성하고 있다. 현재 우한시에는 중국 3대 자동차 기업인 둥펑자동차를 비롯해 프랑스 시트로앵, 푸조, 닛산, 혼다 등 8대 자동차 제조업체가 진출했다. 자동차 기업의 2023년도 무한시 생산량은 120.6만 대에 달한다.

우한은 베이징, 상하이와 어깨를 나란히 하는 연구·교육기지로서 대학생 수가 120만 명에 이른다. 1952년 구 소련의 원조로 우한강철을 설립했고, 우한, 황스(黄石), 어저우(鄂州)에 다수의 철강기업이 분포하고 있다. 중국 3대 철강사 중 하나인 우한강철은 세계 5대 철강사로 성장했다. 1969년 설립한 동평(东风)자동차의 본사가 있는 우한은 중부지역 자동차 산업의 메카이기도 하다. 동평자동차는 일본 닛산, 프랑스 시트로엥, 한국 현대·기아 등과 합작하여 승용차, 트럭 등 다양한 모델을 생산 중이며, 2023년 동풍기차 그룹 자동차 판매량은 208.82만 대로 중국 전체 7%(6위)를 점유하고 있다.

호북성 무한시 장강대교와 장강

주: 우한 장강대교는 우한시 한양구와 우창구를 연결하는 통로이다. 중국 최초의 도로 및 철로 겸용 대교이며 1955년 9월 착공, 1957년 10월에 개통했다. 전체 길이는 1,670.4m로 상층에는 왕복 4차선 도로, 하층에는 복선 레일이 있고 베이징-광저우 노선이 관통한다.
자료: © 2023. 김동하.

미국의 실리콘밸리를 벤치마킹하여 조성된 우한시의 '광밸리(光谷,Optical Valley)'는 중국 최고의 광산업 메카로 성장 중이다. 인텔, 노키아, IBM, 필립스 등을 포함한 2,000여 개의 첨단기업이 입주해 있는 광밸리의 광케이블 생산량은 중국 1위, 세계 2위 수준으로 세계 시장의 12%를 차지하고 있다.

세계 500대 기업 중 98개사가 우한시에 투자했으며, 홍콩, 프랑스 기업의 비중이 높다. 우한시는 1979년 일본 오이타시를 시작으로 총 20개의 도시 간 자매우호 교류를 체결하였다. 한국과는 2000년 10월 청주시와 자매우호 교류를 체결했다. 우한시에는 프랑스 총영사관, 미국 총영사관에 이어 세 번째로 2010년 10월에 대한민국 총영사관이 설치되었다.[73]

2) 후베이 자유무역시험구(湖北自由貿易試験区)

2017년 4월, 우한(70km². 우한동후종합보세구 5.41km² 포함), 이창(27.97km²), 샹양(21.99km². 샹양보세물류센터 0.281km² 포함) 등 3개 지역을 통합하여 호북 자유무역시험구가 출범했다. 총 면적은 119.96km² 규모이다. 출범 이후 2019년 말 기준 신규설립 기업은 4.1만 개에 달했으며 특히 우한지역의 전자산업 규모는 중국 전체의 50%를 차지하고 있다. 이창지역의 화학공업, 식품바이오산업, 첨단설비제조업 규모는 각각 천억 위안 규모를 초과했다.

2023년 9월 말 현재 후베이 자유무역시험구에 입주한 기업 중 68곳이 상장사인데 이들 매출액 합계는 3,722.16억 위안을 기록(전년동기비 -0.33%)했다. 또한 2023년 1~8월간 시험구 수출입총액은 935.2억 위안을 기록하여, 후베이성 면적 0.06%에 있는 기업들이 성 전체 무역액의 23%를 점유한 것으로 나타났다.[74]

그림 3-66 호북 자유무역시험구 현황도

자료: 후베이 자유무역시험구 홈페이지(www.china-hbftz.gov.cn).

---

73 김수한 · 김현수(2014), 「중국도시정보 Ⅷ」중부 핵심 거점도시, 우한시 발전현황 분석, 인천발전연구원, 한중 Zine INChinaBrief, Vol.266, 2014.5.12.

74 湖北日報(2023.10.8.).

시험구에서는 무역편리화, 투자자유화, 행정시스템 혁신, 과학기술 체제 혁신, 금융제도 혁신, 서비스업 확대 개방, 온라인 세금징수정책 등 7개 분야에서 시범 업무를 진행 중이다. 시험구의 주요 지역별 특화 산업을 보면, 우한은 차세대 정보기술, 스마트제조 등 신흥산업, 금융서비스 물류 연구개발 위주이다. 샹양은 첨단설비제조업, 신에너지자동차, 빅데이터 클라우드 등이, 이창은 바이오의약, 신소재, 본사경제, 전자상거래 위주이다. 특히 장강 중류에 위치한 교통수운의 이점을 활용하여 복합운송네트워크와 서비스를 구축하여 중부지역과 장강경제벨트 산업전환 및 업그레이드 추진 정책을 실행하고 있다.

○ 머리 아홉의 호북인

호북인(湖北人)에 대해 사람들은 '하늘에는 9개의 머리를 가진 새가 있고, 땅에는 호북인이 있다'라고 비유해서 말한다. 춘추전국시대 초나라 사람들은 구두조(九頭鳥)를 성스러운 새로 신봉했다. 이는 매우 영리하고 지혜롭고 생명력이 강한 것을 의미한다. 옛 초나라 땅이었던 호북은 문화역사의 유구함, 수려한 산과 맑은 물, 높은 계곡과 평원을 갖추고 있다. 이 같은 환경 속에서 호북인은 총명한 두뇌와 동시에 북방인들의 호방함과 거친 성격을 가지고 있어, 지(智)와 용(勇)을 겸비한 것으로 평가받는다.

상인에게 총명함은 그 정도를 넘어서면 교활함이 된다. 최근에는 구두조를 계략과 계산에 능한 호북상인을 비판할 때 사용하기도 한다. 문학가 임어당(林語堂)은 '화중 지역에는 무섭고 시끌벅적하며 악담을 잘하고 사기꾼 같은 호북인이 살고 있다'라고 말했다. 그래서 그런지 다른 지역 사람들은 호북상인과 거래할 때 거리를 두고 긴장을 늦추지 않았다. 또한 호북상인과 거래는 '주의하지 않으면 손해 보고도 말을 하지 못한다'는 이야기도 있다. 이는 치고 빠지는 식의 상술을 표현한다. 다른 시각으로 보면 너무 머리 회전이 빠른 호북상인들을 다른 상인들은 성실하게 보지 않기 때문일 것이다.

소심한 성격은 호북상인의 특징이다. '그들에게 우두머리가 되도록 강요하지 마라. 나서기 싫어하기 때문에 앞서려 하지 않기 때문이다. 모험이 따르는 벤처 투자처럼 리스크가 큰 사업에는 호북상인이 관심을 두지 않을 것이다. 동업을 하면 책임을

회피하려는 경향이 있다. 그들이 도망치지 않도록 대비하고 경계할 필요가 있다'라는 평가도 있다.[75]

3 호남성

호남성(湖南. 후난)은 춘추전국시대에 초(楚)나라의 영토였으며, 진(秦)나라 때는 대부분이 장사군(長沙郡)에 속했다. 한(汉)나라 때는 형주북로(荆州北路)에 속하였고, 당나라 때는 호남관찰사(湖南观察使)를 설치했다. 송나라 때는 형호남로(荆湖南路)와 형호북로(荆湖北路)에 속하였고, 원나라 때는 호광행성(湖广行省)에 속하였으며, 청나라에 이르러 호남성(湖南省)이 설치되었다.

장장(長江) 중류 남쪽 강변에 있으며, 성 대부분이 동정호(洞庭湖) 남쪽이다. 상강(湘江)이 성을 가로지르고 있다. 중국에서 세 번째로 큰 호수인 둥팅후 남쪽에 있기 때문에 호남으로 불리게 됐으며, 이곳에 상강(湘江)이 흐르기 때문에 상(湘)이라는 약칭을 얻게 됐다.

2022년 기준 호남성의 산업구조를 보면, 1차 산업 9.68%, 2차 산업 37.64%, 3차 산업 52.69% 수준이다. 1차 산업 비중이 높은 편이어서 벼·참깨·차유·동유의 생산량 중국 1위, 돼지고기 생산 중국 2위, 찻잎은 중국 4위, 담수어 생산량 중국 상위 10위권이다. 2차 산업으로는 석탄채굴·농산품가공·화학원료 및 화학제품·설비제조·자동차 등이 주요 산업이다.

호남성 주요 산업군은 방직, 부품조립 등 경공업 위주이다. 2005년에는 호남성 주저우시에 중국 최대 열차 관련 전자 부품 및 반도체 R&D 공장이 들어섰다. 2만㎡ 면적의 반도체 부품연구개발 단지인 주저우난처스다이전기(株洲南車時代電氣)가 가동했다.

---

75   陳冠任(2002), 『中國各地商人』, 當代中國出版社, p.361.

표 3-36 호남성 경제지표(2022년)

GRDP*	산업구조			1인당 GRDP	
	1차 산업	2차 산업	3차 산업	위안	US$
3.98	9.68	37.64	52.69	71,917	10,692
인구(만 명)	중국 내 인구비*	도시화율(%)	부동산 개발투자*	수출*	수입*
6,604	4.68	60.31	3.5	1.47	0.63
수출입*	외상기업 투자액*	공업생산액*	소비품 판매액*	중국 평균 1인당 GDP 대비	
1.11	1.23	2.16	4.33	84.3% (85,310元. U$12,683)	
창사 GRDP**		창사 인구(만 명)			
29.4%		1,051.31			

주: * 표기는 중국 내 비중을, ** 표기는 성 내 비중을 나타낸다.
자료: 국가통계국 国家数据(2024.4.).

호남성은 외국문화에 대한 개방도 높은 편이다. 한류에 대한 선호도 높은 편이며 중국에서 '대장금' 드라마를 최초 방영한 곳이 호남성 창사 TV 방송국이다. 1990년대 중반 LG전자는 창사에 판다TV와 함께 TV공장을 합작 설립했다. 호남성 출신 상인들은 검증된 품목만 취급하려는 바이어 특성을 보인다. 중부지역은 외국과의 직접교역 경험이 적고, 세심한 비즈니스 특성 때문에 1선 도시나 연해지역에서 유통된 제품을 취급하려는 경향이 강하다.

굴원, 유종원, 두보, 도연명 등 관료이면서 많은 문학작품을 남긴 이들은 후난성과 관련 깊은 인물이다. 후난성은 춘추전국시대 초나라 변방으로 개척되면서 중원 문화를 일방적으로 수용했으나, 송대 말에 이르러서는 서원 같은 민간 교육기관이 많이 생기면서 주돈이(1017~1073) 같은 저명한 유학자를 배출하였다. 유명한 관광지인 장가계(張家界)는 1992년에 세계자연유산으로 등록되었다. 2009년 개봉영화인 아바타의 촬영지로도 알려져 있다.

그림 3-67 호남성 위치와 주요 도시, 소수민족자치주

자료: 두피디아(2021.7.).

후난성 사람들은 기후 특성으로 매운 것을 좋아한다. 후난요리인 샹차이 대부분에 고추가 많이 쓰인다. 후난성 사람은 독립심이 강하고 논쟁하는 것을 좋아하며, 다른 지역보다 상방(商幇)의 영향력이 약한 편이다. 타지에 나간 후난성 출신 상인들 간의 유대를 강화하기 위해 2007년부터 호남 출신 비즈니스포럼 격인 샹상대회(湘商大会)를 열고 있다. 현재 후난상회가 전국적으로 형성됐고 20여 개국에도 지회가 있다.

후난성에는 중국 56개 민족 가운데 55개 민족이 살고 있으며, 소수민족 비중이 전체 인구의 10%를 웃돈다. 투자족과 먀오족이 다수를 차지하며 주로 후난성 서남부에 집단 거주하고 있다. 중원에서 이주한 한족이 현지 소수민족과 부단히 교류하면서 개방과 다양성의 문화를 형성했다. 후난TV가 중국 연예오락 프로그램에서 두각을 나타내는 원인으로 이러한 지역 기질이 발현됐기 때문이라는 설이 있다. 후난성은 복잡한 지형만큼 사투리도 다양하다. 후난성 주요 도시마다 제각각 언어적 특성이 있다. 대략 여덟 종류의 방언이 있는데 후난성 사람조차 알아듣기 어려울 정도이다.[76]

---

[76] 김종복(2019.4.10.), 「후난성 비즈니스 문화 엿보기」, KOTRA 중국 창사무역관, 한겨레 이코노미 인사이트(2019년 4월호).

1) 역사 문화도시, 창사

창사는 3,000여 년이나 되는 역사와 문화를 간직한 도시다. 1970년대에는 2,200년 전인 한 나라 때 남녀 시신과 부장품이 출토된 마왕퇴 묘(미라)가 발굴되면서 고고학계의 주목을 받았다. 대한민국 임시정부 소재지이자 백범 김구 선생이 반대파에 의해 저격을 당했던 곳, 2005년 드라마 '대장금'을 중국 내에서 가장 먼저 수입해 방영한 이후 중국판 '아빠 어디가', '나는 가수다' 등을 잇달아 제작 방영한 후난위성TV가 소재한 한류 메카이기도 하다. 창사는 모래가 길게 분포되어 있다 하여 지어진 이름이다. 후난성은 척박하고 빈곤한 땅이었다. 후난성을 기준으로 그 아래 지역인 광둥·하이난 등은 과거 황제에게 버림받은 신하가 유배당한 곳이었다. 초나라 굴원은 이곳에 유배돼 비통함에 인근 멱라강(泪羅江)에 몸을 던졌다. 당나라 두보 역시 벼슬직을 버리고 창사 일대를 떠돌다가 객사했다. 두보는 창사에서 '담주를 떠나며(發潭州, 담주는 창사 옛 명칭)'라는 작품을 남겼다.

창사는 중국 성리학의 고향이다. 창사시 후난대학에 위치한 악록서원(岳麓書院)은 송나라 시절인 976년 창건돼 주희(朱熹)가 강학을 했던 유서 깊은 곳으로 중국 4대 서원 중 하나다. 악록서원은 명나라 말부터 청나라 때까지 왕부지(王夫之), 위원(魏源), 증국번(曾國藩), 좌종당(左宗棠) 등 많은 선비와 애국지사를 길러냈다.

창사는 혁명의 고장이다. 마오쩌둥을 비롯해 류샤오치(劉少奇), 펑더화이(彭德懷), 리리싼(李立三), 차이허썬(蔡和森) 등을 배출했다. 마오쩌둥이 태어난 곳은 후난성 사오산(韶山)이지만 창사는 그의 정치적 고향이었다. 마오쩌둥은 창사 제1사범대에서 수학하고 이후 창사 초·중학교 역사 교사로 근무했다. 마오쩌둥이 1927년 9월 후난성 창사에서 농민들을 모아 봉기를 일으켰다가 실패한 곳이기도 하다.

하지만 1949년 신중국 설립 후 창사는 중국 내륙지역에 위치한 탓에 개혁개방 이후 동부 연해지역에 비해 발전이 더뎠다. 창사가 본격적으로 발전하기 시작한 것은 2006년 들어 중국 당국이 중부내륙 지역 발전을 위한 '중부 굴기' 정책을 추진하면서부터다. 또한 2007년에 국무원이 창사와 인근 도시인 주저우(株州), 샹탄(湘潭)을 잇는 산업 클러스터 건설계획을 승인한 이후 본격 발전을 지속하고 있다.[77]

---

77 아주경제(2015.1.7.), [중국도시를 읽다(31)] 성리학고장·혁명성지 후난성 창사.

그림 3-68 후난성 창사 귤자주(橘子洲)에 있는 마오쩌둥 석상

주: 귤자주는 해안 모래가 파랑에 퇴적되면서 생긴 모래톱(사주)이다. 창사시를 관통하는 상강 중심에 있으며, 면적은 17ha이고, 남북 길이가 5km이다. 귤(橘子)이 열려 귤자주라는 명칭이 생겼다. 1904년에는 영국영사관이 있었다. 2009년 12월에 완공한 석상은 광저우미술학원장 리밍(黎明)이 디자인했다. 마오의 형상은 32세 때 모습이다. 콘크리트 철골조인 석상 높이는 32m, 너비 83m로 복건 융딩홍화강암석 2천 톤(8천개)을 연결해 만들었다.

자료: ⓒ 2014. 김동하.

○ 창사에 있는 라오스 영사관

호남성 성도인 창사에는 호남성에서 1,550km나 떨어진 라오스 총영사관이 2017년에 문을 열었다. 이는 호남성과 라오스 간 30년간에 걸친 민간 교류에 기인한다. 1980년대에 라오스와 국경을 마주하고 있는 윈난성에는 사업을 하는 많은 후난 상인들이 있었는데 이들이 라오스로 진출한 것이다. 철물, 전자제품, 장난감, 액세서리 생산으로 시작한 사업은, 오토바이 생산 및 완성차 판매, 양식업 등으로 확대되었다.

후난 상인인 쑹제펑(宋杰锋)에 따르면 그는 윈난성에서 사업을 하다가 1998년 라오스 비엔티안으로 건너갔다. 이후 호남 상인들은 수만 명으로 늘어났다. 라오스의 수도 비엔티안에 후난 거리가 생겼고, 100여 개 매장이 있는데 그중 절반이 후난 상인들이 운영한다. 2008년 후난상공회의소가 비엔티안에 설립되었고 이는 후난이 해외에 설립한 최초의 상공회의소이다. 이러한 두 지역 간 교류를 계기로 2013년에 라오

스 국가주석, 2016년에는 라오스 총리가 후난성을 방문하였다. 2016년에 후난성과 라오스 비엔티안시가 2017년에는 후난성과 라오스 우돔싸이가 자매결연을 체결했다. 2015년 8월, 후난~라오스 간 첫 직항 노선인 창사~비엔티엔이 개통되어 소요 시간이 3시간으로 단축되었다.

이러한 배경으로 2017년 12월 23일 창사 주재 라오스 총영사관이 개관하게 된 것이다. 이후 후난성과 라오스 간의 교류와 협력이 투자, 무역, 문화, 교육, 관광 분야에서 확대되었다. 개관 후 3년 동안 총영사관은 20,000명의 비즈니스 및 관광 비자를 처리했으며, 2020년 8월 후난성은 라오스에 115개의 기업을 설립했고 중국 투자액은 6억 달러를 기록했다. 2018년 11월에는 창사-루앙프라방 직항이 추가 개통되었다. 현재는 20만 명이 넘는 후난성 상인들이 라오스의 오토바이, 휴대전화, 의류, 가방 등 거래를 독점하다시피 하고 있다. 최근 국경 간 전자상거래 시범도시에 창사가 추가되면서, 창사와 태국 방콕 간 전자상거래 전용 화물기 운행을 시작했다.[78]

2) 후난 자유무역시험구(湖南自由貿易試驗区)

후난 자유무역시험구(湖南自由貿易試驗区)는 2020년 9월 24일에 설립되었다. 시험구의 면적은 전체 119.76km²로, 창사(长沙)구역 79.98km²(창사황화종합보세구 1.99km² 포함), 웨양(岳阳)구역 19.94km²(웨양청링기종합보세구 2.97km² 포함), 천저우(郴州)구역 19.84km²(천저우종합보세구 1.06km² 포함) 수준이다.

시험구 발전전략은 세계적인 선진제조업 클러스터를 만드는 것이다. 이를 위해 기존의 건설기계, 철도운송장비, 차세대 IT 산업을 기반으로 디지털 경제, 산업 인터넷, 고급 장비 유지 보수 및 재생산 분야 발전을 확대할 계획이다. 또한 중국-아프리카 경제 및 무역의 긴밀한 협력을 위한 선행지역을 만든다. 아프리카 자원 제품 유통 및 거래센터, 중국-아프리카 공공서비스 플랫폼 구축을 계획하고 있다. 아울러 동부 연안과 중서부 지역에 위치한 후난의 이점을 기반으로 장강삼각주와 웨강아오대만구(광동·홍콩·마카오) 간 연결 선 상에서 발전을 모색하고 있다. 지역별 발전 전략 특징은 다음과 같다.

---

78 湖南日报(2021.7.6).

- 창사 지역: 항공물류, 첨단장비 제조, 차세대 정보기술, 바이오 의약, 전자상거래, 농업 과학 기술, 고급 장비제조 기지, 내륙 지역 고급 현대 서비스센터, 중앙 아프리카 경제 및 무역 심층 협력 선행 지역
- 웨양 지역: 장강삼각주의 발전 전략과 연결, 장장 중류 해운 물류센터, 전자상거래, 차세대 정보기술
- 천저우 지역: 광둥·홍콩·마카오와 연계 발전 및 협력 시험구 조성, 비철금속 가공, 현대물류

호남성 정부에 따르면 2023년 1~9월 기준, 시험구는 무역액 1265.99위안, 실제 사용 외자액 3억 8,864만 달러, 신규 설립기업 8,739개 사를 기록했다.[79]

3) 창주탄 도시군과 호남성 발전 전략

2007년 12월, 호남성의 '창주탄(長株潭)도시군'이 자원절약형·친환경 사회건설을 위한 종합개혁시범구로 국무원의 승인을 받았다. 창주탄도시군(3+5)은 창사(長沙), 주저우(株洲), 상탄(湘潭) 등 3개 도시를 중심으로 구성되며, 광의의 창주탄 도시군은 주변 지역인 웨양(岳陽), 창더(常德), 이양(益陽), 형양(衡陽), 로우디(婁底) 등 5개 도시를 포함한다. 창주탄을 잇는 도시 간 철도는 2012년 1월에 착공되어, 2016년에 완공되었다.[80]

호남성은 선진장비제조업, 신소재, 신에너지, 환경보호, 정보, 바이오, 우주항공 등 7대 산업을 신전략산업으로 선정하였다. 호남성의 대형 덤프트럭 중국시장 점유율은 90%, 콘크리트기계 80%, 압축항타기 70%에 달한다. 자동차 동력전달시스템은 중국시장의 70% 이상, 태양전지 설비는 국내시장의 80%를 차지하고 있다.

상주인구 1,051만 명 창사시는 호남성 수도이며, 주주시(株洲. 인구 385만 명)는 호남성 도시 중 경제규모 5위, 상담시(湘潭 인구 270만 명)는 7위 수준이다. 장사시와 주주시 및 상담시간 거리는 40km이며, 주주시와 상담시간 거리는 10km이다. 세 도시 사이에는 상강(湘江)이 흐르고 있으며, 다른 행정 단위(鎭)가 있어서 인접해 있지 않다. 창주탄 도시군 면적은 전체 후난성의 13.3%를 차지하며, GRDP는 44%, 인구는 전체 성의

---

79 省自贸办(2023.10.25.).

80 '창주탄(長株潭)'은 세 도시명 중 한 글자씩을 추출하여 세 도시를 부르는 중국어 명칭이다. 일체화 계획 공포 후, 중국 내에서 세 도시를 지칭하는 고유명사로 쓰이고 있다.

20.8%를 차지하고 있다.

창주탄 도시군 일체화에 상징적 의미를 가진, 창주탄 도시열차가 2016년부터 운행을 시작했다. 총 노선은 104.36km(서쪽 연장선 포함)이며, 시속 200km로 창사역~주저우역 약 24분, 창사역~샹탄역 약 25분이 소요된다. 총 24개 역 중 창사 14개, 주저우 5개, 샹탄 7개이다.[81]

4 강서성

강서성(江西. 장시)은 춘추전국시대에는 주로 초(楚)나라에 속하였고, 진(秦)나라가 중국을 통일한 뒤 구강군(九江郡)이 설치되었다. 한(漢)나라 때는 양저우(揚州), 당나라 때는 강남서도(江南西道)에 속하였으며, 원나라에 이르러 강서행성(江西行省)이 설치되었다. 명나라 때 경덕진(景德鎭) 도자기가 활발하게 생산되어 해외에까지 수출됐다. 경덕진은 2,000년의 역사를 자랑하는 중국 제일의 도자기 마을로, 도자기를 뜻하는 영어 china가 국가명칭 China가 된 유래가 여기에서 기인한다.

강서성에는 중국에서 2번째로 큰 호수인 파양호(鄱陽湖·포양후)가 있다. 포양후는 중국 최대 담수호(freshwater lake, 淡水湖)이기도 하다.[82] 동으로 절강성·복건성과 이웃하고, 남으로는 광동성, 서로는 호남성, 북으로는 호북성·안휘성과 맞닿아 있다. 강남(장강의 남쪽)의 서부에 있다고 해서 강서라는 이름이 붙었으며, 강서를 가로질러 흐르는 깐장(贛江의) 이름을 따서 깐(贛. Gan. 감)이 약칭이다.

2022년 기준 강서성의 산업구조를 보면, 1차 산업 7.9%, 2차 산업 43.2%, 3차 산업 48.9% 수준이다. 주요 산업군으로는 자동차 및 자동차 부품, 비행기 및 비행기 부품, 텔레커뮤니케이션 및 가전, 생물 및 신제약, 소프트웨어 및 서비스산업 등이 있다.

---

81 KOTRA 중국 창사무역관 이준청(2017.2.27.). KOTRA 해외시장뉴스.

82 염분의 함유량이 1ℓ중 500mg 이하인 민물 호수가 담수호이다. 용존성분(溶存成分)의 다소를 기준으로 해서 호수를 분류한 것으로 500mg 이상의 함유량을 가진 것은 염호(鹽湖)라고 칭한다. 중국 최대 호수인 청해호는 염호이다. 대체로 호수에는 유입구와 유출구가 있고, 그 때문에 호수의 성분은 거의 일정한 농도를 유지한다. 담수호는 수질적으로 특이성이 없으므로 보통 생물이 서식하며 종류도 풍부하다.

중국에서 두 번째로 큰 호수(포양후. 담수호 중에서는 1위)를 보유하여 생태환경의 비교우위를 지닌 강서성은 최근 5년 동안 리튬전지, 반도체조명, 바이오, 원자력, 하이테크 세라믹 산업 등 중점 프로젝트를 '포양후생태경제구'를 중심으로 추진해 왔다. 또한 신에너지, 신소재, 신에너지 자동차, 민간항공, 바이오 의약 등의 신산업을 육성하고, 유색금속, 철강, 자동차 등의 전통산업 고도화를 추진했다. 이 밖에도 수운을 통한 물류 및 관광산업 발전을 촉진하여 경제규모 및 소득수준을 증대시킨다는 계획을 실행에 옮겼다.

표 3-37 강서성 경제지표(2022년)

GRDP*	산업구조			1인당 GRDP	
	1차 산업	2차 산업	3차 산업	위안	US$
2.61	7.9	43.2	48.9	69,019	10,261
인구(명)	중국 내 인구비*	도시화율(%)	부동산 개발투자*	수출*	수입*
4,528	3.21	62.08	1.95	1.96	0.92
수출입*	외상기업 투자액*	공업생산액*	소비품 판매액*	중국 평균 1인당 GDP 대비	
1.51	0.8	2.41	2.92	80.9% (85,310元. U$12,683)	
난창 GRDP**		난창 인구(만 명)			
23.1%		656.82			

주: * 표기는 중국 내 비중을, ** 표기는 성 내 비중을 나타낸다.
자료: 국가통계국 国家数据(2024.4.)

1) 고속철도 개통으로 발전을 도모하는 강서성

강서성은 연해 발전지역인 절강성, 복건성, 광동성의 배후 지역으로 경제 발전의 속도가 항상 늦어왔다. 결국 이들 3개 연해지역에 저가의 노동력을 공급하는 역할을 담당했고, 실제 2022년 기준 강시성의 1인당 GDP는 중국 전체 평균의 80.9% 수준에 머물러 있다. 이제 장시성은 고속철을 활용하여 경제 육성에 힘쓰고 있다. 고속철은 시간과 공간에 큰 변화를 가져오고, 생산요소 배치 방식과 지역경제의 지리적 구도에 큰 영향을 미치고 있다.

강서성은 2019년 10월, '강서성 고속철 경제벨트 발전계획(2019~2025년)'을 발표했다. 2025년까지 고속철 운영구간 2,100km 이상을 달성해 중국 전체 고속철 운영 구간의 5%가 넘는 비중을 차지한다는 목표이다. 2035년에는 고속철 운영 구간 3,000km 돌파를 목표로 하며 '5종4횡(五纵四横)'의 고속철 경제 통로를 구축하기로 했다.

고속철도 밀도를 1만km²당 120km로 높여, 난창(南昌)에서 1~2시간 내에 각 시 관할 구(区)를 둔 비(非)직할시(直辖市),[83] 우한, 창사, 허페이 등 장강중류 도시권에 도달하도록 한다. 난창에서 상하이, 항저우, 난징, 광저우, 선전 등 주변 주요 도시까지 3~4시간, 난창에서 베이징, 시안, 충칭 등 중점도시에는 5시간 남짓이 소요되는 교통권을 구축한다.

2025년까지 고속철 경제벨트 중점지역에 비철금속, 전자정보 등 2곳의 조 위안대 산업 클러스터를 조성하고 있다. 자동차, 항공, 중의약, 모바일 사물인터넷, 반도체 조명, 가상현실 등 분야에서 1,000억 위안 규모의 산업 클러스터도 구축할 예정이다. 20개 물류 시범산업 클러스터 양적·질적 발전 추진, 고속철 연선 도시 간 문화·관광 협력을 통한 고속철 관광 노선 개발, 장시와 주변 지역 간의 '지역협력시범구' 건설 가속화 등의 내용을 담았다.

---

83 시 관할 구(区)를 둔 비(非)직할시(直辖市)는 대부분의 지급시(地级市)는 시 관할 구를 두고 있지만, 일부 지급시는 시 관할 구가 없다. 광동성 중산시와 둥관시, 감숙성 자위관시, 해남성 단저우시(儋州市) 등이 여기에 해당한다. 이들 지급시는 '향급행정구(乡级行政区)'를 관할로 두고 있다.

자료: 두피디아(2021.7.).

그림 3-69 강서성 위치와 주요 도시

강서성(江西省)

후베이성
안후이성
저장성
후난성
후젠성
광동성

주장
징더전
난창
임탄
상라오
이춘 신위
푸저우
핑샹
지안
간저우

2023년 기준 장시성의 철도 운영구간은 5,219km인데, 그중 시속 250km 이상 고속철 구간은 2,086km이다. 이는 2018년 대비 각각 26.2%, 127.4% 늘어난 결과이다. 장시성 남부와 주강삼각주 간 고속철 개통으로 경제 발전이 가속화되고 있다. 광동성 광저우~강서성 간저우 간 소요시간은 2시간 반으로 이전에 비해 절반으로 단축되었다.

2) 난창, 혁명의 도시에서 개혁개방 중심으로

장시성의 성도인 난창시는 인구 656만 명의 중부 내륙 대도시이다. 장강 지류인 간장(贛江)이 시 중심을 관통하여 남북으로 흐르고, 시 동북쪽에는 중국 최대 담수호인 포양후(鄱陽湖)가 자리잡고 있어 수자원이 풍부하다. 베이징과 홍콩 구룡을 연결하는 징지우(京九) 철도와 저장성 항저우와 후난성 주저우(株州)를 잇는 저간(浙贛) 철도의 교차지에 위치한 중국 중남부 지역의 교통 요충지로 항저우, 광저우, 구이양 등과 6시간 생활권을 형성하고 있다.

난창시의 별칭은 홍성(洪城), 홍도(洪都)가 있는데, 이는 당나라 때 이곳 지명이 홍저우(洪州)였기 때문이다. 그러나 많은 중국인들은 난창을 혁명의 도시로 기억을 하고 있으며, 난창 봉기와 같은 역사적 사건이 일어났던 지역으로 영웅의 성(英雄城)이라 불린다. 1927년 국민당의 상하이 쿠데타로 1차 국공합작이 붕괴되자 이에 대한 반발로 주더(朱德) 저우언라이(周恩來) 등이 난창에서 3만 명의 병사를 모아 무장봉기를 일으켰다. 비록 봉기는 실패로 돌아갔으나, 공산당이 세력을 규합하고 독자적 전투력을 확보할 수 있는 계기가 마련되었고, 중국은 이를 기념하고자 봉기일인 8월 1일을 건군기념일로 지정했다. 또 문화대혁명 시기 덩샤오핑(鄧小平)이 1969년부터 3년간 트랙터 공장의 노동자로 유배 생활을 한 곳이다. 이를 배경으로 도시를 대표하는 다리인 남창8.1대교 입구에는 덩샤오핑의 흑묘백묘론(黑猫白描)을 상징하는 두 마리의 고양이 석상이 다리 양쪽에 세워져 있다.[84]

난창시는 자동차·항공제조, 농부산품 기공, 전지정보, 태양광 산업이 발전해 있다. 장링자동차(江鈴)가 Ford와 협력해 SUV와 중소형 트럭을 생산하고 있으며, 홍두항공(洪都) 그룹을 중심으로 항공산업 기지가 형성되어 있다. 쌀, 땅콩, 유채, 참깨 등의 농작물이 많이 생산되고 수자원이 풍부해 식품가공 및 음료 제조업이 발전해 있다. LED 웨이퍼와 칩이 생산되고 있으며, 난창대학에서 관련 연구개발이 이루어져 규소 기판 반도체 발광 원천기술을 보유하고 있다. LDK솔라를 중심으로 다결정 실리콘, 실리콘 칩, 박막 태양전지가 생산된다.

난창시는 국가급 개발 프로젝트인 '포양후 생태경제구 규획'의 핵심 도시이며 중국 정부가 지정한 저탄소 시범도시이다. 포양후 생태경제구 규획은 중국 2대 담수호인 포양후 유역의 환경을 개선하고 경제를 발전시키기 위한 프로젝트로 중앙정부 지원 하에 난창에 습지공원 조성, 도시 오수처리시설 건설, LED, 바이오 의약 등 환경친화적 산업육성, 역내 철도 수운 인프라 확대사업이 추진되고 있다. 난창시는 저탄소 시범도시로서 에너지 효율이 높은 건물 확대, 전기자동차 사용 장려, 녹화사업과 같이 에너지 절약과 오염물질 배출 절감 사업에 노력을 기울이고 있다.[85]

---

84 난창은 문화대혁명 시기 덩샤오핑이 1969년부터 3년간 트랙터 공장의 노동자로 생활한 곳이다. 이를 연유로 랜드마크인 남창8.1대교 입구에는 흑묘백묘론(黑猫白描)을 상징하는 두 마리 고양이 석상이 세워져 있다. 흑묘백묘론은 '검은 고양이든 흰 고양이든 쥐만 잘 잡으면 된다'는 뜻으로, 자본주의든 사회주의든 상관없이 인민을 잘 살게만 하면 제일이라는 덩샤오핑의 개혁개방 이론이다. 원래 '흑묘백묘'는 덩샤오핑의 고향인 쓰촨성의 속담이었다. 목에 동전을 건 쥐를 밟고 있는 검은 고양이가 사회주의, 이를 뺏으려고 달려드는 흰 고양이가 자본주의라는 해석도 있다.

85 환포양후도시군은 난창 9개 구역, 주장(九江) 12개 구역, 징더전(景德鎭) 4개 구역, 잉탄(鷹潭) 3

그림 3-70 흑묘백묘 석상이 세워진 강서성 남창 8.1대교

자료: © 2014. 김동하.

　본래 난창이라는 지명은 '남쪽 지역이 번성하라'는 뜻의 '남방창성(南方昌盛)'에서 유래했다. 창장 이남에 위치한 난창은 수륙 교통의 교차점으로 한 나라 때부터 줄곧 주요 정치·경제 중심지였다. 한 고조 유방이 부하 장수에 명해 이곳에 토성을 쌓게 하면서 난창의 도시역사가 시작됐다. 근대화 시기 들어 난창은 공산당 혁명기지로 탈바꿈했다.

　난창은 1만 5,000여km에 달했던 중국 공산당 대장정의 시작점이다. 공산당은 난창봉기 후 국민당 반격을 피해 인근 징강산(井岡山)으로 피신해 1여 년간 험난한 대장정 길에 올랐다. 중국 개혁파의 상징적 인물인 후야오방의 묘소는 난창에서 북쪽으로 약 70km 떨어진 궁칭청(共靑城)이라는 마을에 자리 잡았다. 궁칭청은 공산주의청년단의 마을이라는 뜻이다. 1995년 상하이 공청단 청년 98명이 이곳으로 건너와 황무지를 개간해 만들었다 하여 붙여졌다. 궁칭청에서 북쪽으로 50km 올라가면 명산 중 하나인 루산(廬山)도 있다. 중국 공산당 지도부의 피서지로 유명한 '루산회의'가 열린 곳이

　개 구역, 상라오(上饒) 3개 구역, 푸저우(抚州) 2개 구역, 신위(新余), 지안(吉安), 이춘(宜春) 3개 구역, 총 38개 현·구·시를 포함하고 있다. 전체 면적은 5.12만m²이며, 8개 도시(난창, 징더전, 잉탄, 지우장, 신위, 푸저우, 이춘, 상라오)만의 면적은 장시성의 70%에 달하고, 인구는 66.3%를 차지하고 있다.

다. 1959년 여름 열린 루산회의에서 펑더화이(彭德懷) 등이 마오쩌둥의 대약진 운동의 문제점을 비판했다가 실각했다. 루산회의는 향후 중국 문화대혁명의 불씨를 제공했다.

혁명 도시 난창은 신중국 설립 후 공업기지로 육성됐다. 중국 최초 비행기(1954년)를 시작으로 최초 오토바이(1957년), 최초 트랙터(1957년), 최초 미사일(1966년)이 모두 난창에서 제조됐다. 중국 제1차 5개년 계획의 중공업 진흥사업 '156 프로젝트'에 따른 결과물로 중국 공업발전의 씨앗이 됐다. 하지만 난창은 광둥성, 푸젠성, 저장성 등 부유한 지역을 주위에 끼고 있으면서도 내륙 지역에 위치한 탓에 개혁개방 이후 경제발전에서 뒤처지기 시작했다. 난창이 다시 경제발전의 날개를 편 것은 베이징에서 홍콩 주룽(九龍)반도를 잇는 징주(京九)철도가 1996년 개통되면서부디이다.[86]

5 안휘성

안휘성(安徽. 안후이)은 춘추전국시대에는 초(楚)와 오(吳)나라의 땅이었으며, 한(漢)나라 때는 강소성 양저우(楊州), 하남성에 속하였다. 원나라 때에는 하남성과 절강행성(浙江行省)에 속했다. 안휘성은 철학가 장자, 삼국시대의 조조 및 의학자 화타, 송나라 유학자 주희, 청백리 포청천(包靑天), 명나라를 건국한 주원장(朱元璋)등 역사 인물을 배출한 곳이다. 안휘성은 오래전부터 상업 활동이 활발했던 지역으로, 특히 명청 시대 이후 휘상(徽商)으로 일컬어지는 유명한 안휘상인들이 활동했으며, 현재까지도 전 세계에 퍼져있는 휘상들이 1년에 한 번씩 허페이시에 모여 휘상대회(中國國際徽商大會)를 개최하고 있다.

중국 동부내륙지구, 장강 하류에 위치한다. 동으로는 강소·절강, 북으로는 산동, 서로는 호북·하남과 인접하고 있다. 청나라 강희제 때 안경부(安慶府)와 휘주부(徽州府)의 첫 글자를 따서 동쪽 지역을 안휘성(安徽省)으로 명명했다. 청나라 초 이전에는 안휘와 강서 및 현재의 상해까지 포함해 강남성(江南省)으로 분류됐었다. 그 후 안휘와 강소 두 개 성으로 나뉘었고 안휘성의 관청은 안칭(安庆)부였다. 안칭에는 환산(皖山), 환수(皖水) 등이 있었고 춘추 시기에는 환국(皖国)까지 있었으므로 안휘를 환(皖. Wan. 완)

---

86 아주경제(2015.3.12.), [중국도시를 읽다](39) 혁명성지 난창, 창장 경제벨트 중심 공업기지로 탈바꿈.

으로 약칭하게 됐다.

2022년 안휘성의 산업구조를 보면, 1차 산업 7.88%, 2차 산업 40.23%, 3차 산업 51.88% 수준을 보이고 있다. 2차 산업의 주요 산업군으로는 철강, 자동차, 건설기계, 가전, 화학공업이 비교적 발달해 있다. 지하자원을 개발하기 위한 광산설비와 건설기계도 주력산업이다.

1) 허페이

허페이(合肥)시는 동부 연해 지역에서 중서부 지역으로 나아가는 길목에 위치한 도시로 중국을 종횡으로 가로지르는 고속도로와 철도가 지나는 교통의 요충지이다. 난징과 우한의 중간에 있으며 상하이, 항저우, 정저우 같은 동부 연해 및 중부 주요 도시들이 반경 500km 내에 있다. 베이징-푸저우 고속도로와 상하이-청두 고속도로가 허페이를 지나며, 206국도(옌타이-산터우)와 312국도(상하이-훠얼궈쓰)가 허페이를 경유한다. 동부 연해와 내륙을 잇는 난징-시안 철도, 상하이-우한-청두 고속철도가 지난다.

화이허(淮河)와 창장 사이에 자리 잡은 허페이시는 군사적 요충지로서 중원과 강남 세력이 격돌하는 무대였다. 허페이는 삼국시대 위나라 명장 장료가 800여 명의 군사로 오나라 손권의 10만 대군을 물리친 곳으로 현재 시 중심부에는 당시 전투지 중 하나였던 샤오야오진(逍遙津)이 공원으로 조성되어 있으며, 인근에는 조조가 병력을 정비하고 궁술을 가르치던 교노대(教弩臺)가 남아 있다. 판관 포청천과 청말 정치가 리훙장 같이 중국인들이 존경하는 역사적 인물의 출생지이기도 하다.

표 3-38 안휘성 경제지표(2022년)

GRDP*	산업구조			1인당 GRDP	
	1차 산업	2차 산업	3차 산업	위안	US$
3.74	7.88	40.23	51.88	72,888	10,837
인구(만 명)	중국 내 인구비*	도시화율(%)	부동산 개발투자*	수출*	수입*
6,127	4.35	60.16	4.82	2.19	1.35
수출입*	외상기업 투자액*	공업생산액*	소비품 판매액*	중국 평균 1인당 GDP 대비	
1.83	1.69	3.52	4.89	85.4% (85,310元. U$12,683)	
허페이 GRDP**		허페이 인구(만 명)			
26.9%		985.3			

주: * 표기는 중국 내 비중을, ** 표기는 성 내 비중을 나타낸다.
자료: 국가통계국 国家数据(2024.4.).

허페이시는 일찍 개혁개방의 수혜를 입은 동부 연해 도시들과 오랜 공업도시인 우한시 사이에 위치하여 발전 과정에서 상대적으로 적은 관심을 받았으며 경제발전도 뒤처졌다. 2010년, 허페이의 1인당 GRDP는 상하이의 45%, 난징의 67%, 우한의 82% 수준이었다.

허페이시는 중국의 주요 과학 교육도시로 연구시설 수가 베이징 다음으로 많을 정도로 과학연구기반이 튼튼하다. 중국과학기술대학(USTC)[87] 및 허페이공업대학교 같은 이공계 대학이 소대하고 있다. 이 때문에 과학기술분야 인력 풀이 풍부하다. 마이크로 스케일 물질과학 국가실험실, 국가고성능컴퓨터센터 같은 국가급 핵심과학연구 시설 및 중국과학원 물질과학연구원 등의 연구개발 기관이 680여 개 소재해 있다. 이

---

87 중국과학기술대학(University Of Science And Technology Of China. USTC)은 1958년 9월 베이징에서 창립되었으나, 중국과학원 소속으로 1970년 안후이성 허페이시로 옮겼다. 첨단기술 중심으로 경영관리 등 15개 단과대, 30개 학과가 있다. 양자통신, 초전도체 등은 원천기술 확보했으며, 나노기술, 바이오의학공학, 재생가능에너지, 음성인식, 지구환경 분야는 세계적 수준이다. 교원 및 연구원은 2,995명이며, 박사생 1,900여 명, 석사생 6,200여 명, 본과생 7,400여 명이 재학 중이다. 왕양 부총리가 이곳 출신이며, 张亚勤(M/S 아시아연구원 창립, 현 바이두닷컴 총재), 庄小威(하버드대 최연소 교수, 미국과학원 원사) 등이 있다.

러한 과학연구 기반을 통해 중국 최초의 마이크로컴퓨터, 창문형 에어컨이 허페이시에서 개발될 수 있었다.

그림 3-71   안휘성 위치 및 주요 도시

자료: 두피디아(2021.7.).

허페이시에는 장화이(江淮)자동차, 안카이(安凱)자동차 등 규모 이상 자동차 회사가 10개, 자동차부품 회사가 300여 개 자리 잡아 자동차산업 클러스터를 형성하고 있다. 허페이시 소재 기업 중 매출 1위를 기록하고 있는 장화이자동차는 2023년 완성차 판매량이 59.25만 대로 중국 내 상용차(버스, 트럭) 메이커 중에서 7위 수준을 기록했다.

허페이시가 육성하고 있는 분야는 자동차, 장비제조, 가전, 화공·고무타이어·제조, 신소재, 전자정보, Bio·의약, 식품가공 등 8대 산업이다. 핵심 산업은 장비제조, 가전, 자동차 산업으로 이들 산업의 공업기업 생산액은 허페이시 전체 생산액의 50%를 점유하고 있다. 생산액이 가장 높은 산업은 장비제조업이다. 허페이는 전국 최대 굴삭기 지게차 생산기지 중 하나로 히타치, 허리(合力) 지게차, ABB, 자퉁(佳通) 타이어 등 기업이 소재해 있다. 또한 2000년대 후반 메이디, 하이얼 등 연해지역의 주요 대형 가전사들이 이전해와 현지 기업인 메이링(美菱), 룽스다(榮事達)와 산업체인을 형성하며, 중국 백색가전 제조기지로 부상했다. 현재 허페이의 냉장고, 에어컨, 컬러TV, 세탁기 생산량은 중국 전체의 1/4 수준이다.

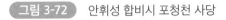

그림 3-72   안휘성 합비시 포청천 사당

주: 송나라 판관 포청천은 999년 여주(盧州 허페이)에서 출생하였다. 1027년 과거 급제 후, 감찰어사, 삼사호
   부판관, 개봉부지부를 거쳐 1061년 추밀부사에 임명되었다. 판관직을 수행하며 황제 인척도 엄벌하는 공
   평한 판결로 유명했다. 명나라 때 그를 주인공으로 하는 소설 포공안(包公案)이, 청대 삼협오의, 칠협오의
   장편소설이 출간되었다. 1994년 대만 CTS에서 만든 드라마 판관 포청천(41부작)이 KBS에서 방영되면서
   한국에서도 인기를 얻었다.
자료: ⓒ 2012. 김동하.

전자정보 및 식품가공업도 빠른 발전을 보이고 있다. 2010년 중국 1위 LCD 업체인 징둥팡(京東方. BOE)이 허페이로 이전해오면서 평판디스플레이 산업도 발전하고 있다. 징둥팡은 2010년 9월, 6세대 공장 생산을 시작하였고, 8.5세대 공장으로 허페이의 평판디스플레이 산업발전이 가속화되고 있다. 안후이성은 중부지역 최대 곡창지대로 허페이시에는 이리(伊利), 멍뉴(蒙牛), 와하하(娃哈哈) 등 유명 농산품 가공회사들이 모여 있다.

○ 안휘상인 호설암

안휘성 휘주(지금 황산시) 적계현에서 태어난 호설암(胡雪岩. 1823~1885)은 소년 시절

한 전당포 점원으로 일하며 장사꾼 수업을 쌓게 된다. 37세에 이르러 자신의 전당포 부강전장(阜康錢庄)을 개설한 후, 26개 중국 주요 상업지역에 지점망을 두면서 전국을 포괄하는 금융 네트워크를 건설했다. 또한 금융업에서 얻은 이익을 기반으로, 중국에서 가장 영향력이 컸던 호경여당(胡慶餘堂)이라는 약국 체인을 전국적으로 운영하면서 거상으로 부상했다. 이후 환전상, 찻집, 견직물 상점 등으로 사업을 다각화한다.

호설암은 근대 중국 상업사에서 최고의 상인을 뜻하는 상성(商聖)으로 불려지고 있으며, 그의 경영전략은 대학 MBA 교재에 도입되는 등 최고 경영 전략가로서 추앙을 받고 있다. 그의 경영전략을 요약하면 다음과 같다.

첫째, 인재 중심의 경영을 강조했다. 그는 돈보다 사람을 먼저 얻어야 한다는 신념으로 5백 냥을 왕유령이라는 미래의 관리가 될 사람을 위해 썼다. 이후 왕유령의 도움을 받아 사업기반을 다졌다. 상인이 갖춰야 할 중요한 능력은 사람을 제대로 쓸 줄 아는 것이다. 그는 티 없는 돌보다는 티 있는 옥을 좋아했다. 그리고 일단 사람을 쓰면 신뢰하고 적재적소에 배치하여 능력을 발휘할 수 있는 충분한 기회를 주었다. 둘째, 큰 상인이 되기 위해서는 깊은 안목과 넓은 시야를 가져야 한다. 상인은 4덕(智·仁·勇·信)을 갖춰야 한다. 자신의 미래를 예측하고 배부를 때 굶게 될 날을 생각해야 한다.

셋째, 호설암은 관계 중시의 사업 경영을 강조했다. 모든 힘은 권력으로부터 만들어진다고 믿었다. 유망한 관리들을 지속적으로 지원하고 지모와 책략을 제공했다. 또한 인간의 감정을 사업에 활용했다. 먹고 입는 것이 모두 고객에게서 나온다라고 말할 만큼 호설암은 고객 중심의 경영을 했다. 밀착형 고객관리 기법인 CRM을 이미 19세기에 도입한 셈이다.

넷째, 이익을 위해서는 시장을 키워야 한다. 시장을 개척하기 위해서는 우선 고객을 만족시켜야 하며, 상점을 특이한 장식으로 배치해야 한다. 세력을 넓히기 위해서는 사업이 늘 새로워야 한다. 다섯째, 상인은 양명(揚名) 정신을 가져야 한다. 명성을 알리기 위해서는 좋은 이름과 독특한 브랜드를 창조해야 한다. 상호는 특이해야 하며 사업에 적합하고 길상(吉祥)의 문자를 사용해야 한다. 고객에게 신뢰를 주는 브랜드 이미지를 창조하는 것도 중요하다.

반면, 호설암의 사례는 관리와 상인의 결합이 가진 한계도 보여준다. 호설암은 태평천국 진압군 사령관 좌종당에게 군량미 10만 석을 바쳐 자신의 배경으로 삼았다. 그러나 1882년 이홍장과의 권력투쟁에서 좌종당이 패배하여 실각당하자 호설암의 경제적 기반도 급격히 쇠락하게 된다. 그는 관상결탁으로 일어나 관상결탁으로 쓰러졌다는 비난을 받기도 한다.

호설암이 지금도 진정한 상인으로 추앙받는 것은 상도(商道)를 갖춰야 한다고 강조하고 이를 실천했기 때문이다. 상인은 국법과 규율을 어기면서까지 의롭지 못한 재물을 탐하지 않아야 한다고 주장했다. 남의 약점을 이용하거나 자신의 이익을 위해 남의 밥그릇을 빼앗는 짓은 하지 않는다. 친구의 힘을 빌려 돈을 벌지만 이로 인하여 손해를 입히거나 면목 없는 짓은 하지 않는다. 기회를 잡아 활용하되 사람을 배신하지 않는다. 사람들에게 베푸는 데 있어서도 넉넉한 마음을 보이고, 모아놓은 재물을 지키기 위해 안달하지 않는다. 호설암은 재물의 가치는 재물 그 자체 있는 것이 아니라 이를 유통시키고 소비하는 과정에서 찾게 되는 만족감에 있다라고 말했다. 이러한 경영철학에 따라 많은 난민을 구제했고, 파괴된 명승고적이나 사찰을 복원했다. 호설암은 의(義)와 이(利)를 조화시키는 방법을 꾸준하게 모색한 안휘상인으로 평가받고 있다.

그림 3-73   안휘상인, 거상 호설암

자료: 안휘중국휘주문화박물관 홈페이지(www.hzwhbwg.com)(검색일자: 2024.5.).

2) 안후이 자유무역시험구(安徽自由贸易试验区)

2020년 9월, 안후이 자유무역시험구(安徽自由贸易试验区)가 설치되었다. 전체 면적은 119.86km²로 합비 구역(合肥. 64.95km². 합비경제기술개발구 종합보세구 1.4km² 포함), 무호구역(芜湖. 35km². 우후종합보세구 2.17km² 포함), 방부 구역(蚌埠. 19.91km²)으로 구성되었다.

안후이 자유무역시험구는 빅데이터, 클라우드 컴퓨팅, 사물인터넷으로 대표되는 차세대 정보기술 산업, 항공우주, 첨단장비로 대표되는 특색 산업, 신에너지, 생물 의약 등으로 대표되는 신흥 산업에 대한 산업 클러스터를 형성하는 것을 목표로 하고 있다. 이를 통해 IT, Bio, 스마트 장비 및 자동차 부품, 신소재 등 선도 산업 발전에 중점을 두고 있다. 지역별 발전 방향을 보면 다음과 같다.

- 합비 구역: 고급 제조, 집적회로, 인공지능, 디스플레이, 양자정보, 과학 기술 및 금융, 국경 간 전자상거래. 종합 국가 과학센터 및 산업혁신센터 구축
- 무호 구역: 스마트 커넥티드 자동차, 스마트 가전, 항공, 로봇, 해운 서비스 및 국경 간 전자 상거래
- 방부 구역: 실리콘 기반 신소재, 바이오 기반 신소재, 신에너지 산업. 세계적인 수준의 실리콘 기반 및 바이오 기반 제조 센터 구축

안후이성은 자유무역시험구 내에 과학기술 연구기관 확대 및 핵심기술 개발을 통한 과학기술혁신, 신산업 클러스터 조성 및 역 내외 교통망·유통시스템 개선에 주력할 계획이다. 안후이성이 강점을 가지고 있는 양자과학·자기구속핵융합·흉부과학 등 첨단 과학기술 연구를 활성화하고, 국내외 유명 대학·연구기관 분원을 유치해 글로벌 경쟁력을 갖추고자 한다. 차세대 IT·인공지능·커넥티드카·스마트가전 등 신산업 클러스터를 조성하고 신산업 분야 기업 유치에 노력할 계획이다. 또한 안후이성은 과학기술 혁신능력 제고를 중심으로, 신산업·농산품시장 육성, 산업이전 등에서 상하이·장쑤·저장과 협력을 강화해 창장삼각주 지역과의 경제발전 격차를 줄이고자 한다.

2023년 1~11월 말 기준, 시험구 무역액은 1798.6억 위안으로 전년동기비 9.7% 성장한 것으로 나타났다. 이는 안휘성 전체 무역 성장률보다 1.2%p 높은 수준이다. 이 중 기계전자 제품 수출액은 3,297.6억 위안(전년동기비 23.3% 증가)을 기록했다. 같은 기간 시험구의 실제 이용 외자액은 55.2억 위안으로 전년동기비 30.8% 증가했다.[88]

---

88 北青网(2024.1.5.).

그림 3-74 안후이 자유무역시험구 위치도

방부 구역

합비 구역

무호 구역

자료: 안후이 자유무역시험구 홈페이지(http://ftz.ah.gov.cn).

 6. 서북권

1 섬서성

섬서성(陝西. 산시) 지역은 중화민족 고대문명 발상지의 하나이다. 80만 년 전의 란톈원인(藍田猿人) 유적이 발견되었으며, 중국에서 발견된 가장 오래된 고인류 두개골 화석이다. 이외에도 시안반포촌(西安半坡村) 유적지는 7천 년 전의 모계씨족사회 거주 촌락이다. 또한 샨시 지역은 농업생산이 일찍 개발된 지역 중 하나이다. 섬서성은 중국 역사상 대외개방을 가장 먼저 추진한 지역 중 하나로 그 수도의 옛 이름이 장안(長安)이며, 실크로드 역시 장안에서 시작되며 한(漢)나라 이후 장안은 동남아, 서아시아,

그리고 유럽 각국과 정치·경제·문화교류의 중심지였다.[89]

중국 역대 왕조의 수도가 모두 섬서성에 위치했는데, 진(秦), 서한(西汉), 동한(东汉), 서진(西晋), 전조(前赵), 전진(前秦), 후진(后秦), 서위(西魏), 북주(北周), 수(隋), 당(唐), 대하(大夏) 등 13개 왕조가 차례로 이곳에 도읍을 정하여 수도로서의 역사가 1,100여 년에 이른다. 섬서성은 중국 공산당 혁명의 성지이기도 하다. 공산당 홍군 장정(長征)이 1935년 10월 19일 산베이(陕北)의 오기진(吴起镇)까지 도착한 이후 공산당은 연안(延安) 중심의 산베이 지역에서 13년간 항일전쟁과 혁명 활동을 지속했다. 섬서성의 첫 번째 랜드마크인 진시황 병마용은 1974년에 발견되어 유네스코 문화유산으로 지정(1987)되었다.

섬서성은 중국 서북지역의 동부 황하 중류에 위치하며, 동으로 산서성, 서로는 감숙성, 남으로 사천성·중경시, 동남쪽으로 하남성 및 호북성과 인접해 있다. 송나라 이후 이곳에 섬서로(陕西路)라는 행정구역이 있어, 섬서로 불렸으며 '산(陕. Shan)'으로 약칭한다. 또 옛날 이곳이 진(秦)나라 땅이었으므로 친(秦. Qin)으로 약칭하기도 한다.

2022년 섬서성 산업구조를 보면, 1차 산업 7.84%, 2차 산업 48.53%, 3차 산업 43.63% 수준이다. 주력산업으로는 에너지·설비제조·유색금속·식품·비금속광물·제약·방직·전자제품이 있다. 섬서성의 1인당 GRDP는 12,344달러로 12개 서부대개발 지역 중 내몽고, 중경에 이어 3위이다. 서부지역의 중심지로 각종 산업이 발달했으며, 중국 서북부 지역 발전의 선두역할을 하고 있다. 특히 항공 및 우주, 자동차, 에너지 화공 등 산업이 발달했다.

89　陕西省(섬서성)과 山西省(산서성)의 중국어 발음(한어병음)은 모두 동일하게 'ShanXi'로 표기된다. 그러나 본책에서는 陕西省은 '샨시성'으로, 山西省은 '산시성'으로 표기했다.

표 3-39 섬서성 경제지표(2022년)

GRDP*	산업구조			1인당 GRDP	
	1차 산업	2차 산업	3차 산업	위안	US$
2.75	7.84	48.53	43.63	83,030	12,344
인구(만 명)	중국 내 인구비*	도시화율(%)	부동산 개발투자*	수출*	수입*
3,956	2.81	64.0	2.96	1.15	0.79
수출입*	외상기업 투자액*	공업생산액*	소비품 판매액*	중국 평균 1인당 GDP 대비	
1.0	1.0	2.32	2.37	97.3% (85,310元. U$12,683)	
시안 GRDP**		시안 인구(민 명)			
35%		1,307.82			

주: * 표기는 중국 내 비중을, ** 표기는 성 내 비중을 나타낸다.
자료: 국가통계국 国家数据(2024.4.).

그림 3-75 섬서성 위치 및 주요 도시

자료: 두피디아(2021.7.).

섬서성은 에너지 자원 대성(大省)이다. 광물 잠재가치는 42조 위안으로 전국 1위(중국전체 1/3), 석탄 1,685억 톤(전국 3위), 석유 14억 톤(5위), 천연가스 1조m³(3위) 규모이다.

자원 단순 개발에서 벗어나, 에너지 고부가가치 창출 및 석유대체 에너지 개발이 추진되고 있다.

섬서성은 서북지역의 관문이자 전체 국토의 중심부에 위치하여 균형발전의 중심지로 부상하고 있다. 특히 2012년에 정저우(하남성)-시안(섬서성) 간 고속철이 연결되면서 신(新) 실크로드 중심지로 부상했다. 섬서성과 감숙성 두 개를 함께 발전시키고자 하는 '관중(關中)-톈수이(天水)경제구 개발계획'이 2009년 6월, 국무원 승인을 획득했다. 동 경제구는 섬서성의 시안(西安), 셴양(咸陽), 통촨(銅川), 바오지(寶鷄), 웨이난(渭南), 감숙성의 톈수이(天水) 등 6개 도시로 구성되어 있으며, 섬서성과 감숙성 전체 면적의 12%인 7만 9,800km² 규모이다. 이 계획은 2018년에 관중평원 도시군 발전계획으로 확대된다.

그림 3-76   섬서성 서안 병마용

자료: ⓒ 2012. 김동하.

진시황 병마용을 보유한 섬서성은 중국의 대표 관광지로 관광을 통한 서비스업을 육성하고 있다. 2023년 1~8월간 섬서성의 여행업 총수입은 4,696.72억 위안(전년비 123.93% 증가), 국내외 방문객은 5.22억 명(78.41% 증가)을 기록하여 COVID-19 이후 빠른 회복세를 시현했다. COVID-19 이전에 여행업은 섬서성 GRDP의 25%까지 차지했다. 바오지(寶鷄)는 중국의 대표적인 비철금속 가공기지이다. 주요 티타늄 생산지로 중국 전체 생산량의 70% 차지한다. 첨단기술 재료제작, 석유채굴장비, 고속철장비생산이 중점산업이다. 한국정부는 2006년 주시안총영사관을 개관하여 우리 기업들의 서부권 진출을 지원하고 있다.

○ 샨시인가, 산시인가?

陝西省(섬서성)과 山西省(산서성)의 중국어 발음(한어 병음)은 모두 동일하게 'ShanXi'로 표기된다. 이에 따라 한글 규범 제정을 위해 문화체육관광부가 설립한 국립국어원(www.korean.go.kr)의 중국어 표기법에 따르면 '산시'로 동일하게 표기된다. 물론 성조를 포함한 표기법은 Shǎnxī(섬서성), Shānxī(산서성)으로 다르다. 문제는 거의 모든 문서(신문, 공문서 등)에 성조를 함께 표기하지 않으니 구분할 방법이 없다.

이에 1992년 한중 수교 이후 혼동을 피하기 위해 우리 주요 언론에서 섬서성(陝西省)은 '샨시성'으로, 산서성(山西省)은 '산시성'으로 표기하기 시작했다. 이는 중국 정부가 이전부터 『중국통계연감』 등에서 달리 표기한 것에 따른 것으로 보인다.

중국 국가통계국에서 발행하는 『중국통계연감』 영문판 혹은 중문판에 영어지명을 병기할 때도 산서성은 'ShanXi'로 섬서성은 'ShaanXi'로 a의 개수를 달리하여 표기하고 있다. 중국에서 측량, 지도제작을 관장하는 중앙부서인 국가측회국(国家测绘局)에서 제작한 『중국지명록』에서도 동일한 표기법(ShanXi, ShaanXi)을 사용하고 있다.

다른 한자 문화권 지역을 보면, 일본어는 산서성은 さんせいしょう(산세이쇼), 섬서성은 せんせいしょう(센세이쇼)로 달리 표기하고 있다. 베트남어도 산서는 Sơn Tây(선떠이), 섬서는 Thiểm Tây(티엠떠이)로 발음 자체가 달라서 구분이 가능하다.

1) 3천 년 고도, 시안(西安)

샨시성의 성도인 시안시(西安市)는 3천 년의 역사를 가진 고도(古都)이며, 중국 서북부 지역 최대 도시 중 하나이다. 시안의 옛 명칭은 창안(長安)으로, 서주(西周), 진(秦), 한(漢), 당(唐) 등 13개 왕조가 이곳을 수도로 삼았다. 시안시는 난징, 뤄양, 베이징시와 더불어 중국의 4대 고도 중 하나이다. 시안시는 서양에 중국문화를 전파했던 실크로드 출발점으로 각 시대별 황제들의 능묘와 각종 역사·문화유산이 있다. 유네스코 지정 세계문화유산 중 하나인 진시황릉(秦始皇陵)을 비롯해 중요 문물·유적이 314개 있으며, 국가·성급 문물·유적이 84개이다. 그 밖에 박물관 및 기념관이 20개, 유적이나 능묘가 약 4,000개소 있다.

시안시는 과거 신중국 성립 초기 삼선건설(三線建設)의 전략적 요충지로, 이를 배경으로 각종 국방·과학기술 산업단지와 R&D센터가 설치된 지역이다. 시안시에는 항공, 우주산업기지와 중국 내 4번째 국가급 하이테크산업단지로 평가받는 시안시 첨단기술산업개발구가 있으며, 삼성전자를 비롯하여 글로벌 IT 기업과 다수의 전자·통신 업체들이 진출해 있다.

2009년에 '관중·톈수이 경제구 개발계획'이 승인된 후, 시안시는 주변 도시, 지역과의 확대 발전에 나섰다. 셴양시(咸陽市)와의 도시 통합을 추진하고 있으며, 통신선·교통망 등은 이미 완료했다. 시안시와 셴양시를 잇는 882km² 규모 시셴신구(西咸新区)도 완성했다.

시안시는 베이징, 상하이와 더불어 중국 내 3대 대학도시로 꼽힌다. 시안시의 주요 대학은 시안교통대, 시베이공업대, 시안전자과기대, 창안대학, 시베이대학이 있다. 시안시는 360여 개의 과학연구기관이 소재하는 등 풍부한 R&D 인프라를 보유한 지역으로 평가되며, 베이징·상하이 등 R&D센터가 밀집한 지역의 인력보다 상대적으로 임금이 낮은 편이다. 시안시에 소재한 358개 과학연구기관의 58% 는 기업부설 연구소(208개)이며, 일반 연구소는 100개, 학교 부속 연구기관은 50개이다.

이러한 배경으로 중국 IT 기업인 중씽(中興.ZTE), 필립스, IBM, 인텔 등은 시안시에 R&D 센터를 설립·운영하고 있다. 필립스는 전자, SPSS ·레이놀즈엔레이놀즈·IBM 등은 소프트웨어, 인텔·인피니온 테크놀로지 등은 통신 분야 R&D 센터를 설립하였다. 우리나라 삼성전자의 시안 투자 이유 중 하나도 이처럼 풍부한 인력 자원이다.

○ 시안 삼성전자 반도체 유한공사

시안시는 풍부한 과학기술 인력을 보유하고 있다. 또한 '서부대개발' 정책의 중심지이기도 하다. 이러한 연유로 삼성전자가 대규모 투자를 결정했다. 2012년 9월, 삼성전자가 섬서성 시안의 첨단공업개발구 140만m² 부지에서 기공식을 하고 건설에 들어갔다. 삼성전자 중국 시안 반도체 유한공사는 2013년 말 완공된 후 2014년 5월부터 본격 양산에 돌입했다. 同공장에는 차세대 10나노급 낸드 플래시 생산라인이 들어선다. 삼성은 시안 반도체 공장 건설을 위해 초기에 23억 달러를 투자하며 이후 단계적으로 투자를 늘려 총 70억 달러로 확대했다. 이는 삼성의 역대 중국 투자 중 최대 규모이다.[90] 이를 통해 후공정(반도체 테스트 및 패키징) 라인까지 설치하며 일관생산체제를 갖췄다.

2015년 시안 반도체 공장은 연간 생산액 100억 위안(한화 약 2조 원)을 돌파한 것으로 나타났다. 샨시성과 시안은 첨단산업을 유치해 산업 전반에 걸쳐 업그레이드 효과를 보고 있다. 2015년 기준, 시안 첨단공업개발구에 입주한 삼성전자 협력사와 한국기업의 숫자는 88곳으로, 총 투자액은 4.4억 달러이다.

그림 3-77   삼성 중국 반도체 메모리 제2라인 기공식(2018.3.28.)

자료: 삼성전자(중국), 서부망(www.cnwest.com).

2018년 3월에 삼성(중국) 반도체 메모리 제2라인 기공식을 가졌다. 낸드플래시를 생산하는 시안2공장에 1단계로 70억 달러를, 2020년부터 80억 달러 추가 투입(총 150억 달러)을 결정했다. 증설 프로젝트가 마무리되면 매달 13만 장 웨이퍼를 생산할 수 있다. 이는 삼성전자의 전 세계 웨이퍼 생산량의 40%에 해당한다.[91]

---

90   김동하(2012), 삼성전자 중국에서 미래를 찾는다, 친디아저널(Vol.72) 2012년 8월호, p.52.

91   서울경제(2021.3.12.).

삼성전자가 2020년 한 해 반도체 생산과 판매를 통해 중국에서 올린 매출은 31조 원이다. 삼성전자 반도체 사업 부문이 거둔 매출 103조 원의 3분의 1가량이 중국에서 나온 것이다. 이는 중국 반도체 판매를 총괄하는 상하이삼성반도체(SSS) 법인과 시안 반도체 공장에서 생산한 낸드플래시로 삼성차이나반도체(SCS) 법인이 올린 연 매출을 합한 수치이다.[92]

2022년 2월, 삼성전자는 제2라인 증설 공사를 끝내고 가동을 시작했다. 이번 증설로 삼성전자의 낸드플래시 생산능력은 세계 시장의 10% 이상을 유지하게 됐다. 삼성전자 시안 2공장은 2단계 공사가 마무리되면서 12인치 웨이퍼 기준 월 13만 장 수준의 생산능력을 확보하게 됐다. 월 12만 장 수준인 1공장과 합하면 월 25만 장으로 세계 최대 규모이다. 2021년 1~3분기 삼성전자 시안 생산법인 매출은 5조 1300억 원, 순이익은 약 1조 1,900억 원에 달한다. 현재 시안공장에는 반도체 인력 5500명가량이 일하고 있다.[93]

2) 샨시 자유무역시험구(陕西自由贸易试验区)

샨시 자유무역시험구는 2017년 4월 중국 서부지역 첫 번째 자유무역시험구로 설립되었다. 시험구 전체 면적은 119.95km² 규모이며, 모두 시안시에 집중되어 있다. 시험구는 중심지구(中心片区. 87.76km²), 국제항지구(国际港务区片区. 26.43km²), 양링시범구(杨凌示范区片区. 5.76km²)의 3곳으로 구성되어 있다. 시험구에는 기존 샨시시안수출가공구, 시안첨단종합보세구, 샨시시안셴양보세물류센터가 포함되어 있다. 또한 시험구 중심지구에는 시안첨단산업구(西安高新区), 시안경제개발구, 시셴신구(西咸新区), 양동신청(沣东新城), 친한신청(秦汉新城), 공항신청(空港新城) 일부분이 포함되었다.

시험구 출범 이후 2019년 말 기준, 신규설립 기업은 37,092개(이중 외자기업 476개)이며, 총 등록자본금은 6,958억 위안 규모이다. 특화 산업으로는 중심지구에는 첨단제조업, 항공물류, 금융, 교육, 여행 등 산업 위주이며, 시안국제항지구는 현대물류, 금융서비스, 전시산업, 전자상거래 등 산업 위주이다. 양링시범구는 농업 위주이다.

---

92 서울경제(2021.4.12.).

93 스트레이트뉴스(2022.2.28.).

2023년 말 기준으로 샨시 자유무역시험구에 등록한 기업은 모두 21.08만 개 사이며, 이 중 2023년 한 해에만 12.2만 개사(외자기업 1,045개사 포함)가 새로 설립되었다. 같은 해 시험구 실제 이용 외자액은 3.57억 달러로 전년비 40% 증가한 결과이다.[94]

3) 관중지역과 관중평원 도시군 발전계획

관중(关中)은 역사적 유래를 가진 명칭이다. 기원전 108년에 사마천이 지은 사기(史記)에 나왔으며, 소설 삼국지 배경에도 등장하는 지역이다. 현재 관중은 섬서성과 감숙성에 나뉘어 있다. 중국의 중심 지역(중원)은 황하 중류에 위치한 하남성(정주, 낙양)이었다. 여기서 서쪽으로 평원이 이어지는데 이곳이 바로 관중(분지)이다. 진령산맥과 위하(渭河)가 분지를 둘러싸고 있어서 외부로부터 침략이 어려운 천혜의 자연조건을 갖추고 있다. 그래서 옛 왕조들은 이곳에 수도를 정했고, 그 주인공이 시안(西安)인 것이다.

관중은 여러 관문(Gate)의 중간이라는 의미이다. 북쪽의 소관(蕭关), 남쪽의 무관(武关), 서쪽의 산관(散关), 동쪽의 함곡관(函谷关)이라는 경계초소가 있고, 이렇게 4개 관문의 '가운데(中)'에 위치한다고 하여 '관중(關中)'이라고 불린다. 관중의 대부분은 지금의 샨시성이지만 감숙성 톈수이, 칭양, 핑량 지역을 포함한다. 따라서 2009년부터 시작된 관중지역 개발계획은 자연스럽게 섬서성, 감숙성 두 곳을 대상으로 하게 된 것이다.

---

94   西部网(2024.4.2.).

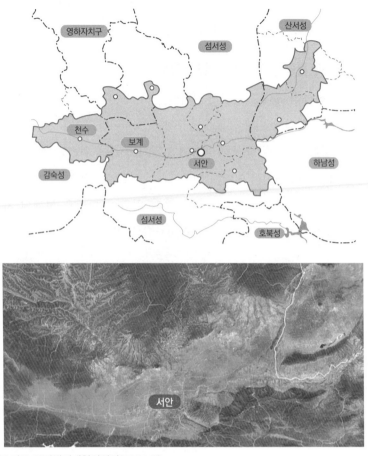

그림 3-78 관중분지와 관중평원 도시군 발전계획도

자료: 바이두 지도, 국가발전개혁위원회(2024.4.).

2018년 2월에 국가발전개혁위와 주택건설부가 관중평원도시군발전계획(关中平原城市群发展规划)을 발표했다. 해당 계획의 목표는 관중평원도시군(섬서성 시안을 중심으로 서쪽의 감숙성과 동쪽의 산서성 일부 도시 포함) 발전을 추진하는 것이며, 기간은 2017~2035년이다. 해당 지역은 샨시성 시안(西安)·바오지(宝鸡)·셴양(咸阳)·퉁촨(铜川)·웨이난(渭南) 5개 도시와 양링(杨凌)농업첨단기술산업시범구 및 상뤄(商洛) 일부, 산시성(山西) 윈청(运城)과 린펀(临汾) 일부, 간쑤성 톈수이(天水)·핑량(平凉) 일부를 포함하고 있다. 면적은 10만 7,100km²이며, 2016년 말 상주인구 3,863만 명, GRDP 1조 5,900억 위안으로 각각 중국 전체 1.12%, 2.79%, 2.14%를 점유하고 있다. 권역별 발전 방안을 보면 다음과 같다.

- 시안 도시권역: 시안, 셴양 도심구역 및 서함신구 위주로 구성. 시안-함양 일체화 추진. 주요 도심구역의 과학기술 연구개발 금융 문화 관광 국제교류 등 핵심기능 증대
- 도시 간 경제벨트 구축: 바오지, 웨이난, 양링, 톈수이 등의 산업 집적능력을 증강. 도시 분업 협력을 강화하고 현대 산업벨트와 성진(城鎭. 도시와 농촌) 집적벨트를 형성
- 중국 간선 도로·철도망과 관중 도시 간 연결: ① 내몽고-광동성 도로망과 퉁촨(銅川) 연결, ② 베이징-쿤밍/다퉁-시안/시안-청두 간 고속도로망과 윈청, 린펀, 허우마 연결, ③ 푸저우-인촨/인촨-시안/시안-우한 간 고속철·고속도로와 핑량·칭양·린셴·창우·쉰이 연결

○ 중국-유럽 화물열차, '장안호'

샨시성은 실크로드 기점으로써 중국의 중요한 대외개방 창구의 역할을 해 왔다. 2013년 11월부터 시안에서 중앙아시아를 거쳐 네덜란드까지 운행되고 있는 화물열차 장안호(長安號)는 샨시성의 일대일로 전략 편입 즉, 실크로드 시대의 재시작이라는 상징적 의미가 있다.

중국-유럽 횡단 철도는 동·중·서부 3개 노선으로 구성된다. 동부 노선은 헤이룽장과 내몽골을 거쳐 만저우리(滿洲里)를 통해 러시아 시베리아 횡단철도(TSR)에, 중부 노선은 화북지역을 거쳐 얼렌하오터(二连浩特)를 통해 TSR에 연결된다. 서부 노선은 중국 중서부를 거쳐 아라산커우(阿拉山口)를 통해 국경을 넘는다. 중국-유럽 횡단철도의 주요 출발도시는 시안·충칭·청두·정저우·우한·소주·이우 등이며, 12개 국가의 33개 주요 도시로 연결된다.

2013년 11월 28일 개통된 장안호의 메인 노선은 시안의 신주(新筑)역에서 출발하여 아라산커우-카자흐스탄-러시아-벨라루스-폴란드-독일-네덜란드(로테르담)을 거치는 것으로 운행 거리가 총 9,859km, 운행시간 18일, 경유 국가가 7개인 노선이다. 2개 분선

은 시안 신주역에서 출발하여 아라산커우-아크토가이-아스타나를 거쳐 카자흐스탄까지 가는 데 5,027km, 운행시간 10일이다. 다른 분선 역시 시안 신주역에서 출발, 아라산커우-아크토가이-아스타나를 경유하여 모스크바로 도착하는데, 이 노선은 길이가 7,251km, 운행시간 14일이다.

2013년 11월 28일, 첫 번째 창안호에는 컨테이너 41개에 기계부품, 공업용 소금 등 화물을 실었는데, 운송시간은 6일로 기존 25일에서 대폭 줄였다. 2020년에는 중앙아시아와 유럽을 관통하는 15개 노선에서 45개 지역을 지났다. 개통 후 2020년 상반기까지 총 5,919회를 운행했고, 기계장비·원부자재·공구·전자제품·가구·의류·자동차 등이 중앙아시아와 유럽으로 수출됐고, 중국으로도 자동차·목재·면사·밀·생활용품 등이 수입됐다.

장안호는 2018년을 기점으로 운행횟수가 1천 회 넘게 증가(1,235편)했다. 그해 화물 운송량과 운행 횟수에서 중국 내 1위를 차지했다. 2019년에도 창안호 운행횟수는 2,133편, 운송 화물량은 180만 톤으로 중국 1위를 유지했다.[95]

현재 중국의 29개 주요 도시에서 시안으로 온 수출화물 중 70%가 창안호를 타고 유럽과 중앙아시아로 수출되고 있다. COVID-19 기간인 2020년 1분기 동안 장안호의 운행횟수는 656편으로 전년동기비 2배 이상 늘어났다. 또한 시안항을 중국 내륙지역 최대의 완성차 화물처리센터로 육성한다는 계획을 추진하고 있다. 2018년부터 2020년 5월까지 장안호를 통해 수출한 완성차는 3만 4천 대에 달한다.[96]

---

95 2020년 9월, 장안호의 첫 한국LG전용열차가 시안 신주역을 출발했다. LG그룹이 생산한 LED디스플레이가 카자흐스탄-러시아-우크라이나를 거쳐 폴란드 스와프코프로 향했다. 한국에서 10일 걸렸다(한국-칭다오항-시안 장안호-폴란드). 2019년 7월 중국 볼보자동차가 청두에서 제조한 완성차(XC60)는 장안호를 타고 벨기에에 도착했다(9,783km 18일 소요). 해운 대비 운송 비용이 절반이다. 중국 볼보자동차는 총수출 25%를 장안호를 통해 수출한다(KOTRA 해외시장뉴스(2020.10.12.).

96 KOTRA 해외시장뉴스(2020.10.12.), 중국 시안무역관 김준기.

그림 3-79 　중국 4대 국제 화물열차 노선도

- 룽어우쾌속철도(청두~폴란드 로츠)
- 위신어우철도(충칭~독일 뒤스부르크)
- 장안호국제화물열차(시안~네덜란드 로테르담)
- 한신어우철도(우한 체코)

자료: 연합뉴스(2015.3.26.).

2 감숙성

감숙성(甘肅. 간쑤)은 성(省)으로서의 역사는 700여 년이다. 서위(西魏) 및 당대에 설치된 감주(甘州, 장예), 숙주(肅州, 지우취안)의 첫 글자를 따서 감숙(甘肅)이라는 명칭이 탄생했다. 서하(西夏)가 감숙군사(甘肅軍司)를 설치함에 따라 감숙(甘肅)라는 명칭 최초로 사용되었다. 진정한 의미로서의 행정구역 명칭으로 사용된 것은 원대에 감숙성(甘肅省)을 정식 설치한 이후이다. 신중국 설립 후 1950년 1월 8일, 감숙성 인민정부가 성립되었다.

감숙성은 화하민족의 문화발상지 중 하나로, 구석기와 신석기시대의 문화유적지가 1천여 곳이 있으며, 전국(戰國), 진(秦), 한(漢), 명대 유적지가 잘 보존되어 있다. 또한, 중국에서 가장 처음 농업이 시작된 곳이고, 석굴의 고향이라고도 불린다.

중국 3대 석굴(하남 낙양용문석굴, 산서 대동운강석굴) 중 하나인 돈황막고굴(敦煌莫高窟)이 감숙성에 있다. 감숙성의 관광자원은 실크로드 문화, 고대 시조문화, 황하문화 등 인문자원의 특색이 농후하다. 중국 서부내륙, 황하상류에 위치하며, 동쪽은 섬서성(陝西省), 동북은 영하회족자치구, 서쪽은 청해성 및 신강, 북쪽은 내몽고자치구, 몽고와 인접해있다.

2022년 기준 감숙성의 산업구조는 1차 산업 13.48%, 2차 산업 35.32%, 3차 산업

51.19% 수준이다. 석유화공·유색금속·전력·야금·식품·설비제조·석탄 등이 주요 산업이다. 특히 항공우주산업 같은 하이테크 산업도 발달하였는데, 이는 중국 최대 위성 발사기지인 지우취안(酒泉) 위성발사센터가 성 내에 있다.

표 3-40 감숙성 경제지표(2022년)

GRDP*	산업구조			1인당 GRDP	
	1차 산업	2차 산업	3차 산업	위안	US$
0.93	13.48	35.32	51.19	44,646	6,638
인구(만 명)	중국 내 인구비*	도시화율(%)	부동산 개발투자*	수출*	수입*
2,492	1.77	54.21	0.82	0.08	0.25
수출입*	외상기업 투자액*	공업생산액*	소비품 판매액*	중국 평균 1인당 GDP 대비	
0.15	0.2	0.66	0.89	52.3% (85,310元. U$12,683)	
란저우 GRDP**		란저우 인구(만 명)			
30.1%		442.51			

주: * 표기는 중국 내 비중을, ** 표기는 성 내 비중을 나타낸다.
자료: 국가통계국 国家数据(2024.4.).

그림 3-80 감숙성 위치와 주요 도시, 소수민족자치주

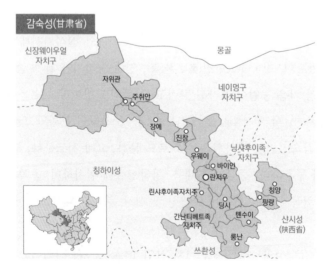

자료: 두피디아(2021.7.).

○ 감숙성 약칭은 롱(陇)

감숙성의 약칭은 감(甘)을 쓰기도 하지만, 역사적으로는 롱을 더 많이 쓴다. 성의 대부분이 롱산(陇山) 서쪽에 위치하여, 예로부터 감숙성은 롱서(陇西), 롱우(陇右), 롱(陇)이라고 약칭되었다. 롱산은 감숙성과 섬서성의 경계 지역에 있는 지금의 육반산(六盘山)을 말한다. 유명한 고사성어인 득롱망촉(得陇望蜀)의 유래가 된 산이 바로 롱산이다. '하나를 이루면 다음이 욕심난다'라는 의미의 득롱망촉은 약 200년을 사이에 두고 두 번 등장했다.

후한 광무제(光武帝. B.C. 6~A.D. 57)가 천하통일을 앞두고 있을 때, 각지에서 할거하던 장수들이 모두 투항해 왔는데 간쑤성 농서의 외효(隗嚣), 쓰촨 촉의 공손술(公孫述)만 강력히 저항했다. 이후 외효가 병으로 죽자 그 아들이 광무제에게 항복함으로써 마침내 농서도 후한의 손에 들어왔다. 이때 광무제가 한 다음과 같은 말에서 득롱망촉이라는 말이 비롯되었다. '두 성이 함락되거든 곧 군사를 거느리고 남쪽으로 촉나라 오랑캐를 쳐라. 사람은 만족할 줄 몰라 이미 농서를 평정했는데 다시 촉을 바라게 되는구나.'

삼국지의 주인공인 조조(曹操. 155~220)도 등장한다. 촉을 차지한 유비가 오(吳)의 손권과 다투고 있는 틈을 노려 위(魏)의 조조는 한중(漢中)을 점령하고 농을 손에 넣었다. 그러자 명장 사마의가 조조에게 이 기회에 촉의 유비를 치자고 권유했다. 그러나 조조는 이렇게 말하면서 진격을 멈추었다. '사람이란 만족을 모른다고 하지만, 이미 농을 얻었으니 촉까지는 바라지 않소.' 득롱망촉은 평롱망촉(平隴望蜀)이라고도 한다. 이런 연유로 롱은 감숙을 대표하는 한자이다. 감숙성 내 많은 술, 기업, 학교, 지역 이름에 롱(陇)자를 쓴다. 반면, 자동차 번호판에 등장하는 감숙성 약칭으로는 '감'을 사용하고 있다.

1) 황하의 도시, 란저우(蘭州)

간쑤성 성도 란저우는 지도를 펼쳐 놓았을 때 중국 대륙의 한복판에 위치해 있어 '육도(陸都)의 심장'이라 불린다. 예로부터 군사·전략적 요충지였던 란저우는 오늘날 중국 인민해방군의 7개 군구 중 하나인 란저우군구가 소재한 곳이다. 란저우 도심 한가운데는 '중국의 젖줄'인 황허(黃河)가 관통한다. 황허가 가로지르는 중국 내 유일한 도시가 란저우다. 100여 년 역사를 자랑하는 황허제일교(黃河第一橋)가 이곳에 놓여진 이유이다.

란저우란 이름은 남부에 위치한 가오란산(皐蘭山)에서 따 왔다. 가오란은 고대 몽골어로 '강'이란 뜻이다. 가오란산은 산 아래로 황허가 흐른다 해서 붙여진 이름이다. 한나라 때 란저우는 금성(金城)이라 불리기도 했다. 전략적 요충지로 중요하다는 의미가 담겨있다. 란저우는 고대 실크로드가 시작되는 중요한 출발점이었다. 란저우에서 둔황(敦煌)을 잇는 하서주랑(河西走廊)이 시작됐다. 하서주랑은 '황하의 서쪽으로 뻗어나가는 복도'라는 뜻으로 중국 대륙에서 서역으로 나가는 주요 교역로였다. 란저우는 중국인과 아시아, 중동, 유럽의 사람들이 모여 왕래하던 실크로드의 거점으로 이용되면서 교통이 발달했다.

해상교통 발달과 함께 몰락한 란저우가 다시 빛을 본 것은 신중국 출범과 함께 서북부 지역 최대 중화학 공업중심지로 발전하면서부터이다. 마오쩌둥은 미국·소련의 공격에 대비해 공업기지를 란저우를 비롯한 중국 내륙에 배치했다(3선건설). 란저우는 풍부한 천연자원에 힘입어 서북 최대 공업도시로 성장했다. 정유·화학비료·합성고무·기계·자동차·알루미늄 등 공장이 들어차고, 미사일공장·원자력센터 등도 건설되었다.

2000년에 시작된 서부대개발 정책과 함께 란저우는 더욱 발전했다. 2012년 란저우에는 서북지역 최초 국가급 개발특구가 들어섰다. 상하이 푸둥신구, 톈진 빈하이신구, 충칭 량장신구, 저장 저우산(舟山)군도 신구에 이은 다섯 번째다. 806km²로 서울시 면적의 1.3배 규모인 란저우신구에는 석유화학·신소재·바이오 등 신성장산업 위주로 집중 투자되고 있다.

그림 3-81 감숙성 란저우를 관통하는 황허와 황허제일교

자료: ⓒ 2015. 김동하.

2014년 12월 개통된 란저우와 신장자치구 우루무치를 잇는 란신(蘭新) 고속철은 란저우 경제 발전에 날개를 달아주고 있다. 란저우는 현재 중국의 신(新) 실크로드 경제권 발전 전략인 일대일로 정책에 발맞춰 중국 중앙정부에 자유무역시험구 설립도 신청한 상태다. 2019년 6월, 란저우 지하철 1호선(25.9km. 20개 역)이 개통되어, 중국 내 34번째로 지하철을 가진 도시이자, 서북권에서 우루무치 다음으로 3번째로 지하철을 보유한 도시가 되었다.

○ 간쑤성의 상징 황허, 마답비연, 우육면

황허(黃河)의 황은 바로 '누를 황'자이다. 황허는 '물 1말에 진흙 6되'라 할 정도로 유수(流水)에 포함된 진흙 양이 많아 1년에 16억 톤의 진흙이 하류로 내려간다. 이는 황허 중류지점이 황토고원(섬서, 산서, 영하회족자치구, 감숙 및 내몽고자치구 일부에 분포)을 지나면서 다량의 황토(진흙과 모래)를 포함하기 때문이다. 실제 필자는 란저우시 중산교에서는 진흙을 머금고 흐르는 황허를 확인할 수 있었다.

황토고원은 황토라고 부르는 고운 흙가루가 풍화·퇴적되어 만들어진 지형으로 황토층의 두께가 높이 50m에서 180m에 달한다. 이 황토 무지들은 부드러운 지질 탓에

강우에 의한 침식과 하천에 의한 토사의 유실이 엄청나다. 기후가 건조하고 연간 강수량 중 70%가 여름 3개월에 집중되어 비가 내리면 물이 흐르는 곳이 날카롭게 파이고, 한번 깎인 곳은 더욱 깊게 파인다. 그래서 황화 중류에는 거친 협곡이 많다. 영하회족자치구 수도 은천, 섬서성 성도 서안, 산서성 성도인 태안 등 모두 황토고원 지대 안에 있는 대도시들이다.

2014년 12월 개통된 감숙성 란저우와 신장위구르자치구 우루무치를 잇는 란신(蘭新) 고속철은 란저우 경제 발전의 상징이라고 할 수 있다. 란저우 고속철 역에 내리면 구름을 딛고 하늘로 나는 듯한 말 동상인 마답비연(马踏飞燕)을 마주할 수 있다. 이 청동상의 원래 명칭은 동한동분마(东汉铜奔马)이며, 동한(25~220) 시대 만들어진 높이 34.5㎝의 청동기이다.

1969년에 감숙성 무위시 뇌대한묘(雷台汉墓)에서 수많은 다른 청동기와 함께 발굴되었으며, 현재는 감숙성박물관에 소장되어 있다. 마답비연의 뜻은 '나는 제비를 딛고 뛰어오르는 말'을 의미하며, 이는 중국 현대문학가인 곽말약(郭沫若, 1892~1978)이 청동상을 보고 감탄하여 지어준 별명이었다. 이후 동상은 마답비연으로 불리었으며, 국가관광국(国家旅游局. 2018년에 문화관광부로 개편)의 상징으로까지 등장하게 된다. 따라서 마답비연은 감숙성을 대표하는 엠블럼 중 하나로 란저우 곳곳에서 볼 수 있었다.

란저우에서 꼭 맛보아야 할 것이 란저우 우육라면(兰州牛肉拉面)이다. 중국 10대 국수 중 하나로 꼽히는 란저우 우육라면은 란저우 칭탕우육면(兰州清汤牛肉面)이라고도 하는데, 이는 맑은 소고기 국물에 담긴 면을 의미한다. 란저우에는 우육라면 식당이 1,099곳이나 있으며, 이 중 무슬림을 상대로 하는 할랄 식당이 639곳이다. 따라서 돼지고기를 금기시하는 이슬람 문화가 소고기를 원료로 쓰는 란저우 우육면에 영향을 끼쳤음을 알 수 있다.

문헌을 보면 '란저우 우육면'은 당나라 때부터 등장했으며, 청나라 가경제(1796~1820) 연간에 천웨이징(陈维精)이라는 인물이 표준화·상업화시켰다. 현재 란저우 시정부는 란저우 우육면을 상징하는 엠블럼을 선정하여, 이를 수여받은 전통식당들이 일정한 수준이 유지되도록 관리하고 있다. 실제 필자가 란저우 체류 중 방문한 크고 작은 식당 3곳 모두에서 맛있는 란저우 우육면을 맛볼 수 있었다. 란저우 우육면은 맑은 면이 기본이나, 매운 양념을 추가하기도 하고, 비빔면 형태로 만든 메뉴를 고를 수도 있다. 란저우 우육면의 특색을 나타내는 어휘 중 1청2백3홍4녹5황(一清二白三红四绿五黄)이란 말이 있는데, 이는 맑은 탕, 하얀 무, 붉은 고추기름, 녹색의 고수나물(향채), 밝은 노란색을 띠는 국수를 의미한다.

그림 3-82 란저우 고속철역 앞 마답비연 동상과 실물 조각상

자료: © 2015. 김동하, 감숙성박물관 홈페이지(www.gansumuseum.com).

그림 3-83 중국 국가관광부 엠블럼에 등장하는 마답비연

자료: 중국문화관광부 홈페이지(www.mct.gov.cn).

③ 청해성

청해성(靑海. 칭하이)은 하·상(夏·商)시대(B.C. 21~11C), 고대 유목민족인 강인(羌人)이 동부지역에 정착하면서 농경생활을 시작했다. 중원지역의 생산기술이 점차적으로 전파되어 농·목축업이 발달했다. 당대에는 선비족의 한 갈래가 세운 나라인 토욕혼(吐穀渾)이 점령했고, 663년에 티베트 왕국인 토번(吐蕃)으로 편입되었다. 송대에는 토번 왕족의 후예인 구쓰뤄(唃厮囉)에 귀속되었고, 원대에는 몽고 부대가 청해에 주둔했다. 동북부를 귀덕주(貴德州)에 설치하고, 지금의 청해성은 감숙 행중서성(行中書省)에 귀속되었다.

명대에는 1509년 이후에 서해(西海) 몽고라고 칭했다. 1636년에는 '청해몽고'라고 칭했다. 청대에 반란(1724) 진압 후, 청해몽고는 내몽고를 본받아 유목지역을 분할하여 기(旗. 청나라 군대)를 편성했다. 이후 몽고 관할구역에서 해제했다. 중화민국 시기인 1912년 군벌은 국민당 정부의 지지하에 청해를 40여 년간 통치했으며, 1929년에 청해성이 정식으로 성립되었다. 1949년, 신중국이 성립된 후, 군벌통치가 종료되었다. 1950년 1월에 청해성 인민정부가 정식으로 결성되었으며, 시닝(西寧)을 성 수도로 정했다.

중국 서부 청장고원의 동북부에 위치한다. 간쑤, 쓰촨, 시짱, 신장 등 성·자치구와 인접해 있다. 성내에 중국 최대의 호수인 청해호(靑海湖)가 있어 청해(靑海)라는 명칭을 얻었다. 약칭 역시 청(靑)이다. 청해호 면적은 4,583km^2, 동서길이 150km, 둘레길이 360km, 수면해발 3,200m, 최대수심 33m 규모이다.

2022년 기준, 청해성의 산업구조를 보면, 1차 산업 10.47%, 2차 산업 43.91%, 3차 산업 45.62% 수준이다. 소금, 천연가스, 산화알루미늄, 요소비료 등이 주요 공산품이며, 칼륨염, 황산나트륨, 석면, 붕산, 천연소다, 천연가스, 유황, 석유 등이 풍부하다. 중공업이 발달해 석유·전력·금속야금·염화 등 4대 산업이 공업생산의 73%를 차지하고 있다.

청해성에는 270여 개 하천이 있어 수자원이 풍부하다. 수력 에너지 1만kW급 이상 하천이 108개가 있고, 대형 수력발전소 6개에서 연간 발전량은 368억kW 규모이다. 차이담(柴達木)분지에 33개 염호가 있는데, 염광 매장량은 3,263억 톤(전국의 90%)이다. 석유와 천연가스도 차이담분지 서북부에 분포하며, 16개 유전과 가스전 6개가 있다. 석유매장량은 12억 톤 이상이며, 천연가스는 2,937억㎥이다. 납, 아연, 크롬 등 금속자원의 매장량이 풍부하고, 비금속자원 36개 종이 분포되어 있다. 그중 석면, 석고, 석영, 석회암, 흑연 매장량은 전국 1위이다. 산지, 카르스트 동굴, 온천, 호수, 생물자원 등 관광자원도 다양하다.

표 3-41 청해성 경제지표(2022년)

GRDP*	산업구조			1인당 GRDP	
	1차 산업	2차 산업	3차 산업	위안	US$
0.3	10.47	43.91	45.62	60,946	9,061
인구(만 명)	중국 내 인구비*	도시화율(%)	부동산 개발투자*	수출*	수입*
595	0.42	61.51	0.16	0.02	0.0
수출입*	외상기업 투자액*	공업생산액*	소비품 판매액*	중국 평균 1인당 GDP 대비	
0.01	0.05	0.27	0.19	71.4% (85,310元. U$12,683)	
시닝 GRDP**		시닝 인구(만 명)			
45.4%		248.1			

주: * 표기는 중국 내 비중을, ** 표기는 성 내 비중을 나타낸다.
자료: 국가통계국 国家数据(2024.4.).

그림 3-84 청해성 위치와 주요 도시, 소수민족자치주

자료: 두피디아(2021.7.).

1) 해발고도 2,261m의 시닝시

서녕시(시닝)는 인구 248만 명이 사는 청해성 수도이다. 청해성 경제의 45.4%, 인구의 38%가 집중되어 있다. 이처럼 성 혹 자치구의 수도에 경제력과 인구가 집중되어 있는 점은 동부연해지역보다 개발이 늦었던 서부권에서 공통적으로 보이는 특징 중 하나이다. 서녕시 해발고도는 2,261m인데, 실제 서녕 고속철역에 도착했을 때부터 필자에게 고산병 증세인 두통이 찾아와 청해성 체류기간 내내 힘든 경험을 한 적이 있다.

서녕시는 청해성의 주요 목축업 기지 중 하나이다. 청해성 전체 초원 면적은 3,644.94만ha인데, 이는 성 전체 면적의 53.6%에 달한다. 목축하는 가축 규모는 2,300만 두이며, 매년 13만 톤의 소 및 양고기와 400여만 장의 소 및 양가죽이 생산된다. 이중 소가 500여만 마리, 양모용 양이 1,400여 마리 규모이다. 서녕시 인구의 26.5%도 소수민족인데, 이중 회족(무슬림) 16%, 장족 5.4%, 토족이 2.5% 수준이다.

청해성 특산 품종 중 하나는 마오니우(牦牛, 와일드 야크)인데, 서장우(西藏牛)라고 부르기도 한다. 해발 3천 미터 이상 고원지대에서 양육하는 소로 고산지대에서 기르기 적합한 품종이다. 고산지대 물자이동이나, 우유, 식육으로도 쓰이며, 털과 가죽도 활용한다. 청해성에만 480만 마리가 있어 중국 최대 규모이다.

서녕시는 청해성의 수도임에도 불구하고 시 인구의 29%인 68만 명의 목축민이 25만 마리의 소와 78만 마리의 양을 기르는 도시이다. 필자가 서녕시를 방문한 것이 8월 초였는데, 마침 방목의 계절이었다. 많은 서녕시 시내 아파트 단지들이 저녁이 되어도 불이 꺼진 것을 볼 수 있었는데, 현지 가이드에 따르면 목축을 업으로 하는 시민들이 7~8월간에는 아예 목축을 위해 초원지역에 나가서 생활을 한다고 한다. 따라서 1년에 2~3개월 정도는 시내 집을 비워두는 장면을 볼 수 있다는 설명이었다.

2) 칭하이성의 태양광 발전산업

칭하이성은 중국 태양광산업의 선두주자이다. 2014년 말, 칭하이성 계통연계(grid-tied·서로 다른 전력계통을 연결)형 태양광 발전소의 누적 발전량은 102억 2,000kWh로 집계되었다. '자원의 보고'로 알려진 차이다무 분지, 황하 상류 룽터우 수력발전소에 인접해 있는 태양광산업단지, 시닝에 위치한 국가급경제기술개발구 등이 최근 세계적으로 주목받는 태양광산업단지로 부상하고 있다. 칭하이성은 전력망과 원거리 수송상의 우위를 바탕으로, 4년 연속 연간 100만kWh의 태양광 계통연계형 발전 목표를 달성했다.

태양광발전 현황을 보면, 2014년 칭하이성의 계통연계형 태양광발전 설비용량은 총 412만kWh로, 중국 전체의 18.8%이며, 칭하이성 발전설비용량의 22.7%를 차지하고 있다. 칭하이성 태양광 발전량은 58.15억kWh로, 성 전체 발전량의 10%이며, 국가 발전량의 28.56%에 달한다. 이와 같이 태양광발전 메카가 된 것은 칭하이성이 태양에너지가 풍부하며, 특히 차이다무(柴達木) 분지는 중국 내 일조량이 가장 많은 지역으로 연간 3,200~3,600시간에 달한 것에 기인한다. 연간 총복사량 또한 7,000~8,000MJ(메가줄)/m³에 달한다. 해당 지역온 땅은 넓고 인구는 적을 뿐만 아니라 미(未)이용 황무지 20만km² 이상을 보유하고 있다. 또한 송전망 연결에 유리한 조건을 갖추고 있다.[97]

2024년에 칭하이성 성부는 태양광을 포함한 신에너지 분야에 550억 위안을 투자하여 1,500만kW 규모의 신에너지(풍력, 태양광) 발전 능력을 확보할 계획이다. 여기에는 현재 건설 중인 프로젝트 23개, 착공예정 프로젝트 29개가 포함된다. 연내에 247kW 규모의 태양광, 풍력 발전 능력을 완공할 계획이다.[98]

○ 청해성, 농경문화와 유목문화의 접점

청해성 위치를 보면 서녕시는 중국 중원인 섬서성 서안(시안)과는 700km 거리에 있으며, 청해성의 서쪽 끝 수간호(苏干湖)에서 다시 북서쪽으로 765km를 가면 신장위구르자치구 수도인 우루무치가 나온다. 신장은 서역(西域)이라 불리던 이민족 지역이었다. 이렇듯 청해성은 중원의 한족 문화와 서역의 이민족 문화의 접점 지역임을 알 수 있다. 역사서를 보면 기원전 21세기부터 기원전 11세기까지 고대 유목민족인 '강인'이 청해성 동부지역에 정착하면서 농경생활을 했다. 이후 서한(B.C. 206~8) 시대부터는 청해성에 행정구역을 설치하여, 중화(中華)의 세계로 편입된다.

청해성 인구는 595만 명으로 중국에서 두 번째로 적은 인구를 보유하고 있지만, 면적은 72.23만km²로 중국 내 31개 지역 중 4번째로 큰 면적을 가지고 있다. 이처

---

97 東方財富網(2015.10.16.).

98 财联社(2024.5.7.).

럼 넓은 면적에 적은 상주인구는 이곳이 살기 어려운 곳임을 보여준다. 실제 청해성 면적의 4/5는 고원지대이며, 평균 해발 3천 미터의 고지대이다. 해발 3~5천 미터 사이의 고지대 비중은 전체 성 면적의 76.3%에 달한다. 우리나라 최고 높이 한라산이 1,950m이니, 한라산 두 배 높이에 있는 도시라고 생각하면 이해가 빠를 것 같다.

청해성 인구의 47%는 소수민족이다. 그럼에도 불구하고 '신장위구르자치구'나 '영하회족자치구'처럼 행정구역 명칭에 'OO족 자치구'라는 명칭이 붙지 않은 것은 신장이나 영하 지역처럼 특정 소수민족이 절대다수를 점유하고 있지 않기 때문이다.

2020년도 인구통계를 보면, 청해성 인구의 53%는 한족이고, 47%는 소수민족이다. 소수민족 중 장족(藏族)은 137.5만 명으로 24.4%를, 회족(回族. 무슬림)은 83.42만 명으로 14.8%를 점유한다. 이외에도 토족(土族)이 20.44만 명(3.6%)이 있으며, 사라족(撒拉族) 10.7만 명(1.9%), 몽고족(9.98만 명. 1.8%), 기타 소수민족(2.25만 명)이 있다.

청해성에는 5개의 소수민족 자치주와 7개의 자치현이 있다. '자치구'가 '성급'이라면, '자치주'는 이보다 한 단계 낮은 '시급'으로, 자치현은 '군급'으로 볼 수 있다. 예를 들면 '연변조선족 자치주(인구 210만 명)'는 길림성 내 '시급' 행정단위이다.

청해성 내 5개 소수민족 자치주는 모두 장족(藏族) 자치주(玉树, 果洛, 海南, 海北, 黄南)인데, 청해성 곳곳에서 장족 관련 유적과 문화유산을 볼 수 있었다. 이외에도 몽고족 장족 자치현(海西), 토족 자치현(互助土族), 사라족 자치현(循化撒拉族)이 각각 1개씩 있으며, 회족자치현(化隆·门源回族)과 회족토족자치현(民和·大通回族土族)이 각 2개, 몽고족 자치현(河南蒙古族)이 하나 있다. 이들 자치주, 자치현의 면적은 청해성 전체의 98%를 점유하고 있어, 청해성 수도인 서녕시를 제외하고 대부분 지역이 소수민족 자치 행정구역이다.

3) 중국 최대 호수, 청해호

청해호는 관광지이자 자원의 보고이다. 서령에서 서쪽으로 300km 떨어진 해발 3,195m에 위치한 중국 최대의 담수호로 물고기와 철새들이 서식하고 있으며, 수면이 4,583km²로 바다 같다. 산란기가 되면 10만 마리의 철새가 와서 탐조가들이 즐겨 찾는다. 소금이 생산되는 중국 최대의 염호(鹽湖)이다. 위치는 대통산, 일월산과 남산 사이에 있다. 부하허강(布哈河江)과 여러 하천이 서북쪽에서 흘러들지만 배출 하천은 없으며 11~3월까지는 얼음이 언다. 특산물로는 무린황어(無鱗黃魚)가 있고, 목축업도 활발하다. 호수 안에는 많은 섬이 있는데 라마교사원이 있는 해심산도(海心山島)와 새 자연보호구가 있는 조도(鳥島)가 유명하다.

2002년부터 서녕시는 청해호를 일주(코스 240km)하는 '환청해호 국제 도로 싸이클 대회(Tour of Qinghai Lake. 2.HC급)'를 7~8월간에 실시해 오고 있다. 도시 도로망을 이용하는 싸이클대회 중 최고 해발(높이)의 난코스로 유명하다. 실제 필자가 청해호 방문 당시 많은 프로 및 아마추어 싸이클 팀들이 훈련을 하는 장면을 볼 수 있었다. 서녕시에 위치한 청해 뒈바 국가고원훈련기지도 유명하다. 이 훈련기지는 해발 2,388m에 위치하고 있어 시구력이 필요한 중장거리 유상, 수영 종목의 국가대표 훈련기지로 활용되고 있다.

청해호는 장족 말로는 '취원뿌(措温布. mtsho-sngon)'인데, '청색의 바다'라는 의미이다. 몽고어로는 쿠쿠누얼(KökeNayur. 库库淖尔)이라고 불린다. 청해호 주변에서 본 풍경 중 하나는 오체투지(五體投地. 양 무릎과 팔꿈치, 이마 등 신체의 다섯 부분을 땅에 닿고 절하는 방법)를 하며 청해호를 향해 순례의 길을 가는 수많은 장족들이었다. 라마불교를 믿는 이들에게 청해호는 죽기 전에 꼭 봐야 하는 성지이다. 청해호 주변에는 보잘것없는 천막을 치고, 그날 하루의 순례길을 정리하는 장족 가족들을 볼 수 있었다.

200만 년 전에 청해호는 42km 남쪽에 있는 황하 수계(水界)와 연결이 되어 있던 담수호(민물호수)였다. 그러나 13만 년 전에 일어난 지각 변동으로 인해 주위의 산들이 융기하면서, 외부 강과 단절된 염호(짠물 호수)가 되었다. 지리적으로 청해호는 내륙 내부의 건조한 기후로 인해 유입되는 물보다 증발하는 물이 많아 염류 농도가 높아진 내륙함호이다. 이는 주변 해수나 화산성 지하수 영향으로 조성된 염호와 구분된다.

중국 최대 내륙호이자 염호인 청해호 면적은 4,456km²이며, 서울시의 7배 규모이다. 담수량은 739억㎥이며, 동서 최장 길이는 104km, 둘레 길이는 360km이며, 수면 해발은 3200m, 평균 수심 21m, 최대 수심 32.8m 규모이다. 청해호는 크고 작은 지류 30여개가 연결되어 있으며, 나트륨 함량은 1.25%, 수소이온농도 PH 8~8.2의 알칼리성 수질을 보유하고 있다.

청해호 인근에서 독특한 이름의 마을을 볼 수 있는데 원자성이다. 이는 이곳에서 중국 첫 번째 원자폭탄 실험이 있었기 때문이다. 1956년부터 가동된 연구기지(221공장)는 1964년 6월 6일 중국의 첫 번째 원폭 실험의 토대가 된 곳이다. 221공장은 1987년에 폐쇄되었으며, 지금은 청해성 서해진 원자성(西海镇 原子城)으로 조성되어, 핵연구 관련 전시물을 구비해 놓고 있다. 청해호 인근에서 중국 제1핵무기 연구기지 기념탑을 볼 수 있었다.

일찍 후커우(戶口)제도 개혁을 실시한 칭하이성은 31만 4,000가구, 109만 명의 농민·목축민이 도시 호적으로 전환했으며, 38만 7,000명의 유동인구가 거주증을 발급받았다. 그 결과, 2022년 기준 도시화율은 61.51%로 간쑤, 신장, 쓰촨, 구이저우, 윈난, 시장 등 다른 서부권 지역보다 높은 수준을 나타내고 있다. 칭하이에는 6개의 소수민족 자치주(自治州)가 있으며, 농·목축업 인구는 성 전체 인구의 56%를 차지한다. 농·목축업 지역의 교육, 의료 자원 부족 및 불균형한 분포로 농·목축민들의 도시 진입 및 빈곤 탈출 의지가 강하다.

2016년에는 중국 전기 자동차 제조업체인 비야디(BYD)가 칭하이성 시닝에 리튬이온 전지 공장(青海比亚迪锂电池有限公司)을 건설했다. 비야디는 칭하이성 정부와 리튬이온전지 사업에 관한 제휴협정을 체결하고 이 지역에 친환경 자동차용 10GWh 리튬이온 전지 공장을 건설했다. 칭하이 성 내 리튬 자원 매장량은 중국 전체의 83%를 차지하고 있다.[99] 또한 2017년에 BYD는 염호자원개발회사인 청해염호BYD자원개발유한공사(青海盐湖比亚迪资源开发有限公司)를 설립하여 본격적인 리튬자원 개발에 나섰다.

칭하이호는 자원의 보고이면서, 환경보호 대상이기도 하다. 2015년 9월, 칭하이호를 촬영한 사진을 분석한 결과, 호수의 수역 면적이 4,399.38km²로 측정됐다. 이 같은 호수의 수역 면적은 전년동기비 9.42km² 줄어든 것이다. 칭하이 호는 중국 내륙 최대의 함수호(鹹水湖·짠물 호수)로서 서부 사막화의 동쪽 확산을 막을 뿐 아니라 건조한 일대에 수분을 제공하는 등 칭짱고원의 생태안정에 중요한 역할을 담당한다. 따라서 호수 수역 면적이 감소한다면 칭짱고원 전체의 생태환경에 영향을 끼칠 수 있다.[100]

---

99 글로벌 이코노믹(2015.11.18.).

100 세계일보(2015.10.9.).

그림 3-85 청해호 전경

자료: ⓒ 2015. 김동하.

○ 일월산(적령)과 문성공주

청해호 동남쪽에는 일월산이 있는데, 당나라 때 이곳 명칭은 적령(赤岭)이었다. 해발 3,520m에 위치하고 있으며, 일월산은 계절풍(농업)과 비계절풍(유목), 황토고원(黄土高原. Loess Plateau)과 청장고원(青藏高原. Tibetan Plateau), 농경 민족(한족)과 유목 민족(이민족)의 경계 지점으로 유명한 곳이다.

또한 일월산은 실크로드 남로(丝绸南路), 당번고도(唐蕃古道. 당나라-티베트왕국 루트)의 중요한 통로였으며, 서해의 병풍(西海屏风), 초원의 게이트(草原门户)라는 호칭이 있을 정도로 중원 문화와 이민족 문화의 경계점이었다. 일월산이 유명한 이유 중 하나는 당나라 문성공주 때문이다. 당나라의 문성공주(文成公主. 625~680)는 화친을 위한 정략적인 목적으로 토번(吐蕃.티베트왕국. 7C 초~9C 중엽)의 송첸감포(松赞干布. 티베트왕)에게 시집을 가게 되었는데, 이 산(적령)을 지나면서 전설을 만들어 냈다.

전설에 따르면 문성공주가 이곳을 지날 때 손에 들고 있던 일월보경(日月宝镜. 당태종이 고향이 생각날 때 보라고 준 거울)을 떨어뜨렸고, 이것이 반으로 갈라져 양쪽 언덕에 떨어졌는데 서쪽을 향해 비춰지는 것이 낙조와 같았고, 동쪽을 향해 비춰지는 것이 일출과 같아서 일월산이라는 산 이름이 유래했다는 전설이다. 현재 일월산에는 문성공주 석상과 문성공주 기념관을 조성해 놓았는데, 이는 중국 정부가 문성공주를 당나라(중국)와 토번(서장자치구)과의 통합을 상징하는 인물로 부각시키려 했기 때문이다.

그림 3-86 청해호 입구에 있는 문성공주 석상

자료: ⓒ 2015. 김동하.

4 영하회족자치구

영하(宁夏. 닝샤) 지역은 북의 가란산(贺兰山), 남의 육반산(六盘山)을 배경으로 황하북부 상류 지역을 관통하는 역사와 문화가 유구한 지역이다. 또한 새상강남(塞上江南) 즉국경지역의 강남이라고 할 만큼 물자가 풍부한 곳이라고 불리는 중화문명 발상지 중하나이다. 주로 북적(北狄), 서융(西戎), 강(羌), 융(戎), 흉노(匈奴) 등 유목민족의 거주지로서, 전국시대에 들어와 중원지역 관할에 편입되었다. 한무제는 70여만 명을 이 지역으로 이주시키고, 관개사업을 실시하는 등 정착을 지원하면서 군(郡)을 설치했다.

영하는 서하의 중심지였다. 1038년 당항족(党项族) 이원호(李元昊)가 서하(西夏)를 건립하고, 흥경부(兴庆府. 지금의 인촨)에 도읍을 정했는데, 면적이 사방 2만여 리에 달하여,

송(宋), 요(辽), 금(金)나라와 중국을 3분 하는 위세를 이뤘다. 1227년 원나라는 서하를 멸망시킨 후, 영하서로(宁夏府路)를 설치하여 영하(宁夏)라는 명칭이 시작되었다.

근대 중화민국 초기에는 마복상, 마홍규 등 회족 군벌 통치하에 있었으며, 1929년 영하성(宁夏省)이 설립되었으나, 신중국 성립(1949년) 후인 1954년에는 영하성(宁夏省)이 철폐되었다. 아라산(阿拉善) 등 지역이 내몽고자치구에, 나머지 지역은 감숙성에 편입되었고, 1958년에 이르러 지금의 영하회족자치구(宁夏回族自治區)가 설립되었다. 중국 서북부 황토고원 지역의 황하 중상류에 위치, 남으로 감숙성, 동으로 섬서성, 북으로 내몽고와 접경하고 있다. 영하는 서하(西夏)와 평안을 기원한다는 안녕(安宁)에서 한자씩 따서 지어진 이름이며, 녕(宁)으로 약칭한다.

2021년 인구조사에 따르면 닝사 총인구 중 64.05%가 한족이었고, 나머지 35.95%는 소수민족이었다. 회족(무슬림) 인구는 252.35만 명으로 자치구 전체 인구의 35.04%를 점유했고, 소수민족 인구 중 대부분인 97.4% 차지했다.

2022년 기준 영하회족자치구의 산업구조는 1차 산업 7.98%, 2차 산업 47.78%, 3차 산업 44.23% 수준이다. 석유화학·야금·광산업·기계·방직·의약·건축재료 등이 주요 산업군이다. 또한 에너지, 화학공업, 장비제조, 신소재, 특산 농산물가공, 이슬람 음식 및 무슬림 산업 등은 특화 우위산업으로 지정하여 육성하고 있다.

표 3-42 영하회족자치구 주요 경제지표(2022년)

GRDP*	산업구조			1인당 GRDP	
	1차 산업	2차 산업	3차 산업	위안	US$
0.43	7.98	47.78	44.23	70,263	10,446
인구(만 명)	중국 내 인구비*	도시화율(%)	부동산 개발투자*	수출*	수입*
728	0.52	66.35	0.42	0.13	0.04
수출입*	외상기업 투자액*	공업생산액*	소비품 판매액*	중국 평균 1인당 GDP 대비	
0.09	0.15	0.51	0.3	82.4% (85,310元. U$12,683)	
인촨 GRDP**		인촨 인구(만 명)			
48.8%		290.81			

주: * 표기는 중국 내 비중을, ** 표기는 성 내 비중을 나타낸다.
자료: 국가통계국 国家数据(2024.4.).

2024년 닝샤자치구 정부업무보고 내 발전전략은 다음과 같다. 산업구조 최적화 및 업그레이드를 할 예정이다. 아라미드(섬유) 생산능력은 전국 1위, 그린 수소, 스판덱스 생산 능력도 전국 수위에 올랐다. 단결정 실리콘 및 석탄 올레핀 생산능력은 각각 전국의 1/4, 1/5을 점유했고, 석탄오일 생산량은 3년 연속 400만 톤을 초과했다. 닝샤의 디지털경제 발전 전략도 실질적인 성과를 거두고 있다. 서부권 내 주요 그래픽카드급 인공지능칩 적용 기지를 구축했다. 서부 최초의 고급 스마트 서버 생산라인 적용기지를 건설하여 서버 설치율이 77%에 달하고 클라우드 기업 수는 2,000개를 기록했다. 인터넷 광섬유 접속포트 점유비는 전국 1위, 5G 가입자 침투율은 전국 2위, 통신사업 총량은 전국 3위를 기록했다.[101]

그림 3-87 영하회족자치구 위치와 주요 도시

자료: 두피디아(2021.7.).

---

101 宁夏广电新闻中心(2024.1.25.),「2024 宁夏政府工作报告」.

1) 서하의 수도 인촨

서하(西夏. 1038~1227)는 티베트의 탕구트족이 세운 나라로 지금의 감숙성, 섬서성, 영하회족자치구에 걸쳐 있었다. 서하는 1142년 기준으로 면적이 80만km²(한반도의 4배), 인구는 300만 명 정도였다. 당시 우리의 고려 인구는 500만 명 정도였다. 당항(黨項)족이라고도 불리는 탕구트족은 당나라에 복속되어 있었는데 9세기 후반 황소의 난이 일어났을 때 이를 소탕하고 당나라 수도 장안을 수복하는 데 기여를 했다. 이에 당나라는 황실의 성인 이(李)씨를 하사하고 하국공(夏國公)으로 봉해졌다. 당이 망하고 송나라가 되면서 황실 조(趙)씨 성을 하사받고 송의 제후국이 되었다. 1038년 서하의 조원호는 조씨 성을 버리고 다시 이씨로 바꾸며 황제 자리에 오른 후, 나라 이름을 대하(大夏)로 정하고 독자적 연호를 사용했다. 서하 문자를 제정하고, 관제를 확립하며 독립 민족국가 면모를 갖추게 된 것이다. 서하는 실크로드를 통한 동서 교역 매개의 이익을 독점하며 세력을 넓혀갔다.

당시 송나라는 약체여서 서쪽의 서하, 북쪽 거란족의 요(遼. 907~1211)나라와 불안한 3국 관계를 유지했었다. 거란족이 고려를 세 차례나 침입한 것은 송과 요의 동북아 주도권 싸움 때문이다. 1041년 서하와 송나라가 운명을 건 전쟁을 하였는데 송이 크게 패하고 1044년에 강화 조약을 맺었다. 서하에게 매년 조공을 바치는 대신 서하는 송나라를 황제국으로 모시는 신하의 나라가 된다는 조건이었다. 서하는 실리를 송은 명분을 산 것이었다.

이렇게 막강한 서하였지만 몽골의 칭기즈칸 침략으로 멸망하게 된다. 1202년부터 몽골의 침략이 6번이나 있었고, 결국 복속을 약속하게 된다. 또한 몽골의 명령으로 금나라와 오랫동안 대리 전쟁을 치루어 서하와 금나라(1115~1214) 국력도 쇠퇴하였다.[102]

서하에게 서방 국가를 공격하라는 칭기즈칸의 명령을 거부하자 처들어와 1227년 멸망하게 된다. 칭기즈칸은 서하와 마지막 전투에서 세모뿔로 만든 말지뢰를 밟는 바람에 낙마하여 사망했다. 그는 서하인을 한 명도 남기지 말고 몰살시키라는 유언을 남겼다. 2007년 2월 14일 중국 CCTV는 분석 결과 서하인(탕구트족) 후손의 DNA는 발견하지 못하였다고 보도했는데, 잔인한 인종청소가 천 년 전에 벌어진 것이 사실로 보인

---

102   유홍준(2019), 「나의 문화유산답사기 - 중국편2 막고굴과 실크로드의 관문」, 창비, p.288.

다. 탕구트 족은 역사에서 사라졌다. 하지만 서하의 문자가 있어서 많은 불경을 번역했으며, 문학작품도 남겼다. 지금도 인촨에 있는 서하박물관에서는 유물을 마주할 수 있다.

한편, 인촨에서는 자기부상열차를 볼 수 있다. 인촨 운궤(Yinchuan Cloud Rail Line)로 불리는 교통시스템은 2017년 9월에 1호선이 개통되었으며, 전장 9.7km(8개역)로, 지상으로부터 8m 높이에 건설된 모노레일 위에서 운행된다. 하지만 시속 20km에 불과하여, 도심 교통수단이기보다는 관광열차에 가깝다. 인촨 운궤의 운영사는 중국 최대 전기자동차 회사인 BYD이다. 인촨은 2023년 말 현재 중국 내에서 아직도 지하철이 개통되지 않은 3개 성회(省숲. 성, 직할시, 자치구의 수도) 중 하나이다. 나머지 2곳은 하이커우(해남성), 후호하오터(내몽고자치구)이다.

그림 3-88 11세기 동아시아 지도

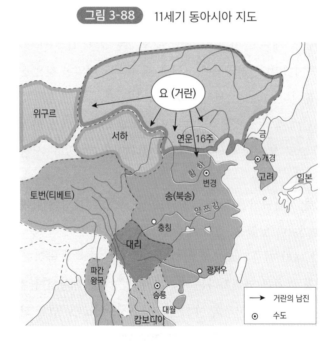

자료: 한겨레: 온(2014.12.14), '한겨레 실크로드 문화 답사(34)'.

○ 회족과 무슬림

닝샤회족자치구의 회족(回族. Hui Nationality)은 이슬람교를 믿는 중국의 소수민족이다. 간혹 중국 무슬림(Muslim. 이슬람신도)이라는 표현도 쓰지만, 역사를 보면 중국화 된 무슬림이 더 정확한 표현이다. 문헌에 따르면 당고종(651년) 때 아랍과 페르시아의 무슬림 상인들이 중국에 도착하여 광저우(광동), 취안저우(복건), 항저우(절강), 양저우(강소) 및 창안(長安. 섬서) 등지에 거류하였다. 무슬림 자치공동체인 번방(蕃坊)을 세우는 것을 허용했고, 742년 장안에는 중국 최초의 모스크가 세워지기도 했다.[103] 9세기 초 당나라와 티베트 토번 간 전쟁 시 아랍 및 페르시아 출신 용병들이 당나라 포로로 잡힌 후, 토지와 한족 부인을 얻어 정착하기도 하였다.

닝샤의 회족은 13세기 초 칭기즈칸이 이끄는 몽골족의 정복 활동과 관련하여, 동쪽인 중원지역으로 이주하였던 중앙아시아 여러 종족과 관련이 깊다. 당시 이들은 모두 무슬림이었으며 원(元)대의 공식문서에서 회회(回回)라고 기록되었다.

중국 내 55개 소수민족은 ○○족(묘족, 조선족, 위구르족 등)으로 부른다. 하지만 회족은 회민(回民)으로도 부르는데, 그 의미는 '회교(이슬람)을 믿는 사람'이라는 뜻이 있다. 즉, 중국 내 다른 소수민족이라도 회교를 믿으면 '회민'으로 분류되는 것이다. 신장 위구르족 역시 대부분 종교가 회교여서, 이들 민족도 종교적 분류에 따르면 '회민'이 되는 셈이다.

'회민'이라는 명칭이 닝샤에서 사용되는 두 번째 이유는 중국 내 회족의 다양한 유래에 기인한다. 앞서 소개한 바와 같이 당대, 원대, 명대 등 시대별로 각기 다른 유형의 무슬림이 중국에 정착했다. 명대 영락제(1417년) 때에는 필리핀 지역의 소록국(苏禄国. Saltanah Sulu) 국왕과 그 일행이 중국을 방문하였다가 귀국길에 병사하는 바람에 산동성 덕주에 머무르게 된 340명의 일행들이 이 지역 무슬림 원조라는 기록도 있다. 또한 한족, 만족, 좡족, 융족, 짱족 등에도 무슬림이 많은데 이들은 자생적으로 이슬람교를 믿게 된 경우이다.

중국에서 이슬람교는 회교(回敎)라고 호칭한다. 이슬람교는 알라신을 유일한 신으로 믿는 일신교로 마호메트가 창조한 종교이며, '코란'을 기본 경전으로 삼는다. 이슬

---

103 김능우 외(2014), 『중국 개항도시를 걷다』, 현암사, p.49.

람교가 처음 중국에 들어왔을 때는 이미 유교, 불교, 도교가 발전된 상태였다. 이러한 상황에서 이슬람교가 중국의 주류종교로 자리 잡기에 한계가 있어, 이후 중앙아시아와 서아시아의 무슬림으로 형성된 회족 및 기타 소수민족들에게 전래되었다.

특히 원대는 무슬림들이 대량으로 중국으로 진입한 시기로 실크로드를 통해 중국으로 들어온 무슬림들과 함께 생활하면서 중국의 각 지역에 흩어져 사는 독특한 거주문화를 형성하였다. 당대 안녹사의 난(755~763) 때 군대를 파병하면서 이슬람 사람들도 정착하게 되었다. 이는 안녹사의 아버지가 이란계 소그드인이었으며, 어머니가 돌궐인(투르크계)에 기인한다. 명대 때는 서역인(西域人)들 간의 통혼이 금지되어 한족과 자연스럽게 융화가 이루어졌으며, 점차 이슬람교도들이 증가하며 중국에서 뿌리를 내리게 되었다. 현재 중국에서 이슬람교의 종교 활동 장소인 모스크(mosque)는 청진사(清真寺)로 호칭한다.

중국어 청진(清真)은 순수, 순결, 청정 의미를 가진 단어이다. 원나라 때부터 이슬람교 교리를 배경으로 청진을 이슬람교, 무슬림, 할랄 푸드[104]를 의미하는 것으로 사용했다. 명대에 이르러 청진은 이슬람을 뜻하는 보통명사화 되어, 청진식당, 청진사 등으로 쓰이게 된다.

회족은 중국에서 두 번째로 인구가 많은 소수민족이다. 2010년 기준 중국 내에 1,058.6만 명의 회족이 중국 전역에 고루 분포되어 있다. 그중에서도 회족이 집중 거주하고 있는 지역이 바로 닝샤회족자치구이다.

---

104 할랄(halal)은 이슬람교도인 무슬림이 먹고 쓸 수 있는 제품을 총칭하는 것으로, 아랍어로 '허용된 것'이라는 뜻을 갖고 있다.

| 그림 3-89 | 영하회족자치구 중화회향문화원 |

주: 중화회향문화원(中华回乡文化园)은 2002년에 착공(총면적 66.6ha)되어 2005년 완공(1기)되었다. 대형 모스크가 있으며, 회족 민속공연을 했었다. 파키스탄, 이란, 쿠웨이트, 사우디, 시리아, 말레이시아 등 국가에서 기증한 이슬람 관련 기념품, 유물 등이 전시되어 있었다. 이후 명칭이 宁夏川民俗园으로 바뀌었고, 관리 부실 및 기타 이유로 2022년에는 문화산업시범지구 등급이 박탈되었다.

자료: ⓒ 2015. 김동하.

2) 아랍 중심의 닝샤자치구 발전 전략

닝샤는 중국 내 5개의 소수민족 자치구 중 유일하게 국경 혹은 바다에 인접하지 않은 자치구이기 때문에 성장에 많은 제약을 받아왔다. 따라서 닝샤는 '일대일로' 전략을 활용하여 아랍국가와의 무역 거점으로 부상할 계획이다. 중국과 아랍국가연맹과의 교류에서 닝샤자치구의 역할이 커지고 있다. 닝샤는 고대 실크로드의 중요한 거점이었다.

닝샤는 자원이 풍부하고, 농업, 에너지, 여행 등 인프라를 갖추고 있다. 총면적 11,000km²에 다다르는 비옥한 농경지를 가지고 있으며 1인당 토지 비율이 전국 3위 수준이다. 중국 6위 석탄 매장량을 가지고 있고, 닝동(宁东) 에너지화학기지, 국가급 석탄생산기지가 있다. 이슬람 관련 상품기업이 650개가 넘고, 관련 식품은 말레이시아, 사우디아라비아, 아랍에미레이트, 쿠웨이트, 이집트 등 아랍 국가로 수출되고 있다. 닝샤 생산 식품 중 이슬람 관련 제품 부가가치는 80%에 달한다.

중국 내 82%의 이슬람 식품기업이 인촨, 우충(吳忠), 스쭈이산(石嘴山) 세 지역에 집중돼 할랄 식품의 중요한 생산기지 역할을 하고 있다. 닝샤에 이슬람식품 인증센터를 설립해 50개의 기업이 '할랄' 인증을 하고 카타르·이집트·사우디아라비아, 말레이시아 등의 7개 국가와 이슬람식품 표준협력 협의를 맺었다. 닝샤의 이슬람 생산가공업체 1만 개, 자영업자 2만 명에 달하며 산업가치 총액은 200억 위안에 달한다.[105]

2010년부터 중국-아랍연맹 박람회를 개최했고, 2013년에 67개 국가와 46개의 국내외 상공회의소, 1,200여 개의 대기업과 금융기업이 참여해 7,348명이 참가했다. 동박람회에서는 상품교역, 기술합작, 금융투자, 문화탐방 등 주제를 협의했다. 2011년 인촨에서 청진미식관광문화절(淸眞美食旅游文化節)을 개최했다. 2013년 3월에는 우충시(吳忠市), 바오디(寶迪) 이슬람 산업원의 개공식이 개최되었고, 이곳에는 이슬람 유제품, 식품, 전통복장, 기타 용품 등 45개 이슬람 관련 기업이 입주했으며 연간 생산액은 35억 위안에 달한다.[106]

닝샤와 아랍국가연맹과의 협력 배경은 닝샤에 거주하는 회족(무슬림)에 있다. 2014년, 닝샤는 중국 유일의 회족(回族)자치구로서, 중국-아랍국가연맹 협력포럼 제6차 장관회의에 참석했다. 닝샤 정부가 중국·아랍연맹 경제무역포럼(중·아랍박람회)를 성공적으로 개최하면서, 누적 계약규모는 3,558억 위안(2014년)에 달하며, 협력 분야는 교육, 문화, 에너지, 의료·헬스 분야이다. 2014년 상반기, 닝샤와 아랍국가연맹과의 교역액은 전년동기비 2.6배 증가한 30억 5,000만 위안을 기록했다.

인촨항공항경제구(銀川航空港經濟區)를 중국 서부권의 새로운 성장엔진으로 육성하고, 아랍국가연맹과 세계 이슬람교 지역으로 뻗어나가는 개방 거점으로 만들고자 한다. 현재 닝샤의 민간항공은 인촨허둥(銀川河東)공항을 중심으로 중웨이(中衛), 구위안(固原)지선공항을 활용하는 구조이다. 현재 닝샤자치구 내 취항지는 국내외 58개 도시, 총 취항노선은 62개이며, 인촨공항은 중국에서 다섯 번째로 국내 성도(省都) 공항을 모두 연결한 허브공항이 되었다.[107]

---

105 KOTRA(2013), 중국 닝샤의 내륙개방형 경제실험구 선정과 성과, 베이징무역관(2013.7.31.).

106 KOTRA(2013), 중국 할랄시장 진출, 닝샤에서 기회 엿보다, 시안 무역관(2013.10.12.).

107 新華網, 中華網(2015.5.14.).

2023년에는 제6회 중국·아랍 박람회, 국제포도주산업대회, 제3회 닝샤국제와인문화관광박람회, 제3회 닝샤국제우호도시포럼, 중앙정부기업 2023 닝샤포럼 등 주요 행사를 개최했다. 2024년에도 '일대일로'와 중국·아랍 경제무역협력에 중점을 둘 계획이다. 이를 위해 러시아, 동남아, 천진항 정기열차를 개통했으며, 홍콩, 두바이 노선을 재개항했다. 바오터우(내몽고자치구)-인촨 고속철의 닝샤 구간 건설을 완료했다. 2023년 닝샤 민항 여객량은 전년비 108% 증가했으며, 열차 여객량은 1,200만 명으로 165% 증가했다. 2023년에 인촨에 새로 설립된 외자기업은 23개로 이들은 외자 투자를 전년비 20% 증가시켰으며, 해외 자매결연 도시는 62개로 확대했다.

닝샤는 향후 다음과 같은 8대 기지를 구축하러 한다. 여행 대상지, 국가급 종합에너지 화학공업기지, 서부개발 중심, 이슬람용품 집산지, 지역 전략성 신흥산업기지, 특색 농업상품 생산가공기지, 아시아-유럽 물자환승기지, 중국-아랍 협력인재 배양기지 등이다.

그림 3-90　　베이징에서 시닝으로 향하는 중국국제항공에서 제공된 할랄 기내식

주: 기내식 겉포장의 칭전(清真)은 이슬람(Islam), 이슬람 교도인 무슬림(Muslim), 무슬림이 먹고 쓸 수 있는
　　제품의 총칭인 할랄(halal)을 의미한다.
자료: © 2015. 김동하.

5 신강위구르자치구

신강위구르자치구(新疆維吾爾自治區. 신장)는 중국 역사상 서역(西域)이라 불렸던 곳이다. 1762년(청건륭 27년) 이리(伊犁)에 장군부를 설치하고, 천산 남북로로 나누어 통치했다. 이리장군부는 비록 장기간 중국의 영토에 속하나, 청대에 새로 개척한 강토라고 말하면서 관습적으로 '신강'이라고 불렀다. 1884년(광제 10년) 신강(新疆)행성을 건설하고, 성으로 호칭했다. 신중국 성립 후인 1955년 신장위구르자치구로 개명했다.

중국 북서쪽 끝에 자리 잡고 있으며 러시아, 파키스탄, 몽고, 인도, 아프가니스탄, 카자흐스탄, 키르기스스탄, 타지크스탄 등 8개 나라와 인접해 있다. 청나라 광서(光绪. 1871~1908) 연간에 성(省)이 설치되었다. 약칭은 신(新)이다.

신강자치구 면적은 164.69만km²로 중국 국토의 17.3%를 점유하며, 31개 성·직할시·자치구 중 가장 넓다. 신강자치구 인구는 2,587만 명인데, 이 중 43.93%는 한족이고, 나머지 56.07%는 소수민족이다. 이중 위구르족은 1,210만 명으로 신강자치구 전체인구의 46.8%를 점유한다. 나머지 소수민족 인구는 9.27% 수준이다. 위구르족 외에 카자흐족, 회족, 키르기스족, 몽골족, 타지크족, 우즈베크족, 타타르족, 시보족, 다호르족 등이 거주하고 있다.

지형적 특징을 보면, 서쪽으로 파미르고원, 중부는 천산을 가로지르고, 북에는 아미태산이 있다. 신강 최고봉인 쵸거리봉(乔戈里峰. Qogir)은 해발 8,611m로, 세계에서 두 번째로 높은 봉우리이며, 가장 낮은 곳은 투루판 분지로 해발 –155m이며, 중국 내륙에서 가장 낮은 곳이다. 광활한 초원으로 인해 목축업이 중요한 산업이며, 중국 최대의 사막이자 세계 2위(면적)인 타클라마칸 사막이 있다.

3대 산맥 적설과 빙천으로 형성한 하천이 500개가 있으며, 중국 최대 내륙하인 타림하(塔裏木河)가 있어 수자원이 풍부하다. 천연가스, 철, 망간 유색금속, 운모, 중정석, 황산, 나트륨, 석고, 황, 암염 등 138종 광산자원을 보유하고 있다. 석유 매장량은 208.3억 톤, 중국 내륙 석유량의 30% 점유한다. 천연가스는 10.3억㎥로 내륙 천연가스량의 34% 점유하고 있다. 석탄 추정 매장량은 2.19억 톤(전국 40%) 수준이다.

2022년 기준, 신강위구르자치구의 산업구조를 보면, 1차 산업 14.71%, 2차 산업 41.08%, 3차 산업 44.21% 수준이다. 신강자치구의 주요 산업은 농업이다. 밀·옥수

수·벼를 주로 재배하고 목화·실크 등이 유명하다. 투루판 지역을 중심으로 메론, 포도 등의 과일 농업 발달했다. 신강자치구는 중국 4대 목축지역의 하나로 초원면적이 5,733.3만ha, 양 위주 방목업이 발달해 있는데, 사양목축은 3,722만 마리, 육류 생산 122만 톤(양 47만 톤, 소 35만 톤) 수준이다. 공업은 석유·전력·야금·기계를 중심으로 발전하고 있다.[108]

신강위구르 자치구는 8개국과 접경한 중국 최대 국경무역 거점이다. 몽골, 러시아, 카자흐스탄, 키르키즈스탄, 타지키스탄, 아프가니스탄, 파키스탄, 인도 등과 접경하고 있다. 이중에서 카자흐스탄이 최대 교역 대상국이다. 카자흐스탄과의 교역이 신강 대외무역액의 44.4%를 차지(2008년)한다. 신강-카자흐스탄간 국경도시인 호르고스(Horgos; 霍爾果斯)에는 중-카자흐스탄 국경협력센터가 소재하고 있다.

표 3-43 신강위구르 자치구 주요 경제지표(2022년)

GRDP*	산업구조			1인당 GRDP	
	1차 산업	2차 산업	3차 산업	위안	US$
1.51	14.71	41.08	44.21	69,717	10,365
인구(만 명)	중국 내 인구비*	도시화율(%)	부동산 개발투자*	수출*	수입*
2,587	1.84	57.9	0.82	0.81	0.88
수출입*	외상기업 투자액*	공업생산액*	소비품 판매액*	중국 평균 1인당 GDP 대비	
0.84	0.31	1.2	0.74	81.7% (85,310元. U$12,683)	
우루무치 GRDP**		우루무치 인구(만 명)			
21.6%		408.24			

주: * 표기는 중국 내 비중을, ** 표기는 성 내 비중을 나타낸다.
자료: 국가통계국 國家数据(2024.4.).

그림 3-91 신강위구르자치구 위치 및 주요 도시, 소수민족자치주

자료: 두피디아(2021.7.).

　신강자치구는 남북간 경제발전 및 사업 여건 격차가 크다. 북부지역은 자원이 풍부하고 경제가 발전되어 있으며 교통이 편리해 사업 여건이 양호한 편이다. 과일생산 거점(포도, 배, 멜론 주산지)이다. 자원도 풍부하여 중국 전체 매장량의 38%에 해당하는 석탄이 매장되어 있고, 세계 최대 유전인 타림분지가 있다. 이외에도 커라마이(克拉瑪依)와 허텐(和田)에서는 원유가 생산되고 있다. 서부대개발 정책 주요 프로젝트 중 하나인 서기동수(西氣東輸) 가스관 설치기점이기도 하다.

　우루무치, 쿠얼러 등 대도시의 경우, 환경관련 프로젝트가 발생하고 있다. 유통소비도시는 비교적 산재되어 있다. 쿠얼러(庫爾勒)는 타림유전 개발을 위해 조성한 신도시이며, 아커쑤(阿克蘇)는 오아시스 지대로 소비가 발달 되어 있다. 카스(喀什)는 대형 농수산품 시장인 '바자(Bazaar)'가 있다. 파키스탄 등 이슬람권과 거래가 활발하다. 아라산커우(阿拉山口)는 우루무치 통관제품의 대외반출 관문이다. 전국적으로 베이징 표준시간이 적용되나, 실제 업무에 있어서는 북경시간보다 두 시간 늦춰서 사회 생활(출근·등교)이 이루어진다.

1) 아름다운 목장이었던 우루무치

신장위구르자치구의 수도인 우루무치(烏魯木齊)에서 2014년 5월, 위구르인이 주동한 자살폭탄 테러가 발생했다. 2009년 7월에도 위구르인과 한족 간 다툼으로 우루무치에서 폭동이 일어나 약 200명이 목숨을 잃는 등 갈등은 끊이질 않아 왔다. 이 같은 참사의 배경에는 신장 지역의 가슴 아픈 역사가 자리 잡고 있다.

고대에 신장은 서역이라고 불리는 실크로드 중심지였다. 이곳엔 한때 위구르 제국이 번성하고 고유의 문화를 발전시켰다. 그러나 청나라 건륭제 때 이 지역에 군대를 파견해 진압, 청의 영토로 편입하면서 '새로운 영토'라는 뜻의 신장이라 명명했다. 그리고 우루무치를 신장의 수도로 정하고 도시명을 이민족을 바르게 이끌고 교화하겠다는 뜻을 담아 적화(適化)로 개명했다. 적화라는 말 자체에 위구르인을 멸시하는 의미가 담겨있다. 위구르인의 반중 감정은 이때부터 싹 트기 시작했다.

신장은 1933년, 1944년 두 차례 중국으로부터 독립을 꿈꾸며 동투르키스탄 공화국을 수립했으나 오래가지는 못했다. 결국 1949년 중화인민공화국에 병합되어 1955년 신장위구르자치구가 되었고, 이후 이슬람교를 신봉하는 위구르족은 중국의 주류인 한족과는 다른 정체성과 문화, 언어 등을 유지해 왔다. 중국 면적의 6분의 1을 차지하고 석유·천연가스·석탄 매장량이 풍부한 신장 지역을 안정 개발시킨다는 명목 아래 중국 당국은 독특한 공동체 조직인 신장생산건설병단을 만들어 대규모 한족 이주를 실행했다. 한족은 신장 지역 개발을 통해 현지 지역경제를 장악했지만 위구르족은 개발에서 소외되며 잦은 충돌을 빚어왔다.[109]

바다와 가장 멀리 떨어져 있는 도시 우루무치는 중국 정부의 적극적인 경제개발 정책 지원 아래 현대화 도시로 탈바꿈했다. 최근에는 서부대개발 정책과 함께 유라시아 허브 발전 전략과도 맞물려 고속 성장을 구가하고 있다.

우루무치는 본래 위구르어로 '아름다운 목장'이라는 뜻이다. 하지만 오늘날 우루무치에는 전원 분위기가 나는 목장을 찾아볼 수 없다. 도심에는 고층빌딩과 아파트가 즐비하고 곳곳에서 낙후된 건물을 철거하고 새 빌딩을 짓는 공사가 이뤄지고 있다. 2019년에는 지하철도 개통되었다. 우무루치 지하철은 2011년 9월에 개통된 섬서

---

109   제임스 A. 밀워드(김찬영·이광태 역), 『신장의 역사』, 사계절출판사, pp.356-359.

성 서안시(시안) 지하철에 이어, 중국 서북지역 도시 중 두 번째로 개통했다. 2019년 6월 28일에 1호선 전 노선이 개통되었으며, 필자는 바로 그 다음 주에 우무루치를 방문하여 지하철을 탈 수 있는 '행운'을 가지게 되었다. 우무루치 지하철 1호선은 전장 27.6km로 21개 역을 지나며, 특히 우루무치 국제공항과 도심을 연결하고 있다. 2호선은 공사중이었으며, 2030년까지 총 10개 노선(340km)을 건설할 계획이다.

우루무치는 현재 한족 인구 비중이 75.5%에 달할 정도로 한족이 만들어낸 도시이다. 시내 간판에는 중국어와 함께 위구르어가 병기되어 있다. 우루무치 디워푸(地窩堡) 국제공항은 유라시아 허브 발전전략의 중심이다. 총 3개 터미널로 구성된 공항은 15개 국가와 23개 해외 도시, 55개 중국 국내도시와 노선이 개통돼 있다.

우루무치 시내 중심가에서 동북쪽으로 5km 정도 떨어진 곳에 위치한 우루무치 경제개발구에는 세금감면과 사회간접시설 확충 등 다양한 인센티브로 국내외 투자자들을 유치에 나서면서 TCL, 진펑과기, 산치그룹(陝汽), 싼이중공업(三一重工, SANY), 둥펑자동차(東風汽車), 중촨중궁(中船重工, 중국선박중공그룹) 등 총 3,800여개 기업이 입주해 있다. 한화그룹도 1996년 우루무치에 한화염호공장을 세우며 대기업 중 최초로 진출했다.[110]

우루무치시는 실크로드가 지나는 중앙아시아 관문 도시이다. 물류, 인프라 환경은 지속적으로 보완 되고 있다. 8개 국가와 인접한 관계로 국경에서 떨어진 내륙 육지 세관이 우루무치에 소재한다. 국경무역 기점 역할을 하고 있는데, 이는 중국횡단철도(TCR. Trans China Railroad) 주요 노선이기 때문이다. TCR은 강소성 롄윈강에서 시작해 정저우-란저우-우루무치-아라산커우(중국 구간 총 4,018km)를 거쳐 네덜란드 로테르담에서 종착한다.

110　아주경제(2014.5.14.), [중국도시를 읽다(11)] 우루무치 '아름다운 목장에서 유라시아 허브로'.

그림 3-92　신강 위구르족

자료: ⓒ 2019. 김동하.

○ 동투르키스탄과 신장위구르자치구

신장위구르자치구는 투르크계 여러 민족의 고향이다. 그래서 한때 중앙아시아를 서(西)투르키스탄, 신장위구르자치구를 동(東)투르키스탄으로 불렀다. 북부 파미르 고원을 경계로 동·서 투르키스탄으로 나뉘는데 이곳이 마지막으로 중국 영토로 편입된 것이 청나라 때이다. 그 전에는 이 땅의 원주민 격인 월지, 흉노, 돌궐(투르크), 강(羌), 위구르, 탕구트(서하) 등 여러 유목민들의 왕국 혹은 제국이 있었다. 이들은 시대별로 중원을 차지하고 있던 역대 중국 왕조들과 대립했었다. 이들은 유목 생활을 하는 유목 국가였고, 중국은 농경생활에 기반을 둔 정주(定住) 국가였다.[111]

유목민족은 목초지를 확보하기 위해 이곳을 지켜야 했으며, 중국인들은 유목민들의 중원 침입을 막고 동서교역의 루트를 차지하기 위해 이곳을 차지해야 했다. 중국 본토가 분열되어 있을 때는 유목 국가들 차지였으나, 통일 제국이 된 한나라, 당나라는 이들을 서쪽으로, 북쪽으로 밀어내고 지배했다. 송나라, 명나라 때에는 다시 유목 국가들의 영토가 되었으나, 청나라의 영토 팽창 정책에 따라 이들은 다시 서쪽으로 밀

111　유홍준(2019), 「나의 문화유산답사기 – 중국편2 막고굴과 실크로드의 관문」, 창비, pp.302-303.

려났다. 이후 서투르키스탄의 민족들은 19세기 러시아의 남하 정책으로 소련(소비에트 연방)의 지배를 받다가, 소련 해체 후 지금의 우즈베키스탄, 카자흐스탄, 키르기스스탄, 타지키스탄, 투르크메니스탄, 아프가니스탄 등 여러 나라로 나뉘게 된다. '스탄'은 페르시아어로 땅(Land)이라는 뜻이다.

2014년 신장위구르자치구 지역을 중심으로 유혈사태가 발생했다. 신장 카스와 허텐에서 위구르족으로 추정되는 괴한들이 현지 경찰을 공격하여 사상자가 발생하였다. 카스와 허텐은 위구르인 비중이 높은 지역으로 분쟁이 잦은 지역이다. 2014년 3월에는 위구르인이 많이 살지 않는 윈난성 쿤밍역에서 이른바 묻지마 살인사건이 발생하기도 했다. 중국 정부는 배후로 위구르 민족의 분리독립을 주장하는 동투르키스탄 이슬람 운동(1990년 설립. East Turkestan Islamic Movement)을 지목했다.[112]

신장 지역이 1949년 중국으로 편입된 이후 정치·경제·사회적으로 통합되지 못하고, 한족과 위구르족 간 갈등이 지속되고 있다. 중국 정부는 민족 간 융합을 위해 1950년대부터 꾸준히 한족을 신장으로 이주시켰다. 한족 비율은 1949년 6.7% → 1978년 41.6% → 1990년 37.7% → 2000년 46.0% → 2012년 37.9%로 확대되었다. 중국 정부는 1978년 이후 고향으로 돌아가기 원하는 한족 이주민의 귀향도 불허했다. 그러나 우루무치를 중심으로 북부 지역에만 한족이 거주하게 되면서 당초 구상하였던 민족융합은 제대로 이뤄지지 않았다.

자치지역임에도 불구하고 고위간부 대부분이 한족이며, 중국의 '당 우위의 원칙'에 따라 자치정책을 지역 현실에 맞게 시행하지 못하고 있다. 신장지역은 에너지 자원이 풍부하나 대부분 한족이 개발권을 가지고 있고, 도시 상권 역시 한족이 장악하고 있다. 수니파 이슬람교를 믿는 위구르족 사회는 한족과는 다른 정체성과 관습을 가지고 있는데, 중국 정부는 종교 집단이 사회적 영향력을 가지지 못하도록 규제하고 있어 갈등이 지속되어 왔다.[113]

---

112 신장 7·5사건은 2009년 7월 5일에 발생한 유혈사태이다. 같은 해 6월 광둥성 샤오관 공장에서 위구르족 노동자가 한족 여성을 폭행했다는 소문으로 한족 노동자들이 위구르족 숙소를 습격해 위구르인 2명이 사망했다. 이후 우루무치에서 시위가 발생했고 유혈 폭동으로 발전했다. 군과 무장경찰까지 투입된 사흘간 충돌로 200여 명이 사망하고 1,700여 명이 부상했다. 이후 매년 7월 5일에는 신장 지역의 경계가 강화된다.

113 腾讯新闻(2014.6.21.).

○ 실크로드 중심지, 위구르의 역사

실크로드(Silk Road)는 독일의 지리학자 페르디난트 폰 리히트호펜(Ferdinand von Richthofen. 1833~1905)이 처음 명명한 이래 그 개념이 확장되어왔다. 그 기점도 서쪽은 시리아 혹은 로마, 동쪽은 섬서성 시안 혹은 경주 혹은 교토까지 연장시키기도 한다. 그러나 정통적인 실크로드 개념은 독일의 고고학자 알베르트 헤르만(1886~1945) 이후 중국 시안에서 타클라마칸 사막을 건너 시리아에 이르는 총 6,400km를 뜻한다.

이 경우, 실크로드는 동부, 중부, 서부로 나눌 수 있는데 동부는 섬서성 서안에서 하서주랑을 통과해 감숙성 돈황까지 약 2,000km, 중부는 돈황에서 타클라마칸 사막을 건너 카슈가르(신장위그루자치구)까지 약 2,000km, 서부는 카슈가르에서 파미르 고원을 넘어 시리아까지 약 2,400km이다. 손오공이 등장하는 명대 소설 서유기의 주인공이자 실존 인물인 현장법사가 629년 이 길로 인도로 갔다. 13세기에 몽골족이 세운 원나라는 실크로드의 동부, 중부, 서부 모두를 통치했고, 마르코 폴로(Marco Polo. 1254~1324)가 실크로드를 통해 중국에 들어온 것도 이때였다. 그러나 14세기에 이르러 명나라가 서역 지배를 포기하면서 이 지역 오아시스 도시들은 이슬람의 지배 아래 들어가게 되었다. 곧이어 15세기 대항해시대를 맞아 '바다의 길'이 열리면서 위험하고 비경제적인 육로는 쇠퇴하기 시작한다. 16세기에 들어서면서 실크로드의 '오아시스의 길'은 사실상 막을 내리게 된 것이다.

위구르족은 기원전 3세기 이전부터 고비사막 북쪽에 살고 있던 '정령(丁靈)'이라 불린 민족에 뿌리를 두고 있다. 몽골 고원과 알타이 산맥에 걸쳐 유목 생활을 하던 위구르의 선조인 정령(4세기부터 철륵으로 불림)은 돌궐에게 박해를 받았다. 그러나 6세기 후반 돌궐이 동서로 나누어지며 약해졌을 때 철륵은 부족들이 연합해 위구르(维吾尔)를 맺게 된다. 위구르란 연맹 또는 단결이라는 뜻이다.

744년 위구르는 마침내 돌궐을 멸망시키고 제국을 건설해 이후 100년간 중앙아시아와 만주에 이르는 광대한 영토를 지배하게 된다. 중국에서는 이들을 회흘(回紇)이라고 했는데, 위구르의 왕인 칸이 당나라 황제 덕종에게 회흘의 한자를 회골(回鶻)로 바꾸어 불러달라 했다고 한다. 회골은 빠르기가 매와 같다는 뜻이다. 이들이 바로 현재

신장위구르자치구에 거주하는 1천만 위구르족의 뿌리이다.[114]

회골은 흉노의 후예답게 군사력이 뛰어나 757년 안사의 난으로 당나라가 위기를 맞았을 때 황제의 구원 요청을 받고 수도 장안까지 진격해 황제를 돕기도 했다. 9세기 중엽에 가문들의 분열과 외부 침략으로 세 나라로 나뉘게 된다. 이슬람교가 중국에서 회교(回敎)로 불리게 된 것은 회골(回鶻)이라 불리던 위구르가 믿는 종교로 알려졌기 때문이다.

그림 3-93   중국 유목민족 연표

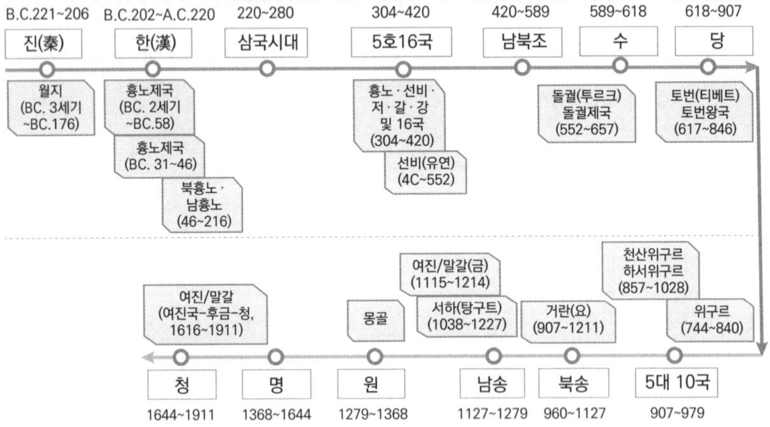

주: 유홍준(2019) 부록 참고하여 필자 편집.

2) 신장 자유무역시험구(新疆自由貿易試驗区)

신장 자유무역시험구(新疆自由貿易試驗区)는 서북 지역에 처음으로 조성된 시험구로 2023년 11월에 총면적 179.66km² 규모로 설립되었다. 시험구는 우루무치(乌鲁木齐. 134.6km²), 카스(喀什. 28.48km²), 훠얼궈쓰(霍尔果斯. 16.58km², 영어명 호르고스 Khorgos) 3개 지역으로 구성되어 있다.

각 지역별 중점 발전 분야는 다음과 같다. 우루무치 지역은 공항 연계 발전의 입지 우위에 의거하여 공항형 국가물류허브 건설을 강화하고 국제무역, 현대물류, 선진제

---

114   유홍준(2020), 「나의 문화유산답사기 – 중국편3 실크로드의 오아시스도시」, 창비, pp.146-149.

조업, 방직의류업 및 바이오의약, 신에너지, 신소재, 소프트웨어 및 정보기술 서비스 등 신흥산업 발전에 중점을 둔다. 또한 과학기술교육, 문화창의, 금융혁신 및 MICE 등 현대서비스업을 발전시키고 중앙아시아 등 주변국과의 교류협력을 위한 중요한 플랫폼을 구축할 계획이다.

카스 지역은 서쪽으로 키르기스스탄(200km), 타지키스탄(150km)과 인접해 있는 도시이다. 국제무역 물류 채널의 장점에 의존하여 수출 지향 경제를 강화하고 농산물 및 부산품의 심가공, 섬유 및 의류제조, 전자제품 조립과 같은 노동집약적 산업의 발전에 중점을 둔다. 수입된 자원의 정착 및 가공을 적극 촉진하고 국제물류 및 국경 간 전자상거래 현대서비스업을 적극 육성하고 중앙아시아 빛 남아시아와 같은 시상과 연결된 상품가공 유통기지를 구축한다.

호르고스 지역은 카자흐스탄과 국경을 맞대고 있는 국경 도시이다. 국경 간 협력과 국경 기반 물류 허브의 장점에 의존하여 국경 간 물류, 국경 간 관광, 금융서비스, 전시 및 기타 현대서비스업의 발전에 중점을 둔다. 이를 통해 의약, IT, 신소재 산업을 강화하여, 국경 간 무역 및 투자 협력의 새로운 모델을 구축할 계획이다.

🌐 7. 서남권

1 중경시

중경시(重慶. 충칭) 지역은 기원전 10세기경 파인(巴人)이라 불렸던 원주민들이 중원과 다른 독자적 문화를 형성했던 곳으로, 중경과 성도(成都. 청두)를 포함한 지역을 파촉(巴蜀)이라고 한다. 진(秦)나라 때 중국에 편입되었으며, 남송(南宋) 초기에 현재 명칭이 되었다. 명·청나라 때부터 물류 집산지였으며, 1891년 대외통상지역으로 지정되었다. 신중국 건국(1949년) 후 중앙직할시로 지정되었다가, 사천성 관할지역으로 편입되었으며, 1997년에 다시 직할시로 승격되었다.

항일전쟁시기 국민당 정부의 임시수도였으며, 대한민국 임시정부청사도 중경시에 위치하고 있다. 중경은 3,000여년의 역사를 지닌 도시로, 2~3만 년 전 구석기시대 말기부터 인류가 이곳에서 생활했다. 중경을 중심으로 한 구파유(古巴渝) 지역은 변검(变脸, 천극 공연시 가면을 여러 번 바꾸는 것), 분화(噴火, 공연 중 불을 뿜는 것) 등으로 대표되는 파유(巴渝) 문화의 발상지이다.

중경시는 중국 서부 중간에 위치하며, 동쪽은 호북성·호남성, 북쪽은 섬서성, 서쪽은 사천성, 남쪽은 귀주성과 인접해 있다. 서부경제 발전에 있어 동서를 연결하는 교량이다. 중경의 옛 이름은 유주(渝州)였는데, 남송(南宋) 1189년에 이 지역에 살던 송광종(宋光宗)이 왕으로 제수되었다가 후에 황제가 되자 '좋은 일이 겹쳤다(쌍충시칭. 雙重喜庆)'라는 뜻으로 중경(重慶)이라 하였다는 설이 있다. 약칭은 중경 옛 이름 유주(渝州) 따서 유(渝)라고 한다.

2022년 기준, 중경시의 산업구조를 보면, 1차 산업 7.04%, 2차 산업 38.66%, 3차 산업 54.3% 수준이다. 자동차, 장비제조, 신소재, 전자정보업이 중점산업이다. 중경시의 도시화율은 70.96%로 직할시 네 곳 중에 가장 낮으며, 933만 명의 농민을 보유하고 있다. 그 결과, 직할시임에도 불구하고 1인당 GRDP가 중국 평균치보다 약간 높은 수준이다. 이는 1997년에 중앙정부가 중경시를 직할시로 승격시키면서, 주위의 43개 구, 시, 현을 포함하게 되면서 주로 농민으로 구성된 약 1,500만 명의 주민을 신규로 편입시켰기 때문이다. 실제 직할시 승격전인 1994년 중경시 인구는 1512만 명에 불과했다.

중경시는 장강(長江) 상류 수상운수 중심지로서 3개 중추항구(重慶, 萬州, 涪陵) 및 5개 주요 항구(永川, 合川, 江津, 奉節, 武隆)를 보유하고 있다. 수자원이 풍부하여 지표수, 지하수, 외부 진입수 등 각종 수자원 총 4,648억m³ 규모이다. 장강, 가릉강(嘉陵江), 오강(烏江) 등 36개 강이 중경을 통과하며, 유역 면적 50km²가 넘는 하천이 374개에 달한다.

표 3-44 중경시 경제지표(2022년)

GRDP*	산업구조			1인당 GRDP	
	1차 산업	2차 산업	3차 산업	위안	US$
2.39	7.04	38.66	54.3	88,953	13,225
인구(만 명)	중국 내 인구비*	도시화율(%)	부동산 개발투자*	수출*	수입*
3,213	2.28	70.96	2.18	1.97	1.3
수출입*	외상기업 투자액*	공업생산액*	소비품 판매액*	중국 평균 1인당 GDP 대비	
1.68	0.78	1.63	3.17	104.3% (85,310元. U$12,683)	

주: * 표기는 중국 내 비중을, ** 표기는 성 내 비중을 나타낸다.

자료: 국가통계국 国家数据(2024.4.).

그림 3-94 중경시 위치와 소수민족자치현

자료: 두피디아(2021.7.).

○ 산 위의 도시, 충칭

충칭은 인구 3,213만 명, 한국 면적의 약 83%에 해당하는 8만 2,400km² 면적의 세계 최대의 도시다. 한국에서도 유명한 마라훠궈(충칭식 샤브샤브)의 본고장이고, 7~8월이 되면 40도를 넘는 기온으로 중국에서 가장 뜨거운 도시 중 하나이다. 1940년부터 1945년까지 대한민국임시정부가 소재했고 광복군 사령부가 창설된 곳이다.

그림 3-95   충칭시 지하철역(唐家院子)과 연결된 고지대 에스컬레이터 전경

주: 충칭시 지하철은 2005년 첫 개통되었으며, 서부권 최초 지하철(도시철도) 개통 도시이다. 2023년말 총 12개 노선에 총연장 538km, 256개 역을 운영하고 있다. 주로 산과 산 사이를 연결하고 있는 고가 위에 놓인 지하철 노선은 충칭시에서만 볼 수 있는 풍경이다. 사진은 3호선 탕자위안쯔역에서 충칭필하모닉학교와 연결된 에스컬레이터이다.

자료: © 2019. 김동하.

충칭에는 자전거가 없다. 높은 산과 산 사이에 지어진 도시로 오토바이가 주요 교통 수단이었다. 지금은 환경보호를 위한 전기오토바이가 주를 이루고 있다. 충칭은 창장과 자링강이 합류하며 험준한 산으로 둘러싸여 지어진 요새라는 뜻으로 '산수지성(山水之城)'이라 불렸다. 항일전쟁 당시 일본군에 패한 국민당 정부가 충칭으로 수도를 옮긴 것도 험한 산세를 이용하기 위함이었다. 1960년대 미소 냉전 당시 마오쩌둥 주석이 미국 소련의 군사공격에 대비해 '3선 건설'을 추진하며 연해 지역의 군수·화공·철강 등 산업 시설을 충칭

으로 옮긴 것도 같은 맥락이다.

충칭은 자동차와 오토바이 산업을 비롯해 기계, 철강, 화학 등 전통적인 중화학공업의 중심지였다. 지금은 차세대 IT 산업, 신에너지 자동차산업에 핸드폰, 액정디스플레이, 로봇, 의료기기 등 신산업 영역이 가세해 충칭의 발전을 견인하고 있다. 2010년을 전후해 대만의 유수한 전자제품 제조기업들이 속속 진입한 데 이어 액정디스플레이와 반도체 등 첨단 분야 산업도 충칭에 둥지를 틀었다.[115]

1) 가장 젊은 직할시, 충칭

충칭은 서부지역의 유일한 직할시이자 가장 '젊은' 직할시이다. 1997년 이전 충칭은 사천성 소속의 인구 1,512만 명을 보유한 도시였으나, 이후에는 길림성, 감숙성 보다도 인구가 많은 직할시로 승격되었다. 당시 국무위원이었던 리구이셴(李贵鲜)이 밝힌 승격 이유를 보면, 충칭시 역할을 알 수 있다. 첫째는 직할시 충칭의 발전을 서남지역으로 확산시키기 위해서이며, 둘째 장강 상류의 발전을 도모하고, 셋째 쓰촨성의 과다한 인구와 이에 따른 행정관리 부담을 해소하며, 넷째 장강삼협 공정 완성에 필요한 주민 이주 임무에 유리했기 때문이다.

충칭시를 덜어내기 전 쓰촨성 인구는 1억 1,137만 명으로 중국 최고의 인구 대성(大省)이었다. 1997년 당시 중국 전체 인구(12.3억 명)의 9%가 쓰촨성에 밀집해 있었다. 따라서 효율적인 행정관리가 불가능했다. 장강 중류에 높이 185m, 길이 2309m의 댐을 조성하여 홍수를 방지하고 1820만kW의 수력 발전소를 건설하는 공사인 장강삼협(长江三峡) 공정은 1994년에 착공되어 2009년에 완공되었다. 이 공정으로 장강 상류 수몰 지구에서 살던 120만 명의 이주가 필요해졌으며, 충칭직할시 신설로 이를 해결하려 한 것이다.

직할시 승격 27년이 지난 지금 반추하여 보면, 충칭의 1인당 GRDP는 31개 성·직할시·자치구 중 10위로 중국 평균치보다 높으며 서부권 1위 자리를 차지하고 있다. 충칭의 GRDP 총량도 쓰촨, 샨시에 이어 서부권 발전을 견인하고 있다. 따라서 직할시로 승격한 충칭은 주어졌던 임무를 충실히 완수한 것으로 판단된다.

---

115 아시아경제(2019.06.20.), 「중국 내륙 물류와 제조의 허브 충칭」, 정민영 KOTRA 충칭무역관장.

중경시는 장강상류 수운의 요충지이다. 장강삼협댐 완공으로 1만 톤급 운행이 가능하다. 동부, 중부 및 내륙항을 통해 해외를 연결하는 물류 요충지이다. 내륙보세항구인 중경항이 소재하고 있어서, 내륙항 기반 가공무역이 가능하다. 중경시 주변에는 서부권 3억 인구 대시장이 인접해 있다. 호남성, 호북성, 귀주성, 사천성, 산서성과 접경해 있다. 중경시 경제발전에 중점 역할을 한 산업 중 하나는 자동차이다.

2023년 중경시에 위치한 창안그룹 자동차 판매량은 255.31만 대(전년비 8.82% 증가)로 중국 전체 판매량의 8.5%를 점유했다. 충칭시에 있는 완성차 업체는 모두 14개 사로, 장안Ford(长安福特), 장안자동차(长安股份), 장안스즈키(长安铃木), 동펑(东风小康), 베이치(北汽银翔), 화천(华晨鑫源), 상하이GM(上汽通用五菱), 상하이Iveco(上汽依维柯红岩), 칭링(庆铃), 리판(力帆) 등이 있다. 또한 진관(金冠), 디마(迪马), 다홍(大江) 등 특장차 생산기업도 18개사가 있어서 현재 자동차 생산능력만 400만 대를 형성하고 있다.

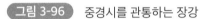

그림 3-96   중경시를 관통하는 장강

자료: ⓒ 2019. 김동하.

IT 산업도 자동차 산업을 대체할 정도로 발전하고 있다. 충칭에는 HP, 에이서, 시스코, 폭스콘 등이 입주해 있다. 서비스무역은 충칭시가 미래에 발전시키고자 하는 산업 중 하나이다. APL 글로벌 서비스센터(美皇管理資訊), 정보서비스업체 CS&S(中軟國際), HP, 허니웰인터내셔널(Honeywell International) 등 유명 서비스아웃소싱업체가 충칭에 입성했다. 이외에도 마이크로소프트, 시스코 시스템, 폭스콘(富士康) 등 글로벌 500대 기업도 충칭에 R&D센터를 두고 있다.[116]

중경시는 중국의 주요 자동차부품 생산기지이기도 하다. 중국 전체 자동차 부품 생산의 10%를 차지한다. 또한 최대 오토바이생산·수출기지인데, 중국 전체 오토바이 완제품 생산량의 35%, 오토바이 엔진 생산량의 50% 점유하고 있다.

직할시 승격 전, 쓰촨성에 편입돼있던 충칭시의 경제성장에는 한계가 있었다. 충칭시가 벌어들인 세금 대부분은 쓰촨성 성도인 청두에 집중됐으며, 개혁개방 후 상하이 등 동부연해지역에 발전이 집중되면서 충칭시는 경제성장에서 소외됐다. 노후 공업 도시인 충칭에 도약의 기회기 찾아온 것은 1997년 중국 정부가 충칭과 주변지역을 묶어 직할시로 승격시켜 자율권을 보장하고, 전폭적인 지원을 하면서부터다.

또한 1997년부터 싼샤댐 개발로 창장이 '황금수로'로 변모하면서 충칭도 고성장을 기록했다. 싼샤댐 건설로 수심이 깊어진 덕분에 상하이에서 충칭까지 1만t급 선박 운항도 가능해지면서 충칭은 창장 물류의 핵심기지로 부상했다. 이를 기반으로 충칭시는 서부 내륙의 풍부한 지하자원을 충칭에 모아 선적하고, 상하이 등 동부 첨단 제품이 서부 내륙으로 들어오는 중국의 물류 허브(Hub)로 자리잡았다. 여기에 '현대판 실크로드'라 불리는 충칭과 독일 서부 뒤스부르크를 잇는 총 거리 1만 1,000km의 위신어우(渝新歐)가 개통되어 충칭은 유라시아 교두보 역할도 하고 있다.

2010년 국가급 개발구로 지정된 량장(兩江)신구는 충칭시 경제 현주소이다. 이곳은 자동차·전자 IT 산업 기지로 향후 서부 내륙경제 발전을 이끌 견인차이다. 량장신구 출범후 3년간 이곳에 입주한 세계 500대 기업 수는 초기 54개에서 118개로 늘어났다.

지금은 몰락한 정치인 보시라이(薄熙来)[117]는 충칭시 당서기로 집권한 2007년부터 경제발전뿐만 아니라 도농 지역 격차 해소를 강조하며 후커우 및 사회복지 개혁, 공동 임대주택 건설 등 '공동부유론'에 입각한 '충칭모델'을 실험했다. 경제 효율성을 강조하는 '광둥모델'과 달리 부의 재분배와 형평성을 강조한 것이다. 실제로 보시라이는

---

116 重慶日報, 國際商報, 重慶市對外貿易經濟委員會(2015.5.23.).

117 보시라이(1949년생)는 혁명원로인 보이보(전 부총리)의 아들이다. 다롄시장, 요녕성 성장, 상무
부 부장을 역임하며, 시진핑과 5세대 지도자 자리를 놓고 경합했었다. 충칭시 당서기 당시 부정
부패 혐의로 2012년 9월 당적을 박탈당하고, 2013년 9월 무기징역을 선고받았다.

사회복지·주거·의료 등 분야에서 주민 삶의 질을 개선시키면서도 충칭을 성장률이 10%가 넘는 도시로 탈바꿈시켰다. 경제개발에 힘입어 충칭은 이제 서부 내륙지역의 소비 중심도시로 부상했다. 2022년 충칭시 소매판매액은 중국 전체의 3.17%로 GRDP 비중보다 높다.

2) 충칭자유무역시험구(重庆自由贸易试验区)

충칭자유무역시험구는 2017년 4월, 량장(两江片区. 66.29km²)지역, 시융(西永片区. 22.81km²)지역, 궈위안강(果园港片区. 30.88km²)지역 등 3개 지역을 통합하여 출범했다. 면적은 총 119.98km2이다. 출범이후 2019년 7월 기준 신규설립 기업은 2.9만개 총 등록자본금은 2,928억위안이며, 중국 내 197개의 자유무역시험구 실행조치 중 12개의 실행조치가 이곳에서 시행중 이다. 또한 일대일로와 장강경제벨트를 잇는 허브로서 국제화 및 법치화 표준에 맞는 국경간 투자 및 무역체계 수립을 목표로 하고 있으며, 인재유치를 위해 기술이민제도 거주주택 재산세 면제 등 다양한 정책을 시행하고 있다.

지역별 특화 산업으로는 량장구에는 첨단설비, 전자부품, 바이오의약, 서비스무역, 전자상거래, 융자임대, 금융, 물류 등 산업 위주이며, 시융구에는 가공무역, 스마트 장비 제조업 위주이다. 또한 궈위안강구에는 물류산업 위주이다.

"충칭자유무역시험구 산업발전규획(2018~2020년)"에서는 2020년까지 '1허브·3중심·1기지(一枢纽三中心一基地)' 건설과 신흥산업 매출 5,000억 위안 돌파라는 목표가 주어졌다. 목표에서 '1허브'는 복합운송을 핵심으로 하는 '내륙 국제 물류허브'를 가리킨다. 충칭은 장베이(江北) 공항, 궈위안항(果园港) 등 물류 경쟁력을 가지고 있다. '3중심'은 화물무역 기반의 국제무역센터, 금융결제 간소화를 핵심으로 한 중국 국내 주요 기능성 금융센터, 상호연결을 목표로 한 현대서비스업 운영센터 구축을 의미한다. '1기지'는 2020년까지 충칭이 과학기술 혁신을 주축으로 하는 '국가 중요 현대 제조업 기지'를 구축하는 것을 의미한다. 이번 규획에서 육성해야 할 7대 산업 클러스터로 선진 제조, 현대 물류, 국제비즈니스 무역, 금융서비스, 전문서비스, 정보서비스, 문화·관광을 제시했다.

2022년 기준, 시험구는 중경시 전체 면적 중 1.46%만을 차지하고 있는데, 시 전체 신설 기업의 10%, 실제사용 외자액의 50%, 무역액의 2/3를 점유하고 있다. 이는 시험구가 중경시 경제발전의 파워하우스가 되었음을 방증한다. 2023년 1~8월 기준으로 시험구 무역 총액은 2,985.6억 위안을 기록했으며, 이는 중경시 전체 무역액의 62.5% 수준이다.[118]

○ 중국-유럽 국제화물열차, 위신어우호(渝新欧)

2011년 3월 19일, 첫 번째 중국-유럽 횡단 철도인 위신어우(渝新欧)호 '충칭-뒤스부르크 국제열차'가 성공적인 첫 운행을 시작했다. '위'는 중경, '신'은 신장, '어우'는 유럽을 의미한다. 이 노선은 중국 충칭에서 아라산커우를 거쳐 국경을 넘은 후, 카자흐스탄-러시아-벨라루스-폴란드 등 6개 국가를 경유하여 독일의 뒤스부르크를 종착지로 하고 있다. 총 1만 1,179km가 넘는 거리로 운행 시간만 14~15일이 걸리며, 러시아, 독일, 네덜란드, 폴란드, 체코 등 국가를 향한 화물을 실어 나르고 있다.

중국-유럽 횡단 철도는 TSR(러시아-시베리아 횡단철도) 등 중국과 유럽의 일대일로 연선 국가의 컨테이너 화물 철도와 연계한 고정 노선을 운행하고 있다. 중국-유럽 횡단 철도는 동부, 중부, 서부의 주요 3개 노선으로 구성되어 있다. 동부 노선은 헤이룽장과 내몽골을 거쳐 만저우리(满洲里)를 통해 국경을 넘어 러시아 시베리아 횡단철도(TSR)에 연결되는 라인이고, 중부 노선은 화북지역을 거쳐 얼롄하오터(二连浩特)를 통해 국경을 넘어 러시아 시베리아 횡단철도(TSR)에 연결되는 라인이다. 서부 노선은 중국 중서부 지역을 거쳐 아라산커우(阿拉山口)를 통해 국경을 넘는 라인이다.

중국-유럽 횡단 철도는 10개 노선으로 구성되어 있다. 이중 주요 노선을 보면 창안호(长安号,시안-로테르담), 롱오우반(蓉欧班,청두-폴란드-네덜란드), 위신어우(渝新欧,충칭-독일), 한신오우(汉新欧,우한-체코), 수만오우(苏满欧,수저우-폴란드 바르샤바),정오우반(郑欧班, 정저우-함부르크), 이신오우(义新欧, 이우-스페인), 샹오우반(湘欧班, 창사-뒤스부르크) 등이 있다. 2011년 중국-유럽 횡단철도 개통 당시 운행편수는 17회에 불과했으나, 2019년말 기준 운행편수는 8,225회로 크게 늘어났다.

충칭에서 출발하는 위신어우호는 중국과 유럽을 잇는 국경간 전자상거래 B2B 전

118　人民日报(2023.11.7.).

용 수출의 성공 사례이다. 2020년 9월 1일 충칭 퇀제춘(团结村) 중심역에서 국경간 전자상거래 B2B 수출전용열차가 출발했다. 이는 중국의 첫 번째 B2B 전용열차이다. 2020년 상반기까지 충칭시의 국경간 전자상거래 교역액은 전년동기비 27% 이상 증가한 상태다.

표 3-45   중국-유럽 화물열차 중국 내 도시 간 화물열차 운행 노선(2020년 말 기준)

중국 성(도시)	유럽 국가(도시)
충칭	• 독일 뒤스부르크 15일, 11,000km • 경유: 카자흐스탄-러시아-벨라루스
사천 청두	• 폴란드 로츠, 브로츠와프 14일 9,965km • 오스트리아 빈 13일, 9,800km • 경유: 카자흐스탄-러시아-벨라루스
섬서 시안	• 폴란드 바르샤바 12일 9,048km • 경유: 카자흐스탄-러시아-벨라루스
하남 정저우	• 독일 함부르크/벨기에 리에주 15일 10,245km • 경유: 카자흐스탄-러시아-벨라루스-폴란드
강소 쑤저우	• 폴란드 바르샤바 15일 11,200km • 경유: 흑룡강 만주리-러시아-벨라루스
호북 우한	• 체코, 폴란드, 슬로바키아 15일, 10,700km • 독일 함부르크 • 경유: 카자흐스탄-러시아-벨라루스-이르쿠츠크
호남 창사	• 독일 뒤스부르크 18일 11,808km • 우즈베키스탄 타슈켄트 11일, 6,146km • 러시아 모스크바 13일 8,047km • 경유: 카자흐스탄-러시아-벨라루스-폴란드
절강 우이	• 스페인 마드리드 21일, 13,052km • 벨기에 리에주 20일 • 경유: 카자흐스탄-러시아-벨라루스-폴란드-독일-프랑스-스페인
흑룡강 하얼빈	• 러시아 비크랑 12일 6,578km • 독일 함부르크 15일 9,820km • 경유: 시베리아 철도-모스크바-폴란드
감숙성 란저우	• 독일 함부르크 15일 8,027km • 경유: 카자흐스탄-러시아-벨라루스-폴란드

청해성 시닝	벨기에 앤트워프
신강 우루무치	독일 뒤스부르크 10일 8,000km
강소 롄윈강	터키 이스탄불
안휘 허페이	• 카자흐스탄 알마티 6일 4,954km • 독일 함부르크 15일 11,000km • 경유: 카자흐스탄-러시아-벨라루스-폴란드

자료: KOTRA 해외시장뉴스(2021.7.9.), 중국 청두무역관 이병직.

2 사천성

사천성(四川. 쓰촨)을 춘추전국시대에는 파(巴)·촉(蜀) 두 나라로 나누어 사천지역을 파촉(巴蜀)이라고 칭했으며, 한(漢)대에는 익주(益州), 당대에는 검남도(劍南道)·산남동도(山南東道)·산남서도(山南西道)로 분리되었고, 송대는 益·利·梓·夔 4개로를 설치하여 사천루(四川路)라고 했다. 원대는 행중서성(行中書省)으로 편입되어 사천행성(四川行省)이라고 불렸고, 명대는 사천포정사사(布政使司)가 설치되었으며, 청대에 사천성이라 불렸다. 1997년, 원래 사천성에 속해 있던 중경(重慶)지역을 중경직할시로 분리했다. 사천성은 지리조건과 자연환경이 좋아 자원이 풍부하고, 시장이 거대하여 예로부터 '천부지국(天府之國)'이라 불렸다.[119]

중국 남서내륙 장강 상류에 위치하며, 북으로 청해성·감숙성·섬서성, 동으로 중경시, 남으로 운남성·귀주성, 서로는 서장자치구와 인접해 있다. 옛날 촉국(蜀国)의 소재지였기 때문에 촉(蜀. shu)로 약칭하기도 하고, 촨(川)으로 약칭하기도 한다. 송나라 때 이곳을 4개 지역으로 나누고 촨산쓰루(川陝四路)라고 불렀는데, 이를 쓰촨이라 약칭한 것이 오늘날 사천성 명칭이 있게 된 유래이다.

---

119 천부지국은 모든 물산이 풍부한 천혜의 땅이라는 의미이다. 토지가 비옥하며 물산이 풍부한 곳을 말한다. 서한시대 문헌 『전국책』에 따르면 '천부'는 진나라 셴양이 있는 '관중평원'을 묘사했다. 진나라가 파촉(巴蜀)을 멸망시킨 후 근거지가 쓰촨 분지이다. 이후 사천지역을 천부지국이라고 부르게 되었다.

표 3-46 사천성 경제지표(2022년)

GRDP*	산업구조			1인당 GRDP	
	1차 산업	2차 산업	3차 산업	위안	US$
4.74	10.54	36.37	53.09	67,610	10,052
인구(만 명)	중국 내 인구비*	도시화율(%)	부동산 개발투자*	수출*	수입*
8,374	5.94	58.35	5.59	2.51	2.39
수출입*	외상기업 투자액*	공업생산액*	소비품 판매액*	중국 평균 1인당 GDP 대비	
2.46	1.34	3.61	5.48	79.3% (85,310元. U$12,683)	
청두 GRDP**		청두 인구(만 명)			
36.8%		2,140.3			

주: * 표기는 중국 내 비중을, ** 표기는 성 내 비중을 나타낸다.
자료: 국가통계국 国家数据(2024.4.).

2022년 기준 사천성의 산업구조를 보면, 1차 산업 10.54%, 2차 산업 36.37%, 3차 산업 53.09% 수준이다. 사천성도 서부권에서 운남성에 다음가는 농업대성인데 경지 면적은 중국전체 면적의 5.84%에 달한다. 농업은 옥수수, 감자, 밀, 벼 등을 위주로 재배하고 있다. 전자정보, 장비제조, 에너지전력, 석유와 가스, 티타늄강, 식료품, 중약 등이 중점 산업이다.

사천성의 성급 개발구 현황을 보면, 먼저 청두경제구의 경우 전력 설비, 중형설비, 공정기계, 자동차 산업 등 중대형장비 제조업과 하이테크산업, 금융, 물류, 전시회 등의 현대서비스업 위주 기업들이 입주해 있다. 찬난경제구(川南經濟區)는 에너지 건설 및 중화공기지 위주이며, 판시경제구(攀西經濟區)는 수력 에너지 산업 및 희귀 광산물 이용한 신재료 산업, 철도, 교량, 고급 철강재산업, 아열대 농산물 기지 위주 기업이 입주해 있다. 찬동베이경제구(川東北經濟區)는 천연가스자원 및 생물자원을 이용한 천연가스 관련 산업 및 화공기지 건설, 방직산업, 농산품 가공업 위주이고, 찬시베이생태경제구(川西北生態經濟區)는 수력 청정 에너지와 생태 여행산업, 생태농업 및 전통 농목업 생산방식 개선 등 특색 있는 목축업 건설 등 생태 경제구 건설 위주로 조성되어

있다.[120]

사천성 성도 청두시는 서부지역 최대 소비·유통거점이다. 서부내륙 깊숙히 위치한 청두시는 물류가 원활하지 않다. 서부지역 최대 소비시장이며, 상주인구 2,140만 명의 전국 4위 도시로 부동산, 자동차, 가구, 건축인테리어, 화장품, 의류 소비가 많다. 자동차 보유대수는 북경, 광저우 다음으로 많은 전국 3위이다. 한국 정부는 2005년 2월, 주청두총영사관을 개관하여 우리 기업의 서부권 진출을 지원하고 있다.

그림 3-97 사천성 위치와 주요 도시 및 소수민족자치주

자료: 두피디아(2021.7.).

○ 농민의 성

사천성은 3,500만 명의 농민을 보유한 성이다. 농민 인구 비중은 중국 내 8번째이지만 절대치가 다른 지역이 성(省) 전체 인구보다 많아 농업 기지로써의 역할을 지키면서도 경제발전을 이루어야 하는 난제를 안고 있다.

---

120 中国新闻网(2012.1.6.).

사천성은 최근 내륙수운 개발에 힘쓰고 있다. 청두항(러산) 건설로 장강하운과 연계 프로젝트를 개발하려 하고 있다. 루저우-이빈-러산 내륙항구 연계 클러스터 조성중이며, 광웬-난충 항구 연계 클러스터 지역을 육성하고 있다. 클러스터 내에는 화공, 기계 제조, 식음료, 경공업, 방직, 신에너지 및 신소재 산업을 집중 발전시킬 계획이다. 사천성은 서부 최대 IT 및 전자산업 기지이다. 청두, 멘양에는 국가급 첨단기술개발구 소재하고 있으며, 첨단산업이 발달해 있다. 특히 시창(西昌)에는 인공위성 발사기지가 소재한다.

중의약산업 특화단지도 소재하는데 농축산 기지, 바이오매스, 농가공이 발달되어 있다. 서부대개발 권역답게 신도시 건설, 도로·철도 등 SOC 공사가 진행 중이다. 청두-중경간 고속철도가 개통되어 1시간 17분만에 이동이 가능하다. 고급 백주(白酒) 우량예(五粮液) 생산지인 이빈(宜宾)도 사천성에 있다. 2020년 7월 쓰촨성 정부는 2022년까지 333.33백만ha(5,000만畝)[121]의 농경지를 건설하고 쓰촨성의 연간 식량 생산량이 3,500만 톤 이상에 도달하도록 하겠다고 밝혔다. 쓰촨성은 국가 식량안보에서 중요한 위치에 있다.

그림 3-98   자이언트 판다

---

121   묘(畝, Mu)는 중국식 토지 면적 단위이며, 1묘는 666.7m²로 한국의 약 200평 정도에 달한다
(100묘 = 6.66ha).

1) 판다의 고향 청두

청두에는 판다 푸바오(福宝) 덕분에 더욱 유명해진 청두 판다 연구기지(成都大熊猫繁育研究基地)가 있다. 이곳은 판다를 보호하고 번식시키기 위한 곳이다. 이 기지의 총면적은 66.6ha로 세계에서 가장 큰 인공 판다 번식장이다. 현재 215마리 판다를 사육중이다. 2016년 3월, 중국 시진핑 국가주석이 한중우호 상징으로 보내온 판다 러바오와 아이바오 사이에서 2020년 7월에 판다 푸바오가 탄생했다. 양국 간 협약에 따라 2024년 4월 3일, 푸바오는 이곳 자이언트 판다 연구기지로 돌아갔다.

청두는 하늘이 내린 곳간, '천부(天府)'라고 불렸을 정도로 풍요롭고 소비력이 강한 도시다. 자원이 풍부하고 농축산물 등 식새료가 다양해 실크로드가 지나는 길목에 해당하는 곳이라 상업과 교류가 번성했던 도시였다. 청두는 삼국지 무대 중 하나였던 촉한의 수도였다. 시성(詩聖) 두보와 유비, 관우, 장비 등 삼국지 주인공들이 한 시대를 풍미한 곳인 청두에는 제갈공명의 위패가 모셔진 무후사, 두보가 은닉했던 두보초당 등 역사 유적지가 남아있다. 정우성·고원원 주연의 영화 '호우시절(2009. 허진호 감독)'의 주요 배경이 바로 청두이다.

청두의 별칭은 용(蓉) 혹은 용성(蓉城)이다. 이는 후촉(後蜀, 934~966) 시대 마지막 황제였던 맹창(孟昶)이 궁궐에 부용(芙蓉)을 길렀다고해서 현재 청두를 당시 부용성(芙蓉城)이라고 불렀고, 그 약칭인 용성이 별칭이 된 것이다.

내륙도시 청두가 경제성장의 견인차 역할을 하게 된 것은 서부대개발 사업이 시작되면서부터다. 2008년 5월 12일, 쓰촨성에서 발생한 원촨 대지진 이후 지진복구 자금이 대거 쓰촨성에 투입되었고, 일부는 청두 인프라 시설 확충에도 쓰였다. 이에 따라 청두의 GRDP 성장률은 2009년 14.7%, 2010년 15%로 급등했다. H&M, 유니클로, 자라 등 글로벌 패스트패션 브랜드 매장 개수로 따지면 청두는 베이징·상하이 다음으로 3위를 차지했으며 선전을 앞지른 것으로 나타났다. 청두시 소매판매액은 중국 도시 중 베이징·상하이·광저우·톈진·충칭·선전·우한에 이은 8위를 기록했다. 2018년 글로벌 500대 기업 중 285개 기업(이중 해외기업 198개)이 청두에 진출했다. 2008년에 청두에 진출한 미국 반도체 회사 인텔(Intel)은 청두에 세운 회사가 전 세계 3대 반도체 패

키징공정센터 중 하나로 부상했다.[122]

　　현재 서부대개발의 중심지로 청두의 경제 현주소를 보여주는 곳은 바로 '중국판 실리콘밸리'로 떠오르고 있는 톈푸(天府)신구다. 2011년 4월 국무원이 인가한 톈푸신구는 2017년 쓰촨 자유무역시험구 출범에 따라 시험구에 포함되었다. 톈푸신구는 저렴한 인건비와 우수한 인력, 정부 지원 정책을 무기로 세계적인 IT기업을 모으고 있다. 이곳에는 GE, IBM, Intel, HP, 마이크로소프트(MS), 지멘스, 노키아지멘스네트워크, 알카텔, Dell 등 외국기업과 레노보, 화웨이, ZTE 같은 중국 기업 등 400개의 세계적인 기업이 입주해 있다. 우리나라 기업들의 청두 진출도 늘어나고 있다. 현대차가 청두시 인근에 상용차 공장을 가동한 데 이어 롯데도 백화점을 개점했으며, 우리은행도 청두 지점을 개설했다.[123]

　　2011년 서부대개발 지역의 중심인 청위지역을 '청위경제구'로 명명하고 두 도시(청두, 충칭)의 발전을 도모했다. 2020년부터는 '청위 쌍성 경제권(成渝地区双城经济圈)'이라는 권역 발전정책을 시작하여 범위를 확대했다. 이는 충칭시와 청두시를 중심으로 주변 도시 15개를 발전시키려는 전략이다. 청위지역(成渝地区)의 청(成)은 청두(成都)를, 위(渝)는 충칭(重庆)을 뜻한다.

122　每经网(2018.11.8.).

123　아주경제(2014.4.23.), [중국도시를 읽다(9)] 선전 제치고 1선도시로 '우뚝' 청두.

그림 3-99 사천성 청두 도심, 국제금융센터

주: 청두의 새로운 랜드마크 '빌딩을 오르는 판다'가 있는 곳은 2014년 오픈한 청두국제금융센터이다. 쇼핑몰, 오피스, 호텔, 식당 등 사무·레저 복합공간이다. 면적은 5.5만m²이고, 2개 동에 각 50층이다. 미국 설치 미술가 로렌스 아젠트(Lawrence Argent)는 2014년 4월에 'I am Here'라는 제목으로 거대한 판다 조형물을 이곳에 설치했다.

자료: © 2019. 김동하.

2) 쓰촨 자유무역시험구(四川自由贸易实验区)

2017년 4월, 쓰촨 자유무역시험구가 텐푸신취지구(成都天府新区片. 90.32km²), 칭바이장철도지구(青白江铁路港片区. 9.68km²), 난링강지구(南临港片区. 19.99km²) 등 3개 지역을 통합하여 출범했다. 총 면적은 119.98km² 규모이다. 출범이후 2019년 6월 기준 신규설립 기업은 6만 개이며, 총 등록자본금은 8,000억 위안 수준이다. 내륙과 연해지역의 연결 및 개방 서부대개발 및 장강경제벨트에서의 시범 역할 추진 등을 목표로 하고 있다.

지역별 특화 산업을 보면, 먼저 텐푸신취 지구는 현대서비스업, 첨단기술 제조업, 물류 등 산업 위주이다. 칭바이장지역은 보세물류창고, 국제화물운송, 자동차수입, 전시산업 등 산업 위주이다. 난린강지역은 항공물류, 항구무역, 교육, 의료 장비제조, 현대 의약 등 산업 위주이다. 현재 동 무역시험구에서는 제품 통관시 원스톱서비스 일체화 통관서비스, 신임통관 등 편리화 서비스 관련 정책도 시행 중이다.

2023년 6월 기준, 쓰촨 자유무역시험구는 쓰촨성 전체 면적 중 1/4000 에 불과하나, 외국투자기업의 1/4이 진입했고, 무역액의 10%, 신설기업의 10%를 점유하고 있다. 또한 시험구에 진입한 글로벌 500대 기업은 104곳에 이른다. 실제 이용외자액은 시험구 설립 초기에는 성 전체 중 4.3%에 불과했으나, 2023년 6월에는 31.2%로 증가했다.[124]

그림 3-100 사천 자유무역시험구 난링강 지구 현황도

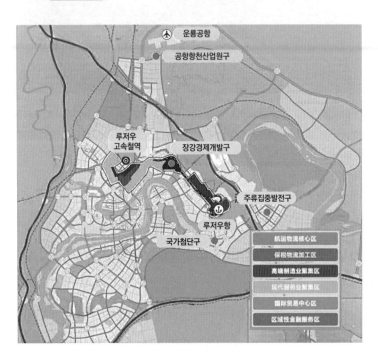

자료: 사천자유무역시험구 홈페이지(www.ftz.sc.gov.cn).

3 운남성

운남성(雲南. 윈난)은 전국시기에는 전(滇) 또는 수미지(壽靡地)로 불리었고, 동한시기에는 영창(永昌) 등 군을 이곳에 설치하였다. 수(隋)대에는 남녕(南寧)총관부를 설치하였

---

124 每日经济新闻(2023.5.22.).

고, 당나라, 5대(五代)시기에는 남조국(南詔國)과 대리국지(大理國地)로 불렸다. 원대에는 운남행성(云南行省), 명대에는 운남포정사사(云南布政使司)를 설치하였으며, 청대에 와서 운남성으로 불리기 시작했다.

운남성은 중국 소수민족(인구 6천 명 이상)이 가장 많은 성(25개 소수민족)으로 각 민족 고유의 문화가 발달되어 있다. 동파 옛음악(东巴古乐), 백족(白族) 3월거리, 이족(彝族) 횃불절, 태족(傣族) 발수제(潑水節), 운남 민간가요 등이 유명하며, 운남은 명차의 고향으로 차문화가 발달해 있다. 보이차(普洱茶), 운남마오펑(云南毛峰) 등이 유명하다.

운남성 위치는 중국 남서부 국경지역에 있으며, 북회귀선이 운남성 남부를 지난다. 북쪽으로 사천성과 시짱자치구, 동쪽으로 광서장족자치구와 귀주성, 남쪽으로 베트남과 라오스, 서쪽으로 미얀마와 인접해 있다. 윈링(云岭)의 남쪽에 있다고 해서 운남이라는 명칭을 얻었다. 전설에 의하면, 한무제 때 꽃구름이 나타나 그 뒤를 쫓아 이곳까지 이르러 보니 도시가 구름의 남쪽에 있어 운남이라 부르게 됐다고 한다. 그래서 약칭도 윈(云)이다. 성도인 쿤밍 인근이 고대 뎬(滇)나라 소재지였으므로 뎬(滇. Dian)으로 약칭하기도 한다.

2022년 기준, 운남성의 산업구조를 보면, 1차 산업 14.01%, 2차 산업 35.44%, 3차 산업 50.55% 수준이다. 서부권에서 경작지 면적이 큰(중국 전체의 4.35%) 농업 대성(大省)이기도 하다. 담배·전력생산·화학원료 및 제품·유속금속제련 및 가공 등이 주요 산업이다.

운남성은 192종 광물자원을 보유하고 있는데, 납, 아연, 주석, 인 등 9종류 보유량은 전국 1위이다. 백금, 게르마늄, 동, 니켈 등 12종류의 광물 보유량은 전국 3위 수준이다. 운남성은 열대, 아열대, 온대, 한대식물이 모두 서식할 수 있는 자연조건을 가지고 있어 중국내 식물자원 보유량 1위이다. 화훼의 고향, 약재의 고향, 생물자원의 보고로 자연 자원이 풍부하다. 강우량이 많고 하천, 호수가 발달되어 있어, 수자원 총량 전국 1위, 수력발전개발 잠재력 전국 3위이다. 친환경 수력발전으로 서전동송(西電東送) 프로젝트 해당 권역이기도 하다.

표 3-47 운남성 경제지표(2022년)

GRDP*	산업구조			1인당 GRDP	
	1차 산업	2차 산업	3차 산업	위안	US$
2.39	14.01	35.44	50.55	60,868	9,050
인구(만 명)	중국 내 인구비*	도시화율(%)	부동산 개발투자*	수출*	수입*
4,693	3.33	51.72	1.6	0.69	0.97
수출입*	외상기업 투자액*	공업생산액*	소비품 판매액*	중국 평균 1인당 GDP 대비	
0.81	1.18	1.39	2.47	71.3% (85,310元. U$12,683)	
쿤밍 GRDP**		쿤밍 인구(만 명)			
26.4%		868			

주: * 표기는 중국 내 비중을, ** 표기는 성 내 비중을 나타낸다.
자료: 국가통계국 国家数据(2024.4.).

그림 3-101 운남성 위치 및 주요 도시, 소수민족자치주

자료: 두피디아(2021.7.).

○ ASEAN과의 교류 중심, 윈난성

운남성은 중국-아세안을 잇는 전략적 요충지이다. 2010년 1월 중국-아세안 FTA 발효로 전략적 입지가 더욱 강화되고 있다. 먼저 미얀마-윈난성 간 원유 및 가스 수송관이 2014년 8월 개통됐다. 또한 2021년 12월에는 6년간의 공사를 거쳐 윈난성 모한-라오스 보텐-라오스 비엔티안 간 철도가 개통되기도 했다. 이를 통해 윈난성이 중심이 된 '범아시아 철도'가 더욱 가시권에 들어오게 됐다. 이를 통해서 라오스, 태국, 말레이시아 거쳐 싱가포르까지 철로로 이동이 가능해진다.[125]

2019년 중국 정부는 '윈난성 남아시아·동남아 진출기지 건설 정책'을 발표하여 윈난성에 對남아시아·동남아 협력 플랫폼 건설을 지원하는 방안을 제시하였고, 협력 분야는 농업, 인프라건설, 교통물류, 무역, 금융, 인적교류 등이 포함된다. 산업 및 기초인프라 기반이 취약한 농업 중심지역인 윈난성은 중국의 남아시아·동남아 진출기지 건설을 위한 인프라 투자 확대를 통해 경제성장을 추진해 왔다. 윈난성은 라오스, 미얀마, 베트남과 국경을 맞댄 전략 지역이지만 교통 등 기초인프라가 낙후된 탓에 농산물 수출 외에 국제협력이 이루어지지 못했었다. 이의 극복을 위해 13·5규획 기간(2016~2020년)에 윈난성은 철도 및 도로 건설 프로젝트를 추진하여 중국-베트남-라오스-미얀마 고속도로의 국내 구간과 중국-베트남 철도의 국내 구간 건설을 완료하였다.

14·5규획기간(2021~2025년)에도 남아시아·동남아 진출기지 건설 관련 인프라 투자를 지속하고, 주변국과의 본격적인 산업협력을 위한 금융, 원자재, 전자상거래, 관광 등 다양한 분야의 협력 플랫폼을 구축하고 있다. 국경간 산업협력 기반을 마련하기 위해 장외 증권거래센터, 생산요소거래센터, 원자재 국제 현물거래센터를 건설하고 윈난 자유무역시험구와 국경 간 전자상거래 종합시험구의 제도혁신 강화, 가공무역 및 산업 이전기지 건설 등을 통해 동부지역 기업들과 남아시아·ASEAN 간 연계협력을 도모하고자 한다. 그 외 윈난성에 공동산업단지, 변경(국경)관광시험구, 국경간 관광협력구, 농업개방협력시험구, 중국-남아시아-ASEAN 디지털경제산업 선행시범구 등 조성을 추진하고 있다.

---

125 윈난-미얀마 송유관, 윈난-라오스 철도망에 대한 자세한 내용은 본책 미얀마와 라오스 부분을 참고한다.

○ 소수민족 박물관, 운남

2020년 중국인구조사(7차 인구센서스) 결과에 따르면, 운남성 한족 인구는 3157.3만 명으로 운남성 전체의 66.88%이고, 소수민족은 1563.6만 명으로 33.12%를 점유하고 있는 것으로 나타났다. 소수민족 총인구를 보면 광서장족자치구에 있는 장족 다음으로 인구 수가 많다. 또한 소수민족 인구 1천만 명이 넘어가는 3개 지역(광서, 운남, 귀주) 중 한 곳이다. 그러나 무엇보다 운남성을 소수민족 박물관이라고 부를 수 있는 것은 그 다양함에서 나온다.

운남성에는 인구 6천 명 이상의 소수민족 25개가 거주하고 있고, 8개 자치주와 29개 자치현을 설치하여 다양한 소수민족의 자치권을 확보하고 있다. 운남성에서 자치주, 자치현 면적은 27.67만km²로 운남성 전체 면적의 70.2%에 달한다. 25개 소수민족 중 인구 100만 이상에 달하는 소수민족 6개는 이족(彝族), 하니족(哈尼族), 백족(白族), 태족(傣族), 장족(壯族), 묘족(苗族) 등이다.

운남성은 자원의 보고인데, 식물왕국, 동물왕국, 화훼의 고향(아시아 최대 화훼 기지), 약재의 고향, 생물자원의 유전자 보고(寶庫)로 불린다. 중국 최대 담배 생산기지이다. 중국 최대의 연초 생산기지 및 연구개발 단지가 위치하고 있다. 위시(玉溪), 윈옌(雲烟), 홍타샨(紅塔山), 홍윈(紅雲), 홍허(紅河) 등 중국 유명담배가 운남성에서 생산된다. 중국 3대 수력발전기지도 운남에 있다. 호북성, 사천성에 이어 수력발전량 전국 3위(란창강)이며, 수력발전 잠재 가능량은 전국 2위로 수력발전소 건설이 활발하다. 인접국인 베트남, 미얀마, 라오스 등에 전력을 수출하기도 한다.

중국의 대표 관광지도 운남성에 모여있다. 스린(石林), 따리(大理), 시쐉반나(西雙版納), 뎬츠(滇池)호수, 리쟝(麗江), 샹그릴라(香格里拉. Shangri-La) 등 관광자원이 풍부하다. 샹그릴라는 운남성 디칭장족자치주(迪慶藏族自治州)에 있는 현(縣)이었다. 쿤룬산맥 서쪽 끝에 있다. 원래 지명은 중뎬(中甸)이었으나, 2001년 샹그릴라라고 개명하였다. 샹그릴라는 티베트어(語)로 '마음 속의 해와 달'이라는 뜻이다. 티베트족·후이족·먀오족 등의 소수민족이 살고 있으며, 그중 티베트족이 43%이다. 평균 해발고도 3,459m의 고산지대로, 산악지형이 전체 면적의 93%이며, 여름 평균기온이 15℃ 정도이다. 눈 덮인 산, 계곡, 호수, 울창한 숲 등이 어우러져 경관이 아름답고, 동식물 등이 잘 보존되어 있다.

샹그릴라는 영국 소설가 제임스 힐튼(James Hilton)의 『잃어버린 지평선』(Lost Horizon, 1933)에 나오는 지명이다. 제임스 힐튼은 운남성에서 20년간 거주한 오스트리아 식물학자(요제프 로크)가 『내셔널지오그래픽』에 기고한 글을 보고 만들어 낸 말이다. 지상에 존재하는 평화롭고 영원한 행복을 누릴 수 있는 유토피아로 묘사되었다. 1997년 중국 정부에서 중뎬이 샹그릴라라고 공식 발표하였다.[126]

그림 3-102   운남민족촌 소수민족 공연 모습

주: 1992년 완공된 쿤밍시 운남민족촌(云南民族村. 면적 89ha)은 26개 소수민족의 생활과 문화를 보여주는 여러 콘텐츠를 담고 있는 복합단지이다. 소수민족들이 실제 거주하고 있으며, 대형 뮤지컬 공연과 소수민족별 소공연이 상시 이루어진다. 이곳은 쿤밍시 최대 호수인 뎬츠(滇池. 330km²)에 위치하고 있다.

자료: © 2018. 김동하.

---

126   조너선 펜비(2009), 「China: 중국의 70가지 경이」, 역사의 아침. p.49.

표 3-48 운남성 소수민족 인구 및 거주지(자치주, 자치현) 현황

민족	인구수(만 명)	행정구역, 거주지
이족(彝族)	502.8	楚雄彝族自治州, 红河哈尼族彝族自治州, 大理白族自治州
백족(白族)	156.1	大理白族自治州
하니족(哈尼族)	163	红河哈尼族彝族自治州, 西双版纳傣族自治州
태족(傣族)	122.2	西双版纳傣族自治州, 德宏傣族景颇族自治州
쫭족(壮族)	121.5	文山壮族苗族自治州, 红河哈尼族彝族自治州
묘족(苗族)	120.2	文山州, 红河哈尼族彝族自治州
회족(回族)	69.8	大理白族自治州, 楚雄彝族自治州, 红河哈尼族彝族自治州
리쑤족(傈僳族)	66.8	怒江傈僳族自治州, 迪庆藏族自治州, 大理白族自治州
라후족(拉祜族)	47.5	西双版纳傣族自治州
와족(佤族)	40.1	临沧市, 普洱市
나시족(纳西族)	31	迪庆藏族自治州
야오족(瑶族)	31	红河哈尼族彝族自治州, 文山壮族苗族自治州
징포족(景颇族)	14.3	德宏傣族景颇族自治州
짱족(藏族)	14.2	迪庆藏族自治州
부랑족(布朗族)	11.7	西双版纳傣族自治州
부이족(布依族)	3.8	罗平县鲁布革布依族苗族乡,河口瑶族自治县桥头乡
아창족(阿昌族)	4.2	德宏傣族景颇族自治州
푸미족(普米族)	4.2	怒江傈僳族自治州, 迪庆藏族自治州
몽고족(蒙古族)	2.3	兴蒙蒙古族自治乡
누족(怒族)	3.2	怒江傈僳族自治州
지눠족(基诺族)	2.3	西双版纳傣族自治州
더앙족(德昂族)	2	德宏傣族景颇族自治州, 三台山德昂族乡
만족(满族)	1.4	玉溪市 通海县
수이족(水族)	8,830명	曲靖市 富源县
두롱족(独龙族)	6,300명	怒江傈僳族自治州, 贡山独龙族怒族自治县

자료: 김동하 외(2019), 『차이나 키워드 100』, 시사중국어사, pp.354-358.

1) 봄의 도시, 쿤밍

쿤밍은 다른 말로 춘성(春城), 봄의 도시라 불린다. 연중 평균기온이 봄과 같고 끊임없이 꽃이 피어 사시사철 관광·휴양을 즐기러 오는 중국 국내외 관광객들이 많다. 쿤밍은 차마고도(茶馬古道)[127]가 시작된 지점이다. 차마고도는 차(茶)와 말을 교역하던 옛 무역로이다. 중국 서남부의 푸얼차와 티베트의 말을 교환하기 위한 교역로로 티베트를 넘어 네팔·인도까지 이어지는 육상 무역로였다. 실크로드보다 먼저 생긴 인류 역사상 가장 오래된 교역로이다. 한나라 이전인 기원전 시기에 형성되었고 당·송 시대를 거치면서 번성하였다.

쿤밍은 중국 남서부의 다른 도시들과 다른 장점을 가지고 있다. 풍부한 천연 자원과 우수한 지역 소비 시장, 온화한 기후이다. 쿤밍은 중국에서 가장 큰 농산물, 광물, 수력 전기의 생산지 중 하나이자 성의 방대한 자원을 위한 주요 상업 중심지이다. 또한 구리, 납, 아연 등도 주로 채취되고 있을 정도로 천연자원의 보고이다.

종합 대학인 윈난대학은 중국 56위 수준이며, 쿤밍이공대학은 제련, 건축학, 기계공학, 광물가공학 등 이공계열이 발달했다. 이외에도 농업에 특화된 윈난농업대학, 민족학 연구에 특화된 윈난민족대학 등이 있다. 동식물 및 천연자원의 보유량이 많은 쿤밍은 의약학이 발달해 쿤밍의과대학과 윈난중의학원 등이 소재해 있다.

쿤밍시의 대표 산업은 담배제조업과 농업이며, 관광업의 발달과 연계하여 물류업의 발전도 가속화되고 있다. 온난한 기후와 천연자원을 이용한 농업과 화훼업이 발달하였고, 천연자원 확보에 유리한 환경을 지닌 쿤밍시는 전통적으로 담배제조업이 발달했다. 2012년 담배제조업 부가가치가 쿤밍 GRDP의 23%를 차지했으며, 윈난홍타(紅塔)그룹과 홍윈홍허(鴻運紅河) 담배그룹이 담배제조업을 주도하고 있다.[128]

FTA를 통한 ASEAN과의 협력이 강화되면서, 남서부 국경지역 쿤밍은 동남아시아

---

127 윈난·쓰촨의 차와 티베트의 말을 교환해서 차마고도(茶馬古道)라고 부른다. 1000년 전 티베트 불교가 차마고도를 통해 윈난·쓰촨으로 전래되기도 했다. 길이 5000km, 평균고도 4,000m 이상인 험준한 길이지만 눈에 덮인 설산(雪山)들과 진사강·란창강·누강이 협곡을 이룬 삼강병류협곡(Three Parallel Rivers of Yunnan Protected Areas)은 2003년 유네스코 세계자연문화유산에 등재되었다(김동하 외. 2019).

128 KIEP(2014), 중국 도시 정보 시리즈 윈난성 쿤밍시, 「중국 권역별·성별 기초자료 14-06」. 2014.12.31.

로 향하는 국제적인 상업 중심지로 부상했다. 지리적 이점 덕분에 쿤밍에는 화교자본도 대규모 투자되고 있다. 1984년부터 2013년까지 화교자본이 윈난성에 투자한 금액은 모두 79억 달러이다. 이 중 70%가 바로 쿤밍에 집중되고 있다. 쿤밍에는 글로벌 기업들도 속속 진출해있다. 현재 미국 알코아, 메트로, 네슬레, 베올리아앙비론느망, SK, 코카콜라, 바스프, 월마트등이 대표적이다.[129]

2) 윈난 자유무역시험구(云南自由贸易试验区)

2019년 8월, 쿤밍지구(昆明片区. 78km²), 홍허지구(紅河片区. 14.12km²), 더훙지구(德宏片区. 29.74km²) 등 3개 지역을 통합하여 운남 자유무역시험구가 출범했다. 자유무역구 총 면적은 119.86km²이다. 정부기능 전환, 투자영역개혁 추진, 무역 업그레이드 추진, 금융시장 개방 확대, 동남아국가를 대상으로 한 신규 무역통로 구축 등을 발전 목표로 하고 있다. 동 무역시험구의 주요 특징을 보면 다음과 같다.

특화 산업으로는 쿤밍지역은 항공물류, 디지털경제 위주이며, 미얀마와 인접한 홍허지역은 가공무역, 국경 간 여행, 국경간 전자상거래 위주이다. 베트남과 인접한 더훙지역은 국경간 금융, 국경 간 무역 위주이다. 특히 인접한 동남아 국가를 대상으로 한 정책이 많다. 2019년 8월 30일 시험구 운영 후, 현재 28개 기업이 쿤밍지구 입주를 선언했다. 윈난성의 주력 농업 생산품목은 담배이며 중국 담뱃잎의 45%가 생산되고, 운남성 GRDP의 약 8%, 재정수입의 30%가 담배산업에서 발생되고 있다. 2014년 미얀마와 송유관 개통을 계기로 윈난성의 에너지산업은 연평균 15% 증가하였고, 2019년에는 최초로 담배 산업의 부가가치를 넘어섰다. 이제 특화 산업들을 운남 자유무역시험구를 중심으로 발전시킬 계획이다.

2022년 기준 시험구 실적을 보면 쿤밍 지역은 지난 3년(2019년 8월~2022년 8월) 동안 신규 외자기업, 수출입 총액, 실제 사용외자액, 산업 총생산액 등 주요 경제지표를 두 배로 늘렸다. 중철건설을 포함한 21개 본사 프로젝트가 도입되어 화닝, 란창강 등 37개 기업 본사가 진입했다. 중량그룹, 화웨이 디지털 혁신센터와 기타 기업 프로젝트가 계약되었으며, 총 투자액은 156억 6천만 위안이다.

129　아주경제(2014.3.5.), [중국도시를 읽다(3)] 현대판 차마고도의 시작점, 쿤밍.

3년 동안 훙허 지역은 총 56개의 협력 프로젝트를 계약했으며 총 투자액은 411.7억 위안이다. 8개 플랫폼 경제 협력 프로젝트에 400개 기업이 입주했으며 중국-아세안(베트남 하노이) 국경 간 전자상거래 산업단지는 '국경간 전자상거래+변민호시'[130] 모델을 통해 153개의 기업을 유치하여 13억 1600만 위안의 온라인 매출을 달성했다. 더훙 지역은 중국과 미얀마의 국경을 넘는 농업 협력을 혁신적으로 추진하고, 95,333ha의 사탕수수 및 육우 재배 및 육우 기지를 구축하고 연간 100만 톤 이상의 농산물을 수입하고 있다. 또한 국경 간 전자상거래 감독센터를 설치하여 26억 6,600만 위안의 거래액을 달성했다. 미얀마와 국경도시인 루이리시의 국경간 위안화 결제액은 매년 100억 위인을 초과했다.

2022년 8월 말 현재, 윈난 자유무역시범구의 시장 참여자는 30만 명을 넘어서 시범구 개설이전보다 42.65% 증가했으며, 시범구의 실제 시장 참여자와 신규 참여자의 수는 성 전체의 7.34%와 5.83%를 차지했다.[131]

그림 3-103 운남 자유무역시험구 위치도

자료: 운남 자유무역시험구 홈페이지(https://ftz.yn.gov.cn).

---

130 호시(互市)무역은 국경지역에 거주하는 양국 주민들이 통행증만으로 자유롭게 무관세 교역을 하는 것을 말한다.

131 云南省网上新闻发布厅(2022.8.30.).

그림 3-104 중국-미얀마 가스 및 원유 파이프라인(2014년 개통)

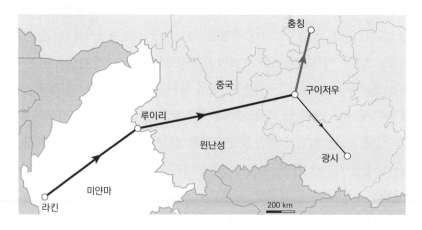

자료: China Daily(2013.6.6.), China-Myanmar oil and gas pipelines to lower energy costs.

4 귀주성

귀주성(貴州. 구이저우)은 춘추전국시대 이전 귀주는 형초(荊楚)과 남만(南蛮)의 일부분이었으며, 진대(秦), 한대(汉) 시기에 군현이 세워졌다. 당대에는 귀주의 오강(乌江) 이북지역은 경제주(经制州)에 소속되어 중앙에서 관리가 파견되어 다스려졌고, 오강 이남은 각 지역의 지방세력에 의해 지배되었다. 송대에 귀주지역은 토착(土著)족의 수령 보귀(普貴)에 의해 지배되었다가 송나라에 합병되었다. 송나라는 동 지역을 토착족의 수령이었던 보귀(普貴)의 '귀(貴)'자를 따 귀주(貴州)라 했으며, 이때부터 귀주로 불렸다.

48개 소수민족이 거주하고 있어 역사가 유구하고 특색있는 문화와 함께 소수민족 고유의 음식문화가 풍부하다. 귀주성 인구 중 38.8%는 소수민족인데, 인구 10만 이상 소수민족으로는 묘족(429.99만 12.2%), 푸이족(279.82만 7.9%), 동족(162.86만 4.6%), 토가족(143.03만 4.1%), 이족(84.36만 2.4%), 거라오족(55.9만 1.6%), 수족(36.97만 1.0%), 백족(18.74만 0.53%), 회족(16.87만 0.5%) 등이 있다. 이중 묘족, 동족, 푸이족을 위해서 3개의 소수민족 자치주를 두고 있고, 이외에도 11개 자치현이 있다.

귀주성은 중국 남서부 운귀고원(雲貴高原)에 위치하며, 북쪽은 사천성, 서쪽은 운남성, 남쪽은 광서장족자치구, 동쪽은 호남성과 인접해 있다. 북송때에는 구이양(贵阳)을 구이저우라고 불렀다. 명나라 때 이곳에 구이저우투스(贵州土司)라는 소수민족의 세습 족장을 두었는데, 이때부터 구이저우로 불리게 되었으며 구이(贵)로 약칭한다. 또 진(秦)나라때 이곳에 쳰중쥔(黔中郡)이라는 행정구역을 두었으므로, 쳰(黔. Qian)으로 약칭하기도 한다.

2022년 기준 귀주성의 산업구조를 보면, 1차 산업 14.3%, 2차 산업 35.25%, 3차 산업 50.45% 수준이다. 비금속제품·석탄채굴·음료생산·금속제련 등이 주요 산업이다.

구이저우는 전체 면적의 92.5%가 산지·구릉(地無三尺平, 평평한 땅이 3척도 없다)에 해당할 정도로 교동조건이 열악하고 중국 내에서 가장 가난한 시역 중 하나였다. 이처럼 귀주성이라고 하면 중국인들에게는 가장 가난한 성으로 인식되어 있다. 중국의 빈부격차를 보여주는 여러 기사에는 항상 가장 잘사는 상하이시와 비교되어 등장하곤 했다. 중국이 WTO에 가입한 해인 2001년 상하이의 1인당 GRDP는 귀주성(3,000위안)의 10.7배나 되었다. 하지만 이러한 불명예는 최근 5년간 큰 변화를 보이고 있는데, 실제 2014년 귀주성의 1인당 GDRP는 26,437위안(4,304달러)으로 불과 4위안 차이로 꼴찌에서 벗어났다. 그 해 최저치를 기록한 곳은 감숙성이었다. 이후 줄곧 '탈꼴찌'는 물론 운남성까지 밀어내면서, 2022년 귀주성의 1인당 GRDP는 7,719달러로 중국 31개 지역 중 29위를 기록했으며, 이는 1위를 기록한 베이징(28,246달러)과 3.7배까지 격차를 좁혀 놓은 수준이다.

귀주성의 이러한 탈꼴찌는 20여 년간 지속 되어온 서부권 발전 국책사업인 '서부대개발' 정책과 최근에 시작된 '일대일로' 프로젝트 등에 기인한다. 실제 구이양시는 2018년에 서남권에서 4번째로 지하철이 개통되었으며, 2013년부터 시작된 '일대일로' 사업에 따라 빅데이터 클러스터 조성, 공항 및 물류망 확장 등 인프라 투자가 이루어지고 있다. 귀주성은 지리적으로 서남권을 화남권과 화동권으로 연결하는 도로 및 철도망 허브 역할을 하고 있다. 주강삼각주와의 직선거리는 700km에 불과하여 내류권으로 대표되는 중국 서남지역에서 가시적으로 항만 접근이 가능한 지역이며, 이는 서부의 다른 지역보다 우위에 있는 점 중 하나이다.

철도는 귀주-광서, 귀주-운남, 사천-귀주, 호남-귀주선이 이곳에서 교차되고 있고,

중경-광동 담강과 상해-운남 서려의 두 국도의 주간선은 귀주성 전체를 통과하고 있다. 귀주는 장강, 주강 유역 상류에 위치해 있어 이들 강에서 나온 26개 지류 3,815km가 통과하고 있다.

귀주성의 광산자원 종류는 많고 광범하게 분포되어 있으며 저장량이 풍부하다. 현재까지 발견된 광물은 110여 종으로서 그중에서 저장량이 확인된 것은 76종이며 9개 종은 매장량이 전국 5위 내이다. 그중 중정석, 수은광은 중국 내 매장량 1위이고, 보크사이트, 희토류, 인광석은 2위 수준이다. 에너지 자원은 석탄, 수력 에너지를 기본자원으로 하며, 화력발전과 수력발전의 상호공급을 주요한 에너지 구조로 보유하고 있다. 석탄매장 면적은 7.5만km²로 성 총면적의 42.58% 수준이다. 87개 시·현 74곳에서 석탄이 생산된다.

표 3-49 귀주성 경제지표(2022년)

GRDP*	산업구조			1인당 GRDP	
	1차 산업	2차 산업	3차 산업	위안	US$
1.68	14.3	35.25	50.45	51,921	7,719
인구(만 명)	중국 내 인구비*	도시화율(%)	부동산 개발투자*	수출*	수입*
3,856	2.74	54.82	1.24	0.19	0.13
수출입*	외상기업 투자액*	공업생산액*	소비품 판매액*	중국 평균 1인당 GDP 대비	
0.17	1.07	0.8	1.93	60.9% (85,310元. U$12,683)	
구이양 GRDP**		구이양 인구(만 명)			
24.6%		640.29			

주: * 표기는 중국 내 비중을, ** 표기는 성 내 비중을 나타낸다.
자료: 국가통계국 国家数据(2024.4.).

그림 3-105 귀주성 위치 및 주요 도시, 소수민족자치주

귀주성(貴州省)

충칭직할시

쓰촨성

후난성

쭌이

퉁런

비졔

구이양

류판수이

첸둥난먀오족둥족
자치주

안순

첸난부이족먀오족
자치주

윈난성

첸시난부이족먀오족
자치주

광시좡족
자치구

자료: 두피디아(2021.7.).

○ 마오타이지우의 고향

귀주성을 나타내는 단 하나의 키워드를 꼽으라면 '마오타이지우(茅台酒)'를 들 수 있다. 중국에는 소위 '명주(名酒)'라고 불리는 유명한 술들이 많지만, 이곳 귀주성 준의시(遵义市) 마오타이진(茅台镇)에서 만드는 술인 마오타이지우는 중국 최초로 1915년 파나마 만국 박람회 수상으로 해외에서도 일찍이 유명해졌다. 마오타이진은 구이양시에서 북쪽으로 136km 지점에 위치하고 있다. 마오타이진의 술 역사는 한나라 때 마오타이진에서 구장주(枸酱酒)를 만들었다는 기록이 가장 앞서며, 사마천의 역사서 사기(史記)에서도 한무제가 이곳의 구장주를 가져와 마셨다는 기록이 남아 있다. 이후 마오타이진에서 주류업은 융성하게 번창했으며, 청대인 1704년(강희제 43년)에 이르러 '마오타이지우'라는 명칭을 쓰기 시작했다. 명주는 효모 외에도 좋은 물이 관건이다. 마오타이진을 휘감은 츠수이(赤水)강이 마오타이지우를 위한 수자원이며, 이 때문에 '미주강(美酒河)'이란 별칭도 가지고 있다.

마오타이지우는 원료인 고량을 누룩으로 발효시켜 10개월 동안 9회 증류 시킨 후, 항아리에 밀봉하고 최저 3년을 숙성시킨 술이다. 마오쩌둥과 미 닉슨 대통령의 회담

(1972년)에서 등장한 것을 계기로 해외에서 가장 유명한 중국의 대표적인 술이 되기도 하였다. 주정은 52~54% 정도로 무색투명하다. 마오타이진(茅台鎭)은 귀주고원 분지로 해발 440m 저지대이며, 하루종일 안개가 자욱하다. 여름에는 35~39℃에서 지속되는 고온이 5달이나 지속되고, 일년 중 절반 이상 무덥고 습하다. 이러한 자연조건은 술의 원료를 발효, 숙성시키는데 유리하며 동시에 마오타이지우의 독특한 향기를 내는 미생물을 형성시키는 작용을 한다. 타 지역에서 마오타이지우를 모방하려 했으나 성공하지 못한 원인도 여기에 있다고 한다.

마오타이지우는 110여 가지에 달하는 향기를 가지고 있으며 마신 후 빈잔에도 오랫동안 향기가 사라지지 않는다. 향기 성분은 주조 중에 향료를 첨가하는 것이 아니라 반복적인 발효과정에서 자연발생되는 것이다. 마오타이지우는 생산 후, 창고에 최저 3년 이상 저장하고, 다시 20년, 10년, 8년, 5년, 30년, 40년씩 저장한 술과 브랜딩한 후 판매된다.

그림 3-106 마오타이지우와 마오타이라떼

자료: 귀주 마오타이 그룹 홈페이지(www.china-moutai.com).

2022년부터는 Dove 초코렛과 협업으로 53도 마오타이가 2% 함유된 초코렛(茅小凌)을 출시하고, 또 루이싱커피(중국 최대 커피체인점)와 협업으로 마오타이가 0.5% 들어간 마오타이라떼(酱香拿铁)를 판매하는 등 최근 젊은 소비자들의 취향에 부합하는 마케팅에 힘을 쓰고 있다.

그림 3-107 귀주성 귀양시 도심 사찰, 검명사

자료: ⓒ 2016. 김동하.

1) 중국 최대 데이터 기지로 부상한 귀주성

13차 5개년 경제개발 규획(2016~2020) 기간 중요한 중국경제의 발전 전략 중 하나는 디지털 경제(인터넷을 기반으로 이루어지는 모든 경제 활동)였다. 중국 31개 지역 중 디지털 경제로 인해 가장 큰 변신을 거둔 지역은 귀주성을 꼽을 수 있다.

구이저우성은 중국에서 가장 가난한 지역 중 하나였으나 서늘한 날씨(연평균 기온 14℃, 여름 평균기온 24℃로 서버 운영에 유리), 천연자원(수력 등 전력이 풍부하여 에너지 비용 절약), 태풍 등 자연재해가 없는 장점을 토대로 빅데이터 산업 육성에 주력하고 있다. 성정부의 지원에 힘입어 유명기업 데이터 센터의 유치에 성공하고 있다. 텐센트, 알리바바, 화웨이, 차이나모바일, 차이나유니콤, 차이나텔레콤이 귀주에 데이터 센터를 구축중이다. 2013년에 빅데이터 산업 구상을 제시한 후 5년 만에 구이저우성을 대표하는 산업군으로 성장했다.

2017년 2월 '귀주성 디지털경제 발전 규획(2017~2020년)'을 발표하고 자원형, 기술형, 융합형, 서비스형, 디지털경제 클러스터 발전 등 10대 사업 추진을 통해 2020년 디지털경제 부가가치가 GRDP에서 차지하는 비중이 30%를 넘도록 하겠다는 목표를 제시했다.

2020년 7월 중국정보통신연구원이 발표한 '중국디지털경제발전백서(2020년)'에 따르면, 2019년 구이저우의 디지털경제 성장률은 22.1%에 달해, 5년 연속 중국 전체 1위를 차지했다. 구이저우는 실물경제와 빅데이터의 융합 발전을 추진하며 이미 204개의 모범 프로젝트, 2,197개의 시범사업을 만들어내 3,905개 기업과 빅데이터의 융합을 견인하고 있다. 또, 애플과 퀄컴, 마이크로소프트, 인텔, 알리바바, 화웨이, 텐센트(腾讯), 바이두(百度), 징둥(京东) 등 세계적인 하이테크 기업이 구이저우에 입주했다.[132]

중국에서 가장 빈곤한 지역인 귀주성이 최첨단 빅데이터산업을 추진하려는 배경은 중국에서 처음으로 정부 데이터 개방시범도시로 지정되었고, 중국 첫번째 빅데이터 거래소를 설립하는 등 빅데이터산업 발전에 상당한 경쟁력을 가지고 있기 때문이다. 구이저우성 성도인 구이양시는 교통, 문화, 교육, 관광, 의료, 식품안전, 기업 신용 등 공공데이터를 모두 개방하는 데이터개방 플랫폼을 마련했다. 2015년 4월, 중국의 첫 빅데이터 거래소인 구이양 빅데이터거래소가 문을 열고 정식 운영에 들어갔다. 또한 중국의 첫 빅데이터 전략 중점실험실이 구이저우대학(貴州大學)에 설립되었다.

그림 3-108   귀주성 구이안(贵安)에 설립된 텐센트 데이터센터

주: 2018년에 가동된 텐센트(腾讯) 귀안칠성데이터센터(贵安七星数据中心) 면적은 51.33ha이며, 동굴 내에 건설(건축 면적 3만㎡)되었다. 1기 건축면적은 90618.57㎡로 서버 10만 대를 갖춘 데이터센터로 부상했다.
자료: 新浪网(2022.5.25.). https://k.sina.com.cn/article_3740356007_def14da702002taap.html

---

132   中国证券网(2020.10.28.).

5 서장자치구

서장자치구(西藏. 시짱)는 청조 강희(康熙)제 때 '서장(西藏)'이라고 명명되었다. 청대 초 '위장(衛藏)'이라고도 불렸는데, '위'는 前藏, '장'은 後藏이라는 뜻이다. 티베트(Tibet)는 돌궐인과 몽고인이 장족을 '투보터(土伯特)'라 불린 데서 유래했으며, '버(bod)'라는 자칭에서 유래되기도 했다. Tibet은 장족(藏族)을 의미하지만, 서장(西藏)뿐 아니라 전체 장족 지역(운남, 감숙, 사천의 일부)까지 포함하는 용어이다. 원·명대 오사장(烏斯藏)으로 불렸는데, 烏는 서장어로 '가운데'라는 뜻이고 藏은 '성스럽고 깨끗하다'는 뜻이다. 서장이 중국의 서부에 위치했으므로 서장으로 불리게 되었다. 서장 자치구 약칭은 장(藏. Zang)이다.

원대 중앙정부는 티베트 지역을 사무하는 선정원(宣政院)을 설치했고, 명대 중앙정부는 오사장(烏斯藏)을 설치하여 군정사무를 관리했다. 1792년 청정부는 「흠정장내선후장정(欽定藏內善後章程)」을 제정하여 서장 지방정부의 정치, 재정, 군사, 외교, 종교 등 방면에 규범을 제정하고 중앙관리를 강화했다. 신중국 성립후인 1956년, 서장자치구 준비위원회가 설치되었고, 1965년 9월 1일 시장자치구가 설립되었다.

라마불교는 티베트 고유 종교로 샤머니즘 색채를 띠는 본교와 인도에서 전래된 대승불교가 융합되어 현재까지 장족 사회에 영향을 미치고 있다. 장족이 가장 성대하게 지키는 전통적 명절은 장력절(藏曆節)로 하다(哈達, 흰색·황색·남색 긴 비단)와 청과주(青稞酒)를 손에 들고 새해 인사를 한다.

서장자치구는 중국의 서남국경과 청장(青藏)고원의 서남부에 위치하며, 북쪽으로 신강위구르자치구와 청해성과 인접해있고, 동쪽으로는 사천성, 동남으로는 운남성과 연결되어 있다. 파키스탄, 인도, 네팔, 부탄, 미얀마와는 국경을 마주하고 있다.

서장자치구와 청해성을 연결하는 청장철도가 2006년 7월에 개통(라싸-청해성 거얼무, 1,142km)되었다. 청해성 수도 시닝(西寧)에서 서장자치구 수도 라싸까지 철도(1,956km)로 연결된 것이다. 서장자치구에는 유역 면적 만km²이상의 하천이 20여개 있으며, 또한 자치구 내에 금사강, 노강, 난창강, 야루짱부강 등 강이 관통한다.

특히 서장자치구는 타국과 연결된 국제 하천의 분포가 가장 많은 곳으로 갠지스강(인도), 인더스강(인도), 메콩강(미얀마·라오스·태국·캄보디아·베트남) 등 아시아 하천의 원류가 서장자치구에 있다. 철·동·크롬·납·아연·금·은·석탄·티탄 등 41종의 광물자원이 발굴되었고, 지열자원과 광천수의 매장량이 풍부하며, 석유자원도 부존이 확인됐다. 이중 매장량 국내 1위 자원으로는 크롬철광, 리튬 등이 있으며, 동·석고·마그네사이트·중정석 등은 매장량 2위 해당 광물자원이다.

2022년 기준, 서장자치구의 산업구조를 보면, 1차 산업 8.66%, 2차 산업 36.61%, 3차 산업 54.73% 수준이다. 생산 농산물 중 쌀보리가 주요곡물이며, 봄밀, 완두콩 등도 생산된다. 둥근 무, 유채, 누에콩, 메밀 등이 재배되고 복숭아, 배, 사과 등 과일도 생산된다. 농업과 방목을 겸하는 반농반목이 발전했으며, 염소, 야크, 말 등을 목축한다. 사양목축은 2,321만마리(소 654만, 양 1,579만) 규모이다. 라싸에서는 의복과 생활필수품을 집단 수공업의 형식으로 생산하고 있으며, 전통공예품으로 양탄자가 유명하다.

시짱자치구는 중국 내에서 유일하게 외국인이 마음대로 출입할 수 없는 지역이다. 외국인의 경우, 서장자치구 지역 내에서의 개인 자유여행은 불가하며, 관영여행사를 통한 중국 정부(시짱여행국)의 승인을 받은 후에 단체여행만 가능하다. 중국 내 언론기사를 종합해 보면, COVID-19 종료 후 외국인의 시짱 단체 관광 승인은 제한적인 것으로 알려졌다.

표 3-50 서장자치구 경제지표(2022년)

GRDP*	산업구조			1인당 GRDP	
	1차 산업	2차 산업	3차 산업	위안	US$
0.18	8.66	36.61	54.73	58908	8758
인구(만 명)	중국 내 인구비*	도시화율(%)	부동산 개발투자*	수출*	수입*
364	0.26	37.36	0.04	0.01	0.0
수출입*	외상기업 투자액*	공업생산액*	소비품 판매액*	중국 평균 1인당 GDP 대비	
0.01	0.01	0.03	0.17	69.1% (85,310元. U$12,683)	
라싸 GRDP**		라싸 인구(만 명)			
34.8%		58.12			

주: * 표기는 중국 내 비중을, ** 표기는 성 내 비중을 나타낸다.
자료: 국가통계국 国家数据(2024.4.).

그림 3-109 시짱자치구 위치 및 주요 도시

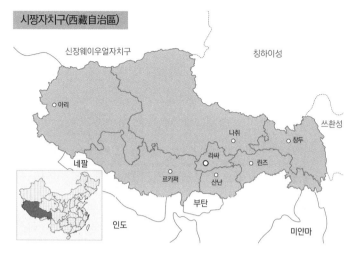

시짱자치구(西藏自治區)

자료: 두피디아(2021.7.).

그림 3-110 시짱자치구 외국인용 단체 여행허가서

주: 여행허가증은 시짱관광국(西藏旅游局)에서 발행하며, 베이징, 청두, 시안, 상하이, 시닝, 홍콩 등에 사무소를 두고 있어서, 외국인들은 이곳에서 단체 여행 허가증을 신청하고 받아야 한다.

자료: 시짱여행망(中国西藏旅游网). www.tibetcn.com(검색일자: 2021.9.10.)

1) 신의 도시, 라싸

시짱의 정치·경제·문화·종교 중심지는 라싸(拉薩)이다. 라싸는 티베트어로 '신의 도시'라는 뜻이다. 옛 명칭은 '산양의 땅'이란 뜻으로 '러싸(惹薩)'라 불렸다. 조캉사원을 지을 때 산양떼가 인근 산에서 흙을 실어 날랐다는 설화에서 나왔다. 라싸는 1300년이 넘는 역사를 지닌 티베트의 고도(古都)이다. 7세기 초 티베트 지역을 처음으로 통일한 송첸캄포(581~649년)는 토번(吐蕃)제국을 세웠다. 해발 3,700m 라싸를 도읍으로 정하고 포탈라궁을 지었다. 토번은 강했다. 당시 토번의 위세에 밀린 당나라가 당 태종의 딸 문성공주를 송첸캄포 부인으로 보냈을 정도였다. 티베트 지역이 중국의 영향권 아래 놓이게 된 것은 토번국이 내분으로 무너지면서부터다. 13~14세기에는 원 나라의 지배를 받았으며, 이후 청 나라 건륭제에 정복당했다. 청 나라는 티베트를 '서쪽의 보물창고'라는 뜻으로 시짱(西藏)이라 불렀다.

1912년 청 나라 멸망 후 중국이 혼란한 틈을 타 티베트는 완전한 독립을 선언했다. 하지만 1950년 마오쩌둥이 보낸 인민해방군에 의해 점령당했다. 중국 공산당은 티베트와 강제로 평화협정을 맺으며 티베트를 합병했다. 중국은 이를 두고 '평화해방'이라 불렀다. 봉건주의 농노 상태의 티베트인들을 평화적으로 해방시켰다는 뜻이다. 중국의 티베트 '평화해방' 이후 14세기부터 이어져온 달라이 라마를 중심으로 한 종교와 정치는 하나라는 정교합일(政敎合一) 지배체제는 부정됐다. 주요 사원은 파괴되고 승려들은 핍박당했다.

이후 1959년 티베트인들은 독립을 요구하며 봉기하다 무력 진압됐다. 이 시기 사망자가 100만 명(티베트 총인구의 7분의 1)이라는 연구 결과[133]도 있다. 달라이 라마는 인도로 망명했다. 정신적 지도자를 잃은 티베트 지역엔 1965년 시짱(西藏)자치구가 세워졌다. 중국 소수민족 자치구 중 가장 늦게 설립됐다. 이후 중국은 티베트를 시짱, 티베트인을 짱족(族藏)이라 불렀다. 중국 3세대 지도자인 후진타오(胡錦濤) 전 국가주석은 1988년부터 1992년까지 시짱자치구 당서기를 역임했다.

시짱은 2000년대 초까지는 중국에서 유일하게 철도가 연결되지 않은 곳이었다. 외국인의 방문도 엄격하게 제한됐다. 경제적 이익이나 물질적 풍요보다는 종교적 가치

---

133 김한규(2003), 『티베트와 중국의 역사적 관계』, 도서출판 혜안, p.20.

나 정신적 만족을 추구하는 티베트인의 가치관도 이어져왔다. 하지만 중국 정부가 시짱 지역에 대한 통치방침을 억압책에서 유화책으로 바꾸면서 상황이 변화되었다. 중국 정부는 서부대개발 정책에 착수하면 시짱자치구에 경제개발이라는 당근책을 부여했고, 최대 수혜자는 라싸였다.

2001년 국무원은 라싸에 시짱 지역의 유일한 국가급 경제기술개발구 설립을 허가했다. 2006년엔 칭하이성 거얼무(格爾木)에서 라싸를 잇는 칭짱철도가 개통됐다. 베이징에서 라싸까지 거리는 48시간으로 단축됐다. 2014년 개통된 라싸와 시짱 제2도시 르카쩌(日喀則·티베트어 시가체)를 연결하는 철도는 다시 네팔 국경도시까지 확장하는 공사를 진행중이다.

2) 서장자치구 발전 전략 및 3대 경제기술개발구

그동안 서장자치구는 1차 산업 수준향상, 2차 산업 중점추진, 3차 산업 대대적 발전의 전략을 실시하고, 우위산업을 육성하며 자체 발전능력을 꾸준히 향상시켜왔다. 서장자치구의 산업현황을 살펴보면 첫째, 농목축민이 서장 총인구의 80%에 육박한데 반해 농목축민의 발전 수준은 낙후되어 있다. 따라서 농목축민의 생산 및 생활 여건을 개선하고 농목축민 수입을 증가시키는 것이 최우선 과제이다.

중국 중앙정부는 13·5규획 기간(2016~2020) 시짱에 계획 투자액을 17.3% 초과한 누계 3,136억 위안을 투자했다. 전력 등 중대 인프라를 포함한 중점 프로젝트가 진행됐다. 13차 5개년 규획 기간 중앙정부가 시짱을 위해 진행한 프로젝트는 주로 민생 보장과 개선, 인프라 건설, 생태환경 보호, 기층 정권과 사회관리 능력 건설, 특색 우위 산업 발전 등 5대 분야에 집중된다.

13·5규획 이후 시짱의 종합교통체계가 완비되면서 현재 시짱 진입 도로는 기본적으로 전 구간 아스팔트가 깔렸으며 국내외를 잇는 노선은 120개에 달한다. 쓰촨-시짱 철도 라싸(拉薩)-린즈(林芝) 구간이 건설됐고, 린즈-야안(雅安) 구간이 착공됐다. 전력 설비용량은 2015년 대비 152만kW 늘어난 401.85만kW에 달한다. 685개 향진 전부가 100% 광케이블을 개통했고 4G 통신 커버리지를 실현했다. 2019년말까지 시짱의 인구 1,000명당 의료보건기관 침상 수는 2015년 대비 0.54개 늘어난 4.87개, 만 명 당 공공문화시설 보유 면적은 1,109m², 자치구 전역 도시 생활쓰레기 무해화 처리율은

91.38%에 달한 것으로 집계됐다.

2019년에는 시짱자치구 내에 르카쩌경제개발구(日喀则经济技术开发区), 린즈경제기술개발구(林芝经济技术开发区)가 연달아 건설됐다. 이로써 시짱자치구는 2001년 건설된 라싸경제개발구(拉萨经济技术开发区)를 포함해 총 3개의 경제기술개발구를 보유하게 되었다. 르카쩌경제기술개발구의 규모는 건설용지 22.32km², 거주 가능 인구 12만 명, 단지 내 총 투자액은 600억 위안이다. 르카쩌경제기술개발구의 중점 산업은 농축산가공업, 천연음용수 및 친환경식품생산, 친환경 에너지 산업, 선진 제조업 및 기타 첨단기술산업, 물류업, 보세가공업이다. 또한, 중국 서남쪽 국경 지역에 위치해, 일대일로 및 남아시아개방합작을 위한 중요 플랫폼이 될 것이다. 린즈경제기술개발구의 규모는 계획 면적 7.11km², 총 누적 투자액 10.3억 위안이고, 중점 산업은 생태여행, 친환경에너지, 서비스, 생물과학기술, 고원지대 농·축산 특산품 생산가공이다.[134]

2021년 8월, 세계에서 가장 높은 평균 해발 4천500m에 위치한 시짱 고속도로가 전면 개통했다. 베이징과 시짱 지역을 잇는 고속도로 가운데 시짱자치구 수도 라싸(拉薩)와 북부 초원지대 나취(那曲)를 연결하는 295km 구간이 운행에 들어갔다. 시짱에서는 앞서 2020년 10월 라싸-양바진(羊八井) 구간 68km를 우선 개통했으며, 이번에 시속 120km로 달릴 수 있도록 설계된 양바징-나취 구간 227km도 운행이 가능해진 것이다.

이는 라싸와 북부 초원지대를 잇는 첫 고속도로이며, 기존 국도 이용 시 6시간여 걸리던 것이 3시간으로 단축됐다. 이로써 인근 칭하이성과 시짱 간 통행 능력과 안전 보장, 운수 서비스 수준을 올렸으며, 특히 시짱 북부의 자원개발에 도움이 되고 있다. 또 이 도로는 시짱이 일대일로(一帶一路) 지역경제 일체화에 필요하며, 동남아시아로 향하는 중요한 인프라 시설이다. 이번 고속도로 개통은 2021년 6월 시짱 자치구 내 라싸와 린즈(林芝)를 잇는 라린(拉林) 고속철도가 운영에 들어간 데 이어 이뤄졌다.

2021년 7월, 시진핑 주석은 집권 후 처음 시짱을 방문하여, 촨짱철도(川藏 鐵道) 한 구간인 라싸와 린즈를 잇는 열차를 타고 촨짱철도 계획을 점검했다. 쓰촨성 청두와 시짱자치구 라싸를 잇는 총 1,011km 구간의 촨짱철도는 히말라야 산맥과 해발 3,000m 이상 고산지대에 건설된다. '세기의 공사'라 불릴 정도의 고난도 프로젝트로 알려져

---

134 中国新闻网(2019.12.22.).

있다. 중국은 2013년 착공에 돌입했으며, 약 13년의 공기를 거쳐 오는 2026년 완공을 목표로 하고 있다.[135]

그림 3-111 라싸에 있는 포탈라궁

주: 홍산(紅山, 해발 3600m) 기슭에 요새 모양으로 지은 고층 건축군이다. 토번왕 송챈감포가 축조하였다는 홍산궁전(紅山宮殿)의 자리에 달라이라마 5세가 17세기 중반에 건설하였다. 외관 13층, 실제 9층으로 되어 있고 전체 높이 117m, 동서 길이 360m, 총면적 10만㎡에 이르며 벽은 두께 2~5m의 화강암과 나무를 섞어서 만들었다. 1994년 유네스코에서 세계문화유산으로 지정하였다.

자료: ⓒ 2009. 박강.

---

135 매일경제(2021.8.23.).

부록

중국 인문 · 경제지리

표 1 중국 주요 도시의 한글 명칭

한글 표기	한자음/중국어	주요 도시	한자음/중국어	비고
베이징	북경시 北京市	-	-	중국의 수도
톈진	천진시 天津市	-	-	직할시
상하이	상해시 上海市	-	-	직할시
충칭	중경시 重慶市	-	-	직할시
지린	길림성 吉林省	창춘	장춘 長春	성 수도
		지린시	길림시 吉林市	공업도시
		투먼	도문 圖們	북한 국경도시
랴오닝	요녕성 遼寧省	선양	심양 瀋陽	성 수도
		다롄	대련 大連	동북 최대항구
		단둥	단동 丹東	북한과 국경도시
		잉커우	영구 營口	항구 도시
헤이룽장	흑룡강성 黑龍江省	하얼빈	합이빈 哈爾濱	성 수도
		다칭	대경 大慶	최대 원유산지
허베이	하북성 河北省	스좌장	석가장 石家庄	성 수도
허난	하남성 河南省	정저우	정주 鄭州	성 수도
		카이펑	개봉 開封	허난의 옛도읍
		뤄양	낙양 洛陽	허난의 옛도읍
산둥	산동성 山東省	지난	제남 濟南	성 수도
		칭다오	청도 靑島	산둥 최대항구
		옌타이	연대 煙臺	산둥 항구도시
		웨이하이	위해 威海	산둥 항구도시
산시	산서성 山西省	타이위안	태원 太原	성 수도
샨시	섬서성 陝西省	시안	서안 西安	성 수도
간쑤	감숙성 甘肅省	란저우	난주 蘭州	성 수도
칭하이	청해성 靑海省	시닝	서녕 西寧	성 수도
안후이	안휘성 安徽省	허페이	합비 合肥	성 수도
장쑤	강소성 江蘇省	난징	남경 南京	성 수도
		쑤저우	소주 蘇州	
		옌청	염성 鹽城	

		우시	무석 無錫	공업도시
		창저우	상주 常州	
		타이저우	태주 泰州	
저장	절강성 浙江省	항저우	항주 杭州	성 수도
		닝보	영파 寧波	저장 최대항구
		샤오싱	소흥 紹興	방직, 염색
		타이저우	태주 台州	
		린하이	임해 臨海	항구 공업도시
		원저우	온주 溫州	중소기업 집산지
징시	깅서성 江西省	닌칭	남창 南昌	성 수도
후베이	호북성 湖北省	우한	무한 武漢	성 수도
후난	호남성 湖南省	창사	장사 長沙	성 수도
쓰촨	사천성 四川省	청두	성도 成都	성 수도
귀이저우	귀주성 貴州省	구이양	귀양 貴陽	성 수도
윈난	운남성 雲南省	쿤밍	곤명 昆明	성 수도
광둥	광동성 廣東省	광저우	광주 廣州	성 수도
		선전	심천 深圳	경제특구
		주하이	주해 珠海	경제특구
		둥관	동완 東莞	완구, IT
		포산	불산 佛山	공업도시
		후이저우	혜주 惠州	석유화학
하이난	해남성 海南省	하이커우	해구 海口	성 수도
푸젠	복건성 福建省	푸저우	복주 福州	성 수도
		샤먼	하문 廈門	경제특구
광시	광서장족 廣西壯族자치구	난닝	남녕 南寧	자치구 수도
네이멍구	내몽고內蒙古자치구	후허하오터	호화호특 呼和浩特	자치구 수도
닝샤	영하회족 寧夏回族자치구	인촨	은천 銀川	자치구 수도
시짱	서장 西藏자치구	라싸	랍살 拉薩	자치구 수도
신장	신강 新疆위구르자치구	우루무치	오노목제 烏魯木齊	자치구 수도
홍콩	香港특별행정구	홍콩	홍콩 香港	
마카오	澳門특별행정구	마카오	마카오 澳門	

[알림] 두피디아 여행기 안내

필자는 ㈜두산이 제공하는 doopedia(두피디아)의 지구촌 여행기(두피디아T)에 한·중·수교(1992.8.24.) 이후 중국·대만·홍콩·마카오 등 중화권을 방문하며 경험하고 채집한 지식·동영상·사진을 활용하여 총 5개로 구성된 여행기 시리즈를 연재하고 있습니다. 미처 책에 담지 못한 이야기와 사진·영상물을 이곳에서 볼 수 있습니다.

※ 링크: www.doopedia.co.kr/indiTravel/bufs

김동하의 두피디아 여행기 시리즈

① 차이나 시티 투어: 중국의 31개 성·직할시·자치구 수도와 주요 도시를 돌아보는 시티 투어

② 화교 역사·문화 답사기: 전 세계에 분포한 4천여 만 명 화교 발생의 역사적 배경과 문화적 특징을 알기 위해 떠나는 답사기

③ 샤오핑 로드: 중국의 개혁·개방 설계사 덩샤오핑과 함께 떠나는 중국 경제지리 여행기

④ 한자 로드: 3300년 전에 만들어져 아직도 살아 숨 쉬는 한자의 탄생 배경과 역사를 알아보는 여행기

⑤ 차이나 뮤지엄 투어: 한 가지 주제를 집중적으로 이해하기 위해 중국 내 박물관, 전시관을 둘러보는 여행기

참고문헌

강승호(2005). 동북아시대와 중국−중국의 동북진흥전략: 한중협력과의 관련성을 중심으로. 「한국과 국제정치」 제21권 1호.

곽복선·김동하·서창배·김형근·장정재(2015), 「중국경제론(2판)」, 박영사.

구지영·권경선·최낙민(2014), 『칭다오, 식민도시에서 초국적 도시로』, 도서출판 선인.

고영근 · 김동하(2010), 『중국 상관습과 지역별 비즈니스 환경』, 부산외대출판부.

권삼윤(2003), 『골드 차이나』, 북로드.

김동하(1996), 『한국 유학생 중국 훔쳐보기』, 매일경제신문사.

김동하 외·한중경제포럼(2001), 『차이나 쇼크』, 매일경제신문사.

김동하(2001), 중국 서부대개발 정책이 한국기업에 주는 시사점, 「중국연구」 제27권.

김동하(2002), 『바이 차이나 2005 마스터플랜』, 시대의창.

김동하(2004), 중국 중산층의 부상과 그 특징 및 규모, 「중국학연구」 제27집.

김동하(2007), 중국의 중부굴기 정책에 대한 소고, 「국제·지역연구」 16권 3호.

김동하(2009), 중국 근현대 경제사 연구에 대한 소고, 「한중사회과학연구」 제7권 3호.

김동하(2010), 『위안화 경제학』, 한스미디어.

김동하(2011), 『차이나 소프트파워』, 도서출판 무한.

김동하(2012), 『현대중국경제와 통상제도(1판)』. 부산외대 출판부.

김동하(2012), 중국의 도시간 통합화에 관한 연구, 「중국연구」 56권.

김동하(2012), 중국 저우추취 정책에서 해외경제무역협력단지 역할에 관한 연구, 「중국학」 제43집.

김동하(2013), 『마윈』, 성공신화.

김동하(2013), 『차이나 머천트』, 한스미디어.

김동하(2013), 중국 금융종합개혁실험구 정책 평가, 「국제·지역연구」 22권 1호.

김동하 외(2014), 『차이나 인사이트』, 산지니.

김동하(2014), 중국 주체기능구 발전전략에 관한 연구, 「현대중국연구」 16집 1호.

김동하(2015), 홍콩의 센트럴 점령 시위를 통해서 본 일국양제 고찰, 「한중사회과학연구」 13권 4호.

김동하(2016), 소비에트 연방이 중국의 제1차 5개년 계획에 미친 영향 요인에 관한연구, 「경제사학」 40권 1호.

김동하(2016), 중국의 3·5계획 및 4·5계획에 미친 비경제적 요인에 관한 연구, 「중소연구」 40권 1호.

김동하(2017), 『화교 역사·문화 답사기Ⅰ』, 마인드탭.

김동하·곽복선(2017), 중국 5·5계획의 편제 과정과 특징에 대한 연구, 「한중사회과학연구」 15권 1호.

김동하(2017), 중국의 8차 5개년 계획과 사회주의 시장경제와의 연관성연구, 「Journal of China Studies」 20권 1호.

김동하·곽복선(2017), 중국의 5개년 경제개발 '계획'의 '규획'으로의 변화와 함의에 관한연구, 「중국지역연구」 4권 1호.

김동하(2018), 홍콩특별행정구기본법과 신의주특별행정구기본법 비교연구, 「한중관계연구」 제4권 3호.

김동하·오혜정·이창준·신재은(2019), 『차이나 키워드 100』, 시사중국어사.

김동하(2019), 『현대중국경제사-5개년 경제계획을 중심으로』, 차이나하우스.

김동하(2019), 웨강아오 대만구 정책화 과정과 함의, 「중국학」 66집.

김동하·곽복선(2019), 웨강아오 대만구 발전규획과 광동·홍콩·마카오 통합 관계성연구, 「중국지역연구」 6권 1호.

김동하(2020), 중국 내수시장에 대한 네거티브 리스트 제도 연구, 「중국학」 70집.

김동하(2020), 거시경제지표를 이용한 중국 서부대개발 정책 평가, 「한중관계연구」 제6권 2호.

김동하(2021), 19세기 중남미 지역 화교 생성 배경과 특성, 「중국학」 74집.

김동하(2021), 19세기 미국 내 중국 영사관과 중화회관의 역할에 관한 연구, 「중국지식네트워크」 제17호.

김동하(2021), 네덜란드 식민통치 시기 인도네시아 중화회관 역할에 관한 연구, 「중소연구」 45권 2호.

김동하(2021), 『중국지리의 이해(3판)』, 부산외국어대학교 출판부.

김동하(2021), 『중화경제권의 이해(2판)』, 부산외국어대학교 출판부.

김선자 외(2011), 『이야기가 있는 중국문화기행-하남』, 차이나하우스.

김한규(2000), 『티베트와 중국』, 소나무.

대니 맥키넌·앤드루 컴버스(2021. 박경환·권상철·이재열 역), 『경제지리학개론』, 사회평론아카데미.

루신 외 (2006. 지세화 역), 『상하이런 베이징런』, 일빛.

서명수(2018), 『제국의 초상 닝샤』, 서고.

서울신문 특별취재팀·김동하 외(2005), 『중국의 미래를 읽는다』, 일빛.

성균중국연구소·김동하 외(2014), 『차이나핸드북(개정증보판)』, 김영사.

신경란(2019), 『풍운의 도시, 난징』, 보고사.

신경란(2020), 『오래된 미래도시, 베이징』, 보고사.

양둥핑(2008. 장영권 역), 『중국의 두 얼굴』, 도서출판 펜타그램.

유광종(2014). 『중국이 두렵지 않은가』, 책밭.

유홍준(2019), 『나의 문화유산답사기-중국편1 돈황과 하서주랑』, 창비.

이유진(2018), 『중국을 빚어낸 여섯 도읍지 이야기』, ㈜메디치미디어.

이준태(2010), 중국의 전통적 해양인식과 海禁政策의 의미, 「아태연구」 17권 2호.

임선우(2023), 『중국 베이징 문화 이야기』, 지식과 감성.

조경환(2013), 『북경상점』, 생각을담는집.

조관희(2015), 『베이징 800년을 걷다』, 도서출판 푸른역사.

진순신(2000. 정태원 역), 『시와 사진으로 보는 중국기행』, 예담.

최낙민(2014), 『해항도시 마카오와 상해의 문화교섭』, 도서출판 선인.

폴 크루그먼(2017. 이윤 역), 『폴 크루구먼의 지리경제학』, 창해.

한주성(2015), 『경제지리학의 이해(제2개정판)』, 한울아카데미.

후자오량(2003. 윤영도·최은영 역),『중국 경제지리를 읽는다』, 휴머니스트.

후지이 쇼조(2002. 백영길 역),『현대 중국 문화 탐험 – 네 도시 이야기』, 도서출판 소화.

矢田俊文·松原宏(2000),『現代經濟地理學 : その潮流と地域構造論』, ミネヴァ書房.

※ 본문 각주에서 이미 표기된 출처는 '참고문헌' 기술을 생략한다.

저자 약력

• 김동하

한·중 수교 후 유학 1세대로서 칭화대학(淸華大學) 경제학연구소에서 석사과정을 마쳤다. 1997년 귀국 후 한국외환은행 경제연구소에서 연구원으로 근무하며 중국 금융·투자 환경을 연구하였다. 2000년부터는 포스코 산하 연구소인 POSRI에서 중국산업에 대해 분석하였으며, 민간 연구기관으로서는 최초로 중국에 설립된 POSRI 베이징사무소 대표로 파견(2005~2007)되어 현지에서 실물경제 연구에 주력했다. 한국외국어대학교에서 국제경제학 박사학위를 취득하였고, 2009년부터는 부산외국어대학교 중국학부 교수로 재직 중이다.

중국 금융과 산업에 대한 연구 능력을 기반으로 『중국의 경영전략』, 『차이나 머천트』, 『중국 거시경제정책과 철강산업』, 『차이나 소프트파워』, 『중국경제론』(공저) 등의 도서를 집필하였다. 최근에는 『위안화 경제학』을 출간하여 제30회 정진기언론문화상(2012)을 수상한 바 있다. 중국지역학회 회장, 대한중국학회 부회장, 한중사회과학학회, 한국동북아경제학회 등에서 임원으로 활동하며 중국 경제, 산업 관련 논문들을 발표하였다. 중국의 주요 산업(철강·자동차·조선·가전·건설) 분야에서 실물·연구·현지 경험을 고루 갖춘 연구자이다.

중국 인문 · 경제지리

초판발행   2024년 9월 25일

지은이   김동하
펴낸이   안종만 · 안상준

편 집   이혜미
기획/마케팅   박부하
표지디자인   BEN STORY
제 작   고철민 · 김원표

펴낸곳   (주) 박영사
             서울특별시 금천구 가산디지털2로 53, 210호(가산동, 한라시그마밸리)
             등록 1959.3.11. 제300-1959-1호(倫)
전 화   02)733-6771
f a x   02)736-4818
e-mail   pys@pybook.co.kr
homepage   www.pybook.co.kr
ISBN   979-11-303-2103-5   93910

정 가   29,000원